칼뱅: 신학 논문들

황정욱
서울대학교 독문학과를 졸업하였고, 한신대학교에서 신학석사 학위(Th.M.)를, 독일 부퍼탈신학대학에서 신학박사 학위(Dr.theol.)를 받았다. 지금은 한신대학교 신학과 교회사 교수로 있다. 저서로는 「칼빈의 초기 사상연구」, 「예루살렘에서 장안까지」 등이 있다.

박경수
서울대학교 서양사학과를 졸업하였고, 장로회신학대학교(M.Div., Th.M.)와 미국 프린스턴신학교(Th.M.)에서 공부하였으며, 미국 클레어몬트대학교 대학원에서 철학박사(Ph.D.) 학위를 받았다. 지금은 장로회신학대학교 역사신학 교수로 있다. 저서로는 「박경수 교수의 교회사 클래스」, 「교회의 신학자 칼뱅」 등이 있다.

기독교고전총서 18

칼뱅: 신학 논문들

옮긴이	황정욱 · 박경수
초판인쇄	2011. 1. 17.
초판발행	2011. 2. 1.
표지디자인	송원철
펴낸곳	두란노아카데미
등록번호	제 302-2007-00008호
주소	서울시 용산구 서빙고동 95번지
영업부	02-2078-3333 FAX 080-749-3705
편집부	02-2078-3478
홈페이지	http://www.duranno.com
이메일	academy@duranno.com

ISBN 978-89-6491-018-4 04230
ISBN 978-89-6491-000-9 04230(세트)

두란노아카데미는 두란노의 '목회 전문' 브랜드입니다.

:: 기독교
고전총서 18

칼뱅: 신학 논문들

황정욱·박경수 옮김

Calvin: Theological Treatises

30th 두란노아카데미

먼저 두란노서원이 창립 30주년을 맞이하면서, '기독교고전총서' 20권을 발간할 수 있도록 허락하신 하나님께 감사드립니다.

실용 음악을 하기 위해서는 고전 음악부터 공부한다고 합니다. 운동선수들이 화려한 개인기를 발휘하기 위해서도 수천 혹은 수만 번 기본기를 먼저 연습해야 하지 않습니까? 목회나 신학도 마찬가지입니다. 현대를 풍미하는 최첨단의 신학은 기독교 고전에 대한 깊은 탐구로부터 시작되며, 21세기를 살아가는 성도의 마음을 이끄는 목회와 설교 역시 고전으로부터 중요한 통찰력을 얻을 수 있습니다. 바로 여기에 '기독교고전총서' 발간의 의미가 있습니다.

두란노서원은 지난 30년간, 크게 네 가지의 주제를 놓치지 않으며 기독교 출판에 앞장섰습니다. 첫째는 '성경적'입니다. 지난 30년 동안 두란노가 많은 책을 출판했지만, 성경의 정신에 입각한 출판을 목표로 했습니다. 둘째는 '복음적'입니다. 두란노는 지금까지 성경에 근거한 복음주의적 신학을 포기한 적이 없습니다. 셋째는 '초교파적'입니다. 한국 교회 안에 다양한 교단이 있지만, 두란노는 교단과 교파를 초월하여 교회가 하나님의 나라를 바라볼 수 있도록 돕기 위해 노력했습니다. 넷째는 '국제적'입니다. 두란노서원은 문화적이고 국제적인 측면에서 세상과의 접촉을 시도했습니다.

두란노서원이 창립 30주년을 맞이하면서 '기독교고전총서'를 발간하는 것은 위에서 언급한 네 가지 주제를 더욱 확고히 하는 기초 작업 가운데 하나입니다. 기독교 고전에는 교파가 있을 수 없고, 가장 성경적이면서도 가장 복음적인 신학을 우리는 기독교 고전에서 배울 수 있습니다. 또한 각 시대마다 교회가 어떻게 세상과 소통하려 노력했는지를 알게 되어, 우리 시대의 목회를 위한 귀한 통찰력을 얻을 수 있습니다. '기독교고전총서'의 발간이라는 기념비적인 사업이 가져다주는 이러한 유익은 단지 두란노 안에만 머무는 것이 아니라, 한국 교회 전반에 넓게 확산되리라 확신합니다.

　'기독교고전총서'를 번역하기 위해 한국교회사학회 교수님들이 수고하셨습니다. 문장 하나하나, 단어 하나하나를 가장 적절한 우리말로 옮기기 위해 노력해 준 번역자들에게 이 자리를 빌려 감사를 전합니다.

두란노서원 원장

한국어판 서문 GENERAL EDITOR'S PREFACE

중세 사상가인 베르나르 드 샤르트르는 "거인들의 어깨 위에 올라서서, 그들의 위대한 선조들보다 더 멀리까지 바라볼 수 있었다"고 말했다. 또한 피에르 드 블루아도 "우리는 거인들의 어깨 위에 올라앉은 난쟁이와 비슷한 처지에 있으며, 그들 덕분에 그들보다 더 멀리까지 바라볼 수 있다. 우리는 고대인들의 저작을 연구함으로써 그들의 세련된 사상을 되살리고, 그들을 시간에 의한 망각과 인간의 무관심으로부터 구출해 낼 수 있다"고 말했다. 우리는 고전들을 연구함으로써 거인들의 어깨 위에 있는 난쟁이처럼 더 멀리 바라볼 수 있을 것이다.

'기독교고전총서'는 오래 전부터 구상되었으나 이제야 결실을 보게 되었다. 처음에는 40권 정도의 기독교 고전 전집을 구상하였으며, 모두 그리스어나 라틴어 등 그 저작의 원문에서 번역하려고 구상하였다. 그러나 그것은 아직 힘에 겨운 일이어서 우선 'The Library of Christian Classics'을 대본으로 하여 번역하기로 결정하였다. 이는 초대 교회 시대로부터 종교 개혁 시대까지의 고전들을 모두 26권에 편집한 것이다.

우리는 이 중 여섯 권은 제외하기로 결정하였다. 우리가 제외시킨 것은 제4, 18, 20, 21, 23, 26권이다. 제4권의 제목은 *Cyril of Jerusalem and Nemesius of Emesa*로, 예루살렘의 키릴로스의 교리 문답과 에메사의 네메시오스의 '인간 본질론'을 담고 있다. 제18권의 제목은 *Luther: Letters of Spiritual Counsel*로, 루터의 영적 상담의 서신들을 담고 있다. 제26권의 제목은 *English Reformers*로, 영국 종교 개혁자들의 저작을 담고 있다. 이들 고전들은 그 저작들이 중요하지 않아서가 아니라 이미 단행본으로 널리 보급되어 있기 때문에 이번 전집에서는 제외시키기로 결정하였다. 제20권과 제21권은 칼뱅의 「기독교 강요」로, 매우 중요한 저작이긴 하지만 이미 우리말로 많이 번역 출판되어 있기 때문에 제외시키기로 결정하였다. 또한 제23권은 칼뱅의 「성경 주석」으로, 이 역시 소중한 저작이긴 하지만 이미 우리말로 번역 출판되어 있어서 제외시키기로 결정하였다. 영어 전집에서 아우구스티누스의 「신국론」이나 오리게네스의 「원리론」이나 루터의 「3대 논문」을 제외시킨 것도 마찬가지 이유다.

'기독교고전총서'의 제1권은 사도적 교부들의 저작들과 이레나이우스의 「이단 반박」을 담고 있다. 제2권은 알렉산드리아의 클레멘스와 오리게네스의 저서들을 담고 있다. 제3권은 아타나시오스와 나지안조스의 그레고리오스와 니사의 그레고리오스의 저작들과 함께, 아리우스와 네스토리오스의 서신들과 「칼케돈 신조」를 포함하여 초대 교회 총회들의 결정들을 담고 있다. 제4권은 테르툴리아누스, 키프리아누스, 암브로시우스, 히에로니무스 등 라틴 교부들의 저작들을 담고 있다. 제5권은 「독백」, 「자유 의지론」, 「선의 본성」 등 아우구스티누스의 초기 저서들을, 제6권은 아우구스티누스의 「고백록」과 「신앙 편람」을, 제7권은 「삼위일체론」과 「영과 문자」 등 아우구스티누스의 후기 저서들을 담고 있다. 제8권은 동방 교회의 금욕주의를 다루고 있는데, 사막 교부들의 말씀이 있다.

제9~13권까지는 중세 교회의 저작들을 담고 있다. 제9권은 초기 중세 신학들을 담고 있는데, 레렝스의 빈켄티우스의 저작, 라드베르와 라트랑의 성찬론 논쟁, 그레고리우스 대교황의 「욥기 주석」, 비드의 「영국 교회사」 등이 있다. 제10권은 스콜라 신학을 다루고 있으며, 캔터베리의 안셀름, 피에르 아벨라르, 피에트로 롬바르도, 보나벤투라, 던스 스코투스, 오컴의 윌리엄 등의 저작들을 담고 있다. 제11권은 중세 신학의 대표자라고 할 수 있는 아퀴나스의 「신학 대전」을 담고 있다. 제12권은 중세 신비주의를 다루고 있는데, 클레르보의 베르나르, 생 빅토르의 위그, 아시시의 프란체스코, 에크하르트, 독일 신학, 쿠사의 니콜라우스 등등의 저작들이 있다. 제13권은 위클리프, 총회주의자들, 후스, 에라스무스 등 종교 개혁 선구자들의 저작들을 담고 있다.

제14~20권까지는 종교 개혁자들의 저작들을 담고 있다. 제14권은 루터의 「로마서 강의」를 담고 있다. 제15권은 루터의 초기 저작들 중 「히브리서에 대한 강의」, 「스콜라 신학에 반대하는 논쟁」, 「하이델베르크 논제」, 「라토무스에 대한 대답」 등이 있다. 제16권은 자유 의지와 구원에 대한 루터와 에라스무스의 논쟁을 다루고 있는데, 에라스무스의 「자유 의지론」과 루터의 「의지의 속박론」이 있다. 제17권은 멜란히톤의 「신학 총론」과 부처의 「그리스도 왕국론」을 담고 있다. 제18권은 칼뱅의 신학적 저작들을 담고 있는데, 「제네바 신앙 고백」, 「제네바 교회 교리 문답」, 「성만찬에 관한 신앙 고백」, 「예정에 관한 논제들」, 「사돌레토에 대한 대답」 등의 저작들이 있다. 제19권은 츠빙글리와 불링거의 저작들을 담고 있는데, 츠빙글리의 「하나님 말씀의 명료성과 확실성」, 「청소년 교육」, 「세례」, 「주의 만찬론」, 「신앙의 주해」와 불링거의 「거룩한 보편적 교회」가 게재되어 있다. 제20권은 급진적 종교 개혁자들의 저작들을 담고 있는데, 후터파의 연대기, 뮌처, 덴크, 프랑크, 슈벵크펠트, 호프만, 메노 시몬스, 후안 데 발데의 저작들이 있다.

이 전집은 기독교 고전들에서 가장 중요한 부분을 발췌하여 훌륭하게 번역한 것이다. 또한 세계적인 전문가들이 각 저작들에 대해 명료한 해설을 해 주고 있으며, 학문적 논의들도 심도 있게 다루고 있다. 독자들은 이 전집에서 기독교 사상의 진수들을 접하게 될 것이다. 이 전집이 신학도들과 뜻있는 평신도들의 신앙을 강화시키고 신학을 심화시키며 삶을 성숙시키는 데 크게 기여하리라 믿는다. 이 전집의 출판을 흔쾌히 허락해 준 하용조 목사님과 이 전집을 출판하기 위해 수고를 아끼지 않은 두란노서원의 관계자들과 번역에 참여해 준 모든 번역자들에게 심심한 감사를 드린다.

이양호
'기독교고전총서' 편집위원회 위원장

두란노아카데미가 두란노서원 창립 30주년을 맞아 총 20권의 '기독교고전총서'를 발간하는 실로 눈부신 일을 해냈다. 두란노가 주동이 되어 한국교회사학회 교수들이 전공에 따라 번역에 참여하여 이루어 놓은 결실인데, 한국교회사학회는 우리나라 신학대학교와 각 대학교 신학과 교수들이 대거 참여한 기관이기에 한국 교회 전체의 참여로 이루어졌다는 또 다른 하나의 의미가 있다.

'기독교고전총서'는 초대, 중세, 그리고 종교 개혁 시대까지의 저명한 신학 고전들을 망라한다. 각 시대의 신학적 특색들과, 그리스도의 교회가 시대마다 당면한 문제가 무엇이었으며, 어떻게 교회를 지키고 복음을 전파하며 정통을 수호하였는지에 대한 변증과 주장과 해석의 가장 기본적인 문제들이 무엇이었는지를 확인하는 기회가 될 것이다.

두란노아카데미의 이번 '기독교고전총서' 간행은 그런 보화(寶貨)가 반드시 한국 교회 도처 서가에 꽂혀 그 신학적 수준을 세계 최선의 것으로 치솟게 하고자 한 사명감에서 착수한 것으로, 우리들로서는 그 고전들을 회자(膾炙)할 수 있음이 천행이 아닐 수 없다. 이는 한국 교회 역사에 또 다른 기념비를 세운 일이라 여겨 충심으로 찬하하여 마지아니한다.

민경배 백석대학교 석좌 교수

1962년부터 한 권 한 권 사기 시작해서 나는 'The Library of Christian Classics' 전집 (26권)을 다 소장하게 되었고 가장 애지중지한다.

26권을 살 때마다 나는 책 뒷면에 나의 이름과 책을 산 곳과 날짜와 가격을 적곤 했는데, *Augustine: Earlier Writings*과 *Christology of the Later Fathers*는 1962년 6월 21일 총신에서 각각 485원에, *Early Christian Fathers*는 1965년 미국 웨스트민스터 신학교에서 5달러에 사서, 평생 교회사를 연구하면서 그 어느 책들보다 자주이 전집을 읽으면서 참고하곤 했다. 특히 제일 처음 사서 읽게 된 *Augustine: Earlier Writings*는 나의 학문적인 삶에 큰 영향을 미쳤다. 한철하 교수님의 가르침을 따라 영문으로 읽으면서 아우구스티누스의 진솔하고 처절한 고백과 기도에 매료되었고, 믿는 것을 이해하려는 신학 활동에 공감하게 되었고, 세상과 교회와 하나님 나라를 바라보는 폭넓은 우주적인 안목에 깊은 감동을 받았다. 그리고 아우구스티누스를 전공하기에 이르렀는데 그것이 나의 삶과 사역에 얼마나 큰 축복이 되었는지 모른다.

이번에 두란노서원이 'The Library of Christian Classics'의 26권 중 20권을 선별해서 번역한 '기독교고전총서'를 출간하게 됨을 진심으로 축하하며 많은 사람들이 이 고전을 읽고, 삶과 사역이 보다 건강하고 아름답고 풍요롭게 되기를 바란다.

김명혁 강변교회 원로 목사, 한국복음주의협의회 회장

옛것을 버리고 새것만 추구하는 세대에서 온고지신(溫故知新) 즉, 옛것을 연구하여 새로운 지식이나 도리를 찾아내는 일이 얼마나 중요한 것인지를, 학문을 사랑하고 진리를 탐구하는 이들이라면 누구나 이해할 것이다.

세기를 넘어 두고두고 읽히고 사랑받는 고전은 시간뿐 아니라 국경을 뛰어넘어 공간을 초월하여 읽히고 인용되는 책들로 영원한 진리의 진수를 맛보게 한다. '기독교고전총서'의 번역자들은 그 시대의 신학자나 신학의 맥을 바르게 이해하는 학자들로 구성되어 있어 그 책들의 질에 걸맞은 높은 수준의 용어 선택과 표현을 했다. 이것

은 우리에게 또 한 번 감격을 주는 것이다. 영어로 번역된 고전들을 다시 우리말로 번역함으로 원저자의 의도가 왜곡될 수도 있겠으나 'The Library of Christian Classics'과 같은 기독교 고전의 권위 있는 영역본을 번역함으로 오히려 그 이해의 폭을 더 넓게 했다 할 수 있을 것이다.

지금은 얕은 물에서 물장난이나 하듯 쉽고 재미있고 편리한 것만 찾는 시대이지만, 날마다 생수의 강물을 마시고 그 깊은 샘에서 길어온 물을 마시려는 목회자, 신학생, 평신도 리더, 그리고 그 누구라도 꼭 한 번 이 고전들을 읽어보도록 추천한다.

이종윤 서울교회 담임 목사, 한국장로교총연합회 대표 회장

'기독교 고전'이라 불리는 책들은 기독교의 2000년 역사와 함께해 왔다. 한국의 기독교 역사의 연수(年數)가 유럽의 연수와 비교할 수 없이 짧지만, 이미 세계 기독교 역사의 한 획을 그을 정도로 영향력이 강한 한국 기독교가 '고전'이라 일컬어지는 책들을 출간한다는 것은 큰 의미가 있다.

기독교는 가난한 자를 부하게 하고 묶이고 포로 된 자를 자유롭게 하는 '생명'인데, 지금 우리는 세상에서 오명을 뒤집어쓰고 있다. 이것은 우리의 잘못으로 책임이 우리에게 있다. 이 오명을 벗어버리기 위해서는, 우리 안에서 철저한 자성과 회개와 갱신이 일어나야 한다. 이것은 오직 주의 성령으로, 주의 말씀으로만 가능하다. 시간이 흘러도 여전히 깊은 고전의 메시지를, 하나님 앞과 교회 안에서, 개인의 삶의 터에서 깊게 묵상하고, 묵상한 그것을 삶의 영역에서 진실하게 드러낸다면 분명히 우리는 변할 것이고, 우리 기독교는 새로워져서 세상을 변화시킬 능력을 가진 생명이 될 것이다. 나는 분명 이렇게 소망하고 기대한다.

오늘의 교회를 갱신시키고, 오늘의 교인들을 영적으로 신학적으로 성숙시키는 일에 크게 기여하는 고전시리즈가 될 것을 필자는 분명히 확신한다.

김홍기 감리교신학대학교 총장

역사상 존재했던 다양한 배경의 성도들이 하나님과 관계를 맺고, 그 영혼의 깨달음과 하나님을 향한 갈망과 예배를 뭉뚱그려 놓은 것이 기독교 고전이다. '고전'이라는 칭호를 얻은 이유는 그만큼 통찰력이 깊고, 영성이 준수하며, 시대를 초월하는 내구성이 있기 때문인데, 예수 그리스도의 충만한 분량에 이르기 위해 지속적으로 영성을 계발해야 하는 목회자나 신학생이나 성도는 끊임없이 영성을 살찌울 수 있는 영양분을 공급받아야 한다. 영성 훈련이라면 보통 기도회나 성령 은사를 체험할 만한 집회 참석을 상상하지만 그것이 영성 훈련의 핵심이 아니다. 구름떼같이 허다한 증인들이 하나님과 관계를 맺어온 고전 문헌들을 살펴보면서 자신들의 신학과 예배와 경건 생활을 살펴보고 계발하는 것이다.

이에 '기독교고전총서' 우리말 번역을 진심으로 환영하는 바이다. 지금 시대에 최고의 실력을 갖춘 번역가들이 각고의 노력으로 번역한 이 글들이 한국 성도들의 영성 개발에 큰 공헌이 될 줄로 확신한다. 바라건대 목회자들뿐 아니라 일반 성도들도 더욱 고전에 쉽게 친근해질 수 있게 되기를 소망한다.

피영민 강남중앙침례교회 담임 목사

기독교는 2천 년 역사를 이어오면서 풍성한 영적 광맥을 축적하고 있다. 그 가운데 하나가 기독교 고전 문헌이다. 이는 시대가 변하고 사람이 바뀐다 해도, 각 세대가 캐내어 활용해야 할 값진 보물이요 유업이다.

그럼에도 이런 문헌이 대부분 헬라어나 라틴어 같은 고전어로 쓰였거나 외국어로만 번역되어 있는 것이 오늘의 우리 현실이어서 신학 대학에서 훈련받은 사람조차도 기독교 고전에 손쉽게 접근하기 어려운 형편이었다.

그런데 이 '기독교고전총서'는 초기 기독교 교부로부터 시작하여 16세기 종교 개혁자에 이르기까지 대표적인 기독교 저작들을 대부분 포함하고 있다는 점과, 두란노 아카데미 편집부와 한국교회사학회가 협력하여 이루어 낸 결실이라는 점에서 누구도 그 권위를 의심치 않으리라 여겨진다. 번역은 창작 이상의 산통과 노고가 필요한 작업이기에, 교회사 교수들이 합심하여 기독교 고전들을 한국어로 살려 낸 이 시리즈는 한국 교회사에 길이 기억될 역작이라 생각한다.

위대한 신앙 선배들의 그리스도의 복음을 향한 뜨거운 가슴과 깊은 이해가 독자들에게 전달되어 풍요로운 영성을 체험하는 가운데 놀라운 영적 부흥이 일어나기를 소망하며, 많은 분들에게 추천하고 싶다.

목창균 전 서울신학대학교 총장

고전의 가치를 인정하는 기독교가 중요하게 여기는 '고전 중의 고전'은 단연 성경이다. 기독교는 성경을 하나님의 말씀으로 믿는데, 하나님께서 교회에 선물로 주신 보물은 성경 외에 다양한 고전들 속에도 담겨 있다. 기독교 역사 2천 년 동안, 하나님의 일꾼으로 세움 받은 분들이 기록해 놓은 고전은 기독교의 보화다. 기독교 고전은 우리의 믿음과 경건이 한층 성숙해지는 계기를 제공하고 신학적 수준을 한 단계 높이며 신앙을 성숙하게 하는 좋은 자양분이 될 것이다. 기록된 하나님의 말씀인 성경이 기독교 역사를 거쳐 오면서 각 시대마다 어떻게 해석되고 적용되었는지를 이 고전에서 살펴볼 수 있다.

이번에 출판되는 '기독교고전총서'를 보다 많은 성도들이 읽음으로써, 성경을 각자의 삶에 어떻게 적용시킬 수 있는지를 배우게 되기를 바란다. 아무쪼록 '기독교고전총서'의 출판으로 말미암아, 한국 교회가 기독교 고전의 귀중함을 새롭게 깨달아 기독교의 근원으로 돌아가려는 움직임이 강하게 일어나기를 바라며, 기쁜 마음으로 이 책을 추천한다.

장영일 장로회신학대학교 총장

일러두기

'기독교고전총서'(전20권)는 미국 Westminster John Knox Press(Louisville·LONDON)에서 출간된 'Library of the Christian Classics'에서 19권, 그리스어에서 1권을 '한국교회사학회'의 각 분야 전문 교수들이 번역하였다.

1. 맞춤법 및 부호 사용 원칙

맞춤법의 경우, 기본적으로 '국립국어원'의 원칙을 따랐다.

본문의 성경 인용의 경우, '개역개정'을 기본으로 하고 그 외에는 인용 출처를 밝혔으며 사역에는 작은따옴표(' ')로 표시하였다.

국내 단행본, 정기간행물의 경우에는 낫표(「 」)를, 외서의 경우에는 이탤릭체를, 논문에는 큰따옴표(" ")를 하였다.

라틴어의 경우, 이탤릭체로 표시하였다.

강조 문구는 작은따옴표(' ')로 표시하였다.

원서에서 사용한 부호를 가능하면 그대로 사용하였다.

2. 주

원저의 각주 외에 옮긴이의 각주가 추가되었다. 이것을 *, ** 등으로 표시했으며 각주 란에 추가하였다.

각주 번호는 원서 그대로 따랐다.

3. 용어 통일

인명과 지명의 경우, '한국교회사학회 용어(인명·지명) 통일 원칙'을 따랐으며(다음 쪽 참고), 영문은 처음 1회에 한하여 병기하였다.

한국교회사학회 용어(인명·지명) 통일 원칙

1) 문교부가 1986년에 고시한 외래어 표기법을 따른다

현행 외래어 표기법은 다음과 같이 네 개의 장으로 구성되어 있다.

제1장 표기의 기본 원칙

제1항 외래어는 국어의 현용 24자모만으로 적는다.

제2항 외래어 1음운은 원칙적으로 1기호로 적는다.

제3항 받침에는 'ㄱ, ㄴ, ㄹ, ㅁ, ㅂ, ㅅ, ㅇ'만을 쓴다.

제4항 파열음 표기에는 된소리를 쓰지 않는 것을 원칙으로 한다.

제5항 이미 굳어진 외래어는 관용을 존중하되 그 범위와 용례는 따로 정한다.

제2장 표기 일람표(현재 19개 언어): 생략

제3장 표기 세칙(현재 21개 언어): 생략

제4장 인명, 지명 표기의 원칙: 생략

2) 〈외래어 표기법〉에 제시되어 있는 〈라틴어의 표기 원칙〉은 다음과 같다.

(1) y는 '이'로 적는다.

(2) ae, oe는 각각 '아이', '오이'로 적는다.

(3) j는 뒤의 모음과 함께 '야', '예' 등으로 적으며, 어두의 i+모음도 '야', '예' 등으로 적는다.

(4) s나 t 앞의 b와 어말의 b는 무성음이므로 [p]의 표기 방법에 따라 적는다.

(5) c와 ch는 [k]의 표기 방법에 따라 적는다.

(6) g나 c 앞의 n은 받침 'ㅇ'으로 적는다.

(7) v는 음가가 [w]인 경우에도 'ㅂ'으로 적는다.

3) 〈외래어 표기법〉에 제시되어 있는 〈고전 그리스어 표기 원칙〉은 다음과 같다.

(1) y는 '이'로 적는다.

(2) ae, oe는 각각 '아이', '오이'로 적는다.

(3) c와 ch는 [k]의 표기 방법에 따라 적는다.

(4) g, c, ch, h 앞의 n은 받침 'ㅇ'으로 적는다.

목차 CONTENTS

제1부 성명 황정욱 옮김

제네바 신앙고백 (1536)

로잔 논제들과 이에 관한 두 개의 연설 (1536)

제네바 교회와 예배 조직에 관한 논제들 (1537)

제네바 교회 헌법 초안 (1541)

제2부 변증 박경수 옮김

제3부 논쟁 박경수 옮김

전체 서문 GENERAL INTRODUCTION

신학자로서 칼뱅의 명성은 의심할 여지없이 「기독교 강요」에 의해 좌우된다. 이 작품은 칼뱅의 모든 것과 칼뱅주의 전체를 포함한다고 알려져 있다. 이 작품의 저자는 일반적으로 한 책의 인간으로 간주된다. 그러나 정확히 하자면, 이 판단은 논문들로 구성된 한 권의 책에 대해서는 거의 정당한 것처럼 보이지 않는다. 평소 분별력이 있는 두메르그(E. Doumergue)는 다음과 같이 균형 있게 말했다. "칼뱅을 진실로 완전하게 알고 그의 사상, 성격과 인격을 알기 위해서는, 한 자료가 아니라 세 가지 자료, 즉 그의 강요와 설교집, 그리고 서간들을 참고해야 한다."[1] 그러나 이렇게 말했을 때도, 여전히 칼뱅의 논문들에 대한 올바른 평가와는 거리가 멀다.

칼뱅 사상 속에는 여기서 고려해야 할 거대한 동종성(homogeneity)이 있다. 칼뱅보다 많이 쓸 수 있는 능력은 소수의 인간들에게만 주어졌다. "아우구스티누스처럼 그는 다른 사람이 읽을 수 있는 것 이상으로 썼다."[2] 그리고 또한 보다 소수의 인간들만이 대단한 일관성을 가지고 그렇게 많은 글을 썼다. 그러나 그의 일관성은 사상의 빈곤에 기인한 것이 아니라 사상의 놀라운 체계화에 근거한다. 그의 작품들은 서로 긴밀하게 연결되며, 그러므로 어떤 작품을 택하든지 칼뱅적 성격을 가진다. 이것은 동시대에 집필된 작품에만 해당되는 것이 아니라 상이한 시기에 속한 작품들에도 해당된

---

1. *Jean Calvin*, Vol. IV, 1.

2. A. Mitchell Hunter, *The Teaching of Calvin*, 3.

다. 베자(Beza)가 일찍이 그의 유명한 동료에 대해서 확증한 것처럼, 칼뱅의 견해는 「기독교 강요」가 25번 개정 출판된 기간 동안에도 본질적으로 변함이 없었다. 지속적으로 증보가 되기는 했지만 거의 변화가 없었다. 그러므로 그의 작품들의 각 부분들과 시기들에 있어서의 동종성이 또한 그가 지은 저작물들의 여러 유형들에서도 드러난다는 것을 발견하는 것은 놀라운 일이 아니다. 그렇다면 우리는 논문들의 차이점으로서 내용의 다양성을 찾을 것이 아니라 어떤 다른 것을 찾을 것이다.

논문들은 독자들에게 달라진 내용을 소개한 것이 아니라 응용의 다양성을 소개한다는 사실이다. 물론 사상가 칼뱅은 언제나 그가 집필한 모든 작품들 안에 현존한다. 그러나 그것들은 다양한 기능을 수행한다. 두메르그가 언급한 증가된 자료 범위도 보다 확장되어야 한다. 물론 칼뱅은 서신을 쓴 자이며 설교가이고 신학자로서의 칼뱅은 서신과 설교들 속에 연속적으로 드러난다. 그러나 또한 그 이상이다. 그는 행정가라는 말에 대략 포함된 모든 것이다. 그가 행정가로서 수행하도록 부름 받은 모든 부분들 속에, 그는 주요 신학 작품들에서 분명히 드러난 강력한 힘뿐 아니라 동일한 신학적 원리들을 집어넣는다. 두메르그는 칼뱅의 신학 사상에 대한 그의 책을 이렇게 끝맺는다. "결론은 칼뱅이 종교 개혁 시기의 위대한 사상가였고, 어떤 체계 속에서도 실제가 그렇게 이론과 긴밀하고 밀접하게 연결된 경우는 없었다는 것이다."[3] 그리고 다음과 같이 승인한다. "우리는 그의 신학 사상은 시민 정치와 교회 정치에 있어서의 그의 견해를 미리 결정했다고 믿는다."

친구나 적이나 경탄 혹은 적개심을 가지고 똑같이 경의를 표했던 이 사람은 보다 신학적 문제뿐 아니라 개혁파 교회를 세우는 일에 있어서도 대가적 편안함과 능력으로 그 자신의 재능을 바쳤다. 그의 시대 상황은 근면과 지혜를 위해 풍성한 기회를 제공했다. 신학자 칼뱅 옆에는 다른 역할을 하는 칼뱅이 놓여야 한다. 무엇보다도 탁월하게 교사가 있다. 「기독교 강요」 초판의 저자는 교사로서 나타난다. 이 작품이 저자의 광대한 사상을 포현하기 위해서, 그리고 개혁파 교회의 모든 목적을 위한 굳건한 신학적 기초를 위한 필요에 부응하기 위해서 연속적으로 확장 증보됨에 따라서,

---

3. *Op. cit.*, 476.

일반 그리스도인 평신도와 그 자녀들을 가르치는 기능은 보다 심오하고 체계적인 신학자의 기능으로부터 분리되었다. 칼뱅 작품의 이런 교육적 측면에 대해서, 그의 펜에서 나오거나 혹은 그의 영향에 의해 만들어진 신조들과 교리문답서들이 증인이다. 그러나 또한 행정가로서의 특징은 정치가, 사회 개혁자, 도덕주의자, 그리고 변증가로서의 특징과 쉽사리 구별되지 않는다. 이런 종류의 활동에 대한 풍부한 증거들이 유명한 교회 헌법과 이와 유사하거나 그것에 의존하는 저작들 속에서 발견된다. 교회 행정가에 대한 더 많은 기록이 필요하다면, 찾아볼 필요가 있으니, 물론 그가 주로 활동했던 지역에서 뿐 아니라, 교회가 여전히 칼뱅적 성격을 유지하고 있는 다른 여러 나라에서도 찾아볼 필요가 있다. 이런 다양한 기능들 외에 논쟁가의 기능이 있다. 이것은 신학자를 제외하면 다른 기능보다는 비중이 덜한 부분이다. 그러나 여기서 신학자는 자신의 주제와 절차를 선택하는 대신에, 양자가 그에게 강요된다. 그는 비판이나 오해로 인하여 야기된 도전에 대응하기 위해 일어난다. 그리고 그는 스스로 선택한 영역에서 그것들과 대결해야 한다.

논문들은 칼뱅의 작품에서 보다 다양한 역할로 망라되어 있다. 그리고 응답을 요청하는 상황이 다양하듯이, 또한 응답의 형태도 다양하다. 실로 이 작은 한 권의 책이 적절히 보여줄 수 있는 것보다 다양하다. 이 지점에서 바랄 수 있는 모든 것은 칼뱅의 놀라운 다재다능함이 드러날 수 있었으면 하는 것이다.

여기에서 번역되어 소개되는 작품을 선택하는 데 결정적인 역할을 하지는 않았을지라도, 두 가지의 중요한 사항이 고려되었다. 첫 번째 고려 점은, 방금 언급한 것이니 칼뱅이 행한 다양한 기능이다. 즉 신학자로서 행정가의 다양한 일에 몰두하지는 않았을지라도 분주했다는 것이다. 이 첫 번째 고려 점이 실제로 현재의 책에 일반적 패턴을 주문했다. 제1부에는 성명이라는 표제가 주어졌다. 칼뱅의 신학은 여러 논문들에서 길이와 형태에서 다양하지만, 반복적으로 표현되었다. 그의 사상은 「기독교 강요」에서 체계적 형태로 진술한 것과 많이 다르지는 않을 것이다. 그러나 그가 염두에 둔 다양한 목적 때문에 그것은 다양한 틀 속에 부어졌다. 제2부는 변증에 집중되었다. 단언은 추천에 의해서 보충될 필요가 있었다. 교리를 선포하는 것으로는 충분하지 않았다. 개혁파 신앙에 대한 경우도 진술되어야 했다. 스위스 칸톤의 교회들과 독일 및 다른 곳의 교회들이 종교 개혁의 필요와 제안된 개혁의 효력을 이해하게 만들어야 했다. 제3부는 칼뱅 작품의 논쟁적인 면에 집중하였다. 논쟁이 지금까지 분열되지 않고 개혁되지 않았던 서방 교회의 챔피언들과 함께 발했으리라 추측할 수 있다. 그러나 불행하게도 논쟁은 이 영역에만 국한되지는 않았다. 역사는 종교 개혁자들 가운데서 일찍이 드러났던 견해의 날카롭고도 때로 격렬한 차이를 기록한다. 차이점들이 조정될 수 있는 한, 칼뱅은 놀랄 정도로 평화주의적 정신을 보여준다. 일단 화해의 희망이 포기되었을 때, 그는 급속히 압도적으로 신랄한 어조로 되돌아갔으니, 근래 유감스럽게도 악명 높은 표현을 사용한다면, 마치 그의 인내심이 소진한 것처럼 논쟁은 이런 어조로 일반적으로 진행되었다. 두메르그에 의해 작성된, 칼뱅이 사용한 욕설들의 명단은 읽는 독자를 슬프게 만든다.

지금까지 여기서 제시된 논문들의 일반적 구조에 대해 언급했다. 여기에 포함된 특별한 작품들을 선택한 것은 두 번째 사항을 고려한 것에 의해 영향을 받았다. 일정한 특징적 교리들이 일반적으로 그리고 확실히 부당하지 않게 칼뱅에게 전가되었다. 하나님의 우월성, 성서와 하나님의 말씀의 탁월성과 권위, 예정, 그리고 성만찬에 대한 일정한 견해 이런 주요한 문제에서 그가 차지한 위치를 해명하는 논설들을 포함시키는 것이 정당한 듯하다. 그러므로 선택은 이런 판단에 근거한 것이다.

진정성에 관한 한마디. 단일 저작권이 확정된 사실이거나 적어도 인정된 경우라면, 이 문제를 해결하기는 쉽다. 그러나 공적 사용을 위해 작성된 문서의 경우에는 문제가 훨씬 복잡해진다. 그것의 존립은 공공 기관의 승인에 달렸으며 그것의 실행 혹은 적용은 다소간의 동의에 기초해서만 가능하다. 누구도 (예를 들어서) '어떤 무가치한 인간'의 비방을 반박함에 있어서 간단하면서도 신랄한 응답의 근원에 도전하지 않을 것이다. 그러나 「제네바 신앙고백」 혹은 「교회 헌법」의 저작권에 관해서는 다양한 문제들이 남아 있다. 이런 경우에 도움을 받지 않은 단일 저자를 요구하는 것은 제쳐 놓고, 저자에 대해 묻는 것은 별 의미가 없다. 주로 책임이 있는 인물 옆에는 다른 사람들이 연관되어 있을 것이다. 그들은 책임 있는 인물과 함께 심사에 있어서 '위원회 단계'에서 문서들을 옹호해야 한다. 혹은 힘과 자의식으로 새로이 각성된 교회의 교구나 회중들에게서 실행에 옮겨야 한다. 그러므로 진정성의 보다 폭넓은 잣대가 적용되어야 한다. 「종교개혁자총서」(*Corpus Reformatorum*)[4]가 여기서 채택한 규정의 폭은 관대한 편이다. 「신앙고백들」을 언급할 때, 의심의 여지없이 칼뱅의 것으로 전가될 수 있는 저작 외에도 보다 근원이 의심스러운 것들과 논란의 여지가 없이 생략될 수 있는 것들이 있다는 것이 지적되었다. *C.R.*은 계속해서 말한다. "그러나 이것들도 칼뱅주의 문제를 해명하는 문서에 속하며 칼뱅주의 연구와 보다 밀접한 연관성이 있기 때문에, 우리는 우리 캠프에서 그것들을 제거하는 것이 내키지 않았다."[5] 여기서 우리 캠프의 한계는 확실히 보다 제한되어 있다. 그러나 주장은 적합하며, 또한 칼뱅의 저작권 혹은 참여에 대한 합리적 근거가 인정된다면, *C.R.*에 포함된 사실, 한 문서 내에 내재한 관심이 정확한 저작권에 대한 의혹을 능가한다는 규칙이 채택되었다.

짧은 소개의 글이 각 논문앞에 있으며, 매우 간략하게 문학적, 역사적 문맥에서 차지하는 위치를 지시해 준다. 이 소개는 논평이 필요한 듯한, 선택된 논문의 내용을 언급함으로써 끝을 맺을 것이다. 그러나 그것들은 그렇게 해야 할 자격과 권한이 있으므로, 주로 자신을 변호해서 말해야 한다는 것은 분명하다.

1536년의 「제네바 신앙고백」에 대해서는 거의 말할 필요가 없다. 「기독교 강요」와 같은 해에 집필되었으므로, 보다 긴 작품과 동일한 일반적 패턴을 따르는데, 이 패턴은 확장된 이후 개정판에서도 반복될 것이다. 주목할 사실은, 제1항은 그 다음 내용들의 근원을 분명히 지시한다는 것이다 – 하나님의 말씀: 신앙과 종교의 규범은 오직 성서뿐이다. 이처럼 칼뱅 사상과 저서의 특징적이고 반복되는 성격은 일찍이 탁월하게 표현되었다.

「로잔 논제」들의 주요 관심은 그것의 간택이 논쟁에 개입하도록 계기를 제공한 데 있다. 두 번 개입하게 된 논제의 주제는 동일한 것이다. 처음 경우에는 논란되는 논제가 직접 이를 야기했고, 두 번째 경우에는 간접적으로만 그렇다. 이렇게 일찍이 칼뱅에게 개인적으로, 그리고 개혁파 교회 전체에 중요한 주제가 되는 문제가 이미 암시

---

4. *Corpus Reformatorum*(이후 C.R.로 표기), 29권 – 87권(Brunswick 1860-1900)에서부터 이 번역이 이루어졌다. 본문에서 인용된 번호는 총서 안에 있는 칼뱅 전집, *Joannis Calvini opera quae supersunt omnia* 내의 권수를 지시한다. 칼뱅 전집 안의 이 권들은 일련번호로 매겨졌다.

5. *C.R.* IX, Ii.

된 것이다.

「교회 헌법」에서 칼뱅은 실제적 문제들, 곧 자신의 신학적 전제에 부합하여 제네바 교회와 시의 질서에 주목한다. *C.R.*은 이렇게 논한다. "새로운 교회 질서가 조직되어야 했을 때, 자유 국가에서 일의 순서는 거의 어디서나 다음과 같다. 일단 어느 마을에서나 교황제의 오류와 악습이 개인에 의해서, 정부의 협조와 더불어서든 혹은 행정부의 반대에 거슬러서든지 공격받기 시작했을 때, 시민들의 요청에 의해서 논란이 되는 주제에 관해서 양파의 지도자들 간에 혹은 공개적으로 논쟁이 벌어졌다. 로마 가톨릭 신앙의 수호자들이 패배 당하고 무대에서 망신을 당해 내려왔을 때, 그들의 재단과 교회당은 버림을 받았다. 그러고 나서 시 의회의 제안에 의해서 그 문제를 숙의하기 위해 백성들이 엄숙하게 모인 자리에서는 다수결 투표에 의해서 결정되거나 혹은 빈번히 만장일치로 결정되었다. 그리고 결국 공적 포고에 의해서 로마 가톨릭교회의 미사와 다른 제의들은 폐지되었고, 신교 교리에 대한 설교가 시작되었고, 그들이 규정한 종교 개혁은 공화국 법의 일부가 되었다. 물론 이런 일들은 종교 개혁 신앙의 첫 번째 대변인이었던 자들과의 상의 없이는 이루어지지 않았다. 그러나 도시 정부는 관습적 권한을 실행함으로써, 논란이 되는 문제 및 구원과는 별 관련이 없는 애매한 문제들 혹은 개혁자들 간에도 논란되는 문제들, 평신도들에게는 별 중요하지 않거나 혹은 그들에게 번거롭기만 한 문제들에 있어서 조절하고 제동을 걸도록 신학자들에게 영향을 행사할 수 있었다."[6]

이 상황에서 칼뱅이 반대에 직면하지 않았기를 기대해서도 안 되고 또한 그렇지 않다는 것이 밝혀졌다. 그러나 *C.R.*이 언급한 대로, 모든 공적 의회 앞에 연속적으로 제출된 모든 문서들은 그의 견해, 그의 손에 의한 흔적을 담고 있으며 최종적이고 결정적인 형태에 있어서 이 결정적 영향은 결코 잊히지 않았다. 칼뱅은 법을 엄격히 준수하는 자였으며 냉혹한 판정관이다. 동시대인들이 칼뱅과 천국에 있기보다는 베자와 함께 지옥에 있는 편이 나을 것이라고 선언하는 것은 들어도 놀랄 일이 결코 아니다. *C.R.*은 이를 완화하여 이렇게 평한다. '필연적으로 법률가 칼뱅의 주목을 끌었던

---

6. *C.R.* IX, li.

세속적 문제의 다양성, 복잡성, 낯섦을 감안하는 것이 정당하다.'[7]

「제네바 교회 교리문답」은 지금까지 만들어진 그리스도교 신앙에 대한 가장 주목할 만한 성명과 견줄 수 있다. 그리고 우선 어린이를 위해 구성되었다는 점에서 영적, 신학적 교화의 영속적인 근원으로 남을 자격이 있었다.

칼뱅은 성만찬의 본성에 관하여 무엇을 믿어야 하는가에 관한 올바른 진술에 큰 관심을 기울였다. 그의 많은 진술들은 지루하게도 장황하고 반복적인(이 점은 인정해야 한다) 문서들 속에 포함되어 있다. 그러므로 감탄할 만한 「주의 만찬에 관한 소논문」을 포함시키는 것과 그것을 아주 간단한 「성만찬에 관한 신앙고백」으로 보충하는 것이 타당한 듯하다. 후자는 요약 형태로 어디선가 장황하게 말한 것을 많이 이야기하고 있다.

제1부에는 또 다른 문서들이 추가된다. 이 문서들을 포함시킨 이유는 그것들이 각기 다루고 있는 주제들에 의해 결정되었다. 어떤 칼뱅 논문집도 「예정에 관하여」에서 간략히 진술된 악명 높은 예정 교리에 대한 언급을 생략할 수 없었다. 유사한 고려 때문에 간단한 「말씀과 성례전의 사역에 관한 교리 촬요」를 포함시키는 것이 정당화될 수 있었다. 표제 자체가 문서를 추천한다. 그러나 그것의 특별한 관심사는 성령의 내적 사역과 내적 증언의 기능에 관한 진술에 있다고 말할 수 있다.

제2부, 변증은 한 문서에 집중되었으니, 이것조차 완전한 형태는 아니다. 이 책에 포함된 논문들 중에서 이것만이 축약된 유일한 문서다. 문서가 집필된 계기와 분리될 수 없는 문서의 성격은 그것이 포함되기에 충분한 근거가 된다. 삭제에 대해서는 두 가지 다른 이유가 있을 수 있다. 본래의 「훈계」는 매우 장대한 작품이니, 여기 소개된 어느 작품보다 길다. 순수 형식적 이유 때문에, 축약하지 않을 경우 거의 전체 권의 삼분의 일을 차지할 작품을 이 페이지에 포함시키는 것은 바람직하지 않았다. 그러나 또 다른 이유가 있다. 원문의 서론 일부분에서 다음과 같이 진술하고 있다. "내 목표를 완수하기 위해서 다음 세 가지 점을 함께 고려해야 한다. 첫 번째로, 우리로 하여금 치유책을 구하도록 만드는 악을 간략히 열거해야 한다. 다음으로 우리 종교 개혁자들이 사용한 특수 치유책들이 적절하고 유익했다는 것을 보여 주어야 한다. 마지막

---

7. *C.R.* X/1, ix.

으로, 나는 문제가 직접적 교정을 요청하는 한에서 우리 손을 뻗치기를 주저할 만한 자유가 있지 않다는 사실을 명백히 해야 한다." 그리고 더 나아가 말한다. "나는 다른 두 가지 점에 이르려는 목적 때문에, 첫 번째 점에 주의를 돌리는 것이므로, 나는 이 첫 번째 점을 몇 마디로 처리하고자 한다." 실제로 그것들을 몇 마디라고 말하는 것은 사실에 거의 부합하지 않지만, 그러나 그것이 몇 마디이기를 원한 것은 이 첫 번째 점이 덜 중요함을 보여 주는 증거로 받아들여질 수 있다. 세 번째 점의 경우에는 덜 중요하다는 암시는 없다. 그러나 세 가지 모두에 관해서 이렇게 말해야 한다. 그것들 모두에 대한 해설에서 칼뱅은 주의 깊게 구성된 동일한 순서를 따른다. 이 사실은 그 자신의 말에서 가장 잘 드러난다. 그는 독자들 앞에 제1부에서 따라야 할 프로그램만을 제시하는 것이 아니라, 모든 세 부분에서 실제로 따르는 프로그램을 제시한다. "그리스도교가 우리 가운데서 무엇에 의해 주로 존립하며 그 진리를 유지하는가를 묻는다면, 다음 두 가지 지식이 주요한 자리를 차지할 뿐 아니라, 그 지식 아래 모든 다른 부분들이 설명되며, 그러므로 그 지식이 그리스도교의 본질 전체를 포괄한다. 두 가지 지식은 하나님이 올바로 경배되는 방식에 관한 지식과 구해야 할 구원의 근원에 대한 지식이다. 이것을 무시할 때, 우리 모두는 그리스도의 이름을 자랑해야 하므로, 우리의 고백은 공허하다. 이것들 뒤에 성례전과 교회 정치가 온다. 이것들은 위에 언급한 두 가지 종류의 교리들을 보존하기 위해 제정된 것이므로, 다른 목적에 적용되어서는 안 된다. 또한 이 목적을 위해 그것을 실행하는 것 외에, 그것들이 순수하고 합당하게 집행되는지 아닌지를 확인할 수 있는 다른 방법이 없다. 당신이 보다 분명하고 친숙한 예증을 원한다면, 교회 규칙, 목회 직무, 그리고 성례전을 포함한 모든 다른 질서 문제는 몸과 유사하다. 반면에 하나님에 대한 올바른 예배를 위한 규칙을 정하고 인간의 양심이 구원에 대한 확신에 근거해야 하는 기초를 가리키는 교리는 몸을 살리고 활동적이게 만드는, 즉 간단히 말해서 몸을 죽고 쓸모없는 시체와는 다른 것으로 만드는 영혼과 같다.

그러므로 하나님에 대한 올바른 예배를 위한 규칙과 인간이 구원의 소망을 가질 수 있는 근원을 포함하는 교리적 부분 다음에는 성례전과 교회 정치가 오며, 이처럼 세 부분에서 이 순서가 신실하게 지켜진다. 세 가지 주제 가운데 어떤 것도 다른 것과 현격히 구별되고 분리되지 않는 것은 명백하다. 치유책은 존재하는 악에 맞추어진다. 그리고 그것을 적용하는 속도와 시기는 악들이 도달한 단계에 의해 결정된다. 여기에 실제로는 세 개의 상이한 각도에서 관찰된 단일한 주제가 있다. 차라리 놀라운 점은 아마도 칼뱅이 정확히 반복함이 없이 그렇게 할 말이 많았다는 사실이다. 그러나 여기서 내용 중복은 칼뱅이 다루고자 했던 첫 번째와 세 번째 점을 「필요성」 번역문에서 삭제한 것에 대한 충분한 이유로 간주될 수 있을 것이다.

칼뱅의 논쟁적 글의 장은 폭넓으며 어떤 문서는 매우 길고 중복이 많다. 칼뱅은, 그가 주장하는 바의 진리를 입증할 새로운 논거를 끊임없이 찾는 정신의 소유자는 아니다. 이것은 대개 처음부터 그가 자기 신앙의 논리적 기초로 파고들며, 이 기초에서 그를 움직이는 것은 가능하지 않으며, 이 기초 위에서 그는 자신의 견해를 해설하고 주장하기 때문이다. 그가 집필한 방대한 양 때문에 우리는 샘플들만을 취할 수밖에 없으며, 방금 언급한 것에 기인하는, 그의 저작들의 주목할 만한 동종성 때문에 이 필수적 샘플링은 우리를 크게 잘못 인도하지 않을 것이다.

「사돌레토에게 보내는 칼뱅의 답변」이 당시의 개혁되지 못한 교회와 교직자와의 논쟁을 대표한다는 주장을 반박할 사람은 별로 없을 것이다.

칼뱅이 다른 개혁자들과 논쟁한 것을 제시함에 있어서 보다 많은 경쟁작들과 큰 선택의 폭이 있다. 여기서 다시금 샘플링은 사용 가능한 자료를 고려하는 것이 규칙이 될 것이다. 어떤 다른 것보다 칼뱅 저작의 이런 국면에 있어서 보다 전형적인 것은, 성례전과 특히 성만찬에 관한 논쟁일 것이다. 제시되는 이런 유의 가능성 가운데서 베스트팔(Westphal)과 헤슈시오스(Heshusius)와의 논쟁들이 길이에서나 관심에서나 가장 주목할 만한 것이다. 둘 다 포함시킬 수 없으므로, 어떤 것을 선택해야 하는가? 함부르크 목사와의 논쟁, 혹은 하이델베르크의 교사와의 논쟁? 아마도 많은 것이 결정에 달려 있지는 않다. 「명백한 해설」에서 칼뱅은 여러 차례 헤스후지우스의 오류적 가르침은 이미 대결했고 반박한 베스트팔의 그것과 유사하다고 선언한다. 쟁점은 크게 다르지 않다. 두 논쟁은 칼뱅의 학생들로 하여금 이 중대하고 논쟁적인 주제에 관한 그의 사상의 세부 내용을 배울 기회를 준다. 저울추가 그렇게 수평으로 유지된다면, 어느 쪽이 덜 중요한가 하는 것을 고려함으로써 결국 추가 어느 쪽으로 기울 것인가를 결정할 수 있을 것이다. 헤스후지우스와의 논쟁에서 칼뱅의 답변은 베스트팔을 공격한 세 논문들(「첫 번째 방어」, 「두 번째 방어」, 「최종적 훈계」)과 비교할 때 보다 간략하고 보다 과묵하다. 헤스후지우스 논쟁은 더 나중이며, 칼뱅의 논거는 이전의 논쟁에서 얻은 것으로 추정된다. 또한 칼뱅의 평화주의적 의도는 헤스후지우스에 대한 칼뱅의 답변을 보완하고 결론짓는 「소논문」, 「일치를 얻기 위한 최선의 방법」에서 찬란하게 표현된다. 첨언할 수 있는 것은 「그리스도의 몸과 피에 진정으로 참여함에 관하여」에서 자신의 견해를 표현하기 시작하면서 멜란히톤에 대해 감동적으로 언급한 것은 인간적 관심과 가치를 가진다는 사실이다. 따라서 칼뱅의 이 국면을 대표하는 저작으로서 「분명한 해설」을 선택하게 되었다.

마지막으로, 「어떤 무가치한 인간에 대한 짤막한 답변」이 뒤따른다. 여기서 다시 예정에 관한 칼뱅 사상을 제시할 필요가 있다면, 이론적 선택의 폭은 넓으나 실제로는 제한되어 있다. 피기(Pighius)의 「하나님의 영원한 예정과 자유 의지에 관하여」에 대한 반박문은, 그것의 길이 때문에 제외되지 않았다면, 여기 포함될 수 있는 유력한 후보일 것이다. 그러므로 「짤막한 답변」을 선택하는 쪽으로 길이 열렸다. 표제는 다음과 같이 이어진다. 「그가 하나님의 영원한 예정 교리를 모독하려 하는 중상에 대하여」. 실제로 계기가 그 자신보다는 그의 적수에 의해 제공되었고 준비되었으므로, 칼뱅은 여기서 다만 예정론의 일정 국면을 진술한다. 하나님의 전능의 폭넓고 우선적인 개념 아래서, 안에서 인간의 자유 의지를 옹호하는 것이 특별한 가치를 가진다. 피기를 반박하는 보다 긴 논문의 어떤 특징들이 드러나지 않았다. 특별히 주목할 사실은, 예정이 '그리스도 안에' 있으며 이 사실로부터 모든 그리스도인 영혼을 위한 확신을 가져온다는 모든 언급이 생략된 것이다. 동시에 이보다 간단한 저작은 다른 작품의 논거의 특징을 이루는 장황함을 포기하였으니, 여기서 가르침은 금지하는 형태를 취하고 있다. 여기서 분명히 표현된 것은 하나님의 책임 없음을 입증하고, 하나님의 정의와 의, 하나님의 지배적 권능을 변호하는 것, '허용' 개념의 부적절성이다. 이 요소들 때문에 독자들은 이 논문의 특징을 이루는 공격적이고 신랄한 어조를 간과할 필요가 있으니, 혹은 불쾌감을 느낌이 없이, 칼뱅이 평화주의적이지 못한 분위기에서 논쟁을 이끄는 것에 대하여 관심을 가지고 주목할 필요가 있다.

역자 서문

우리는 칼뱅의 저술을 말할 때 제일 먼저 사부작 「기독교 강요」를 언급하지 않을 수 없다. 그러나 칼뱅(1509~1564)은 55년의, 현대인의 기준으로 보면 그리 길지 않은 기간 동안에 「기독교 강요」 외에도 허다한 글을 남겨놓았다. 그의 순탄하지만은 않았던 생애, 또한 늘 병마에 시달렸던 칼뱅의 생애를 고려할 때, 작품의 목록에서 우리는 그의 왕성한 창작력에 놀람을 금치 못한다.

칼뱅의 초기 작품

칼뱅의 작품 활동은 이미 1531년으로 거슬러 올라간다. 칼뱅은 1528년부터 오를레앙 대학 법학 교수 피에르 드 레트왈(Pierre de l'Estoile)의 문하에서 수학하였다. 그런데 그는 당시 대학생들의 관습에 따라서 1529년에 부근에 있는 부르즈대학에서 강의를 들었는데, 그 동기는 당시 유명한 이태리인 법학자 알치아티(Andreas Alciati)가 부르즈에 와서 강의를 한다는 소문을 들었기 때문이다. 그러나 알치아티의 강의를 들은 칼뱅은 실망하였다. 그 이유는 알치아티가 소문에 비하여 너무 빈약한 내용을 제공할 뿐 아니라 라틴어를 너무 조야하게 구사하였기 때문이다. 그런데 알치아티가 익명으로 자신의 스승 레트왈을 공격하는 「변증」(Apologia)을 출판하자, 이에 레트왈의 제자인 뒤쉬맹이 「반변증」(Antapologia)을 집필하였고, 친구 칼뱅에게 이 글의 서문을 의뢰한다. 그래서 칼뱅이 서문을 쓴 「반변증」이 1531년에 출판되었다.

이어서 1532년에는 약관 23세의 청년 칼뱅의 처녀작 「세네카의 관용론(De clementia) 주석」이 출판되었다. 이 작품은 1529년 에라스무스가 세네카 작품집을 출판한 것이 계기가 되어서, 칼뱅이 당시 유행하던 인문주의 운동에 참여하기 위해서 집필한 것으로서 종교와는 별 관계는 없다. 일부 학자들은 칼뱅이 당시 프랑스에서 일어나기 시작한 종교개혁 운동에 대한 정부의 탄압을 직면하여 왕에게 관용을 호소하려는 의도에서 이 작품을 집필했을 것이라고 추측하며 이 작품에서 종교개혁자의 초기 모습을 발견하려고 하지만, 작품 어디에서도 단서를 발견하지 못한다.

종교개혁자로서 칼뱅의 작품은 「프시코파니키아」(Psychopannychia)에서 시작된다. 이 저서에는 두 개의 서문이 있으니, 첫 번째 서문은 1534년 오를레앙에서, 두 번째 서문은 1536년 바젤에서 집필되었다. 이 저작이 1542년 스트라스부르에서 출판되었을 때의 표제는 "그리스도의 신앙 안에서 죽은 성도들은 영혼이 잠들지 않고 그리스도 곁에서 살아 있다"였다. 이 글은 영혼 불멸설을 변증하고 영혼 수면설을 반박한다.

칼뱅은 1536년 3월 바젤에서 「기독교 강요」 초판을 출판하였다. 그러나 프랑스 왕에게 바친 헌정사의 날짜를 통해 알 수 있듯이, 이 저서는 1535년 8월 바젤에서 탈고되었다. 칼뱅은 1534년 10월에 발발한 플라카드 사건 이후 종교적 자유를 찾아서 프랑스를 탈출하여 바젤로 망명하였다. 칼뱅은 바젤에서 「기독교 강요」를 탈고, 출판한 이후 잠시 이태리 페라라를 방문한 후 자기 고향 노아용으로 돌아갔다. 그러나 고향에 간 이유는 어디까지나 자신의 주변을 정리하기 위한 목적 때문이었다. 칼뱅은 영원히 고향을 등지고 다시금 스트라스부르로 이주할 계획이었으나, 전쟁 때문에 어쩔 수 없이 제네바를 경유하는 우회로를 통해 스트라스부르로 가고자 하였다. 그러나 칼뱅이 1536년 7월 제네바에 도착하였을 때, 당시 제네바 종교개혁을 담당하던 파렐에 의해 붙잡혔다.

제네바는 공식적으로 1536년 5월 종교개혁을 도입하기로 결의한 바 있었다. 칼뱅은 동년 8월부터 생 피에르 교회에서 바울 서신을 강해하기 시작했다. 제네바 시의회는 프랑스인 파렐을 초빙하였으나, 파렐은 조직력이나 신학적 지식 없이 오직 개혁의 열정만 넘치는 인물이었다. 파렐은 동포 칼뱅에게서 좋은 종교개혁 동반자를 발견하고 그로 하여금 자신의 개혁 사업을 돕도록 강권하였다. 파렐의 설득 결과로 칼뱅은 제네바에 정착하기로 결정하였다.

「제네바 신앙고백」과 「제네바 교회와 예배 조직에 관한 논제들」

시의회의 기록에 의하면 1536년 11월 10일에 「제네바 신앙고백」이 파렐과 칼뱅에 의해 시 당국에 제출되었으며 당국에 의해 접수되었고 보다 상세한 검토를 위해 보류되었다. 「제네바 신앙고백」은 만일 그의 단독 저작이 아닐지라도 적어도 파렐과의 공동 저작으로 인정할 근거는 충분하다. 이로써 목회 행정가 칼뱅의 면모가 처음으로 드러난다. 「기독교 강요」초판과 같은 해에 쓴 이 문서의 첫 번째 조항이 분명히 그 이하의 내용이 출발하는 근원, 곧 하나님의 말씀을 지시한다. 믿음과 종교의 기준은 오직 성서뿐이다.

칼뱅은 1537년 1월 16일 시의회에 「제네바 교회 조직에 관한 제안」을 제출했다. 그러나 칼뱅이 제출된 초안은 문안대로 수용되지 않았다. 매월 성찬을 거행하자는 칼뱅의 요청은 거부되었고 년 4회 시행의 절충안으로 타협되었다. 또한 권징과 출교의 도입도 승인되지 않았고 혹은 권징 위원회의 설치도 승인을 받지 못했다. 신앙고백은 그전 해에 승인되었지만, 시의회는 시 당국자들과 시민들 신앙 고백에 대한 준수를 서약해야 한다는 권고를 이행하지 않았다. 또한 혼인 문제를 다루게 될 위원회도 설치되지 않았다. 그럼에도 불구하고 중요한 것은, 이 문서에 표현된 종교개혁 프로그램이다.

1537년 3월 칼뱅이 그의 두 번째 논쟁적 저서 「두 서신」을 바젤에서 출판하기 전, 즉 1월 16일에 「교회 조직에 관한 논제」가 시 의회에 제출되었다. 다른 한편 「신앙 고백」에는 다음과 같이 부제가 붙어 있다. "제네바 교회에서 사용되는 교리 교육 지침에서 발췌됨, 제네바의 모든 시민과 거주자들과 나라의 신하들이 준수할 것을 서약해야 함." 그러나 칼뱅과 파렐의 제안은 난관에 봉착한다. 200인 위원회는 「논제」에서 요청한바 매달 마다의 성찬식 거행을 거부했고, 종전처럼 년 4회의 거행을 계속할 것을 요청했다. 또한 시 의회는 교회가 권징권을 주장하는 것을 수락하지 않았고, 신앙고백에 서명하는 일을 의무로 생각하지 않았다. 결국 1538년 1월 14일에 200인 위원회는 다음과 같은 결정을 내렸다. 서명을 거부하는 자들은 상식에 따라 행동하며, 설교자들은 서명을 거부하는 자들에게 성찬을 거절할 수 없다. 이것은 칼뱅이 원한 바 세속 정부로부터 교회의 독립을 정면으로 거부하는 조치였다. 동년 2월 3일에는 새로운 이사들이 선임되었는데, 이들은 모두 칼뱅의 적대자들이었다. 동년 3월 11일에 200인 위원회는 베른 시의 예배 의식을 도입하기로 결정했다. 칼뱅과 파렐은 이 결정을 교회의 주권에 대한 정부의 간섭으로 간주했고 이에 항의하였을 때, 3월 12일에 위원회는 설교자들에게 정치에 개입하지 말 것을 경고했다. 4월 8일에 제네바의 설교자 쿠로가 설교에서 이사들을 비난했으므로 소위원회에 소환되었다. 4월 19일에 칼뱅과 파렐은 소위원회에 소환되어 시가 베른 예배서를 도입하는 결정에 순응할 것을 요구받았다. 두 사람이 성령강림절까지 답변의 유예를 허락해 줄 것을 요구하자, 소위원회는 쿠로에게 설교를 금지했다. 그러자 두 설교자는 동료와 연대할 것을 선언했고 베른 시의 요구대로 성찬을 거행하기를 거부했다. 그 다음 날 쿠로가 시의 금지 명령에도 불구하고 설교단에 올라갔을 때 그는 체포되었다. 칼뱅과 파렐이 쿠로의 방면을 요구했을 때, 시는 그들의 설교권마저 철회했다. 4월 21일 부활절에 그들에 대한 조치에도 불구하고 칼뱅과 파렐은 관습대로 설교직을 수행했으나 성찬식을 집행하지 않았다. 4월 22일, 23일에 걸쳐서 200인 위원회, 총회, 소위원회는 두 사람의 설교 금지와 3일 내의 추방을 표결했다. 두 사람은 4월 26일 제네바를 떠났다.

「사돌레토에게 보낸 칼뱅의 답변」

칼뱅은 제네바에서 추방된 후 한 동안 바젤로 가서 다시 조용히 학문에 몰두할 생각을 하였다. 그러나 스트라스부르의 종교개혁자 부처의 권유에 의해서 스트라스부르의 프랑스인 난민 교회를 맡게 되었다.

　　1539년 3월 카르팡트라의 주교 사돌레토는 제네바 시의회와 시민들에게 서신을 보내어, 로마 가톨릭교회로 돌아올 것을 권유하였다. 교양 있는 인문주의자인 사돌레토는 제네바 시민들을 상대로 신, 종교, 성서에 대해 설득하는 일이 어렵지 않았다. 그에 의하면 교회 일치 파괴의 책임은, 사전에 다른 스위스 도시들에서 활동하던 일부 교활한 인간들에게 있다. 그의 말은 제네바의 목사들, 특히 파렐을 겨냥한 것이었다. 그들은 사기꾼과 새로운 일을 꾀하는 자로 매도되었다. 사돌레토의 서신을 받은 제네바 시의회는 답신을 보내기로 결정했지만, 누구에게 답신을 의뢰해야 할 지 알 수 없었다. 이에 베른시는 칼뱅을 적임자로 추천하였다. 칼뱅은 처음에는 주저하였다. 그는 당시 제네바의 추종자들과 서신 교환을 하고 있었다. 결국 칼뱅은 동년 9월 스트라스부르의 종교개혁자들의 권유로 답신을 쓰게 되었다. 그가 답신을 작성하는 데 소요한 시간은 불과 6일이었다. 그는 종교개혁의 필요성에 대해 서술하였다. 그는 사돌레토가 주장한 교회 개념을 반박하면서, 교회는 그리스도가 선포되고 신앙되는 곳에 존재한다고 주장한다. 새로운 것을 꾀하는 자들은 자신들이 아니라, 성서에 의지하지 않는 가톨릭 신학자들이다. 그러므로 교회를 분열시킨 것은 종교개혁자들이 아니다. 자신들은 오히려 그리스도의 군기가 있는 곳에 있을 따름이다. 칼뱅은 이런 방식으로 조목조목 사돌레토의 주장을 반박한다.

「제네바 교회 교리 문답」과 「제네바 교회 헌법」

칼뱅이 없는 제네바의 종교개혁은 지지부진할 수밖에 없었고, 주교 사돌레토가 제네바 시민들에게 가톨릭 신앙으로 복귀할 것을 권유하는 서한을 보낸 것을 계기로 해서 제네바 시는 칼뱅을 다시 데려오기에 이른다. 1541년에 9월 13일에 귀환한 칼뱅은 「제네바 교회 헌법」 초안 집필에 착수한다. 칼뱅은 그 동안 부처가 목회하던 스트라스부르에서 얻은 경험을 바탕으로 목사, 박사, 장로, 집사의 4직분을 두었고, 종전대로 장로들에게 시민의 윤리를 감독하게 하고 성찬식에 앞서서 윤리적 검증을 통해 성찬식 참여를 허락하도록 하였다. 이처럼 제네바 교회는 말씀 선포와 성례전 거행에 이어서 교회 훈련을 교회의 3번째 표징으로 삼았다. 그리고 칼뱅은 1542년에 「제네바 교회 교리 문답」을 작성했다.

칼뱅은 새로운 「제네바 교회 헌법」 초안에서 1537년과 마찬가지로 성만찬을 매달 1회 집행하기를 요구했다. 그러나 그의 요구는 받아들여지지 않았다. 수정안에 의하면 여전히 1년 4회, 즉 부활절, 성령강림절, 9월 첫 번째 주일, 그리고 성탄절에 성찬식을 거행한다. 이밖에 이 새로운 교회 헌법은 혼인, 장례, 병자 방문, 수감자 방문, 어린이 교리 교육에 관한 규정들로 끝을 맺는다.

총회의 표결에 의해서 최종 공적 법이 된 이 수정안은 시 문서고에 보관되어 있지 않은 듯하다. 그러나 이것은 목사들의 모임의 보고서에 문서로 보존되었다. 이 말이 본문 앞에 있는 서론에서 나타난다. 또한 1541년 11월 25일자 소위원회의 보고서에 포함된 다음의 언급에서 확인된다. "목사들의 말을 듣고서 소위원회, 200인 위원회와 총회에서 그리스도교의 질서를 위해 통과된 헌법 전문을 목사들과 당회 전권위원들에게 송부하기로 결정했다."

칼뱅이 제안한 네 교직은 학자들의 연구에 의하면 스트라스부르에서 시행된 것을 모방한 것이다. 그러나 여기서 중요한 것은 이러한 직무들의 동등성이다. 즉 주님만이 교회의 머리가 된다는 신앙에 입각해서, 교직 간에 서열이 있는 것이 아니라, 한 공동체의 지체들로서 주를 위하여 각기 맡은 직무를 이행하는 것이다. 이것은 로마교회가 교황을 수장으로 하는 계급 서열제를 가진 것에 대립하여 혁신적인 제도였다.

1545년에 칼뱅은 다시금 「제네바 교리 문답」을 작성했다. 제 2차 제네바 교리 문답은 그 자체가 신앙고백의 형식을 취하고 있으니, 1537년의 교리문답과는 달리 칼뱅은 별도의 신앙고백서를 만들지 않았다. 또한 칼뱅의 표현대로 이 문서는 신앙의 요목을 담고 있다. 당시 교리문답은 강요(institutio)와 동의어로 사용되었다.

이 문서는 1537년의 것과 여러 면에서 차이를 보인다. 우선 이전의 것과는 달리 교사와 어린이가 대화하는 형식을 취했고, 사상 면에서도 발전된 모습을 보인다. 즉 이전에는 루터의 「소교리 문답」(1529)의 구조처럼, 그리고 자신의 기독교 강요 초판의 순서대로 십계명을 먼저 다루고 나서 사도 신조와 주기도문, 곧 신앙론을 다루었던 반면에, 여기에서는 사도 신조 해설이 율법과 주기도문에 앞선다.

칼뱅은 서문에서 "바울이 추천한 신앙의 일치를 위해서, 세례를 앞서 엄숙한 신앙 고백이 선행되어야 한다. 그러므로 여기에 거룩한 교리에 있어서 모든 사람들 사이에 합의가 존립해야 할뿐 아니라, 또한 단일한 교리 문답이 선택되어야 할 것"이라고 말한다. 제네바 교리 문답은 세례를 받을 어린이들이 필수적으로 학습해야 할 기독교 신앙의 요목이다. 이 문서의 목적은 제네바 교회뿐 아니라 더 나가서 모든 그리스도인들의 신앙의 일치를 확립함에 있다. "만일 모든 사람이 한 신앙에서 합의하기 위해 이 기초가 없다면 세례의 유익이 무엇인가?" 개신교 진영이 한 교리 문답서를 사용하는 것 이상으로 바람직한 일은 없을 것이다. 그러나 그것은 현실적으로 실현될 수 없음을 안다. 각 교회는 자체의 교리 문답을 갖기를 원한다. 가장 현명한 방법은 그것을 막기 보다는, 각 교회가 자신의 교리 문답을 제시하고 상호 교환을 통하여 형식면에서는 아닐지라도 내용적으로 상호 일치됨을 확인하고 이로써 상호 존중하고 진정한 일치를 이루어 나갈 수 있다고 본다.

제 2차 제네바 신앙 교리 문답의 구조를 보면, 제 1부 신앙론(1–21장), 제 2부 율법론(22–33장), 제 3부 기도론(34–43장), 제 4부 성서론(44–45장), 제 5부 성례전론(46–55)으로 구성된다. 전체는 55장으로 되어 있는데, 매주 한 장씩 학습하여 주일날 회중 앞에서 암송하도록 만들어졌다.

칼뱅이 신앙론을 율법 앞에 놓은 것은, 신학적 이유에서라고 말할 수 있다. 「기독교 강요」 초판에 의하면 하나님이 우리에게 말씀을 통해서 우리 죄를 계시하고 성령의 내증을 통해 우리 안에 새겨 주지 않고서는 우리는 자신이 죄인이라는 사실을 깨달을 수 없다. 그러므로 율법이 가장 먼저 서술되었다. 반면에 여기서는 먼저 신앙이 무엇인가를 설명하고, 그 다음으로 인간에게 신앙에 비추어서 그의 죄를 밝히는 구조를 택하였다. 믿음이 스스로 그의 죄를 명백하게 드러낼 수 있기 때문이다. 사실 하나님이 인간에게 자신을 계시하는 정도에 따라서 인간은 자신을 인식할 수 있다. 그러므로 하나님에 대한 인식으로부터 시작한다.

이 변화는 매우 중요하다. 그 이유는 무엇인가? 이것은 「기독교 강요」의 거듭된 개정과 모종의 연관이 있다. 1539년판에는 하나님 인식, 인간 인식과 자유 의지, 신앙, 하나님의 예정과 섭리, 구약과 신약의 관계, 그리스도인의 삶이 추가되었다. 즉 칼뱅은 기독교 강요 1539년판부터 루터적 구조를 포기하고 독자적인 구조를 취하게 되었다. 이런 변화를 단적으로 나타낸 실례가 바로 1542년도 「제네바 교리 문답」이다.

1541년 교회 헌법은 주기적인 모임을 통해서 공화국의 도시와 영지의 목사들 간에 일치와 규율을 보증하기 위한 조항들을 포함한다. 이것들 중 한 목표는 상호 권징의 실천일 것이다. 그러나 「시골에서의 교구 조직」은 처음에 부적합하게 작성된 듯하다. 이 문서는 1546년 1월 11일의 날짜를 가지고 있고, 당시 종교 개혁자는 선한 질서의 유지와 목사들이 기능을 수행하는 지와 회중이 종교적 의무를 이행하는지 감사하는 일을 확실하게 하기 위해서, 시골 교회의 정기적 시찰을 조직하기 위한 새로운 초안을 작성할 필요를 깨달았다는 것을 보여준다. 칼뱅은 1546년 1월 25일에 의회 모임에 그의 초안을 제출했고, 이것은 채택되었다. 의회록은 이런 표현으로 시찰 규정 초안의 도입을 보고한다. "1546년 1월에 총회로 모인 형제들에 의해서, 이후로 제네바 교회의 모든 교구에 대한 시찰이 이루어질 것이 결의되었다. 또한 참석한 자들은 두 명의 자문관이 목사들과 함께 지방 영주를 시찰하는 데 동의했고 지시했다. 이것은 목사들이 시골 목사의 교리와 삶에 관해 문의하고 자문관은 영주의 삶에 대해 문의하기 위함이다." 이 규정은 후에 1561년의 제네바 교회 헌법 속에 들어갔다.

1541년 제네바 교회헌법의 마지막 절은, 규정들이 영지에 속한 마을들에 적용되어야 한다고 진술했다. 그러나 규정들의 도입과 실천은 도시 밖의 교구들에서 난관에 봉착했다. 그래서 질서를 확립할 필요를 느꼈고 시골 사람들의 마음 상태와 관습을 위해 특별히 준비된 규정에 의해서 종교개혁 원리들을 적용할 필요를 느꼈다. 1546년 말 칼뱅은 그의 다른 동료 목사들과 함께 이것을 준비하였다. 이것은 목사 회의 (Vénérable Compagnie) 회의록에 삽입된 규정 초안 사본의 상단에 있는 전문에서 설명된 바와 같다. "1546년 12월 17일 금요일에, 총회로 모인 제네바 교회의 목사들은, 교회의 상태와 조건에 관하여 논의하고 공표하고 규제한 것과 또한 다른 기억할 만한 일들을 정리하는 것과 적시에 개교회를 돕는 것이 유익할 것이라고 우리에게 진술했다. 이것을 하기 위해서 목사들은 이것을 기록해야 한다고 결의했다. 같은 날 시골 교구들의 개혁에 관한 일부 규정들이 제안되었다. 이것들은 좋고 유익하다는 것이 드러났다. 그래서 이것들은 나으리들의 조언과 요구에 따라서 작성되었으므로 그들에게 제출되기로 동의를 얻었다. 이것들은 나으리들에 의해 통과되었고 1547년 2월 3일에 의회에서 선포되었다. 그 다음으로 200인 위원회에 이첩되었다." 1547년 5월 17일에 초안은 이렇게 공식으로 채택되었다. 이것은 1561년판 제네바 교회 헌법에는 들어가지 않았다.

「교회 개혁의 필요성」

「교회 개혁의 필요성」은 그 서문이 이 문서의 배경에 대해 말해준다. 복합적인 동기들이 황제 칼 5세로 하여금 슈파이어 제국회의를 소집하게 했는데, 그것들 중에는 종교적인 논쟁이 아주 오래 계속된 데 대한 불만, 그리고 프로테스탄트 영주들이 이로 인해 프랑스와의 전쟁에 관심을 두지 않는 데 대한 불만이 있었던 것이 확실하다. 부처는 종교개혁의 정당한 논거를 주장하는 글을 보냄으로써 황제의 마음을 준비시켜야겠다고 생각했지만, 그런 글이 목적을 이룰 수 있을 것인가 하는 의심이 나중에 그에게 엄습해 왔고, 그래서 그는 칼뱅의 조언을 구했다. 칼뱅은 놀라운 힘과 속도로 이 일을 처리하여, 1543년이 끝날 무렵(슈파이어 회의는 1544년 2월에 열리도록 소집되었다)에 칼뱅은 베자가 「칼뱅의 생애」에서 그 시대 가장 열정적이고 중량감 있는 저술들 가운데 하나라고 평한 문서를 준비하였다. 칼뱅 전집 편집자들은 이 글이 내용의 중요성과 문체의 우아함 두 측면 모두에서 칭찬할 만하다고 보고 있다.

「어떤 무익한 자의 중상비방을 반박하는 짤막한 답변」
「어떤 무익한 자의 중상비방을 반박하는 짤막한 답변」이 염두에 두고 있는 무익한 자는 카스텔리오이다. 그는 로마가톨릭교회에서 개종한 자로, 유능하고 언어학에 능통하며 관용의 옹호자인 이 자의 이름이 너무나 신랄한 상황에 관련되고, 칼뱅과도 매우 복잡한 관계로 연루되어, 어느 측도 그 논쟁에 대해 절제와 침착함을 유지하기 힘들었다는 사실은 유감스러운 일이다. 이 두 사람의 최초의 접촉이 결국 그처럼 폭력적인 격론에 달하리라는 것을 전혀 예감할 수 없었다. 카스텔리오는 1540년에 스트라스부르에 있던 칼뱅을 방문한 손님이었으며, 그 다음해에 제네바에 있는 학교를 맡아 달라고 초청을 받았다. 그렇지만 그는 자신이 "외설적이고 음란한 노래"로 간주하였던 아가서에 대한 "불경한 해석"을 이유로 목사안수를 받지 못하였다. 그리고 이뿐만 아니라 다른 신학적인 이견들로 인해 결국 학교에서 물러나게 되었다. 그렇지만 그가 학교를 떠날 때 칼뱅은 그를 위해 우호적인 추천서를 써 주었다. 그는 바젤로 가서 그곳에서 여생을 보내면서, 칼뱅과 제네바 교회를 공격하였으며, 이로 인해 유감스럽게도 그의 이름이 폭넓게 기억되고 있다. 여기서 비난과 그에 대한 방어 이야기를 전부 다 풀어서 이야기하자면 너무 장황하고 복잡한 일이다. 상당한 부분이 모호한 채 남아 있다. 특별히 세르베투스의 죽음은 비록 확인할 수 없기는 하지만 이미 충분히 불타오른 상황을 더욱 악화시키는 데 상당히 중요한 역할을 했다. 양측이 서로를 몰아

세우는 데 사용된 출판물들의 저자가 누구인지조차도 아직 얼마간 의문의 여지가 있으며, 이 익명성으로 인해 문제를 명료하게 하려는 시도들이 좌절되고 있다. 칼뱅 전집 편집자는 다음과 같은 임시적인 결론에 도달한다. 세 편의 글이 출판되어 계속해서 칼뱅의 주목을 받았는데, 칼뱅의 예정론을 공격하고 있는 이 글들은 하나는 프랑스어로, 하나는 라틴어로 인쇄되었고, 나머지 하나는 라틴어로 손으로 씌어졌다. 칼뱅은 카스텔리오가 저자가 아닌지 의심하였다. 칼뱅은 먼저 나온 두 책자에 대해 즉각적으로 그리고 날카롭게 응수하여, 사안에 대해서 그리고 저자에 대해서 모두 비판하였다. 그리고 세 번째 저작물에 대해서는 그 다음해인 1558년에 좀 더 긴 글을 써서 응수하였다. 먼저 나온 작자미상의 두 책자와 칼뱅의 첫 번째 응답의 글은 유실되었다. 칼뱅의 세 번째 응답에 대해 카스텔리오가 응수하는 글을 썼는데, 카스텔리오는 나중에 베즈의 통렬한 비방에 대응하는 글을 써서 이 글에 부록으로 덧붙였다. 여기 번역된 글은 칼뱅의 두 번째 답변의 글이다. 칼뱅의 예정론에 대한 카스텔리오의 비난의 특징은 그 답변서를 보면 분명하게 나타난다. 카스텔리오는 칼뱅이 하나님을 죄의 창조자로 만들고 있고 하나님의 의지를 둘로 나누고 있다고 비난하면서, 모든 사람이 본성상 하나님의 자녀이고 상속자이지만 구원은 믿음과 견인에 달려 있다고, 그리고 하나님의 예지는 인간 행동을 결정까지 포함하지는 않는다고 주장한다.

「분명한 해설」

칼뱅과 베스트팔(Westpfal) 사이에서 논쟁이 있은 지 일이 년 후에, 그 논쟁의 파동이 채 가시지 않은 물속을 다시 휘젓고 누비는 또 다른 사람이 나타났는데, 헤스후지우스(T. Heshusius Vesalius)였다. 불링거(Heinrich Bullinger)가 하이델베르크에서 교사로 있을 때 연루되었던 그 논쟁에 관해 최초로 칼뱅의 주의를 환기시켰고, 그 이후 마그데부르크에 거주하던 헤스후지우스가 펴낸 「성찬에서 그리스도 몸의 임재에 관하여」 사본을 칼뱅에게 보냈던 것 같다. 불링거 자신은 이런 하찮은 일에 귀중한 시간을 허비하는 것이 내키지 않는다고 했고, 칼뱅 역시 처음에는 도전에 응할 생각이 없었던 듯하다. 그렇지만 "돌마저도 격분시킬 만큼 너무 지나친 모욕을 당하자" 갑작스럽게 생각을 바꾸어, 그는 이 격렬하고 민첩한 새로운 상대와 교전을 하게 되었다. 이렇게 해서 1561년

「분명한 해설」이 세상에 나오게 되었다.

황정욱

제1부
성명

장 칼뱅

PART I
STATEMENT
JEAN CALVIN

제네바 신앙고백

서문

베자는 1536년에 대해 언급하면서 제네바 교회가 당시 로마 가톨릭 신앙의 치욕에서
막 벗어났을 때, 이 교회에 적합한 그리스도교 교리 양식으로 작성하였다고 말함으
로써 칼뱅을 이 문서의 저자로 간주한다. 콜라동(Colladon)은 「칼뱅 전기」에서 이 견해
에 동의한다. 근대의 저자들은 이구동성으로 파렐(Farel)에게 저작권을 돌렸다. 그러나
파렐의 친구인 칼뱅이 이 문서를 편집 내지 개정하는 데 관여하지 않았다는 것은 거
의 불가능하다. 또한 이 사실은 이 문서가 보여주는 신학적 능력에 의해 확증된다. 더
구나 시 의회의 기록은 1536년 11월 10일 「신앙고백」이 파렐과 칼뱅에 의해 시 정부에
제출되었고, 시 정부에 접수되어 보다 세밀한 검증을 위해 보관되었음을 확인한다.
그러므로 칼뱅의 단독 저작이 아니라면, 적어도 그가 협조했음을 인정할 수 있다.

　　라틴어와 프랑스어 판이 *C.R.*에서 출판되었으며, 위의 서문은 *C.R.*서문의 요약문
이다.

제네바 신앙고백

―제네바의 모든 시민과 주민들 그리고 나라의 모든 백성이 준수하기로 약속해야 하는 신앙고백(1536)

1. 하나님의 말씀

먼저 우리는 우리의 신앙과 종교의 규칙으로서 오직 성서만을 따르기를 원한다고 선언한다. 하나님의 말씀을 떠나서 인간의 생각으로 고안된 어느 것도 여기에 섞지 않을 것을 선언한다. 또한 우리의 영적 통치를 위해서 우리 주가 명령한 대로, 하나님의 말씀에 보태거나 뺌이 없이 우리가 하나님의 말씀에서 배운 것 외에 어떤 교리도 받기를 원하지 않는다고 선언한다.

2. 유일하신 하나님

성서에 담겨진 가르침에 따라서 우리는 유일하신 하나님만이 계시다는 것을 안다. 우리는 그를 경배하고 섬겨야 하며 그 안에만 모든 지혜, 능력, 의, 선, 자비가 있다는 확신을 가지고 그에게 우리의 모든 믿음과 소망을 두어야 한다. 그는 영이므로 그를 영과 진리 안에서 섬겨야 한다. 반면 어떤 피조물에 믿음과 소망을 두는 것, 천사든지 다른 어떤 피조물이든지 우리 영혼의 주 외에 다른 것을 경배하는 것, 성인이든 지상에 살아 있는 인간이든, 그 외에 다른 주를 인정하는 것, 또한 그가 마치 이런 일들을 기뻐하는 듯이 그에게 마땅히 바쳐야 할 경배를 외적 의식과 육적 준수를 통해 경배하는 것, 그의 신성을 나타내기 위해서 형상을 만드는 것이나 경배하기 위해 어떤 형상을 만드는 것은 가증스러운 일로 여긴다.

3. 하나님의 법만이 만민을 위한 법

우리의 양심을 주관하는 유일한 주가 계시며 그의 의지는 모든 의의 유일한 기준이기 때문에, 의의 완전함이 그 안에 담겨 있는 그의 거룩한 법의 명령에 따라 우리의 삶 전체가 규제되어야 한다고 고백한다. 또한 우리는 선하고 의롭게 사는 다른 규범을 가지거나 그의 비위를 맞추기 위해서 어떤 선한 행위를 꾸며 내서도 안 되다고 고백한다. 이 법에 담긴 명령은 다음과 같다.

"나는 너희를 이집트 땅 종살이하던 집에서 이끌어 낸 주 너희의 하나님이다. 너희는 내 앞에서 다른 신들을 섬기지 못한다. 너희는 너희가 섬기려고 위로 하늘에 있는 것이나, 아래로 땅에 있는 것이나, 땅 아래 물 속에 있는 어떤 것이든지, 그 모양을 본떠서 우상을 만들지 못한다. 너희는 그것들에게 절하거나 그것들을 섬기지 못한다. 나 주 너희의 하나님은 질투하는 하나님이다. 나를 미워하는 사람에게는, 그 죄값으로 본인뿐만 아니라 삼사 대 자손에게까지 벌을 내린다. 그러나 나를 사랑하고 나의 계명을 지키는 사람에게는 수천 대 자손에 이르기까지 한결같은 사랑을 베푼다. 너희는 주 너희 하나님의 이름을 함부로 부르지 못한다. 주는 자기의 이름을 함부로 부르는 자를 죄 없다고 하지 않는다. 안식일을 기억하여 그 날을 거룩하게 지켜라. 너희는 엿새 동안 모든 일을 힘써 하여라. 그러나 이렛날은 주 너희 하나님의 안식일이니, 너희는 어떤 일도 해서는 안 된다. 너희나 너희의 아들이나 딸이나 너희의 남종이나 여종만이 아니라 너희 집짐승이나, 너희의 집에 머무르는 나그네라도 일을 해서는 안 된다. 내가 엿새 동안 하늘과 땅과 바다와 그 안에 있는 모든 것을 만들고 이렛날에는 쉬었기 때문이다. 그러므로 나 주가 안식일을 복 주고 그 날을 거룩하게 하였다. 너희 부모를 공경하여라. 그래야 너희는 주 너희 하나님이 너희에게 준 땅에서 오래동안 살 것이다. 살인하지 못한다. 간음하지 못한다. 도둑질하지 못한다. 너희 이웃에게 불리한 거짓 증언을 하지 못한다. 너희 이웃의 집을 탐내지 못한다. 너희 이웃의 아내나 남종이나 여종이나 소나 나귀나 할 것 없이, 너희 이웃의 소유는 어떤 것도 탐내지 못한다."(출 20:2-17)

4. 인간의 본성

우리는 인간이 본성적으로 이성의 암흑 속에서 맹목적이고 마음의 부패와 왜곡으로 가득하다는 것을 안다. 그래서 인간은 마땅히 이해해야 할 하나님에 대한 참 지식을 가질 능력이 없고 선한 일에 전념할 수 없다. 오히려 인간이 하나님에 의해 자기 본성에 맡겨진다면, 무지에 머무를 수밖에 없고 모든 불의에 내맡겨질 따름이다. 그러므로 인간은 구원의 올바른 지식에 이르기 위해서 하나님으로부터 조명을 받을 필요가 있고 또한 그의 마음가짐을 재정립하고 하나님의 의에 복종하도록 개혁될 필요가 있다.

5. 그 자체로 저주받은 인간

인간은 본성적으로(말해진 것처럼) 하나님의 모든 빛과 모든 의를 빼앗기고 박탈당했으므로, 우리는 자체적으로는 하나님의 진노와 저주를 기대할 수밖에 없다는 것과 그러므로 구원의 방도를 자신 외에 다른 곳에서 찾아야 한다는 것을 안다.

6. 예수 안의 구원

우리는 예수 그리스도가 우리 자신에게 부족한 것을 그 안에서 회복하기 위해서 아버지로부터 우리에게 주어진 분임을 고백한다. 우리의 구속(救贖)을 위해서 예수가 행하고 당한 모든 일을 우리는 아무 의심 없이 참된 것으로 믿는다. 이것은 교회에서 낭송되는 사도 신조에 담겨 있는 것과 같다.

"전능하시고 하늘과 땅을 창조하신 하나님 아버지를 믿으며, 독생자 우리 주 예수 그리스도를 믿사오니, 그는 성령으로 잉태되셨고 동정녀 마리아에게 나셨으며 본디오 빌라도에게 고난 받으셨고 십자가에 달려 돌아가셨고 매장되셨고 음부에 내려가셨고 삼 일 만에 죽은 자 가운데서 부활하셨고 하늘에 오르사 전능하신 하나님 아버지 우편에 앉아 계시다가 산 자와 죽은 자를 심판하기 위해 오실 것입니다. 성령과 거룩한 보편적 교회와 성도의 교제와 죄 용서와 육신의 부활과 영원한 생명을 믿나이다. 아멘"

7. 예수 안의 의

그러므로 우리는 하나님에 의해 예수 그리스도 안에서 우리에게 주어진 것들을 안다. 첫 번째로, 우리는 본성적으로 하나님의 원수이며 그의 진노와 심판에 예속되었을지라도 예수 그리스도의 중재에 의해 은총으로 그와 화해되었고 회복되었으며 그의 의와 무죄에 의해 우리의 불의를 용서받으며 그의 피 흘림을 통해 우리의 모든 흠에서 깨끗하게 되고 정화되었다.

8. 예수 안의 중생

두 번째로, 그의 영에 의해서 우리는 새로운 영적 본성으로 거듭났음을 안다. 즉 우리 육의 악한 욕망이 그의 은총에 의해 사멸하여 더 이상 우리 안에서 다스리지 못하고, 오히려 우리 의지가 하나님의 뜻에 순응하게 되어 그의 길을 따르며 그에게 합당한 것을 추구하게 된다. 또한 그의 영에 의해서 우리는 그 권세 아래 사로잡혀 있던 죄의 종살이로부터 해방되고 이 해방을 통해서 오직 선행만을 행할 수 있게 된다.

9. 믿는 자에게 항상 필요한 사죄

마지막으로 이 중생이 우리 안에 이루어져서, 우리는 완전히 죽을 몸을 벗을 때까지 언제나 우리 안에는 많은 불완전함과 연약함이 남아 있어서 하나님 앞에서 언제나 불쌍하고 비참한 죄인이다. 또한 우리는 나날이 하나님의 의 안에서 성장하고 발달할지라도 우리가 여기서 사는 동안 충만함도, 완전함도 없다. 그러므로 우리는 잘못과 죄의 용서를 얻기 위해 언제나 하나님의 자비를 필요로 한다. 이처럼 우리는 우리 자신에게서가 아니라 예수 그리스도 안에서 언제나 우리의 의를 구해야 한다. 또한 그 안에서 안식하고 그를 의지하며 우리 행위에 아무것도 돌려서는 안 된다.

10. 하나님의 은총 안의 우리의 모든 선

모든 영광과 찬송이 마땅히 하나님에게 돌려지기 위해서, 또한 우리 양심이 평화와 안식을 얻기 위해서, 우리의 행위의 가치나 공로를(여기에는 영원한 혼란 외에 어떤 보응도 없으니) 고려함이 없이, 하나님의 자비와 동정에 의해, 위에서 말한 대로, 모든 은총을 받음을 우리는 이해하고 고백한다. 그럼에도 불구하고 우리 주는 그의 선함에 의해 그의 아들 예수의 교제 속으로 우리를 받아들임으로써 우리가 믿음 속에서 행하는 행위를 기쁘고 적절한 것으로 간주한다. 우리 행위가 그럴 만한 가치가 있어서가 아니라 그가 우리에게 불완전함을 돌리지 않음으로써, 그것 안에서 자신의 영으로부터 나오는 것만을 인정하기 때문이다.

11. 믿음

우리는 마음의 어떤 확신과 신뢰 속에 복음의 약속을 믿고 예수 그리스도를 받아들일 때, 우리에게 수여되는 하나님의 선함의 그처럼 큰 보고와 그처럼 큰 풍성함은 믿음을 통해서 도달함을 고백한다. 예수 그리스도는 아버지에 의해 보여지며 하나님의 말씀에 의해 서술된 분이다.

12. 오직 하나님을 부름과 그리스도의 중재
우리가 오직 예수 그리스도를 통해 하나님에게만 우리 구원과 모든 선의 신뢰와 희망을 둔다고 선언한 것처럼, 또한 우리는 우리의 모든 곤경에서 우리의 중보자요 변호인인 예수 그리스도의 이름을 불러야 함을 고백한다. 우리는 예수 그리스도를 통해 하나님에게 이를 수 있다. 마찬가지로 우리는 모든 선함은 오직 그로부터 오며 그에게 감사를 돌려야 함을 인식해야 한다. 반대로 우리는 성자(saints)의 중재를 성서에 반하여 인간이 지어 낸 미신으로서 거부한다. 이것은 예수 그리스도의 중재가 충분하지 않다는 불신에서 비롯된 것에 불과하기 때문이다.

13. 이해할 수 있는 기도
기도는 마음의 내적 감정에서 우러나지 않는다면 위선과 환상이기 때문에, 모든 기도는 확실한 이해 속에 이루어져야 한다고 믿는다. 또한 이런 이유 때문에 우리가 그에게 무엇을 요구해야 하는가를 파악하기 위해서 우리 주의 기도를 배우자.
"하늘에 계신 우리 아버지, 이름이 거룩히 여김을 받으시며, 나라가 임하옵시며, 뜻이 하늘에서 이룬 것같이 땅에서도 이루어지리다. 오늘날 우리에게 일용할 양식을 주시며, 우리가 우리에게 죄 지은 자를 사하여 주신 것같이 우리 죄를 사하여 주시옵소서. 우리를 시험에 들지 말게 하시며 다만 악에서 구하옵소서. 아멘."

14. 성례전
우리는 주님이 그의 교회에 명령한 성례전은 믿음을 굳건하게 만들고 확인하고 인간들에게 하나님의 약속에 대한 믿음을 증언하기 위해서 주어진 신앙의 훈련으로 간주해야 한다고 믿는다. 또한 하나님의 권위로 세워진 그리스도교 교회에는 오직 두 가지 성례전만이 있으니, 곧 세례와 우리 주의 만찬이다. 그러나 교황의 영토에서 일곱 성례전에 대해 믿는 것을 우리는 우화와 거짓으로 정죄한다.

15. 세례

세례는 우리 주님이 우리를 아들 예수의 지체처럼 그의 자녀로 받아들이기를 원하는 것을 증언하는 외적 표지다. 또한 여기에서 우리가 예수 그리스도의 피로써 얻는 죄의 정화, 그 안에서 그의 영에 의해 살기 위해서 그의 죽음에 의해 우리가 얻는 육의 죽음이 표현된다. 그러나 우리 자녀들이 우리 주님과의 이런 연합에 속하므로, 우리는 외적 표지가 마땅히 그들에게 적용된다고 확신한다.

16. 성만찬

우리 주의 만찬은, 우리 주가 그의 몸과 피에서 우리가 가지는 영적 교제를 빵과 포도주 아래 나타내는 표지다. 그의 명령에 의하면, 예수를 그들의 생명으로 얻기를 원하는 모든 사람이 성만찬에 동참하기 위해 성만찬은 믿는 자들의 모임에서 분배되어야 한다는 것을 알자. 그러나 교황의 미사는 이 성만찬의 신비를 뒤엎기 위한 저주받은, 악마적인 의식이므로 우리는 이것이 영혼의 속량을 위한 제사로 간주되어서 빵이 신처럼 여겨지고 경배되는 한 하나님의 저주받은 우상 숭배로서 증오한다는 것을 선언한다. 그밖에 여기에 담겨 있는 다른 신성 모독과 가증스러운 미신과 열매 없이, 교화 없이 헛되이 취해지는 하나님의 말씀의 오용이 있다.

17. 인간적 전통

우리는 교회의 외적 정치를 위해 필요한, 그리스도인의 모임에서의 평화, 공정, 좋은 질서를 유지하는 데만 속하는 규정들을, 성 바울의 일반적 명령 아래 포함되어 있는 한, 결코 인간적 전통으로 간주하지 않는다. 그는 거기서 모든 것이 우리 가운데 단정하고 질서 있게 이루어지기를 원했다. 그러나 양심을 속박하기 위해, 하나님이 명령하지 않은 일에 믿는 자들을 구속하기 위해, 하나님이 요구한 것 외에 다른 예배를 세우기 위해 만들어진, 그리스도인의 자유를 파괴하려는 모든 법과 제도를 우리는 사탄의 왜곡된 가르침으로 저주한다. 우리 주는 인간의 명령에서 비롯된 가르침에 의해 헛되이 경배된다고 선언한 바 있다. 또한 우리는 순례, 수도, 음식 차별, 혼인 금지, 고해, 다른 유사한 것들을 이런 종류로 간주한다.

18. 교회

오직 예수 그리스도의 교회만이 있을지라도, 우리는 필요에 의해서 믿는 자들의 모임이 도처에 흩어져 있음을 안다. 이 모임의 각각이 교회라고 칭해진다. 그러나 모든 모임이 우리 주의 이름으로 모이지 않고 오히려 신성 모독에 의해서 그를 모독하고 더럽히기 위해 보이는 한, 예수 그리스도의 교회를 구별하는 올바른 표지는 인간들 사이에서 늘 그러하듯이 약간의 불완전함과 오류가 있을지라도 그의 거룩한 복음이 순수하고 신실하게 선포되고 청취되고 지켜지며 그의 성례전이 올바르게 집행되는 곳이라고 믿는다. 반대로 복음이 선포되지 않고 청취되지 않고 받아들여지지 않는 곳에서 우리는 결코 교회의 모습을 인식할 수 없다. 또한 교황의 교령에 의해 통치되는 교회들은 그리스도교 교회라기보다는 차라리 악마의 회당이다.

19. 출교

그러나 언제나 하나님과 그의 말씀을 멸시하고 훈계, 권면, 책망을 고려하지 않고 이로써 보다 중한 징계를 받아 마땅한 인간들이 언제나 있기 때문에, 우리는 출교 훈련이 신자들 가운데서 거룩하고 도움이 된다고 믿는다. 이것은 진실로 선한 이유에서 우리 주에 의해 제정되었기 때문이다. 이것은 악인들이 그들의 저주받을 행동을 통해 선한 자들을 타락시키지 않으며 우리 주를 모독하지 않기 위함이며 또한 그들이 수치심을 느끼고 돌아와서 회개하도록 만들기 위함이다. 또한 하나님의 명령에 따라서 모든 드러난 우상 숭배자, 신성 모독자, 살인자, 강도, 호색가, 거짓 증인, 소요자, 싸움꾼, 험구장이, 폭력배, 술주정꾼, 낭비하는 자들은 적절히 훈계받은 후에 교정하지 않으면, 그들이 회개할 때까지 믿는 자들의 교제에서 분리되어야 함이 마땅하다고 믿는다.

20. 말씀의 사역자들

우리는 가르침, 훈계, 위로, 권면, 책망으로 예수 그리스도의 자녀들을 먹이고 다른 한편으로는 악마의 모든 그릇된 가르침과 기만에 대항하며 성서의 순수한 가르침에 그들의 환상이나 어리석은 상상을 섞지 못하게 하는 하나님의 말씀의 신실한 사역자만을 교회의 목자로 간주한다. 또한 자신들에게 맡겨진 하나님의 백성을 말씀으로 인도하고 다스리고 지배하는 것 말고는 다른 권세와 권위를 그들에게 부여하지 않는다. 그들은 말씀으로 명령하고 수호하고 약속하고 위협할 권세가 있으며, 말씀 없이는 어떤 것도 기도할 수 없고 기도해서도 안 된다. 그러나 우리가 하나님의 말씀의 참 사역자를 하나님의 전령과 사절로 받아들이는 것처럼(그들의 말을 하나님의 말처럼 들어야 하고 그들의 사역을 교회에서 필요한 하나님의 위탁으로 간주하자) 또한 우리는 복음의 순수성을 포기함으로써 자신의 발상에 기운 모든 유혹하는 그릇된 예언자들이 아무리 목자의 칭호를 사칭할지라도 결코 용납하거나 감내해서는 안 된다. 차라리 강탈하는 이리처럼 하나님의 백성에 의해 쫓기고 구축됨이 마땅하다.

21. 권세가들

우리는 왕과 군주뿐 아니라 다른 권세가들과 관리들의 최고권과 주권을 하나님의 거룩하고 선한 질서라고 간주한다. 또한 그들이 직무를 수행할 때 애통하는 자와 무죄한 자들을 수호하고 사악한 자들의 악을 교정하고 징계함으로써 하나님을 섬기고 그리스도인의 소명을 따르는 것처럼, 우리 편에서는 하나님을 모독하지 않는다면 가능한 한 그들에게 존경과 복종, 굴종을 표시하고 그들의 명령을 실천하고 그들이 우리에게 부과한 짐을 감당해야 한다. 종합적으로 우리는 그들을 하나님의 대행자, 부관으로 대접해야 하며 하나님께 항거하지 않는 한 그들에게 결코 항거해서도 안 되며, 그들의 직무를 하나님이 우리를 다스리고 지배하도록 부여한 위임으로 여겨야 한다. 그러므로 모든 그리스도인은 그들이 사는 나라의 고위 권세가들의 번영을 위해 하나님께 기도해야 하고, 하나님의 계명에 위배되지 않는 법규와 명령에 복종해야 하고, 고위 권세가의 명예와 백성의 안정을 유지하려고 노력함으로써 공공선과 안정과 유익을 촉진해야 하고, 분란이나 마찰을 야기하기 위해 어떤 일도 꾸미거나 기도해서는 안 된다고 믿는다. 반대로 우리는 권세가에 대항해서 불신실하게 처신하고 그들이 사는 나라의 공공선에 대한 올바른 관심을 갖지 않은 모든 자들은 이로써 하나님에 대한 그들의 불신실성을 드러내는 것이라고 선언한다.

PART I
STATEMENT
JEAN CALVIN

로잔 논제들과 이에 관한 두 개의 연설

서문

1536년 10월, 베른 시의회는 로잔에서 성대한 의식과 더불어, 로마 가톨릭교회와 종교 개혁파 사이의 논쟁을 개최하였다. 그 목적은 보(Vaud) 칸톤을 종교 개혁 동맹 속으로 용이하게 끌어들이기 위함이었다. 파렐은 한 설교에서 양측에 10개 논제를 제안했다. 이로써 토론의 주제와 순서를 정했다.

칼뱅이 논제의 저자라고 볼 수는 없다. 그러나 논쟁 과정에서 칼뱅은 두 번에 걸쳐 연설을 하였다. 그러므로 그가 거기서 말한 것을 보여 주는 연설문들뿐 아니라, 그가 지지하고 변호한 논제 자체를 제시하는 것은 정당하다.

C.R.의 편집자들은 뤼샤(Ruchat)의 「스위스 종교 개혁사」, 4권, 284 이하를 인용함으로써 연설에 대해 소개한다. 1536년 10월 5일, "제안된 10개 논제 중 3번째 것에 대한 논쟁이 있고 토론이 영광을 얻은 그리스도의 실재의 문제에 집중되었을 때, 첫 번째 연설이 행해졌다." 이틀 후 논쟁이 8번째 논제에 집중되었을 때, 두 번째 연설이 행해졌다.(Ruchat, op. cit., vol. IV, 327) 칼뱅은 침묵을 깨고 교황 그레고리 7세의 인격을 통해서

화체설을 공격했다.(*C.R. IX, liii* 참고)

로잔 논제

—1536년 10월 첫 번째 날에 베른의 새로운 주, 로잔에서 토론되어야 할 쟁점들

1. 성서는 단번에 모든 사람을 위해 희생된 예수 그리스도를 믿는 믿음에 의한 칭의의 길만을 가르친다. 또한 사죄를 위한 다른 보속이나 봉양이나 정화를 행하는 자를 모든 그리스도의 모든 공로를 파괴하는 자로 간주한다.

2. 성서는 죽은 자들로부터 일어나서 하늘에서 아버지 오른편에 앉아 계신 예수 그리스도를 그의 교회의 유일한 머리, 참 제사장, 월등한 중보자, 참 변호인으로 인정한다.

3. 성서는 오직 예수 그리스도의 피로써 받아들여졌음을 믿고 꾸준히 흔들림 없이 말씀 위에 서고 말씀을 의지하는 모든 사람을 하나님의 교회라고 칭한다. 그 말씀은 육신적으로는 우리로부터 떠나 있지만 그럼에도 그의 성령의 능력에 의해서 만물을 채우고 유지하고 다스리고 생명을 준다.

4. 언급한 교회는 오직 하나님의 눈에만 알려진 자들을 포함한다. 교회는 그리스도에 의해 제정된 전례를 소유한다. 교회가 드러나고 알려지는 것은 세례와 우리 주의 만찬에 의해서인데, 이것들은 성례전이라고 칭해진다. 이것들은 비밀스러운 일, 즉 신적 은총의 상징이며 표지이기 때문이다.

5. 언급한 교회는 하나님의 말씀을 선포하고 성례전을 집행하는 것 외에 다른 사역을 인정하지 않는다.

6. 또한 이 교회는 하나님에게 행하는 고백 외의 다른 고백을 받지 않으며, 죄의 용서를 위해 하나님이 주신 것 외의 다른 사면을 받지 않는다. 이것만이 자신들의 잘못을 고백하는 자의 죄를 용서한다.

7. 또한 이 교회는 하나님의 말씀에 의해 영적으로 정해진 것 외에, 하나님을 섬기는 다른 방법과 수단을 거부한다. 이것은 하나님을 사랑하고 이웃을 사랑하는 것

에 있다. 그러므로 이 교회는 형상과 같은, 종교를 왜곡시키는 무수한 전례의 조롱거리들을 전적으로 거부한다.

8. 또한 이 교회는 하나님이 정해 준 세속 권세가들을 나라의 평화와 안정을 보존하는 데 필요한 것으로 인정한다. 이를 위해서 교회는 하나님을 거역하는 것을 명령하지 않는 한, 모든 사람이 순종하기를 바라고 명령한다.

9. 그 다음으로 이 교회는 하나님에 의해서 적절하고 적합한 것으로 제정된 혼인이 누구의 신성함도 해치지 않는다고 확신한다.

10. 마지막으로 음식, 음료, 날의 준수처럼 신앙과 무관한 것에 관하여 교회는 신앙인이 언제든지 원하는 만큼 자유롭게 사용하는 것을 허용하되, 단 지혜와 사랑이 허용하는 한에서다.

로잔 논쟁에서 칼뱅의 두 연설

1. 1536년 10월 5일 1차 연설

나는 나 자신이 지금껏 연설하는 것으로부터 면제되었다고 믿었으며, 내 형제 파렐과 비레(Viret)의 적절한 답변에 나의 말을 첨가할 필요가 없다고 보았기 때문에 끝까지 자의로 자제하려고 했습니다. 그러나 고대의 거룩한 박사들에 대해 그대들이 비난한 것과 관련해서, 그대들이 얼마나 그릇되게, 근거 없이 우리를 비난하는지를 간단히 입증하기 위해 나는 한 마디 말을 하지 않을 수 없습니다. 그들이 우리의 주장에 반대되고 적대적이라고 우리가 느끼기 때문이라는 이유를 첨가하면서, 그대들은 우리가 그들을 정죄하고 전적으로 거부한다고 비난합니다. 정죄에 관해서 만일 우리가 이런 하나님의 종들을, 그대들이 주장하듯이, 바보로 여길 정도로 멸시한다면 우리는 결코 온 세상으로부터 안하 무인이고 오만하다고 판단받기를 거절하지는 않을 것입니다. 만일 그렇다면 필요할 때 기회가 생길 때마다 우리가 그들을 읽거나 그들의 가르침의 도움을 사용하려고 애쓸 필요가 없을 것입니다. 그러나 그들에게 큰 존경을 바치기를 과시하는 자들이 종종 우리처럼 그렇게 그들을 존경하지 않습니다. 또한 그들은 우리가 기꺼이 그렇게 하듯이 그들의 글을 읽는 데 시간을 보내려 하지 않습니다. 이것은 그대들에게는 아니더라도 약간이나마 애를 쓰고자 하는 자들에게 입증될 수 있습니다. 그러나 우리는 그들에게 이런 순종을 바침이 마땅하지 않다고 믿어 왔습니다. 우리는 우리 주의 말씀의 권위를 깎아 내릴 정도로 그들의 권위를 그렇게 높이려 하지 않을 것입니다. 예수 그리스도의 교회에서는 오직 주의 말씀에게만 완전한 순종을 바침이 마땅합니다.

　　여기에는 충분한 이유 이상의 것이 있습니다. 그것은 우리 주께서 그의 예언자를 통해 분명히 선언한 판결 가운데(사 8장) 반역자로 드러날 것에 대한 두려움입니다. 지금 나는 그의 백성이 산 자 혹은 죽은 자의 말을 들음이 없이 주의 음성으로 만족해야 하지 않는가를 묻고 있습니다. 그러므로 사람이 율법과 예언자에게 순종하라는 명령이 있습니다. 그러므로 악마의 자식이 아니라 참으로 하나님의 백성이 되기 위해서 우리는 하나님의 말씀에 의지하며 거기에 우리의 마음, 생각, 눈, 귀를 고정하고 거기에서 돌이키지 말아야 합니다. 또한 우리 주는 사도 베드로를 통해서 그의 교회에서 말하는 자는 그들 자신의 가르침이 아니라 그의 말씀을 말하라고 명령하므로* 그의 뜻과 규정에 따라서 예수의 백성을 가르쳐야 하는 우리는 그것을 인간적 교리로 가르치기를 원하지 않으며, 오히려 신실하게 전달하도록 우리에게 위탁된 천상적 지혜로써 가르치기를 원합니다. 그대들이 인간 법의 모든 권세를 제거하는 것이 어떤 수단으로든 필요할 것이라는 데 대해 이의를 제기한 것은 우리에 대한 그대들의 무지에서 비롯된 것입니다. 왜냐하면 우리는 여기서 현재의 삶을 위한 일시적 정치를 다루는 것이 아니기 때문입니다. 차라리 문제는 영원한 삶을 위한 하나님의 영적 왕국에 관한 것입니다. 이사야 33장에서 말한 대로, 하나님은 말씀에 의해 그의 권세를 행사하고 지배하는 이 왕국의 유일한 왕과 입법자로 인정받아야 합니다. 그의 말씀에 오직 그의 홀과 주권이 있습니다. 또한 이 특권과 탁월함이 그의 법에 대한 교회의 굴종에서 함축하고 있는 결과에 대해 그대들이 무지하지 않기 위해서, 야고보는 구원하거나 멸망시킬 수 있는 단 한분의 입법자가 있다고 선언할 때 이를 분명히 했습니다.** 그대

---

* 벧전 1:21 참고

** 약 4:12

들은 야고보가 교회에 율법을 부과할 수 있는 사람은 누구든지 구원하거나 저주할 권세가 있다고 논증하는 것을 볼 수 있을 것입니다. 그러므로 생명과 죽음의 주이신 하나님 한분 외에 다른 입법자가 있을 수 없습니다. 교황은 그의 참을 수 없는 뻔뻔함과 악마적 오만에 의해 이 권세를 참칭하려 했고, 이로써 적그리스도에게 돌려지는 일을 완수한 것이 사실입니다. 그는 하나님께 돌려야 할 모든 위엄과 모든 영광 위로 자신을 높이고 있습니다.

그러나 우리는 이 축복받은 인물들을 적그리스도의 표준에 의해 평가하기를 원치 않으며, 예수의 선한 종들을 예수의 원수와 적으로 만들기를 원치 않습니다. 실제로 우리는 그들에게 주목하고 그들의 사역에 주목하고 하나님의 말씀을 찾는 가운데, 그들에게 마땅히 부여되어야 할 명예를 그들에게 돌립니다. 이는 우리가 하나님의 말씀을 발견했을 때 그들과 함께 겸손과 경외심을 다하여 하나님의 말씀을 듣고 이것을 지키며 오직 주만 위해서 이 영예를 보존하기 위함이며, 모든 귀가 그 말씀을 기꺼이 듣고 모든 영혼이 그 말씀에 순종하도록 하기 위함입니다. 주님은 다만 권위로써 말하기 위해 교회에서 그의 입을 열었습니다. 키프리아누스(Cyprian)는 서신집 제2권, '서신 3'에서 우리의 관심사인 당면 문제에 대해 말할 때, 우리가 우리 이전의 사람들이 말한 것이나 행한 것을 주목하기를 바란 것이 아니라 다만 우리 모두 이전에 계신 우리 주 그리스도가 말한 것을 고려하기를 바랐습니다.

그들 모두가 우리와 상반되기 때문에 그들의 권위에 의해 설득당하기를 두려워한다는 것을 입증하기 위해 제시한 이유들에 대해서, 오늘 그대들과 우리 사이에 논란거리가 되는 모든 문제들을 인용하고 그 이유가 우리를 향한 그대들의 비난만큼 참이라는 것을 보여 주기는 쉬울 것입니다. 그러나 지금 이 가설을 공격할 기회가 없으므로 나는 현재의 문제에 국한하고, 그대들에게 사실이 우리에게 불리하다고 주장하는 그 부분에서 실제로는 우리가 그들을 우리의 견해의 수호자로 만들 수 있다는 것을 보여 주는 것으로 만족할 것입니다. 이것을 하기 위해서 나는 말할 수 있는 모든 것을 제시하지는 않을 것이며, 내 의도를 분명히 입증함으로써 그대들이 반대 답변을 할 수 없게 만들 특정 구절을 간단히 제시할 것입니다.

첫 번째로, 사도 시대에 매우 가까운 테르툴리아누스(Tertullian)가 예수 그리스도의 몸은 다만 환상이며 헛된 모습이라고 주장함으로써 인간 몸의 모든 실재성과 속성을 박탈하고 제거한 마르키온(Marcion)의 오류를 반박할 때, 그리스도가 성만찬에서의 제시를 통해 몸의 형상을 남겼다는 사실에 의해서 그리스도가 참 몸을 지녔음을 입증했습니다. 그가 말한 대로 만일 실재적 사물 외에 다른 형상이나 표현이 있을 수 없다면 그리스도는 우리에게 내려왔을 때 참 몸을 취했음을 시사합니다. 왜냐하면 그는 성만찬에서 우리에게 그 몸의 모습을 남겼기 때문입니다. 또한 논거의 결론, 즉 그대들이 그리스도의 물질적 몸이라고 주장하는 성례전을 그리스도가 칭하기를 몸의 형상이라고 불렀다는 것을 주목합시다.

마태복음의 미완성 주석은 요한 크리소스토무스(John Chrysostom)의 작품으로 돌려지며, 그의 작품들과 더불어 11번째 설교 중간쯤에 포함되어 있으며, 성만찬의 요소들이 집행되는 그릇을 더럽히는 것보다는 우리 자신을 오염시키고 더럽히는 것이 우리에게 훨씬 큰 죄임을 보여 주기를 원하였는데, 그것의 저자가 누구이든지 간에 그는 이런 이유를 덧붙였습니다. '우리는 신이 거주하는 참 그릇인 반면, 저 그릇들은 예수 그리스도의 참 몸을 포함하는 것이 아니라 오직 그의 몸의 신비만을 포함한다.' 그는 문자적으로 이렇게 말했습니다. 우리는 예수 그리스도의 자연적 몸을 추구해서는 안 되고 오히려 우리가 그의 몸에서 가지는 교제의 신비를 추구해야 한다고 솔직히 말함으로써, 그가 그대들의 모든 교리를 뒤집고 우리의 가르침을 확립하는 것을 보십시오.

그대들이 변호인으로 삼았던 아우구스티누스(Augustine)는 '서신 23' 말미 부근에서 어린아이가 세례에 가지는 믿음에 대해 말하고 유아가 믿는다고 말하는 것은 부적절하다고 말한 후, 이런 비유로써 그의 목적을 완수했습니다. 우리가 부활절을 경축하는 날에 주가 일어났고 우리가 그의 고난을 기념하는 날에 십자가에 달렸다고 말할 때 이런 화법을 사용한다고 그는 말합니다. 또한 이렇게 말하는 자는 결코 제지되어서는 안 된다고 말합니다. 비슷하게 그리스도의 몸과 피의 표지인 빵과 포도주를 우리는 어떤 의미에서 몸과 피라고 부릅니다. '우리는 어떤 의미에서(quodammodo) 신비라 부른다.' 먼저 빵과 포도주의 상징이 어떤 이유에서 우리 구세주의 몸과 피라고 불릴 수 있는가를 봅시다. 그것은 분명히 그것들이 몸과 피를 대표하기 때문입니다. 또한 그는 이런 식으로 말하는 것의 부정확성을 보다 분명하고 명확하게 나타내기 위해서 이 특별한 말 '어떤 의미에서'로 표현했습니다.

「마니교도 아디만투스(Adimantus) 반박문」 중간쯤에서, 아디만투스가 짐승의 피는 그것의 영혼이라는 창세기 9장 본문에 관해서 주장한 것을 반박하면서, 그는 피가 본질이 아니라 표적이라는 것을 지시하기 위해 이것이 말해졌다는 것을 쉽게 입증할 수 있다고 선언합니다. 그러므로 우리 주는 그들에게 그의 몸의 표지를 줄 때 "이것은 내 몸"이라고 말하기를 주저하지 않았습니다. 이런 말들로 그것에 대해 언급되는 것보다 우리가 주장하는 바를 더 분명하게 선언할 수는 없습니다. 따라서 우리가 이렇게 같은 말로 그것에 대해 말해야 한다면, 그대들은 우리를 거슬러 아무것도 주장할 수 없을 것입니다.

그는 "그의 발등상은 거룩하니, 그것을 경배하여라"(시 98:5)는 본문을 주석하면서, 우리가 먹는 것과 같은 방식으로 유대인들은 예수 그리스도의 몸을 먹었다고 고백합니다.

요한복음에 대한 한 설교의 서두, (나는 정확히 기억할 수 없지만) 8 혹은 9번째 단락에서, 예수의 음성에 귀를 기울이라고 훈계하고 나서, 인격적으로 그들과 함께 말하지 않는 것에 그들이 어떻게 귀 기울일 수 있는가를 묻습니다. 그러고 나서 그는 답변합니다. '이 세대가 지속되는 동안, 구세주는 천상에 있어야만 한다. 그러나 지상에 그의 말씀을 남겼으니, 이를 통해서 그는 우리에게 말씀한다. 하늘에 오른 그의 몸은 한 장소에 있어야 하기 때문이다. 그러나 그의 진리는 도처에 퍼져 있다.' 그러므로 그대들은 몸이 모든 제단에 나타나고 모든 작은 상자에 담겨 있고 매일 같은 시각에 백 군데에 있다는 견해를 그대들이 그의 축복받은 인격에 대해 확신하는 것과 어떻게 조화시킬 것입니까?

또한 「집사 베드로에 대한 믿음에 관하여」 19장에서 (이것이 그의 글인지 혹은 다른 교부의 글인지는 불확실하지만), 구약 시대의 족장들과 예언자들은 우리 주 예수 그리스도께 가장 좋은 짐승을 바쳤고 지금 가톨릭교회는 믿음의 사랑으로 지속적으로 그에게 빵과 포도주의 제물을 바친다고 말합니다. 그리고 이 육적 제물에서 바침이 마땅한 그리스도의 몸을 대신하는 것처럼, 신약의 제물에서는 그리스도가 바친 그의 몸에 대한, 그리고 그가 우리 죄를 사하기 위해서 흘린 피에 대한 감사와 기념 행위가 실행됩니다. 이 모든 말과 비유가 그대들의 오류를 편드는지 보기 위해서 (만일 그것이 그대들에게 좋게 보인다면) 그 말들과 비유를 숙고하십시오.

마지막으로, 매우 긴 「다르다누스(Dardanus)에게 보낸 서신」에서 그는 생각한 바를 분명하게 증언합니다. 제1부에서 그는 예수 그리스도가 그의 신성으로 만유를 채우고 만유 속에 거주하고 천지를 통하여 퍼져 있다는 것을 다룹니다. 제2부에서 그는 그가 인간성으로는 지상에 있지 않고 하늘에 있다는 것을 보여 줍니다. 왜냐하면 그가 자기 몸을 천상으로 옮기고 올릴 때 영광과 불멸성을 부여했으나 그것에서 실재성이나 본질을 제거하지는 않았기 때문입니다.

여기서 블랑슈로즈(Claude Blancherose)[1] 박사께 좀 더 신중하게 말해 줄 것을 요청하는 바입니다. 첫째로, 하나님의 현존이 어떻게 만유에 퍼져 있는지, 둘째로, 그리스도의 인간성에서 우리가 어떤 도움을 얻는지에 대해서 말입니다. 하나님이 아래 있다는 것을 입증하기 위해서 그대가 시편 기자로부터 인증한 것은 본문을 주의 깊게 검토할 때, 그대의 주장을 입증하는 데 도움을 주지 않습니다. 왜냐하면 기자는 주의 손으로 매를 맞고 고난을 당할 때 그의 진노를 어떻게 피하고 그의 권세로부터 어떻게 숨어야 할지, 하늘로 오를지 혹은 땅 가운데로 내려갈지 혹은 바다 끝까지 도망할지 알지 못한다는 것 외에는 말하지 않기 때문입니다.

그럼에도 불구하고 솔로몬이 하늘은 하나님을 가둘 수 없다고 말한 대로, 성서는 하나님이 어느 곳에서도 갇혀 있지 않다고 선언함으로써 하나님이 만유 위에 있음을 증언합니다. 그러나 하나님의 본성에 대해 말한 것은 또한 그리스도의 인간성에 적용해서 이해되어서는 안 됩니다. 그의 인간성은 신성과는 구별되는 속성을 가집니다. 만일 그대가 하나님에 관해 말한 모든 것이 인간성과 신성이 분리되어 있지 않은 예수 그리스도에 연관된다고 이의를 제기한다면 대답은 간단합니다. 예수 그리스도는 인간의 육신을 취함에 있어서 그의 인격의 연합에서 그의 신적 본성을 우리 인간성에 결합함으로써, (요한이 말한 대로) 말씀이 육신이 되었고 그래서 한 분 예수 그리스도가 하나님이며 인간인 것입니다. 그러나 이 연합은 아타나시우스 신조가 가르친 대로 혼동이 없습니다.* 그러므로 그리스도의 신성이 무한하다면 그의 몸도 또한 무한하다고 말할 수 없습니다. 이렇게 말함으로써 우리는 그리스도를 분리하는 것이 아니라, 다만 그 안에서 온전한 두 본성의 속성을 구별하는 것입니다. 이것은 우리가 한 인간을

---

1. 프랑스 태생으로서 로잔의 의학 박사, 그는 로잔 논쟁에서 로마 가톨릭 교회 측의 가장 열렬한 연사 중 한 사람이었다.

* 아타나시우스 신조는 8세기말 혹은 9세기초부터 북아프리카, 갈리아, 스페인 등의 라틴 교회에서 즐겨 사용되었던 반면, 동방 교회는 이 신조를 알지 못했다. 17세기 중반 이후 아타나시우스의 저작권은 포기되었다

분리함이 없이 영혼과 몸의 차이를 지시할 수 있는 것과 같습니다.

그대들이 얼마나 대담하게 우리가 고대의 박사들과 반대된다고 비난하는지를 온 세상은 쉽사리 이해할 수 있습니다. 확실히 그대들이 그들의 글의 몇 쪽을 보았더라면, 위의 증언들이 보여 주듯이 증거를 보지도 않고 그런 판단을 내릴 만큼 어리석지는 않았을 것입니다. 또한 우리는 그 밖의 다른 증언들도 인용할 수 있습니다. 그러나 나는 그것들을 인용함에 있어서 큰 지식을 사용함이 없이도 쉽사리 접할 수 있는 것들로 만족합니다.

이제 내가 사탄의 사주에 의해서 세상에 도입된 저 어리석은 의견에 동조하지 않는 것은 이유가 없지 않으며 혹은 스스로의 쾌락을 위해서가 아니라, 거기서 연유하는 큰 부조리 때문에 어쩔 수 없이 그대들이 이상하게 여기는 이런 가르침을 주장한다는 것을 알게 하겠습니다. 나는 성서로부터 그대들이 제시한 이유에 대답할 것입니다. 바울이 하늘로부터의 구원, 곧 우리의 악하고 죽을 몸을 그의 영광스러운 몸으로 변형시킬 구원을 기다린다고 말할 때인* 그리스도의 영광스러운 몸은 믿는 자의 몸이 부활 이후에 가질 것과 다른 성질의 몸이 아니라는 것을 분명히 확언합니다. 하나님의 자녀들의 몸이 영광을 받을 때 장소에 제약받음이 없이 그들 본성의 속성을 가짐이 없이 어느 곳에나 있을 것이라고 믿는지 나는 그대들의 양심에 묻습니다. 그대들은 이것이 용인할 수 없는 잘못된 것임을 스스로 판단할 수 있을 것입니다. 그러므로 (사도에 따르자면) 그들이 닮게 될 그리스도의 몸에 그 이상의 것이 부여되어서는 안 됩니다.

또한 사도들이 최후의 만찬에서 행했던 것과 같은 몸을 같은 형태로 우리가 먹지 않는지를 나는 그대들에게 묻습니다. 그대들은 이것을 부인할 수 없습니다. 그러나 이제 그대들은 사도들이 영광을 받은 몸이 아니면 죽을 몸을 먹었다고 고백해야 합니다. 그것이 죽을 몸이라면 결론은 예수 그리스도는 다시금 영원히, 그 몸이 모든 약함을 벗었다고 선언한 성서에 반하여 고난받을, 죽을 몸이 될 것입니다. 그것이 불멸의 영광스러운 몸이라면 그것은 그대들의 견해를 또 다른 딜레마에 빠지게 할 것입니다. 즉, 그가 최후의 만찬에서 그것을 분배했을 때 그는 한편으로는 사멸적이고 고난 받을 수 있으며 다른 편으로는 불멸적이고 영광을 받았습니다. 왜냐하면 예수 그

---

* 고전 15:52 이하 참고

리스도가 그의 사도들과 함께 식탁에 앉았을 때 죽음과 고난에 직면하면서 그가 가장 약한 순간에 죽을, 고난받을 몸을 가졌기 때문입니다. 그러나 그대들의 고백에 의하면 그는 영광스러운 불멸의 몸을 분배했습니다. 여기서부터 사람이 상상할 수 있는 모든 부조리가 연유합니다. 따라서 마르키온의 몽상도 그대들이 믿기를 원하는 것에서 끌어 낼 수 있는 결론처럼 그렇게 허황되지는 않을 것입니다.

그대들은 "이것은 내 몸"이라는 말을 그처럼 엄격히 강조하면서 구세주의 말에 큰 경외심을 가지는 척하므로 나는 같은 논리로써, 이 말이 암시하는 것처럼 몸과 피를 분리하라고 요청합니다. 이로써 그리스도의 몸이 천상 왕국의 영광으로 올리어질 때 그의 피로부터 분리될 수 있음을 (이것은 가증스러운 생각이니) 인정하는 난처한 입장으로 떨어지게 될 것입니다. 왜냐하면 우리 주는 빵을 가리키면서 이것은 내 몸이라고 말하고, 포도주를 가리키면서 이것은 내 피라고 말함으로써 몸과 피를 분리해서 지시하기 때문입니다. 병존을 주장하면서 그대들이 빠져나오곤 하는데, 그것은 웃음거리입니다. 만일 몸이 잔 속에 있다면 주가 특별히 그의 몸을 분리하여 지시한 후에 이것은 내 피라고 말하는 것은 잘못 말하는 것이 될 것입니다. 그러나 만일 그대들이 원하는 대로 말씀에 국한한다면 빵 아래 몸이 있고 포도주 아래 피가 있다고 고백하고 이런 식으로 분리하는 것 외에 다른 길이 없습니다. 나는 이것의 부조리가 얼마나 큰가를 고려해 보도록 그대들의 판단에 맡기겠습니다. 누구나 알 수 있는 것처럼 이런 매우 중요한 이유 때문에 그의 거룩한 만찬에서 우리에게 주어지는 것은 우리 주의 자연적인 몸도 아니고 그의 자연적 피도 아니라고 말합니다. 영적 교제에 의해서 그는 우리가 그의 몸과 피로써 받을 수 있는 모든 은총에, 능력에 참여하게 만든다고 단언합니다. 혹은 이 신비의 위엄을 보다 잘 선언하자면 영적 교제에 의해서 그는 우리를 그의 몸과 피에 진정으로, 그러나 전적으로 영적으로, 즉 그의 영의 결속을 통해서 참여하게 만듭니다. 이 해석이 우리 자신의 증언으로 꾸며 낸 혹은 조작된 것이 아니라는 것을 그대들이 이해하도록 하기 위해서, 두 사도들 자신의 말에 의해 우리에게 분명히 전달되었다는 것을 그대들에게 보여 줄 것입니다. 마태와 마가는 우리 주가 잔을 주면서 이것이 내 피라고 말했다면, 누가와 바울은 이것은 내 피로 세운 새로운 계약*,

---

* 눅 22:20; 고전 11:25 참고

즉 아버지가 연민으로 우리 죄를 잊고 씻고 은총과 자비로써 우리를 그의 나라의 자녀와 상속인으로 받아들이며, 그의 영에 의해 그의 법을 우리 마음에 새김으로써 우리와 함께 세운 새로운 계약이라고 말합니다. 이 계약은 예수의 피로써 확증되고 승인되었습니다. 우리 주가 말한 것이 곧 이 잔은 내 피라는 것이라면 누가와 바울의 해석에 따를 때, 그는 잔은 그의 피로 세운 계약이라고 말하는 것 외에 다른 것을 말하고자 하지 않았으며, 마찬가지로 빵에 대해 이것이 내 몸이라고 말한 것은 그의 몸으로 세운 계약이라는 것 외에 다른 의미를 갖지 않습니다. 왜냐하면 그대들은 빵에 대해 말한 것과 포도주에 대해 말한 것을 같은 의미로 받아들이는 데 아무 어려움이 없기 때문입니다.

만일 내가 그들의 이러한 잘못에 관해서 그대들을 납득시켰다면, 또 내 견해로는 그대들은 분명히 납득해야 하는데, 더 이상 우리가 이 문제에 있어서 실제로 그렇게 일치하고 있는 고대 박사들과 대립한다고, 또는 어쩔 수 없이 그런 현실적 이유 때문에 우리가 진리의 참 유비에서 해석할 때 우리 마음대로 성서를 부패시켰다고, 혹은 우리가 그 자체로 그 속에 표현되지 않은 어떤 해석도 제시하지 않았는데 우리 자신의 증언에 따라 성서를 해석한다고 비난하지 말기를 조언하며 요청합니다.

2. 10월 7일 2차 연설

우리 기억에 의하면 이 기괴한 화체설을 처음으로 정의한 것은 일데브란도 (Hildebrand)였습니다.* 그러므로 이 인간의 신성함이 어느 정도이며, 그 자신이 이 성례전을 얼마나 경외했는지를 주의하는 것이 좋을 것입니다. 그는 이 성례전이 그리스도의 참 몸이라고 결정했고 정의했습니다. 이것은 화체설의 변호인들이 그것의 원조가 누구였으며 그것이 어느 근원에서 발생했는지를 깨달음으로써 그들이 이 교리에 대해 어떤 확신을 가지는가를 고려하도록 하기 위함입니다. 나는 추기경 베노(Beno)가 피우스 2세가 작성한 바젤 회의 주석에 삽입된 논문 속에서 열거한 부패, 위증, 미신, 살인, 절도, 성직 매매, 기만, 폭행은 제쳐 놓겠습니다. 그러나 다른 것들 가운데서 베노(Beno)는 힐데브란트가 베르사유 회의에서 빵이 그리스도의 몸으로 변화, 변형된

---

* 일데브란도는 교황 그레고리 7세를 의미한다.

다고 결론 내리기를 바랐다고 비난합니다. 그러나 자신의 명제에 대해 확신이 없었으므로, 문제가 어떠하며, 그와 베렝가르 드 투르(Berengarius) 중에서 누가 더 옳은가를 선언해 줄 계시를 얻기 위해서 금식하도록 명령했습니다.* 아무런 계시도 오지 않았는데도 단념하지 않고 매우 자의적인 결론을 이끌어 내기를 주저하지 않았습니다. 나는 그대들이 어떻게 이런 식으로 결정된 일을 감히 주장하는지 알 수 없습니다. 이것은 그대들에게 전해 준 자의 마음에서조차 근거가 박약했기 때문입니다. 둘째로, 그는 일단 자신의 마법과 마술을 실행하기 원했을 때, 자신이 신이라고 말한 이 빵을 힐데브란트가 취하여 불 속에 던졌다고 비난했습니다. 이에 관해서, 만일 세상이 그것을 안다면 그들을 산 채로 불태울 어떤 일을 힐데브란트와 그 자신이 행했다고 그의 추기경 중 한 사람이 공공연히 많은 사람들이 듣는 자리에서 외쳤습니다. 이제 오십시오. 그리고 그의 마법을 실행하기 위해 빵을 불태우는 자의 확신에 의지해서 빵이 그대들의 하나님이라고 말해 보십시오.

---

* Berengar de Tours는 상징설을 주장한 11세기 인물이다.

제네바 교회와 예배 조직에 관한 논제들

서문

칼뱅은 1537년 1월 시 의회에 「논제들」을 제출했다. 그러나 칼뱅이 제출된 초안은 전체적으로도, 제출된 형태로도 수용되지 않았다. 매월 성찬을 거행하자는 칼뱅의 요청은 거부되었고, 매년 4회 집행을 계속하는 것으로 수정되었다. 또한 권징과 출교의 도입도 승인되지 않았고 혹은 권징 위원회의 설치도 승인을 받지 못했다. 「신앙고백」은 그 전 해에 승인되었지만, 시의회는 시 당국자들과 시민들이 신앙고백에 대한 준수를 서약해야 한다는 권고를 이행하지 않았다. 또한 혼인 문제를 다루게 될 위원회도 설치되지 않았다.(C.R. X/1, 5)

　그럼에도 불구하고 중요한 것은, 초기에 달성한 제한적인 성공이 아니라, 이 문서에 표현된 신정론적 정치 원리다.

제네바 교회와 예배 조직에 관한 논제들(1537년 1월 16일)
─목사들이 의회에 제출한 제네바 교회의 예배와 조직에 관한 논제들

존경하는 나리들, 성찬식이 자주 빈번히 거행되지 않는 한, 교회는 질서가 잘 잡혀 있다고 말할 수 없는 것이 확실합니다. 또한 아무도 감히 거룩하게, 특별히 경건하지 아니하고서는 거기에 참석할 수 없도록, 성찬식은 감독 하에 이루어져야 합니다. 이런 이유 때문에 교회를 온전히 유지하기 위해서는 출교의 훈련이 필요합니다. 출교를 통해서 하나님의 거룩한 말씀에 대한 전적 복종과 협화(協和) 속에서 살기를 원하지 않는 자들이 교정되어야 합니다. 두 번째로, 시편을 공적 기도 형태로 노래하는 것은 교회를 세우는 데 매우 유익한 일입니다. 이를 통해서 사람들은 하나님께 기도하거나 혹은 찬양을 합니다. 이는 모든 사람의 마음이 고무되고 감흥을 얻어서 같은 마음으로 하나님께 같은 기도를 드리고 같은 찬양과 감사를 드리게 하기 위함입니다. 세 번째로, 백성을 교리의 순수성 속에 유지하기 위해서는, 젊은이들이 가르침을 받아서 신앙에 관해 답변할 수 있도록 하는 것이 매우 필요하고 거의 필수적입니다. 이는 복음적 교리의 가치를 실추시키지 않기 위함이며, 손에서 손으로 아버지에게서 아들에게로 그것의 명제들이 부지런히 전수되고 보존되기 위함입니다. 마지막으로, 교황이 혼인 문제에서 행한 독재와 그가 거기에 부과한 부당한 법들 때문에 많은 논쟁이 일어났습니다. 그러므로 확실한 규정을 만들어서 그것에 의해 규제를 받는 것이 바람직할 것입니다. 이것은 어떤 이견이 생길 때 이를 조정하여 문제를 해결하기 위함입니다.

그러나 복음이 동의 하에 받아들여지고 인정되기 이전에 이 도시에 초기부터 있었던 말썽과 혼란 때문에, 백성이 무지해서 이를 감당할 수 없다면 갑자기 모든 것을 규제하는 것은 불가능합니다. 그러나 현재 여기서 보다 잘 하나님의 주권을 수립하는 것이 주를 기쁘게 하는 것이므로, 이 문제들에 관해서 함께 상의하고 그의 이름을 부르고 그의 영의 도움을 호소함으로써 우리 사이에서 하나님의 말씀을 통해서 이후에 어떤 정치를 준수하는 것이 좋은지를 숙고한 후, 우리는 주가 우리에게 주신 통찰

에 따라서 숙고한 것을 논제들로써 그대들에게 제출하기로 결정했습니다. 또한 그대들이 여기서 우리의 직무로서 행하는 것을 없애지 않기를 그대들에게 하나님의 이름으로 요청합니다. 만일 그대들이 우리의 충고가 복음의 거룩한 말씀에서 나온 것임을 안다면, 이런 의견이 그대들의 도시에서 수용되고 유지되도록 노력하십시오. 왜냐하면 주는 선함으로써 그대들에게 이런 통찰을 주셨기 때문입니다. 즉 그의 교회가 유지되는 규정들은 교회가 진실로 그의 말씀에 의해 확립되어야 하는 것들입니다. 말씀은 모든 정치와 행정의, 그러나 주로 교회 정치의 확실한 규범이기 때문입니다.

예수 그리스도의 성찬의 친교는 적어도 매주일마다 거행되는 것이 바람직합니다. 모든 점에서 우리 신앙에 제시된 약속으로 말미암아 믿는 자들이 그것으로부터 받는 큰 위로와 거기서 나오는 열매를 위해서 교회가 모일 때, 우리는 실제로 예수의 몸과 피, 그의 죽음, 그의 생명, 그의 영과 그의 모든 은총에 참여하게 됩니다. 우리는 여기서 우리에 대한 하나님의 기적과 은총을 인식하고 찬양 고백을 통해 높이도록 권면을 받습니다. 우리는 같은 몸의 지체로서 선한 평화와 형제적 일치 속에 함께 연합함으로써 그리스도인답게 살아야 합니다. 사실 성찬식은 예수에 의해서 일 년에 두세 번 기념하기 위해서가 아니라, 그리스도인들 회중이 모일 때마다, 그들이 사용해야 하는 믿음과 사랑의 빈번한 훈련을 위해서 제정되었습니다. 이것은 우리가 사도행전 2장에서 읽는 대로 우리 주의 제자들이 성만찬의 절차인 빵을 뗌으로써 지켜 왔으며, 이것은 혐오스러운 미사가 도입되기까지 언제나 고대 교회의 관습이었습니다. 미사에서는 모든 믿는 자들의 친교 대신에 한 삶이 모든 사람을 대신하여 희생되는 끔직한 신성 모독이 행해졌습니다. 그런 한에서 성만찬은 전적으로 파괴되고 폐지되었습니다. 그러나 백성의 약함 때문에, 이 일이 그렇게 자주 거행된다면 이 거룩하고 탁월한 신비가 멸시당할 위험이 있습니다. 이 점을 고려해서 아직은 연약한 백성이 보다 굳세게 될 때를 기다려서 성만찬은 적어도 매달 한 번씩, 현재 설교가 이루어지는 세 교회 중한 곳, 곧 쌩 피에르(St. Pierre) 교회나 리브(Rive) 교회 혹은 쌩 제베(St. Gervais)에서 거행되는 것이 좋을 듯합니다. 첫 번 달에는 쌩 피에르 교회에서, 다음 달에는 리브 교회에서, 그 다음 달에는 쌩 제베 교회에서 거행하고 한 순번이 끝난 다음에는 순서대로 반복합니다. 어쨌든 이 일은 도시의 한 구역에만 해당되는 것이 아니라 전 교회에 해당됩니다. 또한 성찬을 거행하기 위해서 적절한 시간을 택하고 한 주일 전에 예고해야 합니다. 멸시받을 일이 없도록 하기 위해서, 이 높은 신비가 가능한 한 높은 품위로 다루어지기 위해서, 하나님의 신비에 속한 모든 일을 관리하는 일을 책임지는 말씀의 종이 우리 주의 몸과 피의 표지이자 신비(sacrament)인 빵과 포도주를 분배하는 것이 가장 좋을 듯합니다. 또한 모든 일이 정숙하게 소란 없이, 무례하지 않게 이루어지기 위해서, 백성이 거기서 어떻게 질서를 지켜야 할 것인지를 훈계하고 교육하기 위해서 우리 의무를 다하겠다고 제안한 바입니다. 또한 각자에게 혼란을 피하도록 훈계하며, 성 바울이 명령한 것처럼 성만찬이 잘 진행되고 사람들이 경외심을 가지고 나오도록 적절한 수단을 그대들에게 부여할 것입니다.

그러나 필요하고도 가장 크게 염려해야 할 첫 번째 질서는 우리 주 예수 그리스도의 일원들과 그 머리 간에 한 몸과 한 영으로 연합하기 위해서 명령되고 제정된 성만찬이 사악하고 불의한 삶을 통해 스스로 예수에게 속하지 않음을 선언하고 드러낸 자들이 성찬식에 와서 참석함으로써 더럽혀지고 오염되지 않도록 하는 것입니다. 왜냐하면 그의 성례전이 이렇게 더럽혀짐으로써 우리 주께서 크게 모독을 당하기 때문입니다. 그러므로 우리는 신성 모독에 이르게 되는 이러 오염이 우리 가운데서 부주의로 인해 일어나지 않도록 주의해야만 합니다. 성 바울은 이 성례전을 부적합하게 다루는 자들에 대해 큰 보복을 경고한 바 있습니다. 이 정치를 수행할 권한을 가진 자들은 이 친교에 오는 자들이 예수 그리스도의 승인받은 일원이 되도록 규칙을 정해야 합니다.

이런 이유 때문에 우리 주님은 그의 교회에 출교의 교정과 훈육을 두었으니, 이를 통해서 주님은 방종하고 그리스도인으로서 부적합한 삶을 사는 자들, 훈계를 받은 후에 교정을 받고 올바른 길로 돌아오기를 멸시하는 자는 그들의 잘못과 비참함을 깨닫고 회개할 때까지 교회의 몸으로부터 추방되고 마치 썩은 지체처럼 절단되기를 바랐습니다. 이 교정 방법은 주님께서 마태복음 18장에서 자기 교회에 명령하신 것입니다. 우리는 우리에게 주어진 명령을 멸시하지 않는 한 이 방법을 사용해야 합니다. 우리는 성 바울에게서(딤전 1장; 고전 5장), 자신을 그리스도인이라고 말하지만 그럼에도 불구하고 악명 높게 음탕하고 탐욕스럽고 우상을 숭배하고, 악담하고 술 취하고 약탈하는 자들과 사귀어서는 안 된다고 하는 엄중한 경고를 통해서 그 예를 보게 됩니다. 그러므로 우리에게 하나님에 대한 어떤 두려움이 있다면 이 규정이 우리 교회에서 실행되어야 합니다. 그런 분명한 명령이 없을 때, 이 규정이 근거하는 근거와 여기서 얻어지는 열매로 우리는 이 수단을 사용해야 합니다. 이것은 첫 번째로, 그의 교회가 도착적이고 모든 악으로 우유 부단한 인간들의 소굴인 것처럼 되어, 예수 그리스도가 멸시와 모독을 당하지 않기 위함입니다. 두 번째로, 이런 교정을 받은 자들이 자신의 죄에 대해 수치심과 혼란을 느껴서 자기 잘못을 깨닫고 스스로 교정하게 하기 위함입니다. 세 번째로, 다른 사람들이 그들과의 교제를 통해서 부패하고 왜곡되지 않고 오히려 그들의 실례를 통해서 비슷한 잘못에 떨어지지 않게 하기 위함입니다.

이런 관습과 실제는 고대 교회에서 어느 시기에 그리스도교의 유익과 진보를 가져왔으며, 어떤 사악한 주교들 혹은 차라리 강도들이 주교 자리를 차지하고 그것을 폭정으로 바꾸고 그들의 악한 욕망에 따라서 남용할 때까지는 지속되었습니다. 그래서 출교는 우리 주께서 그의 교회에 준 가장 유익하고 건전한 일 중 하나임에도 불구하고, 오늘 교황의 나라에서 볼 수 있는 가장 해롭고 저주스러운 일들 중 하나가 되었습니다.

그러나 이 잘못은 거짓 주교들이 믿는 자들의 모임에서 출교의 재판 권한을 강탈함으로써 일어났습니다. 말씀에 따르면 이것은 진실로 그들의 권한이 아닙니다. 그리고 그들은 이 주권을 약탈한 후에 그것을 전적으로 왜곡시켜 버렸습니다.

그러나 주의 이 규정을 준수하지 않고서는 교회가 그것의 참된 상태로 존속할 수 없다는 것과, 이것에 대한 멸시로 하나님의 큰 복수를 받아 징계를 당하지 않을까 두려워해야 한다는 것을 고려하였을 때, 출교가 교회에서 회복되고 성서에 기록된 규정에 따라서 실행되는 것이 적절한 듯합니다. 그럼에도 악용을 통해서 그것을 타락시키고 부패시키는 불편함으로 떨어지지 않도록 주의해야 합니다.

이를 행하기 위해서 우리는 모든 믿는 자들 가운데서 선한 삶을 살고 좋은 평판을 듣는, 또한 성실하며 쉽사리 타락하지 않을 몇 사람을 임명하고 선택할 것을 그대들에게 요구했습니다. 그들은 도시의 모든 구역에 분산 배치되어서 각 시민의 삶과 품행을 감독하고 어떤 사람에게서 견책할 만한 눈에 띄는 악을 보았다면 잘못에 처해 있는 사람이 누구이든지 간에 목사들 중 어떤 사람에게 이것을 알려서 교정하도록 형제로서 훈계하고 권면합니다. 그리고 이런 훈계가 아무 소용이 없다는 것을 안다면, 교회에 그의 고집불통을 알려야 합니다. 사람이 스스로 깨닫는다면 이것은 이미 이 훈련의 큰 유익이 될 것입니다. 만일 듣지 않으려 한다면, 목사는 이 직무를 맡은 자들로부터 고백을 받아서, 회의에서 공식적으로 당사자를 교정하려고 했던 것과 이 모든 일이 소용이 없었음을 고발해야 합니다. 사람들은 그가 여전히 마음의 완고함을 고집할 것을 알게 될 것입니다. 이때가 출교시키는 때이니, 곧 그는 그리스도인의 모임에서 추방되고 악마의 권세에 맡겨진 것으로 간주될 것입니다. 이것은 그가 회개와 교정의 참 모습을 보이기까지 일시적 당황을 느끼게 하기 위한 것입니다. 이런 표시로써 그는 성만찬의 친교로부터 추방되고, 이것은 그와 결코 교제하지 않도록 다른 믿는 자들에게 경고가 될 것입니다. 어쨌든 그는 언제나 가르침을 받기 위해서 설교를 들으러 오기를 중단하지 않을 것입니다. 이것은 그를 선한 길로 돌아서게 하기 위해 그의 마음을 감동시키기를 주께서 기뻐하는지 언제나 시험하기 위함입니다.

이런 방법으로 교정되어야 할 악들은 성 바울이 이전에 언급한* 것과 유사한 것들입니다. 앞서 언급한 전권을 받은 자들이 인지하기 전에 이웃이나 부모처럼 다른 사람들이 악을 인지했을 때, 그들에게 훈계하도록 권한을 부여할 것입니다. 그리고 그가 훈계를 받으나 어떤 유익도 없음을 알게 될 때, 그들의 직무를 행사하도록 전권을 받은 자들에게 알려야 할 것입니다.

이것이 출교를 우리 교회에서 축소하고 온전히 유지하는 좋은 방법인 듯합니다. 이 교정 없이는 교회가 결코 전진할 수 없습니다. 그러나 그렇게 뻔뻔하고 온갖 도착증에 빠져서 출교당하는 것을 비웃기만 하고 이렇게 버려진 채 살아가는 것을 염려하지 않는 자들이 있다면, 하나님과 그의 복음이 이렇게 경멸당하고 웃음거리가 되어도 오랫동안 관용하고 처벌하지 않고 방관해도 되는지 고려하는 것이 그대들의 의무일 것입니다.

먼저 이 도시에 복음에 순종하지 않는 주민들이 있다는 큰 혐의와 거의 명백한 증거가 있지만, 그러나 그들의 마음에 하나님의 말씀에 반하는 모든 미신을 품고 있으면서도 가능한 한 이의를 제기하는 경우, 먼저 예수 그리스도의 교회를 인정하는지의 여부를 인지하는 것으로 시작하는 것이 적절합니다. 진실로 정당하게 이전에는 교회의 회원으로 간주되었던 자들을 우리의 모임에서 출교를 통해 추방하는 것이 필요

---

* 고전 5:1–13 참고

하다면, 회원으로 받아들여야 할 자와 받아들여서는 안 될 자를 구별하는 것은 더욱 필요합니다.

두 번째로, 신앙에 있어서 큰 차이가 없는 것이 확실하지만 우리와 신앙이 일치하는 자들이 다만 그들의 악 때문에 출교당해야 한다면, 모든 점에서 우리의 종교와 어긋나는 자들이 교회에서 관용되어서는 안 됩니다. 그러나 우리가 이들에게 생각한 치유책은 이 도시의 모든 주민들이 신앙고백을 하고 그들의 신앙에 대해 답변하도록 그대들에게 요청하는 것입니다. 이것은 누가복음에 동의하며, 누가 예수 그리스도의 나라의 일보다 교황의 나라의 일을 사랑하는지 알기 위함입니다. 그러나 이것은 시의회 나리들과 같은 그리스도인 권세자의 권한이 될 것입니다. 각자는 그대들의 의회에서 신앙고백을 함으로써 그대들의 신앙 교리가, 진실로 모든 신도들이 교회에서 그것을 통해 일치를 이루게 되는 것임을 사람들로 알게 할 것입니다. 왜냐하면 그대들의 모범을 통해서 그대들은 각자가 다음에 행해야 할 바를 보여 주게 될 것이기 때문입니다. 그리고 이후에 목사들과 협력하여 모든 주민에게 같은 일을 행하도록 요구하는 자들을 그대들의 공동체에서 임명합니다. 이것은 다만 이번을 위해서이며, 각자가 어떤 교리를 신봉하는지를(이것이 교회의 올바른 시작이니) 구별해서는 안 됩니다.

다른 한편 우리는 시편이 교회에서 찬송되기를 바랍니다. 우리는 이런 예를 고대 교회에서 보며, 또한 성 바울은 증언하기를 회중이 입과 마음으로 노래하는 것이 좋다고 말했습니다. 우리는 이것을 시험해 본 후가 아니면, 여기서 나오는 유익과 건덕을 인식할 수 없습니다. 확실히 우리가 행하는 대로, 믿는 자들의 기도는 너무나 차가워서 우리를 크게 부끄럽고 당황하게 만들 수밖에 없습니다. 시편은 우리 마음을 하나님께로 올라가게 할 수 있으며, 우리로 하여금 그의 이름을 부르고 그의 이름의 영광을 칭송하게 하는 열심을 가지게 만들 수 있습니다. 이 밖에 이를 통해서 사람들은 교황과 그의 사람들이 교회로부터 얼마나 좋은 것과 위로를 빼앗아 갔는지를 인식할 수 있습니다. 왜냐하면 그는 진실한 영적 찬송이 되어야 하는 시편을 아무런 이해 없이 자신들 사이에 중얼거리는 일로 축소시켰기 때문입니다.

사전에 건전한 교회 찬송가를 연습한 어린아이들이 크고 구별된 음성으로 노래하고 사람들이 주의 깊게 듣고 마음으로 입에서 노래되는 찬송을 듣고 마침내 조금씩 각 사람이 함께 노래하기에 익숙하게 된다면, 이런 절차가 우리에게 좋다고 여겨집니다. 그러나 온갖 혼란을 피하기 위해서 그대들은 어떤 사람이 오만 불손함으로, 거룩한 회중을 조롱거리로 만들기 위해서 세워진 질서를 교란시키는 일을 허용해서는 안 됩니다.

세 번째 조항은 어린아이들의 교육에 관한 것입니다. 그들은 의심할 여지없이 교회에 그들의 신앙을 고백해야 합니다. 이런 이유로 고대 교회는 그리스도교의 기초를 각자에게 가르치기 위해서 어떤 교리문답을 가졌습니다. 그리고 이것은 각자가 자신의 신앙을 선언하기 위해 사용했던 증언의 표현이었습니다. 그리고 특히 어린아이들은 교회에서 그들의 신앙을 증언하기 위해 교리문답으로 교육을 받았습니다. 그들은 세례식에서 그들의 신앙을 증언할 수 있었습니다. 우리는 성서가 언제나 고백과 믿음을 연결하는 것을 봅니다. 또 우리가 진실한 마음으로 믿는다면 마땅히 우리가 믿은 구원을 입으로 고백해야 합니다. 그러나 만일 이 규정이 적절하고 편리하다면 이것은 지금 필요 이상입니다. 왜냐하면 우리는 대부분 하나님의 말씀이 경멸당하는 것을 보고 있고, 또한 부모들은 그들의 자녀들에게 하나님의 길을 가르치기를 게을리하기 때문입니다. 우리는 이런 일에 있어서 놀라울 정도로 거칠고 무지함을 보는데, 이것은 하나님의 교회에서 관용될 수 없습니다.

여기서 우리가 제정하기로 조언한 순서는, 그리스도교 신앙을 간단하고 쉽게 요약한 내용을 모든 어린아이들이 학습하고 어떤 시기에 목사들 앞에 나가서 시험을 받고, 충분히 교육을 받았다고 인정할 때까지 각자의 능력에 맞추어 보다 충분한 설명을 받도록 하는 것입니다. 그러나 부모들에게 그들의 자녀들이 저 요약문을 학습하고 목사들 앞에 정해진 때에 나가도록 주의와 수고를 하도록 명령하는 것이 그대들의 기쁨이 될 것입니다.

마지막으로 교황이 자기 마음대로 등급을 만들고 부당하게 이성에 반하여 차이를 결정함으로써 혼인 문제를 뒤죽박죽 만들었기 때문에 하나님의 말씀에 비추어서 여기서 자주 일어나는 논쟁을 검토하는 것이 필요합니다. 우리는 보다 확실한 일을 얻기 위해서, 그대들이 그대들 중 어떤 사람에게 이전에 있었던 모든 문제들을 판단하고 결정하도록 책임을 맡기고 위임하도록 그대들에게 요청했습니다. 이들은 하나님의 말씀에 따라서 행해야 할 일에 대해 보다 잘 정보를 주기 위해서 목사들과 협력해야 합니다. 이 위원들은 목사들의 모임과 함께 우선 일반적으로 발생하는 사건에 대한 규정을 만들 것이고 이에 따라서 재판을 할 것입니다.

존경스러운 나리들이여, 이 충고와 훈계가 진실로 하나님의 말씀으로부터 나온 것임을 안다면, 결코 우리에게서 나온 것이 아니라 하나님으로부터 나온 것으로 간주하며 또한 이것들이 그의 나라에서 하나님의 영광을 유지하고 교회를 온전히 보존하는 데 얼마나 중요하고 중대한가를 고려하기를 우리는 그대들에게 열렬히 간청하며 하나님의 이름으로 간구합니다. 이런 것을 고려할 때, 그대들은 그대들의 직무일 뿐 아니라 또한 그대의 백성을 선한 정치로 유지하는 데 필요한 일을 부지런히 실천하기 위해 노력을 아끼지 않을 것입니다. 누군가가 이 문제들에 있다고 주장할 수 있는 난점으로 인해서 그대들의 마음이 흔들려서도 안 됩니다. 왜냐하면 그대들 자신이 지금까지 주님이 그대들에게 그의 영광을 구하도록 은총을 베푼 모든 일에서 충분히 경험하였던 것처럼, 하나님이 우리에게 명령하신 일을 수행하는 데 헌신할 때, 우리는 하나님이 그의 선함으로 우리의 계획을 번영케 하고 선한 결말로 이끌 것이라는 소망을 가지게 되기 때문입니다. 주님이 모든 일을 선한 결과로 인도하기 위해서 권능으로 그대들을 도우시기를*.

---

* 뒷면에는 다음과 같이 적혀 있다. "성만찬은 1년에 4 회, 세례는 매일 거행된다".

제네바 교회 헌법 초안

서문

C.R. 편집자들은 다음과 같이 해설한다. "이 문서는 의심의 여지없이 헌법의 원래 초안이다. 이것은 의회의 결정에 따라서 작성되었고 1541년 9월 13일 회의에서 수락되었다. 참석자는 칼뱅과 그의 사역 동료들, 그리고 이 목적을 위해 지명받은 6인 자문위원들이었다. 칼뱅은 초안이 20일 내에 수정 완료되었다고 기록하였다. 그러나 9월 16일의 결정에 의해서 조항들은 소위원회, 200인 위원회와 총회에 제출되어 검토되어야만 했다. 검토 작업은 난관 없이 완료되지는 않은 듯하다. 처음부터 매우 큰 반론이 있었다. 시 의회의 회원 중 몇 명은 소환되어서, 그들이 기권함으로써 이 작업을 방해하지 않을 것을 서약했다. 시 의회는 일부 조항의 기각에도 불구하고 규율을 확립하는 데 성공하기 위해서, 각 항목에서 일치에 도달하기 위해 작업을 지속하는 것이 바람직하다고 결정해야 했다." 소위원회와 200인 위원회에서 논란이 있었고 수정이 가해졌다.

　"200인 위원회는 11월 9일의 회의에서 수정안에 이의를 제기했다. 수정안은 이렇게 해서 최종 통과되었으며 11월 20일 일요일에 총회에 제출되었다. 당일의 회의록에 이렇게 기록되었다. '교회 헌법은 이의 없이 통과되었다.'"

총회의 표결에 의해서 최종 공적 법이 된 이 수정안은 시의 문서 보관고에 보관되어 있지 않은 듯하다. 그러나 이것은 목사들의 모임의 보고서에 문서로 보존되었다.(Vol. A, pp. 1-15) 이 말이 본문 앞에 있는 서론에 나타난다. 또한 1541년 11월 25일자 소위원회의 보고서에 포함된 다음의 언급에서 확인된다. "목사들의 말을 듣고서 소위원회, 200인 위원회와 총회에서 그리스도교의 질서를 위해 통과된 헌법 전문을 목사들과 당회 전권 위원들에게 송부하기로 결정했다."

(C.R.에 포함된 것처럼) 본문 아래 각주에는 각 의회에서 통과될 때 초안에 가해진 수정안이 있다. 이 수정안은 최종적이고 공식적인 본문을 포함한다. C.R.은 '다른 손에 의한' 다른 종류의 정정 리스트를 제공한다. 이것들의 절반 정도는 전체적으로 혹은 본질적으로 공식적 본문에 편집되었다. 다른 절반은 여기에 소개하지 않는 것이 바람직하다고 생각되었다.(C.R. X/1, 15 참고)

제네바 교회 헌법 초안[1]

주님이 그의 교회의 통치를 위해서 제정한 4개의 직무가 있다.

첫 번째는 목사요, 두 번째는 박사요, 세 번째는 장로요, 네 번째는 집사다.

그러므로 우리가 교회를 잘 정돈하고 유지하려면, 이러한 통치 형태를 준수해야만 한다.

---

1. 총회에서 통과된 본문에는 이 제목 대신에 다음의 서론이 기록되어 있다. "전능하신 하나님의 이름으로, 우리 소위원회와 총회의 위원들은 나팔과 큰 종소리와 함께 모여서 우리의 오랜 관습에 따라서, 우리 주님의 거룩한 교회의 교리가 순수하게 보존되고 그리스도 교회가 적합하게 유지되는 것과 청소년들을 장차 신실하게 가르치는 것과 가난한 자들을 부양하기 위해서 구빈소를 좋은 상태로 유지하는 것이 다른 무엇보다도 추천할 만한 일이라고 생각했다. 이런 일들은 삶의 일정한 규율과 방식이 (각 신분은 이것에 의해 그 직무에 유의한다) 없다면 이루어질 수 없다. 이런 이유 때문에 우리 주님이 그의 말씀에 의해 보여 주었고 제정한 것과 같은 영적 통치가 우리 가운데서 선한 모습으로 발생하고 준수됨이 우리에게 좋게 보인다. 그러므로 우리는 다음 헌법이 예수 그리스도의 복음에서 취해진 것을 알았으므로, 우리 시과 영토에서 추종되고 준수되기를 명령하고 확립했다."

목사에 관해서, 성서는 때로는 그들을 장로[2]와 일꾼으로 칭하며, 그들의 직무는 하나님의 말씀을 선포하고 가르치고 훈계 권면하고 공적 사적으로 징계하고 성례전을 집행하고 장로 및 동료들과 함께 우정으로써 교정하는 일이다.

이제 교회 안에서 혼란이 발생하지 않기 위해서 아무도 소명 없이 이 직무를 맡아서는 안 된다. 그러므로 세 가지를 고려할 필요가 있다. 즉 제일 중요한 것은 시험이다. 다음으로 목사를 세움에 속한 일이며 세 번째, 그들을 직무로 나가게 하기 위해서 어떤 의식이나 절차를 지키는 것이 좋은가 하는 것이다.

시험은 두 부분으로 이루어지는데, 첫 번째 부분은 교리에 관한 것이니 — 안수 지원자가 성서에 관한 선하고 거룩한[3] 지식을 가졌는지를 확인하는 것이고 또한 그가 성서적 지식을 백성에게 교화적으로 전달하기에 적합한 인물인지를 확인한다.

또한 지원자가 어떤 그릇된 견해를 가지는 위험을 피하기 위해서 교회가 승인한 교리를 수락하고 견지한다는 것을 선언하는 것이 좋을 것이다.

지원자가 가르치기에 적합한지를 알기 위해서 그에게 질문하고 그가 사적으로 주님의 가르침을 토론하는 것을 들으면서 진행하는 것이 필요할 것이다.

두 번째 부분은 삶에 관한 것인데, 그가 좋은 습관을 가졌는지 언제나 책망받지 않게 행동하는지를 확인하는 것이다. 따르는 것이 바람직한 이 일에 관한 절차는 바울에 의해서 잘 지시되어 있다.

다음에는 목사를 세우는 것이 누구에게 속한 것인지 뒤따른다.

이와 결부해서 고대 교회의 질서를 따르는 것이 좋을 것이다. 이것이 성서가 우리에게 보여 준 유일한 실제이기 때문이다. 그 질서는 목사들이 먼저 직무를 담당할 자를[4] 선출하는 것이다. 그런 후에 그는 총회에 소개된다. 만일 그가 합당하다면 총회는[5] 그를 수락하여 받아들이고, 그가 믿는 자들의 대회의 동의에 의해 받아들여지기 위해, 그가 설교할 때 백성에게 최종적으로 제시하도록 증서를 교부한다.

---

2. 총회 수정안에는 '감독, 장로'.
3. 수정안에는 '건전한'.
4. 수정안에는 '나리들에게 알린 후'를 첨가했다.
5. 수정안에는 '그가 적합하다는 것을 봄에 따라서'를 첨가했다.

만일 그가 부적합하고 합법적인 검증에 의해서 그렇다는 것이 드러나면, 다른 지원자를 취하기 위해 새로운 선출 절차를 밟아야 한다.

그를 소개하는 방법에 관해서는 안수가 좋을 것이다. 이 의식은 미신 없이, 스캔들 없이 행해진 한 사도들에 의해서, 그리고 고대 교회에서 지켜져 왔다. 그러나 지난 시대에 많은 미신이 있었고 여기서 스캔들이 파생했으므로 시대의 약함 때문에 이 의식을 꺼리고 있다.[6]

그가 선출된 후에 그는 나리들의 손 사이에서 선서해야 하며, 선서는 기록된 형식이 있을 것이니, 한 목사에게 요구하기에 적합한 형식이다.

그러나 목사들을 선출할 때 그들을 시험하는 것이 필요한 것처럼, 그들의 임무를 감찰하는 것도 필요하다.

첫 번째로, 모든 목사들 사이에 교리의 순수성과 조화를 유지하기 위해 매주 어느 날에 함께 모여 성서에 관해 토론하고 정당한 이유가 없다면 결석하지 않는 것이 바람직하다. 만일 누군가 참석을 소홀히 한다면 그는 훈계를 받을 것이다.

영지에 속한 마을에서 설교하는 자에 관해서는 가능한 한 매번 오도록 권유한다. 그 밖에 그가 질병이나 혹은 다른 정당한 사유로 지장을 받지 않는 한, 일 개월 동안 결석한다면 이것은 지나치게 큰 부주의로 간주된다.

만일 교리에 관해서 이견이 발생한다면 목사들은 그 문제를 함께 논의한다. 필요하다면 장로들을 불러서 분쟁을 조정하도록 도움을 받는다. 마지막으로 한 편의 고집 때문에 형제로서의 일치에 도달할 수 없다면 이 건은 행정관에 이관되어 결정을 받아야 한다.

삶의 모든 스캔들을 피하기 위해서[7] 교정 형식이 필요할 것이다. 여기에는 모든 사람이 굴복해야 한다. 이것은 또한 목사들이 존경받고 하나님의 말씀이 목사들에 대한 악한 소문에 의해서 멸시와 치욕을 당하지 않기 위함이다. 교정받을 사람을 교정하는 것처럼, 또한 무고한 사람에게 부당하게 행할 수 있는 중상과 그릇된 비방을

---

6. 수정안에서 이 문단은 다음과 같이 수정되었다. "소개하는 방식에 관해서는 지난 시대의 의식이 많은 미신으로 왜곡되었으므로, 시대의 약함을 고려해서 목사 중 한 명이 직무를 소개 진술하는 선언을 한 후에, 기도와 선서를 하여 주님이 그를 허락하는 은총을 내리도록 한다."

7. 수정안에는 '후에 진술되는 것처럼, 목사에 대한' 첨가

징계하는 것이 필요하다.

그러나 첫 번째로 목사에게서 관용될 수 없는 범죄가 있고, 형제로서 훈계를 행함으로써 관용할 만한 악행이 있다는 것을 주목해야 한다.

첫 번째 종류는 이단, 분파, 교회 질서에 대한 반역, 사법적 징벌에 합당한 명백한 신성 모독, 성물 매매와 모든 부패한 증여, 다른 사람의 지위를 차지하기 위한 술책, 정당한 허가 없이, 합법적인 소환 없이 자기 교회를 이탈하는 일, 거짓말, 위증, 음란, 절도, 술 취함, 법에 의해서 징계받을 만한 폭행, 고리대금업, 법에 의해 금지된 불쾌한 유희, 춤과 그런 방탕한 행위들, 시민권 상실을 초래하는 범죄, 출교하기 합당한 다른 범죄이다.

두 번째 종류는 스캔들을 일으키는 낯선 성서 해석 방법, 헛된 물음을 추구하는 호기심, 교회에서 받아들이지 않는 교리나 행동 방식의 제시, 성서 연구와 읽기 소홀, 아첨에 가까운 악행 질책 소홀, 직무에 필요한 모든 일의 소홀, 천한 익살, 거짓말, 중상, 문란한 말, 모욕적인 말, 경솔과 악한 용의주도, 탐욕과 지나치게 인색함, 무질서한 분노, 싸움과 언쟁, 행위나 몸짓에 있어서 목사에게 부적절한 단정치 못한 문란함이다.

사람이 결코 참아서는 안 되는 범죄가 불평속에 고발된다면 목사와 장로의 모임은 그것을 조사하여 합당하게 사람들이 판단한 바에 따라서 판결하고, 판결을 행정관에게 보내어서 필요하다면 그 범죄를 증언하게 한다.[8]

단순한 훈계로써 교정할 수 있는 경미한 악행에 관해서는 우리 주님의 지시에 따라서 재판하며 최종적으로 교회의 판결에 오게 한다.

이런 규율을 그 상태로 유지하기 위해서 3개월마다 목사들은 그들 사이에 나무랄 것이 없는지 특별히 주의해서 합리적으로 치유해야 한다.

설교의 숫자, 장소, 시간
일요일 새벽에 생 피에르(St. Pierre) 교회, 생 제르베(St. Gervais) 교회, 그리고 습관적 시

---

8. 이 문단은 수정안에는 다음으로 대치되었다. "참아서는 안 되는 범죄에 관해서는, 만일 그것이 형사 범죄이면, 즉 법으로 징벌해야 하고, 목사 중 누군가 거기에 빠졌다면, 나리가 그것에 손을 대고 다른 사람을 처벌하는 일반적인 징벌 외에 그를 직위 해제시킴으로써 그를 처벌할 것이다."

간에 리브(Rive) (전술한 생 피에르 교회와)[9] 생 제르베에서 설교를 한다.

정오에 세 교회, 곧 마그들렌느, 생 피에르, 생 제르베 교회에서 교리문답 교육, 즉 어린이에게 교육이 있다.

3시에 리브(생 피에르 교회)와 생 제르베 교회에서[10] 두 번째 설교가 있다. 이것은 어린이들을 교리문답에 보내고 성례전을 받기 위함이다. 가능한 한 교구의 경계를 지킨다. 즉 생 제르베 교회는 과거에 가졌던 경계를, 마그들렌느 교회도 유사하고, 생 피에르 교회는 옛날에 생 제르맹, 생 크르와(St. Croix), 새 노트르담(Nostredame la noefve), 생 레지에르(St. Legier) 교회에 속한 경계를 가진다.

두 번 설교가 행해지는 것 외에 평일에 주 3회 즉 월요일, 화요일[11], 금요일 1시에 다른 장소에서 시작하기 전에 생 피에르 교회에서 설교한다. (또한 차례대로 설교를 행하고 기도일에는 큰 종을 치는 날에 생 피에르 교회에서 설교를 들어야 한다.)[12]

목회의 이런 임무와 다른 임무를 지원하기 위해서 5명의 목사와, 필요에 따라서 보조하고 지원하기 위해서 3명의 목사가 될 3명의 조수가 필요할 것이다.

다음으로 우리가 박사라고 칭했던 두 번째 직무가 따른다.

박사의 본래 직무는 믿는 자들에게 거룩한 교리를 가르치는 것이다. 이는 복음의 순수성이 무지에 의해서 혹은 악한 의견에 의해서 부패하지 않기 위함이다. 어쨌든 오늘의 상황에 따라서 우리는 이 칭호에서 하나님의 가르침을 보존하기 위한, 교회가 목사들의 잘못에 의해 버림받지 않도록 하기 위한 도움과 지도를 이해한다. 따라서 보다 이해할 수 있는 말을 사용하자면 우리는 이를 교사의 직무라 칭한다.

목사에 보다 가깝고 교회 정치에 보다 밀접한 직무는 신학 강의이니, 구약성서와 신약성서 강의가 있는 것이 좋을 것이다.

그러나 먼저 언어와 인문 과학의 교육을 받지 않고서는 이런 강의에서 유익을 얻을 수 없기 때문에, 또한 우리 어린이들에게 교회가 버림받지 않기 위해서 미래를 위

---

9. 수정안에는 '생 마그들렌느 교회' 추가.

10. 수정안에는 '3시에 모든 세 교회에서' 추가.

11. 수정안에는 '수요일'로 수정.

12. 수정안에는 ( )을 다음과 같이 수정함. "또한 다른 곳에서 시작하기 전에 끝마칠 수 있는 시간에 차례대로 설교를 행하고 때의 필요에 의해서 특별한 기도일에는 일요일의 질서를 지켜야 한다."

한 후진을 양성할 필요가 있기 때문에, 어린이들을 교육하기 위한 대학을 세울 필요가 있다. 이는 목회뿐 아니라 세속 정치를 위해서 그들을 준비시키기 위함이다.

첫 번째로 유익을 얻기 원하는 어린이들과 다른 사람들에게 강의를 행하고 유지하기 위한 적절한 장소를 정할 필요가 있고, 집과 강의를 관리할 수 있는 학식 있고 전문적인 사람을 둘 필요가 있다. 그들은 또한 강의하고 그의 책임 하에 언어와 방언의 강사를 두는 조건으로 선발되고 보수를 받아야 한다. 또한 어린이들을 가르치기 위한 학사를 필요로 한다. (우리는 선생을 도와줄 이들을 곧 지명하기를 바란다.)[13]

그곳에 있는 모든 사람들은 목사들처럼 교회 훈육에 예속되어야 한다.

도시에 어린이들을 위한 다른 학교가 있을 필요는 없다. 그러나 지금껏 그랬듯이 여자 아이들은 별도 학교를 가지게 하라.

증언에 있어서 목사에 의해 인정받지 못한다면 (불편을 염려해서 아무도 받아들여서는 안 된다.)[14]

장로의 제3 직무가 뒤따른다.[15]

그들의 직무는 각자의 삶을 감시하고, 실수하거나 방탕한 삶을 사는 자들을 친절히 훈계하고, 필요가 있을 때 형제로서 교정을 하기 위해 위임될 위원회에 보고하고, 다른 사람과 더불어 교정하는 것이다.

교회의 현 상황에서는 소위원회에서 2명, 60인 위원회에서 4명, 200인 위원회에서 6명의 성실하고 선하고 비난할 것 없고 어떤 혐의도 없고 하나님을 두려워하고 영적으로 신중한 사람을 선발하는 것이 좋을 것이다. 또한 모든 사람을 감시하기 위해서 도시 각 구역에서 이런 사람을 선발할 필요가 있다.[16]

이들을 선발하는 좋은 방법은 소위원회 위원들이 발견할 수 있는 가장 적합한 가장 충분한 인물을 지명을 제안하는 것이다. 이를 위해서 목사들과의 대화를 위해 목사들을 불러야 한다. 그 다음에 추천된 사람을 200인 위원회에 소개하고, 200인

---

13. 수정안에는 다음으로 대치. "우리는 이것을 원하고 행해지도록 지시한다."

14. 수정안에는 다음으로 대치. "먼저 나리들에게 알리고 나서 불편을 염려해서 그들의 증언과 함께 의회에 소환되어야 한다. 어쨌든 소의회의 두 명의 의원 앞에서 시험을 치뤄야 한다."

15. 수정안에는 문장 앞에 다음을 추가. "나리에 의해 당회에 파송 혹은 전권 위임되어야 할"

16. 수정안은 다음을 추가. "이것은 이미 의회의 선한 결의에 의해 우리가 행한 바 있다."

위원회는 그를 승인한다. (그 인물이 적합하다고 생각되면),[17] 그는 특별한 선서를 행한다. (그 양식은 곧 작성할 것이다.)[18]

그리고 연말에 그들이 계속할 것인지 혹은 교체할 것인지를 보기 위해서 그들이 나리들에게 출두해야 한다. 그들이 임무를 신실하게 수행한다면, 이유 없이 자주 교체하지 않는 것이 좋을 것이다.

교회 정치의 제4 직무 즉 집사

고대 교회에는 언제나 두 종류의 집사가 있었으니, 첫 번째 종류는 재물을 가난한 자들을 위해서 나날의 구제물뿐 아니라 소유물, 연금, 은급을 받아서 분배하고 관리하는 것이다. 다른 종류는 병자를 돌보고 치료하고 가난한 자들의 식량을 관리하는 것이다. 이 관습을 우리는 오늘날 유지한다.[19] 우리는 경리 집사와 구빈 집사를 두고 있다. (그리고 구빈소의 4명의 경리 집사 가운데 한 사람은 구빈소의 모든 재산에 대한 접수인이 되어야 한다. 그의 직무를 보다 잘 수행하기 위해 그를 위한 적절한 급료가 있어야 한다.)[20]

(구빈소를 위해 위임된 경리 집사의 숫자는 좋은 듯하다. 그러나 우리는 별도로 접수인이 있기를 바란다.)[21] 이것은 공급이 제때 이루어지기 위함이고, 또한 자선을 행하기를 원하는 사람들의 재물이 그들의 의도와 달리 사용되지 않음을 확실하게 하기 위함이다. 또한 나리들이 정한 수입이 충분하지 않다면, 혹은 비상한 상황이 발생한다면 예상되는 결핍에 따라서 보충하는 것을 (나리들에게 요청할 것이다.)[22]

경리 집사와 구빈 집사의 선출은 장로들처럼 행해진다. 또한 그들을 선출할 때 바울이 집사에 대해 만든 규칙을 따른다.[23]

경리 집사의 (직무에 관해서는 나리들이 우리를 통해 그들에게 이미 지시한 조항들을 좋다고 본다.)[24] 이에 따르자면 긴급한 사안에서 혹은 지연될 위험이 있을 때, 특히 큰 위험이 없을 때, 큰 지출

---

17. 수정안. '승인받은 후에'
18. 수정안. '이 양식은 목사를 위한 것과 마찬가지로 작성될 것이다.'
19. 수정안에는 다음 추가. '혼란을 피하기 위해서'
20. 수정안에는 삭제.
21. 수정안. "4명의 경리집사의 숫자는 말한 대로 유지되어야 한다. 그들 중 한 사람은 이미 말한 대로 접수 임무를 맡는다."
22. 수정안. "나리들이 조언할 것이다."
23. 수정안에는 다음 추가. "딤전 3:8–13; 딛 1:5 이하."
24. 수정안. "직무와 권위에 관해서 우리는 나리들이 우리를 통해 그들에게 이미 지시한 조항들을 확인한다."

의 문제가 아닐 때, 집사들이 항상 모일 필요는 없다. 한두 사람이 다른 사람의 부재 중에 합리적인 것을 지시할 수 있다.

공공 구빈소가 잘 운영되도록, 또한 구빈소는 병자들뿐 아니라 일할 수 없는 노인들과 과부, 고아, 다른 가난한 자들을 위한 것이 되도록 주의할 필요가 있다. 어쨌든 병자들은 별도의 숙소에 수용하고 일할 수 없는 다른 사람들과 (노인들, 과부, 고아, 다른 가난한 자들과)[25] 분리해야 한다.

또한 도시에 산재해 있는 가난한 자들을 보살피는 일은 경리 집사들이 처리하는 데 따라서 되살아날 것이다.

또한 유지해야 할 필요가 있는 여행객의 숙소 외에 특별한 보살핌을 받을 필요가 있는 자들을 위해 별도로 구빈 기관이 있어야 한다. 이를 위해서 경리 집사들이 도와야 할 자들을 받기 위한 (특별한)[26] 방이 있어야 한다. 이 방은 이런 용도로 유보되어야 한다.

무엇보다도 구빈 집사들의 가족은 하나님께 헌정된 집을 관리해야 하므로, 하나님께 합당하고 정직하게 통제되어야 한다.

목사들(과 장로는)[27] 어떤 실수나 부족한 것이 없는지 물어야 한다. 이것은 나리들에게 질서를 잡도록 요청하고 조언하기 위함이다. 이를 위해서 3개월마다 그들 중 몇 사람이 경리 집사들과 함께 구빈소를 방문하여 모든 일이 잘 돌아가는지 알아야 한다.

구빈소의 가난한 자들뿐 아니라 자력으로 어떻게 할 수 없는 도시 사람들을 위해서 나리들은 내과의 한 명, 외과의 한 명을 (그들의 급료로)[28] 두어야 한다. 그들은 그럼에도 불구하고 시에서 개업하면서 구빈소를 돌보고 다른 가난한 자들도 방문해야 한다.

페스트를 위한 구호소에 관해서는 도시가 하나님의 이 채찍을 맞는 일이 일어난다면 별도의 분리된 구호소가 있어야 한다.

더구나 선한 질서에 위배되는 구걸을 방지하기 위해서 나리들은 교회 입구에서

---

25. 수정안에는 삭제.
26. 수정안에는 삭제.
27. 수정안. '목사보, 시장 중 1인과 더불어'
28. 수정안. '시의 급료로'

구걸하고자 하는 자들을 제거하기 위해 (몇 명의 관리들을 투입하는 것이 좋을 것이다.)[29] 또한 그들이 파렴치하다면 혹은 건방지게 말대답한다면, 이사 나리 중 한 사람에게 데려가는 것이 좋을 것이다. 다른 때에도 구역장은 구걸의 금지령이 잘 준수되는지 감시해야 한다.

성례전[30]

세례는 오직 설교 시간에만 행해져야 하고, 목사 혹은 목사보에 의해서만 집전되어야 한다. 또한 그 부모 이름과 함께 유아의 이름을 등록해야 한다. 사생아가 있을 경우 법원에 이에 관해서 알려야 한다.

돌 혹은 세례반은 강단 옆에 있어야 한다. 이것은 세례의 신비와 용도를 낭송하는 것을 보다 잘 듣기 위해서이다.

다른 사람들이 교회에 유아를 가르칠 것을 약속할 수 없다면, 믿는 자와 우리 종파 신도 외에는 낯선 사람을 대부로 받아서는 안 된다.

성만찬에 관하여

성만찬은 우리가 보다 자주 사용하도록 주님에 의해서 제정되었다. 악마가 모든 것을 전복하고 성만찬 대신에 미사를 세우기까지 성만찬은 고대 교회에서는 자주 거행되었다. 성만찬을 자주 거행하지 않는 것은 고쳐야 할 흠이다.[31]

(그러므로 언제나 매달 한 번 도시에서 거행하되, 3개월마다 각 교구에 돌아오도록 하는 것이 좋을 것이다. 이 밖에 1년에 세 번 일반적으로, 즉 부활절, 성령강림절, 성탄절에 성만찬을 거행하되 그 달에는 순번대로 거행한 교구에서는 반복하지 않도록 한다.)[32]

목사는 빵을 순서대로 경건한 마음으로 분배하고 목사와 장로와 집사 외에는 다른 사람이 잔을 주지 않도록 한다. 이를 위해서 많은 잔이 있어서는 안 된다.

---

29. 수정안. "관리들 중 몇 사람에게 위임할 필요가 있었고, 이렇게 명령했다."
30. 수정안. '세례의 성례전'
31. 수정안에 다음 추가. "어쨌든 현재로서는 성만찬은 1년에 네 번, 즉 성탄절, 부활절, 성령강림절, 그리고 9월 첫 번째 주일에 거행할 것을 조언하고 지시하였다."
32. 수정안에는 삭제.

식탁은 강단 옆에 있어야 한다. 이것은 목사가 식탁 근처에서 보다 잘[33] 자신을 보이기 위함이다. 성만찬은 가장 적절한 시기까지 교회에서만 거행되어야 한다.

성만찬이 거행되기 전 일요일에 이를 고지해야 한다. 이것은 교리문답에서 해설된 바에 따라서 신앙고백을 행하기 전에 어떤 어린이도 성만찬에 참석하지 않기 위함이다. 또한 모든 이방인과 새로 전입한 사람들에게 교회에 처음 출석하도록 훈계해야 한다. 이것은 그들이 가르침을 받기 위함이고, 누군가 성찬을 받음으로써 정죄받지 않도록 하기 위함이다.

혼인에 관하여

관습적인 공지를 한 후에 양측이 요구하는 대로 일요일이든 평일이든 설교 시작 전이라면 혼인식을 거행한다. 단, 성만찬을 거행하는 날에는 성례전의 명예를 위해서 피하는 것이 좋을 것이다.

백성으로 하여금 기도하고 하나님을 찬양하도록 보다 잘 독려하기 위해서 교회 찬송을 도입하는 것이 좋을 것이다.

처음에 어린이들에게 가르칠 것이고, 다음으로 시간이 지남에 따라 온 교회가 따를 수 있을 것이다.

혼사에서 어려운 문제는 영적인 문제가 아니라 정치적인 문제와 섞여 있으므로,
(우리는 나리들에게 이 문제를 이관하여 지체 없이 문제를 판단할 위원회를 구성하도록 요청한다. 그들에게 좋게 보인다면, 이 위원회에는 목사 몇 사람을 자문으로 참여시킬 수 있다. 무엇보다도 장차 사람들이 따를 수 있는 규정을 만들도록 대표를 파송할 수 있다.)[34]

매장에 관하여

정해진 장소에 죽은 자를 품위 있게 매장해야 한다. 수행원과 동반자에 관해서 우리는 각자의 판단에 맡긴다.

운구자는 나리들에게 하나님의 말씀에 어긋나는 모든 미신을 금할 것과 부적절

---

33. 수정안에는 다음 추가. '보다 편리하게'
34. 수정안. "이것은 나리들의 소관사항이다. 그럼에도 불구하고 위원회로부터 자문을 구할 수 있도록 양측을 청문할 임무를 위원회에 위임할 것을 우리는 조언한다. 선한 판정을 확립하기 위해 사람들이 장차 따를 수 있는 규정을 정해야 할 것이다."

한 시간에 운구하지 않을 것을 (서약하는 것이 좋을 것이다.)[35] 누군가 갑자기 사망했다면 보고해야 한다. 이것은 거기서 일어날 수 있는 모든 불편함을 피하기 위함이다.

또한 사망 후 12시간 이전에, 24시간 이후에 운구해서는 안 된다.

병자 방문에 관하여

질병의 곤경에 처해 있을 때 여러 사람들이 하나님의 말씀으로 위로받지 못하고 등한시되고 있기 때문에, 또한 인간에게 어느 것보다 가장 도움이 되는 어떤 훈계나 가르침 없이 사망하기 때문에, 나리들은 어느 누구도 목사에게 알림이 없이 삼일 동안 침상에 누워 있지 않도록, 또한 원하는 적절한 시기에 목사를 부르도록 지시하고 (공지하는 것이 좋을 것이다.)[36] 이것은 목사들이 교회에서 공적으로 봉사하는 임무에서 벗어나게 하지 않기 위함이다. (무엇보다 부모, 친구, 보호인들은 숨을 거두기를 기다려서는 안 된다고 명령을 내려야 한다.)[37] 최후 순간에 위로는 더 이상 도움이 되지 않는다.

죄수 방문에 관하여

주간의 어느 날에 죄수들을 훈계하고 권면하기 위해서 죄수들을 방문하도록 (나리들은 지시하는 것이 좋을 것이다.)[38] (나리들에게)[39] 좋게 보인다면, (그들의 모임 가운데서 어떤 사람을 대표로 파송하는 것이 좋다.)[40] 이것은 그가 어떤 부정을 범하지 않기 위함이다. 또한 밖으로 끌어 내기 원치 않는 족쇄에 묶인 죄수가 있다면, (그들에게 좋아 보인다면)[41] 위에서처럼 그들의 임석 하에 죄수를 위로하도록 어떤 목사로 하여금 들어가는 것을 허락할 수 있다. 죄수들이 처형되는 것을 기다리는 동안 그들은 종종 공포에 사로잡혀서 아무것도 받거나 들을 수 없다. (죄수를 방문하는 것은 토요일 저녁 식사 이후가 될 것이다.)[42]

---

35. 수정안. "우리는 조언했고 지시했다."
36. 수정안. "우리는 공포된 것으로 조언했고 지시했다."
37. 수정안. "모든 변명을 제거하기 위해서, 부모, 친구, 보호인들은 숨을 거두기를 기다려서는 안 된다는 것을 명령해야 한다는 것을 결정했다."
38. 수정안. "우리는 지시했다."
39. 수정안. '우리에게'
40. 수정안. "나리들 중 두 명의 전권 대표가 있어야 한다."
41. 수정안. '우리에게 좋게 보인다면'
42. 수정안. 삭제.

어린이들에게 취해야 할 질서

모든 시민들과 거주민들은 일요일 정오에 이미 언급한 교리문답 교육에 그들의 자녀들을 데려오거나 보내야 한다.

어린이들을 가르칠 어떤 양식이 작성되어 있어야 한다. 그들에게 교리를 가르칠 뿐 아니라 그들이 들은 것에 대해 물어보아야 한다. 이것은 그들이 잘 듣고 기억하는 지를 보기 위함이다.

어떤 어린이가 교리문답을 통과할 정도로 충분히 교육을 받았을 때, 거기에 담겨 있는 내용의 요지를 엄숙하게 낭송해야 한다. (또한)[43] 교회 앞에서 그리스도인으로서의 고백으로서 이를 행해야 한다.

이것을 행하기 전에는 어떤 어린이도 성만찬을 받도록 허락되어서는 안 되고 부모에게는 그들을 데리고 오지 말도록 미리 주의를 주어야 한다. 충분한 교육 없이 성찬을 먹고 마시는 일은 어린이와 부모들에게도 매우 위험하기 때문이다. 이것을 알기 위해서 이 질서를 사용하는 것이 필요하다.

실수가 없기 위해서 학교에 가는 어린이들은 12시 전에 학교에 모이며 교사들은 그들을 각 교구에서 질서 있게 데려가야 한다.

다른 어린이들은 부모가 그들을 보내거나 인도하게 해야 한다. 혼란을 줄이기 위해서 사람들이 행하고 준수해야 할 일은, 이전에 성례전에서 말한 것처럼 이 일에 있어 교구 별로 나눌 수 있다.

위반하는 자들은 장로들 모임에 소환되어야 하고, 그들이 선한 충고에 순종하기 원치 않는다면, 나리들에게 보고해야 한다.

그들이 의무를 행하는지 여부를 알기 위해서 장로들은 주의를 주기 위해 감독해야 한다.

교회에서 선한 질서를 유지하기 위해서 권세자들이 지켜야 할 질서

이미 언급한 장로들은 목사들과 함께 일주일에 한 번, 즉 화요일 아침에 모여서 교회 내에 어떤 무질서가 없는지 보고 필요한 경우 함께 치유책을 다루어야 한다.

---

43. 수정안. '이처럼'

권위나 사법에 대한 저항이 없기 위해서 나리들은 그들에게 (그들의)**44** 관리들 중 한 사람을 주어서 나리들이 훈계를 주기를 바라는 자들을 소환하게 하는 것(이 바람직하다.)**45**

어떤 자가 소환을 무시하여 출두를 거부할 경우 그들의 직무는 나리들에게 알려서 치유책을 주게 하는 것이다.

다음에 장로들이 훈계해야 할 사람과 훈계하는 절차가 뒤따른다.

받은 교리에 거슬러 말하는 자가 있다면, 그를 불러서 대화해야 한다. 만일 그가 굴복한다면 스캔들이나 추문 없이 그를 돌려보낸다. 만일 그가 고집을 부린다면, 여러 번 충고한다. 보다 큰 징계가 필요하다고 볼 때, 성찬의 교제를 금지하고 이를 행정관에게 통고한다.

어떤 사람이 교회에 모이기를 소홀히 하여서 성도들의 교제를 눈에 띄게 멸시하는 것을 알 정도라면, 혹은 교회 질서를 경멸한다는 것이 드러난다면, 훈계하고 순종하면, 그를 친절하게 돌려보낸다. 만일 더욱더 악하게 고집을 부린다면 세 번 충고한 후에 그를 교회에서 내보내고 나리들에게 통고한다.

각 사람의 삶에서 교정해야 할 잘못이 있을 때, 우리 주님이 명한 질서에 따라서 절차를 밟을 것이다.

곧 은밀한 악은 은밀하게 나무라고, 반역이 아니라면 악명이 높거나 스캔들이 아닌 어떤 잘못을 고발하기 위해 교회 앞에 자기 이웃을 데려가서는 안 된다.

이 밖에 이웃의 특별한 훈계를 비웃는 자들은 교회에 의해 훈계를 받아야 한다. 그가 이성으로 돌아오기를 원치 않고 자기 잘못을 인정하지 않는다면, 장로들이 이를 확인했을 때, 그들이 보다 나은 마음으로 돌아올 때까지 성찬을 받을 수 없다는 것을 그들에게 통고한다.

교회가 감출 수 없는 악명 높고 공공연한 악이 있을 때, 오직 훈계를 받을 실수라면, 장로의 직무는 책임 있는 자들을 소환하여 그들이 교정하도록 친절하게 충고를 하고, 교정이 보이면 더 이상 성가시게 하지 않는 것이다. 만일 그들이 악한 행위를 계

---

44. 수정안. '우리의'
45. 수정안. '을 우리는 조언했다.'

속 고집한다면 그들을 훈계한다. 오랫동안 아무 소용이 없으면 그들을 하나님을 멸시하는 자로 통고하고, 그들에게서 삶의 변화가 보일 때까지 성찬을 금지한다.

오직 말로 하는 훈계가 합당하지 않고 징계를 통한 교정이 필요한 범죄의 경우, 어떤 사람이 거기 빠졌을 경우 사건이 요구하는 데 따라서 그에게 일정 기간 동안 성찬을 금한다는 것을 통고하여 하나님 앞에서 겸손해지고 자기 실수를 보다 잘 깨닫게 한다.

어떤 사람이 궐석 혹은 항명에 의해서 성찬 금지에 거스르려 한다면, 목사는 그를 성찬식에 받아들이는 것이 불법이기 때문에 그를 돌려보내야 한다.

그럼에도 불구하고 어떤 사람에게도 가혹 행위가 없도록 그렇게 이 모든 일이 조정되어야 한다. 교정은 다만 죄인을 우리 주님께 돌아가게 하기 위한 치유책이기 때문이다.[46]

이 정책은 도시를 위해서일 뿐 아니라 또한 영지에 속한 마을들을 위한 것이다.

1542년 7월 17일 목사를 위해 규정된 선서 양식

제네바 시에서 승인되고 수락된 복음의 목사들이 시의 이사들과 의회 앞에서 이행해야 할 선서와 약속의 양식은 다음과 같다.

나는 내가 부름 받은 사역에서, 하나님이 나를 묶은 이 교회를 세우기 위해서 그의 말씀을 순수히 선포함으로써 하나님 앞에 신실하게 봉사할 것과 내육적 감정을 사용하는 일에 있어서도, 살아있는 인간을 기쁘게 하기 위해서도 하나님의 가르침을 오용하지 않을 것과 그의 영광을 섬기며 내가 빚진 그의 백성의 유익을 위해서 순수한 양심을 가지고 하나님의 가르침을 사용할 것을 약속하고 선서한다.

나는 또한 이 도시의 소위원회, 대위원회, 그리고 총회에서 승인한 교회 헌법

---

46. 수정안은 이하 추가. "목사들은 어떤 민사 재판권을 가지지 않으며 바울이 명령한 대로 하나님의 말씀의 영적 검만을 사용하는 방식으로 이 모든 일이 이루어져야 한다. 또한 당회는 어떤 일에서도 나리의 권위나 일반 법정에 저촉되어서는 안 된다. 그러나 민권은 전적으로 유지되어야 한다. 형벌을 내리거나 양측을 구속할 필요가 있을 경우, 목사들은 당회와 더불어 양측의 말을 듣고 훈계하고 시 의회에 모든 일을 보고해야 한다. 시 의회는 보고에 근거해서 사건의 필요에 따라서 조정하고 판결하도록 조언할 것이다."

을 수호할 것과, 부족한 자들을 관리하는 책임을 맡은 한 증오나 혹은 호의나 복수 혹은 다른 육적 감정에 굴복함이 없이 신실하게 이행할 것과, 선하고 신실한 목사에게 합당한 것을 일반적으로 행할 것을 약속하고 선서한다.

세 번째로 나는 영지와 도시의 명예와 복지를 지키고 유지할 것과 나에게 가능한 한, 백성이 영주의 통치 아래서 은혜로운 평화와 일치 속에서 계속 살도록 보살필 것과 그것을 위배하는 자들에게 결코 동의하지 않을 것을 약속하고 선서한다.

마지막으로 나는 이 도시의 정책과 헌법에 굴복할 것과 내 직무가 허락하는 한, 법과 행정관들에게 스스로 굴복함으로써 다른 사람들에게 복종의 선한 모범을 보일 것과 우리가 가져야 하는 자유에 대한 어떤 선입견 없이 하나님이 우리에게 명령한 것에 따라서 가르치고 우리 직무에 관한 일들을 행할 것을 약속하고 선서한다. 또한 결론적으로 나는 부름 받음에 있어서 하나님께 빚진 봉사를 하나님께 돌림에 있어서 방해받지 않는 한, 영주들과 백성을 섬길 것을 약속한다.

시골 교회 시찰을 위한 규정 초안

서문

1541년 교회 헌법은 주기적인 모임을 통해서 공화국의 도시와 영지의 목사들 간에 일치와 규율을 보증하기 위한 조항들을 포함한다. 이것들 중 한 목표는 상호 권징의 실천일 것이다. 그러나 시골 교구 조직의 기초가 처음에 부적절하게 만들어진 듯 보인다. 이것은 1544년 5월 시 의회 회의록을 볼 때 명백하다.

이 날짜의 대화는 좋은 결과에 이르지 못한 듯하다. 여기에 소개된 이 문서는 1546년 1월 11일의 날짜를 가지고 있고, 당시 종교 개혁자는 선한 질서의 유지와 목사들이 기능을 수행하는지와 회중이 종교적 의무를 이행하는지 감사하는 일을 확실하게 하기 위해서, 시골 교회의 정기적 시찰을 조직하기 위한 새로운 초안을 작성할 필요를 깨달았다는 것을 보여 준다. 칼뱅은 1546년 1월 25일에 의회 모임에 그의 초안을 제출했고, 이것은 채택되었다. 목사들의 모임(Vénérable Compagnie) 회의록에는 이런 표현으로 시찰 규정 초안이 보고되어 있다. "1546년 1월에 총회로 모인 형제들에 의해서, 이후로 제네바 교회의 모든 교구에 대한 시찰이 이루어질 것이 결의되었다. 또한 참석한 자들은 두 명의 자문관이 목사들과 함께 지방 영주를 시찰하는 데 동의했고 지시했다. 이것은 목사들이 시골 목사의 교리와 삶에 관해 문의하고 자문관은 영주의 삶에 대해 문의하기 위함이다." 이 규정은 후에 1561년의 제네바 교회 헌법(C.R. X/1, 45f.) 속에 들어갔다.

시골 교회 시찰을 위한 규정 초안 (1546년 1월 11일)
―제네바에 속한 목사들과 교구 시찰에 관한 규정

첫 번째로 제네바 교회 전체, 즉 도시와 영지에 속한 교구에서 교리의 일치를 유지하기 위해서 행정관은 의회에서 두 분을 선출해야 하고 목사들도 역시 그들의 공동체에서 두 명의 목사를 선출해야 한다. 그들은 일년에 한 번 각 교구를 순회하여 그곳의 목사가 복음의 순수성에 위배되는 새로운 의미로 교리를 받아들이지 않았는지 문의해야 한다.

　두 번째로 이 시찰은 목사가 신앙을 일으키는 설교를 하는지, 혹은 스캔들을 일으킬 만한 것은 없는지, 혹은 모호하기 때문에 백성의 교육에 부적합한 것은 없는지, 혹은 피상적인 문제를 다루는지, 혹은 너무나 엄격하게 하지 않는지 혹은 비슷한 잘못을 저지르지 않는지를 묻는 것이다.

　세 번째로 백성에게 예배에 참석하게 하고 예배를 사랑하게 하고 거기에서 그리스도인의 생활을 위한 유익을 발견하도록 훈계하고, 목사의 직무가 무엇인지 설명하는 것이다. 이것은 그들이 직무를 어떻게 실천해야 하는지를 이해하도록 하기 위함이다.

　네 번째로 목사가 설교하는 일에서 뿐 아니라 병자를 방문하는 일과 훈계를 필요로 하는 자들을 훈계하고 하나님의 불명예가 될 수 있는 일을 방지함에 있어서도 근면한지를 아는 것이다.

　다섯 번째로 목사가 정직한 삶을 살며 좋은 모범을 보이는지, 혹은 그가 경멸받을 만한 어떤 무절제한 행위나 경솔한 행동을 행하는지, 혹은 그의 백성이나 그의 온 가족과 더불어 잘 지내는지를 알아내는 것이다.

시찰 방법

이 직무를 위해서 전권 위임을 받은 목사는 위에서 말한 대로 설교하고 훈계한 후에, 교구의 감독들과 행정관들에게 그들 목사의 교리와 생활에 관해서 물어야 하고, 마찬가지로 그의 근면함과 교육 방법에 관해서 물어야 한다. 그들에게는 하나님의 이름으로, 하나님의 명예와 그의 말씀의 진보와 모두의 복지를 방해하는 어떤 일도 감추지 말 것을 요청해야 한다.

그가 발견한 것에 따라서 공동체에 그것에 관해 공적으로 보고해야 한다. 따라서 만일 형제에게 어떤 잘못이 있다면 (말씀에 의한 것보다 더 큰 교정을 받는 것이 당연하다면), 그 형제는 관습대로 훈계를 받아야 한다. 도저히 관용할 수 없는 더 중대한 위법이 있다면 승인된 조항에 따라서 절차를 밟아야 한다. 즉 네 명의 전권 위원이 우리에게 사안을 보고함으로써 적절하게 일이 처리되어야 한다.

이 시찰은 어떤 사안을 청문하는 것도 아니고 사법권을 집행하는 것도 아니다. 이것은 다만 스캔들을 피하기 위한 치유책이어야 하고, 특별히 목사가 타락하거나 부패하지 않는가를 보기 위한 방책이어야 한다.

또한 시찰은 사법 절차를 방해해서도 안 되고 목사들이 사법에 일반적으로 예속되는 것으로부터 면제해도 안 된다. 그러므로 정상적 사법 앞에서 개인으로서 소송 건에 답변할 수 있어야 하고 혹은 개인적으로 위법 행위를 했을 때, 범죄에 관해서 심문을 받거나 처벌받아야 한다. 간단히 말해서, 그들의 신분은 미래에도 현재와 마찬가지여야 한다.

이런 일은 사도 시대로부터 고대 교회의 질서였으며, 오늘날 복음의 순수한 가르침에 따라서 개혁 교회에서 준수되고 있다.

제네바의 우리 이사들과 의회 등은 위에 기록된 규정들을 보고 들었다. 지금 이 규정들은 우리를 통해 준수되고 실행되도록 명령 지시된다. 1546년 1월 11일 우리 일반 의회에서 만들어졌고 승인되었음.

위의 이사들과 의회

시골 교회 감사에 관한 규정

서문

1541년 제네바 교회 헌법의 마지막 절에서 규정들이 영지에 속한 마을들에 적용되어야 한다고 진술되었다. 그러나 규정들의 도입과 실천은 도시 밖의 교구들에서 난관에 봉착했다. 그래서 질서를 확립할 필요를 느꼈고, 시골 사람들의 마음 상태와 관습을 위해 특별히 준비된 규정에 의해서 종교 개혁 원리들을 적용할 필요를 느꼈다. 1546년 말, 칼뱅은 그의 다른 동료 목사들과 함께 이것을 준비하였다. 이것은 목사들의 모임 회의록에 삽입된 규정 초안 사본의 상단에 있는 전문에서 다음과 같이 설명된 바와 같다.

"1546년 12월 17일 금요일에 총회로 모인 제네바 교회의 목사들은 교회의 상태와 조건에 관하여 논의하고 공표하고 규제한 것과 또한 다른 기억할 만한 일들을 정리하는 것과 적시에 개교회를 돕는 것이 유익할 것이라고 우리에게 진술했다. 이것을 하기 위해서 목사들은 이것을 기록해야 한다고 결의했다. 같은 날 시골 교구들의 개혁에 관한 일부 규정들이 제안되었다. 이것들은 좋고 유익하다는 것이 드러났다. 그래서 이것들은 나리들의 조언과 요구에 따라서 작성되었으므로 그들에게 제출되기로 동의를 얻었다. 이것들은 나리들에 의해 통과되었고 1547년 2월 3일에 의회에서 선포되었다. 그 다음으로 200인 위원회에 이첩되었다."

1547년 5월 17일에 초안은 이렇게 공식으로 채택되었다. 이것은 1561년판 제네바 교회 헌법에는 들어가지 않았다.

시골 교회 감사에 관한 규정 (1547년 2월 3일)

─제네바 영지에 속한 교회들의 감사에 관한, 나리들의 재량에 온전히 맡겨서 실행하도록 조언된 규정

설교

1. 어린이나 동물을 돌보기 위해서 어떤 사람을 남겨 둘 필요가 없는 한, 각 가정의 모든 사람은 일요일에 교회에 와야 하며, 그렇지 않으면 3수(sou)의 벌금을 물어야 한다.

2. 평일에 설교가 있다면 적절한 주의로 조정해서 각 가정에서 갈 수 있고 정당한 사유가 없는 자들은 참석해야 한다. 적어도 각 가정에서 한 사람도 참석하지 않으면 위와 같은 벌금을 물어야 한다.

3. 머슴 혹은 하녀를 둔 사람은 가능할 때 그들을 데려오거나 데려가게 해야 한다. 그럼으로써 그들은 교육받지 않은 가축처럼 살지 않을 것이다.

4. 정당한 이유로 결석하지 않는 한, 기도가 시작되었을 때 설교에 참석해야 한다. 그렇지 않으면 위의 벌금을 물어야 한다.

5. 모든 사람은 설교 동안 주목해야 한다. 무질서나 스캔들이 있어서는 안 된다.

6. 정당한 사유가 없는 한, 설교 후 기도가 끝나기 전까지는 아무도 교회를 떠나거나 교회 밖으로 나가서도 안 된다. 그렇지 않을 경우 위의 벌금을 물어야 한다.

교리문답 교육

1. 각 설교자는 두 교구를 담당하므로, 교리문답 교육은 2주 동안 이루어져야 한다. 어린이들이 있는 자들은 위와 같이 설교에 오지 못했던 나머지 식구들과 함께 어린이들을 데려와야 한다.

2. 설교 때와 마찬가지로 교리문답 교육에도 정직하고 정상적으로 주목을 해야 한다.

처벌

1. 교회에 오는 의무를 게을리한 자들은 그들 자신뿐 아니라 가족들도 감독(garde)으로부터 훈계를 받아야 한다.

2. 그들이 주의를 받은 후에도 계속해서 잘못한다면, 그들은 매번 3그로(gros)의 벌금을 물어야 한다. 그중 1/3은 감독에게 지불되고 나머지 2/3는 교구의 가난한 자들에게 사용되어야 하고 또한 필요에 따라서 분배를 위해 교회 기금에 넣어야 한다.

3. 설교가 시작된 후에 오는 사람은 훈계를 받아야 한다. 훈계를 받은 후에도 고치지 않으면, 잘못할 때마다 3수의 벌금을 물어야 한다. 이것은 위에서 언급한 것처럼 사용될 것이다.

4. 설교 도중에 방해하거나 스캔들을 행하는 사람은 당회에 보고되어 경고를 받도록 해야 한다. 이것은 잘못에 비례해서 처벌받도록 하기 위함이다. 즉 만일 그가 부주의해서 그랬다면 견책해야 하고, 만일 고의적 악의나 반항심 때문에 그랬다면 나리들에게 보고해서 그를 적절히 처벌해야 한다.

벌금을 징수하는 사람

1. 범법자들이 자발적으로 벌금을 납부하려 하지 않으면 영주는 목사들과 감독들과 연합해서 그들에게 벌금을 납부하도록 강제해야 한다. 정당한 변명은 인정되어야 한다. 그러나 이것은 어떤 형식적 절차 없이 행해져야 한다.

2. 위의 벌금을 부과했는데도 불구하고 고치지 않을 정도로 반항적인 사람은 당회에 보고되어 그들의 고집의 정도에 따라서 그들을 처벌할 것이라는 경고를 들어야 한다.

3. 아버지는 자녀에 대해 책임을 져야 하며 만일 벌금이 있다면 아버지로부터 징수되어야 한다.

세례

1. 세례와 더불어 설교가 있다면 어느 날이라도 세례를 베풀 수 있다. 목사들은 백성에게 세례를 교리문답 교육과 연결시키도록 언제나 권면해야 한다.

2. 어린이들은 교리문답 교육이나 설교 시작 전에 데려와야 한다.

3. 아버지는 정당한 사유가 없으면 반드시 참석해야 한다. 당회는 그 사유를 승인해야 한다.

4. 그 누구도 그런 약속을 할 만한 연령이 아니라면, 어린이의 대부가 되도록 허락되어서는 안 된다. 즉 대부가 될 사람은 15세가 지나야 하고 우리와 같은 종파에 속해야 하고 적절히 교육을 받아야 한다.

5. 세례명에 관해서 나리들은 모든 미신과 우상 숭배를 피하고 하나님의 교회로부터 어리석고 단정치 못한 것을 제거하도록 지시해야 한다.

6. 만일 산파가 세례 직무를 찬탈한다면 그들은 이 일에 있어 위임을 받지 않았으므로 잘못의 정도에 따라서 견책을 받거나 징계를 받아야한다. 즉 3일간 빵과 물만 먹고 10수의 벌금을 물어야 한다. 또한 그들의 행위를 시인하거나 은폐하는 모든 사람은 같은 처벌을 받을 수 있다.

성찬

1. 누구라도 먼저 자기 신앙을 고백하지 않으면 성찬에 받아들여질 수 없다. 즉 그는 목사 앞에서 복음의 개혁에 따라서 살기를 원하고 사도 신조와 주기도문과 십계명을 안다는 것을 선언해야 한다.

2. 성찬을 받기 원하는 자는 예배 전에 와야 한다. 예배 끝에 오는 자는 성찬을 받을 수 없다.

3. 다른 장애 요소들은 당회의 판단 안에 있다. 당회는 지시된 것에 따라서 그것을 다루어야 한다.

4. 위에서처럼 인지된 정당한 사유가 없는 한 모든 사람은 끝까지 남아야 한다.

교회에 모이는 시간

교회 건물은 예배 시간 이외에는 잠가 두어야 한다. 이것은 누구라도 다른 시간에 미신적 이유로 교회에 들어가지 못하게 하려는 것이다. 만일 누군가 교회 안이나 혹은 부근에서 특별한 경건 행위를 하다가 발각되면 훈계를 받아야 한다. 만일 그가 미신을 고치려 하지 않으면 처벌을 받아야 한다.

이미 언급된 잘못 외에 개혁에 위배되는 잘못들

첫 번째, 미신

1. 묵주나 혹은 경배를 위한 우상를 가지고 있다가 발각된 자는 당회 앞으로 끌려가야 한다. 그들에게 부과되는 징벌 외에도 그들은 나리들 앞으로 끌려가야 한다.

2. 순례 여행을 했던 자도 마찬가지다.

3. 교황당의 축일이나 금식을 지키는 자는 고집스럽게 반항하지 않는 한 견책만 받아야 한다.

4. 미사에 참석한 자는 훈계받는 것 외에 나리들 앞으로 끌려가야 한다.

5. 이런 경우 나리들은 구금이나 혹은 다른 방법으로 혹은 그들의 재량에 따라서 벌금을 징수함으로써 징계할 권한이 있다.

벌금의 경우, 범행이 감독들에게 통고되었다면, 벌금 중 일부는 감독들에게 사용되어야 한다.

신성 모독

1. 우리 주의 몸 혹은 피로써 맹세함으로써 혹은 유사한 일로 신성 모독을 범한 자는 처음에는 땅에 키스해야[1] 한다. 두 번째에는 5수의 벌금을, 세 번째에는 10수의 벌금을 물어야 하고, 마지막에는 1시간 동안 칼을 씌워야 한다.

2. 하나님을 부인하거나 세례를 부정하는 자는 처음에는 열흘 동안 빵과 물만을 먹게 해야 한다. 두 번째에는 나리들의 재량껏 보다 준엄한 신체적 처벌로써 징계해

---

1. baisser terre, 이 프랑스어 표현은 매우 모호하다. Huguet, *Dictionnaire de la langue française du seizième Siècle* (Paris 1925)에 의하면 전쟁에 참전하는 병사들의 관습, 혹은 누구에 대한 충성 형태를 의미한다.

야 한다.

하나님의 말씀에 대한 반박

1. 하나님의 말씀을 반박하는 자가 있다면 당회 앞으로 끌고 가서 훈계를 받게 하라. 혹은 경우에 따라서 처벌을 받도록 나리들에게 돌려보내야 한다.

2. 만일 반박이나 반항이 보다 신속한 치유를 필요로 하는 스캔들에 상당하다면, 지방 영주는 목사와 행정관의 명예를 유지하기 위해서 일에 개입해야 한다.

술 취함

1. 술로 접대하는 자는 3수의 벌금을 물어야 한다.

2. 술집은 예배 동안 폐쇄해야 한다. 이를 위반한 술집 주인과 술집에 들어온 자는 3수의 벌금을 물어야 한다.

3. 술 취한 사람이 있으면 그는 처음에는 3수의 벌금을 물어야 하고 당회로 끌려가야 한다. 두 번째에는 5수의 벌금을 물어야 하고, 세 번째에는 10수의 벌금을 물고 구금되어야 한다.

4. 주연을 베푸는 자는 10수의 벌금을 물어야 한다.

노래와 춤

단정치 못하거나 방탕하거나 난폭한 노래를 부른 자, 혹은 춤에서 거칠게 회전하거나 유사한 짓을 하는 자는 3일간 구금되어야 하고 당회로 소환되어야 한다.

고리대금

누구도 5부 이상의 이율 혹은 5부 이상의 이득을 위해서 돈을 대출해서는 안 된다. 어기는 자는 원금을 몰수하고 사안에 따라서 적절한 보상을 하도록 명령되어야 한다.

소란 부리기

1. 아무도 소음을 야기하거나 언쟁을 해서는 안 된다. 어기는 자는 사안에 따라

서 처벌받아야 한다.

2. 언쟁을 벌이거나 지원하기 위해서 폭동을 일으키거나 집회를 여는 자는 보다 엄격한 처벌을 받아 마땅하다.

불평

두 사람 사이에 불평이나 논쟁이 있다면 목사는 감독들을 불러서 그들을 화해시키는 의무를 행해야 할 것이다. 만일 그가 화해시킬 수 없다면 그들을 당회로 소환할 것이다.

오락

방탕한 오락을 행해서는 안 된다. 혹은 금이나 은 혹은 과도한 판돈을 걸고 오락할 때에는 5수의 벌금을 물어야 하고 건 판돈을 몰수당한다.

간음

1. 간음을 하다가 발각된 자에 관해서 미혼남과 미혼녀인 경우, 그들은 6일간 빵과 물만 먹고 구금당하며 6수의 벌금을 물어야 한다.

2. 남녀 중 한 사람이 기혼자로서 간통한 경우, 그들은 9일간 빵과 물만 먹고 구금당하며 범죄의 정도에 따라서 나리들의 재량껏 벌금을 물어야 한다.

3. 약혼한 자들은 교회에서 혼인이 치러지기까지 남편과 아내로서 동거해서는 안 된다. 그렇지 않을 경우 그들은 간음죄로 처벌받아야 한다.

감독의 선출

영주는 교구민들 중 보다 책임감이 있고 나은 사람을 모아서 적절히 훈계한 후 그들 앞에서 감독 선출이 이루어져야 한다. 그들은 재산이 있고 하나님을 두려워하는 사람이어야 한다. 영주는 선출된 감독들을 당회로 인도하여 그들의 직무에 대해 가르침을 받게 한다. 그 후 그들은 나리들 앞에서 서약을 해야 할 것이다.

당회 송환

목사와 감독들 혹은 그들 중 한 사람의 결정으로, 영주 혹은 그가 부재시 조수 중 한 사람의 결정으로 범죄인을 당회로 송환할 수 있다.

1547년 5월 16일에 위의 규정이 낭독되었고 승인되었고 채택되었다. 또한 규정 위반에 대한 벌금은 일부는 교구 감독들에게 사용되고 일부는 영주와 시 의회에 사용되고 일부는 교구와 지역의 가난한 자들에게 사용되어야 한다고 선언된다.

제네바의 나리들과 이사들과 의회의 명령에 의해서

제네바 교회 교리문답

서문

서문에 포함된 내적 증거는 이 유명한 문서에 대한 약간의 정보를 준다. 여기서 볼 때 이것은 제2차 교회 교리문답이다. 제1차 교회 교리문답은 프랑스어 판이나 라틴어 판에도 확실한 날짜를 표시하지 않았다. 어쨌든 제1차 교리문답은 제네바에서 더 이상 사용되지 않았다. 칼뱅은 제네바로 귀환한 후, 많은 사람들의 절실한 요구에 부응하여 또 다른 교리문답을 출판했다. 서문은 라틴어로 이 새로운 교리문답을 출판한 이유를 설명한 후 계속하여 몇 년 전에 출판된 이전의 교리문답에 대해 언급한다. 이전에 한 번 교회 교리문답이 출판된 적이 있음이 분명하다. 칼뱅은 이 1차 교리문답이 망각되었을 가능성을 언급하며 가능하면 이를 피하고자 한다. 그는 이전의 교리문답을 다시 출판함으로써가 아니라 '그가 선호한' 한 후대 작품을 라틴어로 옮김으로써 이 목적을 달성한다. 이 라틴어로 번역된 후대의 선호된 작품은 칼뱅 자신의 것이 아니라고 생각할 수는 없다. 그러므로 칼뱅 자신이 프랑스어 판과 라틴어 판의 저자라는 결론을 내려야 한다.

그러므로 프랑스어로 먼저 집필되었다. 여기 번역은 라틴어 판에 기초하였다. 그 이유는 양자 사이의 차이는 사소할지라도, 라틴어 판은 이전 문서에 대한 칼뱅의 정정 리스트를 포함하기 때문이다. *C.R.*은 프랑스어 판과 라틴어 판을 나란히 게재하였다. 여기 번역에서 성서 인용구는 프랑스어 판에서 취했다. 또한 이하의 부분에는 프랑스어 판에서 가져온 매주일의 지도 지침이 첨가되었다.

칼뱅은 교리문답을 질문 대답의 형식으로 작성했다. 루터는 그의 소 교리문답에서 (대 교리문답에서는 아니지만) 망각되었던 이 형식을 부활시켰다. 이로써 이것의 유용성이 입증되었기 때문에 널리 채택되었고 오늘까지도 사용되고 있다. 칼뱅이 이 형식이 야기하는 모든 단점을 전적으로 피했다고 주장할 수는 없다. 예를 들어 웨스트민스터 신조가 작성되는 시기까지 이 형식은 신선함과 방향을 유지했고 실제로 질문 내지 시험 형식을 가지고 있었다. 우리 앞에 놓인 이 작품 속에는 차라리 목사와 어린이 사이의 대화 형식이 있다. 목사의 많은 질문들은 '유도성 질문'이다. 많은 곳에서 목사는 질문을 받는 학생과 마찬가지로 교리의 본질에 관해 많은 것을 제공한다. 실로 때로는 목사와 학생의 역할이 뒤바뀐 것처럼 보이기도 한다. 예를 들어 형상으로 하나님을 예배하는 것에 대한 금지에 관한 목사의 장황한 논평에 대해 어린이는 '*verum*'이라고 대답하는데, 이것은 '옳습니다'라고 번역하는 것이 부당하지 않다.

그러나 이 정도의 사소한 흠은 그리스도교 신앙 내용을 해설하는 교리문답에서 그것의 탁월성과 명증성을 제거할 수 없다.(*C.R.* Ⅵ, ix 참고)

교리문답을 용이하게 사용하기 위해서, 그리고 보다 쉽게 암기될 수 있도록 하기 위해서 프랑스어 판은 전체를 55개 주일로 할당하여 나누고 각 주일의 교리문답 내용을 다음처럼 유용하게 요약한다.

제1주: 우리 삶의 목표. 인간의 최고 선. 하나님을 올바르게 경배하는 방법 4가지.

제2주: 하나님을 경배함에 있어서 첫 번째 점은 그를 믿는 것이다. 신뢰를 가져야 함에 대한 이유. 사도 신조.

제3주: 4중 구성. 삼위일체에 관하여. 제1부. 성부. 하나님의 능력의 의미. 하나님의 능력은 한가롭지 않음.

제40주: 세 번째 간구. 하나님의 뜻이 이루어짐. 새롭게 함. 하나님의 뜻이 하늘에서 이루어짐.

제41주: 네 번째 간구. 일용할 빵을 구함의 의미. 하나님이 노동을 축복함. 일용할 빵

제42주: 다섯 번째 간구. 하나님이 자신을 용서할 필요가 없을 만큼 거룩한 자는 없다. 죄의 용서의 의미. 죄의 용서의 열매. 값이 없는 잘못의 용서. 하나님의 자녀로 거부당함.

제43주: 여섯 번째 간구. 유혹.

제44주: 하나님을 진실로 공경함에 있어서 네 번째.

제45주: 하나님의 말씀을 통해 우리에게 제공되는 구원. 이해하도록 노력해야 함. 교회의 목자에 관하여.

제46주: 성례전에 대하여. 성례전은 우리의 약함 때문에 주어짐.

제47주: 성례전을 필요로함. 성례전의 효과. 성례전에서 그리스도를 찾음. 성례전을 통한 믿음의 증거. 하나님의 자녀들의 불완전성.

제48주: 성례전의 수. 세례와 성만찬. 세례에 대하여. 세례의 의미.

제49주: 세례의 물. 물을 왜 머리에 붓는가. 물이 아니라 그리스도의 피가 우리를 씻음. 상징과 결합된 진리. 그것의 능력은 거듭 태어남에 있다. 세례의 실천.

제50주: 유아 세례에 관하여. 이스라엘 백성의 약속은 온 세상에 확대됨. 유아는 어떤 조건으로 세례 받아야 하는가.

제51주: 성만찬에 대하여. 그리스도는 빵을 통해 자기 몸을 나타내고, 포도주를 통해서 자기 피를 나타냄. 우리의 구원의 확신은 무엇에 있는가. 우리가 예수 그리스도를 어떻게 받는가.

제52주: 빵의 상징을 통해서 우리가 무엇을 얻는가. 포도주의 상징을 통해 우리가 무엇을 얻는가. 성만찬은 제사가 아니다. 그리스도는 유일한 영원한 제사장.

제53주: 우리의 연약함 때문에 상징은 이중적. 실재가 상징을 동반함. 성례전의 실재를 얻기 위해서 무엇을 해야 하는가. 부활의 담보

제54주: 그리스도의 지체의 상징. 세례는 한 번 받고, 성만찬은 자주 받는 이유.

제55주: 세례와 성만찬 집행은 누구에게 속하는가. 성만찬은 누구에게 금지되는가. 유다는 성만찬에서 왜 받아들여졌는가.

제네바 교회 교리문답
—즉 어린이들에게 그리스도의 가르침을 가르치는 계획

독자들에게 드리는 서신

어린이들을 그리스도교 교리로 올바로 키우는 것은 언제나 교회의 관습이고 부지런한 배려였다. 이것을 보다 편리하게 행하기 위해서 이전에는 학교가 열렸고 개인들은 가족을 적절히 가르치도록 명령되었다. 뿐만 아니라 모든 그리스도인들에게 공통적이고 친숙한 특정한 점들에 관하여 교회에서 어린이들을 시험하는 것이 공공 관습이고 실제였다. 이것을 제대로 행하기 위해서 교리문답 혹은 강요라고 불리는 양식이 작성되었다. 이후에 악마가 하나님의 교회를 비참하게 분열시키고 끔직스런 파괴 공작을(이것의 표적은 세상 대부분에서 너무나 분명하다) 가함으로써 이 거룩한 관습을 전복시켰다. 또한 악마는 신앙의 열매를 세우기는커녕 미신만을 초래하는 일부 사소한 것들만을 살아남게 만들었다. 그들이 말하는 우스꽝스런 몸짓으로 이루어진 견신례가 여기에 속하는데, 차라리 원숭이들에게 적합하며 어떤 근거에도 기초하지 않았다. 그러므로 우리가 지금 제시하는 것은 이전에 그리스도인들과 하나님의 참 숭배자들이 준수하였고, 교회가 전적으로 타락하기까지는 결코 등한시되지 않던 실제를 사용한 것에 불과하다.

칼뱅이 동 프리지아(Frisia)에서 복음의 순수한 가르침을 선포하는 그리스도의 신실한 종들에게

바울이 그렇게 높이 추천한 신앙의 일치가 우리 가운데서 빛나도록 하기 위해 온갖 노력을 하는 것이 우리에게 적절하기 때문에, 우리의 공적인 세례에 결부된 신앙의 엄숙한 고백은 주로 이 목적을 지향해야 한다. 그러므로 경건한 교리에 있어서 모든 사람에 의한 지속적인 동의가 있어야 할 뿐 아니라, 모든 교회에 대해서 단 하나의 교리문답 양식이 있는 것이 바람직할 것이다. 그러나 여러 이유 때문에 각 교회가 자기 교리문답을 가지지 않을 수 없으므로 우리는 거기에 대해 너무 열심히 저항해서는 안 된다. 그러나 교리에 있어서 다양성에도 불구하고 우리 모두가 한 그리스도를 지향하고 그 진리에 의해서 우리가 그 안에서 단결한다면 우리는 한 몸, 한 영으로 자라날 것이며 한 입으로 또한 신앙의 요체에 속한 것을 선포할 수 있을 것이다. 이 목적을 지향하지 않는 교리문답 교사는 종교에 있어 분쟁의 요소를 유포함으로써 교회를 심각하게 위해함으로써 세례를 불경건하게 모독하는 일을 초래하는 것이다. 세례가 신앙의 기초가 되어서 우리 모두가 한 신앙 안에서 일치하는 것이 아니라면 세례의 용도는 무엇인가? 그러므로 교리문답을 공적으로 선포하는 자는 성급하게 무엇인가를 내놓음으로써 현재뿐 아니라 후대에 있어서도 경건에 심한 해를 끼치고 교회에 치명적 상처를 가하지 않도록 더욱더 주의해야 한다.

나는 이 서문을 통해서 나의 이 교리문답에서 모든 경건한 자들에 의해서 신봉되는 교리에 부합하지 않는 것은 전달하지 않는 것을 일차적 과제로 삼았다는 것을 내 독자들에게 증언하기를 원한다. 나의 선언은 독서에 공평하고 건전하게 판단하는 자들에 의해서 헛되지 않다는 것이 밝혀질 것이다. 나는 전적으로 만족스럽지는 않을지라도 내 작품은 모든 선한 인간들에게 받아들여질 만하여서 그들에 의해서 유익하다고 간주되는 한 성공했다고 믿는다.

나는 이 글을 라틴어로 썼고 이 결정이 아마도 어떤 사람에게 추천되지 않을지라도 그럴 만한 이유가(그 이유를 여기서 모두 언급하는 것은 부적절할지라도) 있었다. 나는 비난을 피하기에 충분하는 듯 보이는 그런 것을 선택할 것이다. 우선 이 혼란되고 분열된 그리스도교계에서 공간적으로는 널리 흩어져 있을지라도 그리스도교 교리에서 일치하는 교회들이 상호 인정할 수 있는 공적 증언을 가지는 것이 유용하다고 판단한다. 이런 일이 상호 간의 확신에 적지 않게 기여한다는 사실 외에, 그들이 상호 간 축복하고 경건하게 서로를 주님께 추천하는 일보다 바람직한 일이 무엇인가? 한때 이 목적을 위해서 모든 사람 사이에 신앙의 일치가 존재하고 번성하는 동안, 주교들은 노회 서신을 받아 건너보냈고 이것으로써 마치 표지에 의해서처럼 교회 사이에 거룩한 친교를 세울 수 있었다. 오늘 그리스도교 세계가 무섭게 황폐한 가운데서 하나님을 올바로 경배하는 교회들이 비록 적고 흩어져 있고 적그리스도의 회당에 의해 둘러싸여 있을지라도 이 거룩한 친교의 표지를 주고받고 이로써 내가 언급한 형제의 포옹을 하도록 독려받는 것이 얼마나 더 필요한가? 이 일이 오늘 필요하다면 우리는 후손에 대해 무엇을 생각해야 하는가? 그것에 대해 나는 생각하는 것 이상으로 염려된다. 만일 하나님이 하늘로부터 기적적인 도움을 주지 않으면 세상은 극도의 야만성으로 위협받게 된다고 생각하지 않을 수 없다. 나는 우리 자녀들이 이것이 참 예언이며 단순한 추측이 아니라는 것을 멀지 않아 느끼기를 바란다. 그렇다면 더구나 우리는 우리의 글을 통해서 우리의 죽음 이후에도 남게 되거나 혹은 나타나게 될 교회의 흔적들을 모으려고 노력해야 한다. 종교 문제에 있어서 우리의 견해가 무엇인가를 보여 주기 위한 다른 종류의 글들도 있다. 그러나 우리 교회들이 그들 사이에 어떤 교리적 일치가 이루었는가는 교리문답 외에 다른 데서 더 분명하게 볼 수는 없다. 여기에는 어떤 사람이나 다른 사람이 한때 가르친 것뿐 아니라, 우리 가운데 학식 있는 자와 무식한 자들이 어려서부터 늘 가르침을 받아 왔던 초보 지식들도 나타나 있다. 모든 신실한 자들은 이것들을 그리스도교 친교의 엄숙한 상징으로 간주한다. 이것이 이 교리문답을 출판한 주요한 이유였다.

두 번째 이유는 내게 있어서 적지 않은 비중을 차지한다. 즉 이것이 독서하기에 부당하지 않기를 바라는 많은 사람에 의해 요청된다는 것을 들었다. 그들이 옳은지 그른지를 나로서는 말할 수 없다. 그러나 그들이 바라는 대로 하는 것이 옳은 일이었다. 이것은 거의 내게 강제되었고, 나는 정당하게 거부할 수 없었다. 7년 전에 내가 교리문답의 표제로 종교의 간단한 요목을 출판한 적이 있었으므로 내가 이 글을 내놓음으로써 예방하지 않는다면 저 글은 배후로 밀려날 우려가 있었다. 이것은 바람직하지 않은 일이었다. 그러므로 공공의 선을 고려해서 나는 내가 선호하는 이 글이 자기 위치를 차지하도록 해야 할 필요가 있었다. 그 밖에 나는 이 일이 교회의 회복에 착수한, 우리가 수세기 전 교황제 아래서 폐지된 교리문답의 관습이 합법적으로 돌아오도록 하기 위해서 어디서나 신실하게 노력한다는 것을 세상에 증언하는 좋은 모범에 속한다고 생각한다. 이 거룩한 관습은 그 유익함으로 인하여 아무리 추천해도 충분하지 않을 것이다. 교황주의자들도 악명 높은 부패로 인하여 아무리 저주받아도 충분하지 않다. 왜냐하면 그들은 이것을 유치한 말장난으로 바꿈으로써 등한시할 뿐 아니라 또한 불순하고 불경건한 미신의 계기로 비열하게 오용하기 때문이다. 그들은 그것을 대치한 저 거짓 견신례를, 창녀처럼 거대하고 찬란한 의식과 한없이 웅장한 장려함으로 장식한다. 그들은 심지어 그것을 장식하려고 가증스러운 신성 모독으로 장식하며 그것이 세례보다 더 권위 있는 성례전이라고 주장하고 그들의 악취 나는 기름을 바르지 않은 자들을 반(半)그리스도인들이라고 부른다. 실제로 그들의 전체 행위는 다만 연극적인 몸짓으로 이루어졌으며, 혹은 차라리 모방 기술이 없는 원숭이들의 변덕스러운 장난일 뿐이다.

주 안에 있는 친애하는 형제들이여, 나는 그대들에게 이 글을 바치기로 선택했다. 왜냐하면 그들이 나를 사랑하며 그들 중 대부분이 내 글을 기뻐하며 서신으로 그들을 위해서 이 일을 하도록 절실히 요청했기 때문이다. 그 밖에 정당하고 충분한 이유가 있다. 나는 오래전에 진지하고 경건한 인간들의 진술로부터 그대들에 관한 일들을 들었다. 이 일이 내 온 영혼으로 나를 그대들과 결속하게 만들었다. 이제 나는(내가 신뢰하는 바처럼) 그대들이 그대들에 대한 내 선한 뜻에 관한 이 증언을 흔쾌히 받아 주기를 요청한다. 안녕히, 주께서 그의 교회를 세우기 위해서 나날이 그대들의 지혜의 영과 신중함과 열성과 강건함을 성장시켜 주시기를!

제네바 1545년 11월 27일.

신앙에 관하여

제1장

1. 인생의 주요 목적은 무엇인가?

인간들이 그에 의해 창조된 하나님을 알기 위한 것입니다.

2. 그대가 이것을 말하는 이유는 무엇인가?

하나님이 우리를 창조했고 우리에게서 영광을 받기 위하여 우리를 이 세상에 놓았기 때문입니다. 하나님 자신이 시작이 되는 우리의 인생은 그의 영광을 위해 사는 것이 합당합니다.

3. 인간의 최고선은 무엇인가?

같은 것입니다.

4. 그대는 무엇 때문에 이것을 최고선으로 생각하는가?

이것을 빼앗길 때 우리의 조건은 어떤 짐승보다도 불행하기 때문입니다.

5. 그러므로 우리는 하나님을 위해 살지 않는 것보다 더 불행한 일은 인간에게 일어날 수 없다는 것을 충분히 인식하고 있는가?

그렇습니다.

6. 하나님에 대한 참되고 올바른 지식은 무엇인가?

그가 인식됨으로써 그에게 마땅히 돌려져야 할 영광이 드러나게 될 때입니다.

7. 그를 올바로 경배해야 하는 근거는 무엇인가?

그 안에 우리의 전체 신뢰가 놓여 있다는 것, 그의 뜻에 순종함으로써 온 삶으로 그를 경배하려고 노력한다는 것, 어떤 필요가 우리를 재촉할 때마다 그의 이름을 부르고 구원과 구할 수 있는 모든 선한 것을 그 안에서 찾는다는 것, 후에 마음과 입으로 그를 모든 선의 유일한 근원으로 인식한다는 것입니다.

제2장

8. 이것을 순서대로 논하고 상세하게 설명하자면, 그대의 분류에서 으뜸은 무엇인가?

    하나님에게 우리의 전적 신뢰를 두는 것입니다.

9. 그런데 이것은 어떻게 이루어지는가?

    전능하고 완전히 선한 분을 알 때입니다.

10. 이것으로 충분한가?

    결코 그렇지 않습니다.

11. 무엇 때문인가?

    우리는 그가 도와주는 능력을 발휘하고 구원함에서 그가 얼마나 선한가를 드러내기에 합당하지 않기 때문입니다.

12. 그렇다면 무엇이 필요한가?

    우리 각자가 그로부터 사랑을 받고 그가 우리의 아버지가 되기를 원하고 구원의 장본인이 되는 것을 그의 마음으로 확인하는 일입니다.

13. 우리는 이것을 어디서부터 확신하는가?

    그의 말씀으로부터이니, 여기서 그리스도 안에서 우리에 대한 자비를 드러내며 우리에 대한 사랑에 대하여 증언합니다.

14. 그러므로 하나님에 기초해야 할 신뢰의 근거와 원리는 그리스도를 아는 것인가?

    전적으로 그렇습니다.

15. 이제 이 지식의 요지는 무엇인지를 그대로부터 조금 듣기를 원한다.

이것은 모든 그리스도인들이 공통으로 가지고 있는 신앙고백, 혹은 차라리 고백 양식에 있습니다. 이것을 일반적으로 사도 신조라고 부릅니다. 이것은 고대 교회로부터 모든 경건한 사람들 사이에서 언제나 받아들여졌습니다. 이 것은 사도들의 입으로부터 들었거나 혹은 그들의 글에서 성실하게 수집된 것입니다.

16. 낭송하라.

전능하신 하나님 아버지, 천지의 창조자를 내가 믿으며 그의 독생자, 우리 주 예수 그리스도를 믿습니다. 그는 성령으로 잉태하셨고, 동정녀 마리아에게서 낳으셨고, 본디오 빌라도에게 고난을 받으시고, 십자가에 못박혀 돌아가시고 매장되시고 음부로 내려갔다가 삼 일 만에 죽은 자들 가운데서 부활하셨고 하늘로 오르셨고 전능하신 하나님 아버지 우편에 앉아 계시고, 거기로부터 산 자와 죽은 자들을 심판하러 오실 것입니다. 내가 성령과 거룩한 가톨릭 교 회와 성도들의 교통과 죄 사함과 몸의 부활과 영생을 믿습니다. 아멘.

제3장

17. 각각을 보다 깊이 이해하기 위해서, 이 고백을 우리는 몇 부분으로 나누는가?

네 부분입니다.

18. 그것을 나에게 열거하라.

첫 번째 부분은 아버지에 관한 것입니다. 두 번째는 그의 아들 예수 그리스도 에 관한 것이니 인간 구속의 전체적 요지를 포함합니다. 세 번째는 성령에 관 한 것입니다. 네 번째는 교회와 신적 은총에 관한 것입니다.

19. 하나님이 한 분 외에는 없다면, 어째서 나에게 아버지, 아들, 성령의 셋을 언급하는가?

하나님의 한 본성에서 우리는 아버지를 원리와 근원, 모든 사물의 제일 원인 처럼 생각하고, 아들을 아버지의 영원한 지혜로 생각하고, 마지막으로 성령을 만물에 퍼져 있고 그럼에도 불구하고 영원히 아버지 안에 머물고 있는 그의 능력으로 이해하는 것이 합당합니다.

20. 그러므로 한 신성 안에 구별되는 세 분의 인격을 확정하고, 그러므로 하나님을 분리하지 않는다면 부조리한 것이 없다는 의미인가?
그렇습니다.

21. 첫 번째 부분을 낭송하라.
천지를 창조하신 하나님 아버지를 내가 믿습니다.

22. 왜 아버지라고 부르는가?
우선 그의 영원한 지혜이며 그로부터 모든 시간 전에 태어났고 이 세상에 보내어졌고 그의 아들로 선언된 그리스도를 고려해서입니다. 여기서 우리는 하나님이 예수 그리스도의 아버지이므로, 또한 우리의 아버지라고 결론 내립니다.

23. 어떤 의미로 그에게 전능하다는 술어를 부가하는가?
그가 발휘하지 않는 능력이 없을 뿐 아니라 능력과 손 아래 모든 것을 갖고 있다는 것, 그의 섭리로 세상을 지배하고 그의 의지로 만물을 확정하고 모든 피조물에게 나타난 것처럼 명령한다는 것입니다.

24. 그러므로 하나님의 나태한 능력을 생각하는 것이 아니라, 언제나 일에 착수하는 그런 능력을 생각하며, 그를 통하지 않고서는 또한 결정이 아니고서는 아무것도 이루어짐이 없는 것인가?
그렇습니다.

제4장
25. 무엇 때문에 천지의 창조자를 덧붙이는가?
그가 행위들을 통해서 우리에게 자신을 계시하기 때문에 거기서 또한 우리는 그를 찾아야 합니다. 우리 정신은 그의 본질을 파악할 능력이 없습니다. 그러므로 그를 인식하는 것이 우리의 일과 상관하는 한, 세상 자체는 우리가 그를 관조하는 거울과 같습니다.

26. 하늘과 땅을 통하여 피조물 중 어느 것도 이것 외에는 존재하지 않는 것으로 이해하는가? 오히려 이 두 가지 이름에 하늘에 있는 것이나 땅에 있는 것 모두가 포함됩니다.

27. 하나님을 왜 창조자라고 선언하는가? 피조물들을 한번 창조한 것보다는 그 상태에서 보호하고 보존하는 것이 훨씬 탁월하기 때문인가?
하나님은 그의 업적들을 한번 창조했고 그것들을 후에는 결코 돌보지 않는다는 것을 이 부분에서 지시하지는 않습니다. 오히려 하나님에 의해서 일단 창조된 세상은 이제 그에 의해서 보존되며 또한 땅도 다르지 않고 그의 능력에 의해 그의 손에 의한 것처럼 뒷받침되는 한 다른 모든 것들도 존립한다고 생각해야 합니다. 이것 외에 모든 것이 그의 손 아래 있으므로 주는 모든 것의 최고 통제자라고 추론합니다. 그러므로 그가 천지의 창조자라는 것에서부터 그는 지혜와 선함과 능력으로 모든 자연의 운행과 질서를 다스리는 하나님이라는 것을 이해할 수 있습니다. 그는 비와 가뭄과 우박과 다른 폭풍과 맑은 기후를 다스리는 분이며 그의 호의로 땅을 비옥하게 만들고 그가 손을 거두면 불모지로 돌아가게 만드는 분입니다. 그로부터 건강과 질병이 유래하고 결국 만물이 그의 명령에 굴복하고 그의 손짓에 복종합니다.

28. 불경건한 자와 악마에 대해 어떻게 생각하는가? 그들도 하나님에게 예속된다고 말하는가?
그의 영으로 그들을 지배하지는 않을지라도, 그의 능력으로써 마치 고삐처럼 그들을 강제합니다. 그래서 그들에게 허락하지 않는 한, 마음대로 움직일 수 없습니다. 또한 그들을 그의 의지에 복종하는 종으로 만들어서 그들은 어쩔 수 없이 자기 의지와는 다르게 그에게 나타난 대로 따르도록 강요됩니다.

29. 이 일의 통찰에서 그대에게는 어떤 유익함이 돌아가는가?

많은 유익이 있습니다. 악마와 불경건한 인간들에게 하나님의 의지에 반하여 어떤 것이 허용된다면, 우리에게 악한 일이 행해집니다. 우리는 그들의 욕망에 내맡겨졌다고 생각함으로써 평정한 정신이 아니었을 것입니다. 그러나 결국 그들을 하나님의 의지로써 제어하여 마치 요새 안에 갇혀 있는 것처럼 그들이 그의 허락이 없이는 어떤 일도 할 수 없다는 것을 생각할 때, 우리는 안심할 수 있습니다. 특히 하나님 자신은 우리의 보호자, 구원의 보루임을 허락하기 때문입니다.

제5장

30. 이제 두 번째 부분으로 가자.

우리는 독생자 우리 주 예수 그리스도를 믿습니다.

31. 이 부분은 특히 무엇을 포함하는가?

하나님의 아들이 우리의 구원자라는 것과 그에 의해서 우리가 죽음에서 속량 받았고 생명을 얻을 것임을 설명합니다.

32. 그대가 예수를 부르는 이름은 무엇을 뜻하는가?

그리스인들에게 '구원자'(σωτήρ)라는 말이 의미하는 것은 그 의미가 잘 표현되는 라틴어 고유 명사가 있지 않습니다. 그러므로 'salvator'라는 어휘가 일반적으로 통용되었습니다. 하나님의 명령으로 천사는 하나님의 아들에게 이 호칭을 부여했습니다.

33. 이것은 인간들이 그에게 부여한 것 이상인가?

물론입니다. 하나님이 이렇게 호칭되기를 원하므로, 또한 그런 분이어야 할 필요가 있습니다.

34. 다음으로 그리스도의 이름은 무엇을 의미하는가?

이 호칭으로 그의 직무가 보다 잘 표현됩니다. 아버지에 의해서 왕, 제사장,

예언자로 기름 부음을 받았음을 의미합니다.

35. 그대는 그것을 어떻게 아는가?

성서는 이 세 가지 직무에 도유(塗油)가 적용하기 때문입니다. 성서는 우리가 말한 이 세 가지 직무를 언제나 그리스도에게 부가하였습니다.

36. 그런데 그는 어떤 종류의 기름으로 도유되었는가?

고대의 왕, 제사장, 예언자들을 축성할 때 사용되었던 가시적 기름이 아니라 보다 탁월한 것, 즉 성령의 은총입니다. 이것은 저 외적 도유의 진리입니다.

37. 그대가 기억하는 그의 나라는 어떤 나라인가?

하나님의 말씀과 영으로 유지되는 영적인 나라, 정의와 생명을 지니는 나라입니다,

38. 제사장직은?

은총을 얻기 위해 하나님의 면전에 서고 하나님이 받아들일 제물의 봉헌으로 그의 진노를 가라앉게 하는 직무요 특권입니다.

39. 그대는 무슨 의미로 그리스도를 예언자라고 부르는가?

그가 세상에 내려왔을 때 자신이 인간에게 보내진 아버지의 사절이요 해석자임을 고백했기 때문입니다. 아버지의 의지를 온전히 드러냄으로써 모든 계시와 예언에 종지부를 찍기 위한 목적에서 이렇게 하였습니다.

제6장

40. 여기서 어떤 열매를 인식하는가?

이 모든 일은 우리를 위해서가 아니라면 다른 목적이 없습니다. 그리스도가 아버지로부터 이런 것을 부여받은 것은 우리가 그것의 충만에서 취하도록 우리와 함께 이것을 공유하기 위함입니다.

41. 좀 더 상세하게 나에게 이것을 진술하라.

그는 성령으로 충만하고, 성령의 모든 은사의 완전한 부로 채워졌습니다. 그는 이것으로 우리 각자에게 자기 분량에 따라서 은사를 선사합니다. 아버지는 우리에게 알맞은 은사를 아십니다. 그러므로 한 근원에서처럼 그로부터 우리는 모든 영적 은사를 얻습니다.

42. 그의 나라는 우리에게 무엇을 가져다주는가?

우리는 그의 은총으로 경건하고 거룩하게 살도록 양심의 자유를 얻고, 그의 영적인 부로써 가르침을 받음으로써 우리 영혼의 영원한 적인 죄와 육과 사탄과 세상을 정복하기에 충분한 능력으로 무장됩니다.

43. 제사장직은 무슨 결과를 초래하는가?

첫 번째로, 이런 이유에서 그는 우리를 아버지와 화해시키는 중보자가 됩니다. 다음으로 그를 통하여 아버지에게 이르는 길이 열리는데, 이로써 우리가 아버지의 면전으로 신뢰를 가지고 나아가서 아버지에게 우리 자신과 우리의 모든 것을 제물로 바치게 됩니다. 그러므로 그는 우리를 자기 사람처럼 제사장직의 동료로 만듭니다.

44. 예언자직이 남았다.

하나님의 아들에게 그의 사람들에 대한 인도의 직무가 부과되는 목적은 아버지의 참 지식으로 그들을 조명하고 그들을 진리로 가르치고 하나님의 순종하는 제자들로 만들기 위함입니다.

45. 그대가 말한 모든 것은 여기서 그리스도의 이름이 아버지가 아들에게 이전한 세 가지 직무를 포함한다는 내용으로 돌아온다. 이것은 그 힘과 열매를 자기 사람들에게 부어 주기 위함이다.

그렇습니다.

제7장

46. 하나님이 우리 모두를 그의 자녀라 부를 수 있다면, 그대는 어째서 하나님의 독자라고 칭하는가?

우리가 하나님의 자녀가 되는 것은 본성적으로가 아니라, 하나님이 우리를 자녀로 간주하는 양자 결연과 은총에 의한 것입니다. 그러나 아버지의 본성에서 태어난 주 예수는 아버지와 한 본성이며 아버지의 유일한 아들로 칭해짐이 마땅합니다. 그는 홀로 본성적으로 하나님이기 때문입니다.

47. 그러므로 그대는 이 영예는 본질적으로 마땅히 그에게 돌려져야 하는 속성이며, 우리가 그의 지체인 한에서 우리가 그것을 무상의 은혜로써 공유한다고 이해하는가?

전적으로 그렇습니다. 그러므로 그의 친교를 고려해서 다른 곳에서 그는 많은 형제들 가운데 처음 태어난 자로 칭해집니다.

48. 그는 뒤에 따라오는 것으로 무엇을 원하는가?

아들이 우리의 구원자가 되기 위해서 아버지에 의해 기름 부음을 어떻게 받았는가를 보여 줍니다. 즉 여기에 열거된 것처럼 우리의 육신을 입고 우리의 구원에 필요한 모든 일을 처리했습니다.

49. 그가 성령으로 잉태했고 동정녀 마리아에게서 태어났다는 두 문장은 무엇을 의미하는가?

예언자들의 예언에 따라서 다윗의 참 씨앗이 되기 위해 동정녀의 자궁에서 그녀의 본성으로 만들어졌으니 그럼에도 불구하고 영의 기적적이고 은밀한 능력으로 남자와의 관계없이 이루어졌습니다.

50. 그러므로 우리의 육신을 입기 위해서 수고할 필요가 있었는가?

매우 그렇습니다. 하나님에 대해 인간이 행한 불복종을 인간성으로 속죄하는 것이 필요했기 때문입니다. 그는 하나님과 인간 사이의 화해를 이루기 위해 다른 방법으로는 우리의 중보자가 될 수 없었습니다.

51. 우리의 인격으로써 우리의 구원의 몫을 성취하기 위해 그리스도가 인간이 되어야만 했다고 말하는 것인가?

나는 그렇게 믿습니다. 다른 방법으로는 성취될 수 없는 우리의 달리 될 수 없는 우리의 결여가 그에 의해서 성취되어야 합니다.

52. 그러나 이것은 왜 성령에 의해 이루어졌으며, 차라리 일반적이고 관습적인 생식의 형태로가 아닌가?

인간의 씨앗이 심각하게 부패되었기 때문에 하나님의 아들의 출산에 성령의 작용이 개입함이 마땅하였습니다. 이것은 부패에 오염되지 않고 완전한 순수함을 부여받기 위함이었습니다.

53. 그러므로 다른 인간들을 성화하는 그가 모든 흠에서 면제되고 자궁으로부터 원래적 순수함을 부여받음으로써 하나님께 온전히 거룩하게 되고 어떤 인간적 흠으로도 오염되지 않게 된다는 것을 우리는 배운다.

그렇게 이해합니다.

54. 그대는 우리의 주가 어떤 분이라고 이해하는가?

그는 우리를 그의 지배 아래 두기 위해서, 하늘과 땅에서 하나님의 나라를 다스리고 인간들과 천사들의 머리가 되기 위해서 아버지에 의해 세워진 것과 같습니다.

제8장

55. 어째서 삶의 모든 역사를 생략하고 탄생에서 죽음으로 바로 넘어갔는가?

우리의 구속에 속한 일은 그의 본성을 어느 정도 자체 안에 포함하고 있는데, 이 일이 아니면 여기서 다루어지지 않습니다.

56. 어째서 단순히 한마디 말로 그가 죽었다고 말하지 않고 그가 그 아래서 고난을 받은 총독의 이름을 붙였는가?

이것은 역사의 신뢰성을 위한 것만이 아니라, 그의 죽음이 저주와 연결되어 있다는 것을 우리가 알게 하기 위함입니다.

57. 더 분명히 설명하라.

그는 우리가 빚진 형벌을 처리하기 위해서, 또한 형벌에서 우리를 빼내기 위해서 죽었습니다. 그러나 우리 모두가 죄인으로서 하나님의 심판을 받아야만 하기 때문에 우리를 대신하여 심판을 받기 위해 지상의 심판자 앞에 서기를 원했고 그의 입으로 저주 받음으로써 우리가 천상의 하나님의 심판대 앞에서 사죄 받도록 하였습니다.

58. 빌라도는 그를 무죄라고 선언했고 그러므로 악행으로 정죄하지 않았다.

양자를 주지하는 것이 합당합니다. 즉 심판자는 그의 무죄함을 증언함으로써 그 자신의 악행 때문이 아니라 우리의 악행 때문에 고난 당했고, 그럼에도 불구하고 그는 엄숙한 의식으로 그의 판결로 저주받았으니 이것은 우리가 심판을 받아 마땅하다는 것을 드러내기 위함입니다. 이것은 마치 그가 우리의 보증이 되어서 우리를 피고 신분에서 해방하기 위함과 같습니다.

59. 잘 말했다. 그가 죄인이었다면 다른 사람의 죄의 벌을 풀어 주기 위해서 보증이 되는 것은 적합하지 않다. 그럼에도 불구하고 그의 정죄가 우리에게 면죄를 가져오기 위해서 그는 악인들 가운데 한 사람으로 여겨져야 했다.

그렇게 이해합니다.

제9장

60. 그가 십자가에 못 받았다는 것은 다른 종류의 죽음을 당한 것보다 더 큰 의미를 가지는가?

그렇습니다. 바울이 훈계한 것처럼 나무에 달린 자는 우리가 저주로부터 풀려나기 위해서 우리의 저주를 받았습니다. 이런 종류의 죽음은 저주를 받은 것입니다.

61. 무엇이라고? 하나님의 아들이 저주에 굴복했다고 말할 때 하나님 앞에서 그를 모욕하는 것이 아닌가?

결코 아닙니다. 그가 저주를 받음으로써 그것을 폐지했다면 그의 축복을 우리에게 넘치도록 붓기 위해서 그동안 축복받기를 중단하지 않았습니다.

62. 계속하라.

죽음의 형벌이 인간에게 가해졌을 때 죄 때문에 하나님의 아들은 죽음을 감당했고 이로써 승리했습니다. 또한 그가 참 죽음을 당했다는 것이 더 잘 드러나기 위해서 다른 인간들처럼 무덤에 매장되기를 원했습니다.

63. 그럼에도 불구하고 그가 죽었으므로 이 승리에서 우리에게 어떤 유익이 돌아오는 듯 보이지 않는다.

아무것도 이것을 막지 못합니다. 왜냐하면 지금 죽음은 믿는 자들에게는 보다 나은 삶으로의 이행에 불과하기 때문입니다.

64. 여기에서 죽음은 두려워해야 할 것처럼 더 이상 두려워할 것이 아니며 평안한 마음으로 우리 주 그리스도를 따라야 한다는 결론이 나온다. 그가 죽음에서 멸망하지 않은 것처럼 우리도 멸망하지 않을 것이다.

그렇게 이루어져야 합니다.

제10장

65. 그가 음부로 내려갔다는 말을 첨언한 것은 어떤 의미를 가지는가?

그가 영혼과 몸의 분리가 되는 죽음을 감당한 것만이 아니라, 또한 베드로가 말한 대로 죽음의 고통도 당했다는 것을 의미합니다. 나는 이것을 그의 영혼이 사로잡혔던 두려운 곤경으로 이해합니다.

66. 나에게 이 일의 원인과 방식을 말하라.

그는 죄인들을 위해 보속하기 위해서 하나님의 심판석 앞에 섰고, 하나님에 의해 버림 당하는 것과 같은, 하나님이 적대적인 듯한 고통으로 그의 양심이 괴로움을 당해야 했습니다. 그는 이 곤경 속에서 '아버지께, 내 하나님, 내 하나님, 어째서 나를 버리셨습니까?'라고 외쳤습니다.

67. 그러므로 아버지는 그에게 분노하셨는가?

결코 아닙니다. 그를 이런 준엄함으로 몰고 간 것은 이사야에 의해 예언된 것을 성취하기 위함입니다. 즉 그 자신이 우리의 죄로 말미암아 하나님의 손으로 매 맞았고 우리의 불의로 말미암아 상처를 입었습니다.(사 53:4)

68. 그가 하나님이라면 하나님에 의해서 버림 받은 것처럼 두려움에 사로잡힐 수 있는가?

그렇게 되어야 합니다. 인간성의 정서에 따르자면 이 필요에 굴복했습니다. 이를 이루기 위해서 잠시 그의 신성은 감추어졌습니다. 즉 그 능력을 행사하지 않았습니다.

69. 그럼에도 불구하고 세상의 구원이신 그리스도가 이런 저주에 굴복하는 것이 어떻게 가능할 수 있는가?

그는 저주 아래 머물기 위해서 저주를 받은 것이 아닙니다. 내가 말한 저 두려움에 그가 사로잡힌 것은 억눌리기 위함이 아니었습니다. 오히려 지옥의 권세와 싸워서 그것을 정복하고 파괴하기 위함입니다.

70. 여기서 우리는 진노하신 하나님의 손에 의해 쫓기는 죄인들이 받는 양심의 고통은 그가 받는 고통과 다르다는 것을 추론한다. 그에게는 일시적인 고통이었지만 그들에게는 영원한 고통이기 때문이다. 그것은 적어도 그를 찌르기 위한 가시였지만, 그들에게는 내가 말한 바, 마음에 상처를 입힐 치명적인 칼이다.

그렇습니다. 하나님의 아들은 이런 곤경에 몰려서도 아버지에 대해 소망하기를 중단하지 않았습니다. 또한 죄인들도 하나님의 심판으로 저주받을 때, 절망 속에 빠지고 자신에 대해 불평하고 공개적으로 신성 모독하기에 이릅니다.

제11장

71. 믿는 자들이 그리스도의 죽음에서 어떤 열매를 얻는지 우리는 말할 수 있는가?

전적으로 그렇습니다. 우선 그는 우리의 죄가 하나님 앞에서 속량받고 하나님의 진노가 진정되고 우리를 그와 더불어 은총으로 환원시키는 제물이라는 것을 봅니다. 그 다음으로 그의 피는 우리의 영혼이 모든 흠에서 깨끗하게 되는 씻음이 됩니다. 다음으로 우리 죄의 기억이 지워져서 하나님 앞에 드러나지 않게 되며 또한 우리의 죄가 기록된 빚 문서는 무효화되고 폐기되었습니다.

72. 이것 외에 다른 유익을 우리에게 가져다주지 않는가?

우리가 그리스도의 참 지체라면 그의 은혜로 우리 옛 사람은 십자가에 못 박히고 몸의 죄는 폐지됨으로써 육의 악한 욕망이 더 이상 우리 안에서 지배하지 못합니다.

73. 계속하라.

그는 셋째 날에 죽은 자들 가운데서 부활했습니다. 이로써 그는 죄와 죽음의 승리자임을 드러냈습니다. 그는 부활로 사망을 삼켰고 악마의 사슬을 끊고 그의 모든 권세를 무로 만들었습니다.

74. 이 부활에서 몇 가지 열매가 우리에게 나오는가?

세 가지입니다. 그것을 통해 우리에게 의가 획득되었고, 우리 미래의 불멸의 확실한 담보가 되며, 지금 우리는 이미 그것의 능력으로 새로운 삶으로 일으켜져서 깨끗하고, 거룩하게 삶으로써 하나님의 뜻에 순종합니다.

제12장

75. 다음을 계속하자.

그는 하늘로 오르셨습니다.

76. 그는 오르심으로써 더 이상 땅에 있지 않는가?

그렇습니다. 그는 우리의 구원에 관하여 아버지로부터 명령받은 모든 일을 행하신 후에는 더 이상 땅에 계실 필요가 없습니다.

77. 이 승천에서 어떤 선한 것을 우리가 얻는가?

두 가지 열매가 있습니다. 즉 그리스도는 우리를 위해 땅에 내려오신 것처럼, 우리의 이름으로 하늘에 들어가신 한, 우리에게도 하늘이 열렸습니다. 우리의 죄 때문에 이전에 닫혔던 문이 이미 우리에게 열렸습니다. 그 다음으로 그는 우리의 중재자와 후견자로서 하나님 앞에 나섭니다.

78. 그런데 그리스도가 하늘로 오르심으로써 우리에게서 떠난 것은 우리와 함께 있기를 중단하기 위함인가?

그렇지 않습니다. 오히려 그는 세상 끝까지 우리와 함께 계실 것입니다.(마 28:20)

79. 그러나 그가 우리와 함께 거주한다는 말은 육신의 임재로 이해해야 하는가?

아닙니다. 오르신 육신과 도처에 산재되어 있는 능력은 별개 문제입니다.(눅 24:51; 행 2:33)

80. 그대는 어떤 의미로 그가 아버지 오른편에 앉아 있다고 말하는가?

이 말은 아버지가 그에게 하늘과 땅의 권세를 부여함으로써 그가 만물을 다스리게 됨을 의미합니다.(마 28:18)

81. 오른편과 앉음은 그대에게 무엇을 의미하는가?

오른편에 앉아 있고 명령을 위탁받은 장군들에게서 유비를 취한 것입니다.

82. 그러므로 그대는 바울이 전한 것과 다른 것을 이해하지 않는다. 곧 그리스도는 교회의 머리로 확정되었고 모든 군주보다 높여졌고 모든 이름 위에 있는 이름이 붙여졌다.

말씀하신 그대로입니다.

제13장

83. 다른 것으로 넘어가자.

저기로부터 오셔서 산 자와 죽은 자를 심판하실 것입니다. 이 말의 의미는 그가 오르신 것처럼 다시 하늘로부터 와서 세상을 심판할 것이라는 것입니다.(행 1:11)

84. 심판 날은 세상 종말 이전에는 없을 것이므로 모든 사람이 한번 죽는 것이 정해졌다면 그대는 어떻게 그때 인간들 가운데서 어떤 자들이 살아 있다고 말하는가?

바울은 그때 살아 있는 자들이 갑작스러운 변화에 의해, 즉 육의 부패가 폐지되고 썩지 않음을 입음으로써 새로워질 것이라고 전하였을 때 이 문제를 해결했습니다.(히 9:27; 고전 15:51-53; 살전 4:17)

85. 그러므로 그대는 이 죽음의 변화는 첫 번째 자연의 폐지가 있을 것이고, 두 번째 새로운 본성의 시작이 있을 것이라는 식으로 이해하는가?

그렇게 느낍니다.

86. 그리스도가 한 번 세상의 심판자가 될 것이라는 데서 우리의 양심은 어떤 기쁨을 얻는가?

우리 양심은 한 가지 기쁨을 얻습니다. 즉 그는 우리의 구원을 위해서가 아니라면 오지 않으리라는 것을 압니다.

87. 그러므로 우리는 이 심판이 우리에게 공포를 가져다주는 것으로 두려워하는 것은 합당하지 않은가?

우리의 후견인이기도 한 그의 심판석에 우리가 서는 한 절대로 그렇습니다. 그는 또한 우리를 신뢰와 보호 속에 받아들입니다.

제14장

88. 제3부로 가자.

이것은 성령에 대한 신앙에 관한 부분입니다.

89. 성령은 우리에게 무엇을 주는가?

여기서는 하나님이 우리를 아들을 통해서 속량하고 구원했으며 이로써 영을 통해서 우리를 이 속량과 구원에 동참하게 만든다는 것을 우리가 알게 함을 목표로 합니다.

90. 어떻게?

우리가 그리스도의 피로 정결함을 얻는 것처럼 그 피로써 우리의 양심을 씻기 위해서 뿌리는 것이 필요합니다.(벧전 1:18-19)

91. 이것은 보다 분명한 설명을 필요로 한다.

나는 하나님의 영이 우리 마음에 거주하는 동안 우리가 그리스도의 능력을 느끼도록 역사하는 것으로 이해합니다. 우리가 그리스도의 은총을 정신으로 파악하는 것은 성령의 조명에 의해 이루어집니다. 성령의 설득으로 우리 마음에 은총이 인 쳐집니다. 결국 성령만이 우리 안에 은총이 설 자리를 줍니다. 성령은 우리를 거듭나게 하고 우리가 새로운 피조물이 되게 만듭니다. 그러므로 그리스도 안에서 우리에게 제공되는 모든 선물을 우리는 영의 능력으로 받습니다.(롬 5:5; 엡 1:13; 딛 3:5)

제15장

92. 계속하자.

제4부에서 우리는 하나의 거룩한 가톨릭교회를 믿음을 고백합니다.

93. 교회가 무엇인가?

하나님이 영원한 생명으로 예정한 믿는 자들의 몸이요 공동체입니다.

94. 이것은 믿을 필요가 있는 주제인가?

그리스도의 죽음을 무의미한 것으로 만들려 하지 않는 한, 또한 이와 관련된 모든 것을 무효화하려 하지 않는 한, 그렇습니다. 이것은 교회가 존재하도록 하는 모든 목적 중 하나입니다.

95. 그러므로 그리스도의 공로와 중재로 우리가 하나님에 의해서 사랑으로 받아들여졌고 영의 능력으로 이 은총이 우리 안에서 확증된다는 것을 그대가 설명할 때, 구원의 원인에 대해서 지금까지 다루어졌고 구원의 기초가 지시되었다고 이해한다. 이제 이 모든 것의 효과를 설명함으로써 보다 확실히 사실 자체로부터 믿음이 확고히 서게 된다.

그렇습니다.

96. 그대는 교회를 어떤 의미에서 거룩하다고 칭하는가?

하나님은 선택한 자를 누구나 의롭게 만들고 거룩하고 정결한 삶으로 새롭게 만들어서 그들에게서 그의 영광이 빛나게 하기 때문입니다. 또한 이것은 그리스도는 자신이 속량한 교회를 성화함으로써 영화롭고 모든 흠에서 벗어나게 한다고 바울이 훈계할 때 의도한 바입니다.(엡 5:25-27)

97. 가톨릭 혹은 보편적이라는 명칭은 무엇을 의미하는가?

여기서 우리는 모든 믿는 자들의 머리가 하나인 것처럼 모든 믿는 자들이 한 몸으로 수렴되어야 한다는 것을 배웁니다. 이것은 교회가 온 세상에 흩어져 있을지라도 하나이며 그 이상이 되지 않기 위함입니다.(엡 4:3; 고전 12:12, 27)

98. 계속해서 성도의 교제에 대해 덧붙인 말은 무엇을 의미하는가?

교회의 지체들 사이에 놓여 있는 통일성을 보다 분명히 설명하기 위함입니다. 동시에 하나님이 교회에 베푸는 모든 은총은 모든 사람들이 서로 간에 친교를 가질 때 모두의 공동선을 위한 것임이 지시됩니다.

제16장

99. 그런데 그대가 교회에 부여한 거룩함은 완전한가?

교회가 이 세상에서 전투하고 있는 한 아직 그렇지 않습니다. 교회는 언제나 연약함으로 고생합니다. 그에 의해 교회가 성화되는 그의 머리인 그리스도에게 전적으로 매달리기까지 죄의 잔재로부터 결코 정화되지 않습니다.

100. 이 교회는 믿음으로 믿는 것 외에 달리 인식될 수 있는가?

우리에게 확실한 표시와 특징에 의해 나타나는 하나님의 가시적 교회가 있습니다. 그러나 교회는 본래적으로는 하나님이 은밀한 선택에 의해 구원으로 받아들인 자들의 회중과 관련됩니다. 이 교회는 영원히 눈으로, 어떤 표시로 구별되지도 인식되지도 않습니다.

101. 그 다음에 무엇이 나오는가?

죄 용서를 믿습니다.

102. 용서라는 말은 무슨 뜻인가?

하나님이 그의 무상의 선함으로 믿는 자들의 죄를 용서하고 관용하는 것입니다. 이것은 그들이 심판에 소환되어 형벌을 요구받지 않기 위함입니다.

103. 그러므로 우리는 주님으로부터 죄의 용서를 획득하는 것 외에는 결코 본래적 보속 행위로 용서받기에 합당하지 않다.

그렇습니다. 한 분 그리스도는 형벌을 치름으로써 보속을 성취했습니다. 우리에 관한 한 우리가 하나님에게 바치는 것은 우리의 죄를 상쇄하기에 충분하지 않습니다. 그러나 그의 순전한 관대함으로부터 이 은총을 우리는 거저 받습니다.

104. 죄의 용서가 어째서 교회에 연결되어 있는가?

그전에 하나님의 백성과 연합되고 그리스도의 몸과의 연합을 종말까지 지키지 않는 한 (이 방식으로 자신이 교회의 참 일원임을 증언한다), 아무도 사죄를 얻을 수 없기 때문입니다.

105. 이런 이유에서 그대는 교회 밖에는 저주와 멸망만이 있다고 확정했다.

절대로 그렇습니다. 그리스도의 몸으로부터 분열을 만들고 파당을 통해서 그 통일성을 파괴하는 자에게는 그런 분열 속에 머무는 한, 구원의 모든 소망이 단절되었습니다.

제17장

106. 나머지를 낭송하라.

몸의 부활과 영원한 삶을 믿습니다.

107. 이 장은 왜 신앙고백에 들어 있는가?

우리가 지상에서 복락에 들어가지 않았다는 것을 훈계받기 위함입니다. 이 지식의 유익과 용도는 이중적입니다. 우선 우리는 나그네로서 이 세상에 거주하되 열심히 떠날 것을 생각해야 하고 우리의 마음이 지상적 사고에 사로잡혀서는 안 된다는 것을 배웁니다. 그 다음으로 그리스도 안에서 우리에게 부여된 은총의 열매가 우리에게 감추어져 있고 우리 눈에 보이지 않을지라도 이것 때문에 낙심하지 말고 계시의 날까지 끈기 있게 참아야 합니다.

108. 이 부활의 결과는 무엇이 될 것인가?

그전에 죽은 자들은 그의 몸, 즉 그들이 지녔던 것과 같은 몸을 받되 새로운 질, 곧 더 이상 죽음이나 부패에 취약하지 않은 성질을 부여받습니다. 그러나 하나님은 그때 살아남은 자들을 갑작스러운 변화로써 기적적으로 일으킬 것입니다.(고전 15:51-52)

109. 경건한 자들과 불경건한 자들에게 공통적인 부활이 있을 것인가?

부활은 모든 사람에게 하나입니다. 그러나 조건은 상이합니다. 혹자는 구원과 복락으로 부활하고, 혹자는 죽음과 극도의 비참으로 일어날 것입니다.(요 5:28-29; 마 25:46)

110. 그러면 어째서 여기서 다만 영원한 삶만이 언급되고 지옥에 대한 언급은 없는가?

경건한 마음의 위로에 관한 것이 아니면 아무것도 언급되지 않기 때문에 주님이 그의 종들에게 예비한 보상만이 열거됩니다. 그러므로 하나님의 나라에서 소외된 것으로 알고 있는 불경건한 자들에게 어떤 운명이 남아 있는지는 언급되지 않습니다.

제18장

111. 신앙이 의지해야 하는 기초에서 참 신앙의 정의를 끌어내야 한다는 것이 분명해질 것이다.

그렇습니다. 이렇게 정의할 수 있습니다. 복음을 통해 아버지가 자신을 우리에게 그리스도의 은총으로 또한 구원자라는 것을 증언하는 것처럼 우리를 향한 하나님의 아버지다운 호의에 대한 확실하고 확고한 지식입니다.

112. 우리는 우리로부터 신앙을 파악하는가, 혹은 하나님으로부터 받는가?

성서는 신앙이 하나님의 특별한 선물이라고 가르칩니다. 또한 경험이 이를 확증합니다.

113. 그대는 나에게 어떤 경험을 말하는가?

신앙을 통해서 우리에게 계시되는 하나님의 영적 지혜를 포착하기에는 우리 정신은 무딥니다. 또한 하나님 안에 안식하기에는 우리의 마음은 불확신으로, 혹은 우리 자신과 피조물에 대한 왜곡된 신뢰로 기울었습니다. 그러나 성령의 조명으로 우리로 하여금 우리가 이해할 수 없는 일들을 이해할 수 있게 만들고 우리 마음을 구원의 약속으로 인 침으로써 확실한 신념을 갖도록 형성합니다.

114. 우리가 한 번 이 신앙에 도달했을 때 여기서 우리에게 어떤 선한 것이 나오는가?

신앙은 우리를 하나님 앞에서 의롭게 만들고 이 의는 우리를 영원한 삶의 상속자로 만듭니다.

115. 무엇이라고? 인간은 거룩하고 순결하게 삶으로써 자신이 하나님에게 인정받기를 노력할

때 선행으로 의롭게 되지 않는가?

누구든지 지금까지 완전한 자가 있다면 마땅히 의롭다고 판단될 수 있습니다. 그러나 우리 모든 인간이 죄인이므로 여러 모로 하나님 앞에서 피고가 되며 다른 데서부터 우리를 그와 화해시키는 권위를 우리는 찾을 필요가 있습니다.

제19장

116. 그런데 인간의 모든 행위는 추하고 아무런 가치가 없어서 하나님 앞에서 은총을 얻을 수 없는가?

본래 우리로부터 나오는 것은 무엇이든지 사악합니다. 그러므로 하나님을 기쁘게 할 수 없고 그로부터 배척당할 수밖에 없습니다.

117. 그러므로 그대는 우리가 다시 태어나고 하나님의 영으로 재형성되기 전에는 악한 나무가 악한 열매밖에 맺을 수 없는 것처럼 죄를 지을 수밖에 없다고 말하는가?

그렇습니다. 인간의 눈에는 그것들이 어떠한 형상을 가질지라도 하나님을 특별히 통찰하는 마음이 비뚤어진 동안에는 악합니다.(마 7:16-17)

118. 그러므로 그대는 우리가 어떤 공로로도 하나님을 능가할 수 없고 그의 호의를 유발할 수 없다는 것과, 우리가 어떤 행위를 시도하거나 시작하든지 간에 그의 진노와 저주 아래 놓일 수밖에 없다는 것을 확정했다.

나는 그렇게 생각합니다. 하나님은 그러므로 순수한 자비로써 행위를 고려함이 없이 그리스도 안에서 우리를 은총으로 포용하고 받아 주었으며 우리가 그의 의를 우리의 의처럼 받도록 했고 우리의 죄를 우리에게 전가하지 않았습니다.(딛 3:3-5)

119. 그러므로 그대는 우리가 믿음으로 어떻게 의롭게 되었다고 말하는가?

우리가 마음의 확실한 신뢰로 복음의 약속을 받아들임으로써 내가 말한 이 의를 어떤 방식으로든 소유하게 됩니다.

120. 그러므로 그대는 복음을 통해 의가 하나님으로부터 우리에게 제공되는 것처럼 우리에 의해 받아들여지기를 바란다.

그렇습니다.

제20장

121. 그런데 하나님이 우리를 한 번 포용한 이후에 우리가 성령의 인도 하에 행하는 행위는 그에게 받아들여지지 않는가?

그를 기쁘게 합니다. 그러나 그것들의 고유한 가치 때문이 아니라 그의 호의로 관대하게 평가됩니다.

122. 그 행위들이 성령에서 나왔으므로 호의를 받을 만하지 않는가?

그러나 그것들은 언제나 육의 연약함으로 말미암은 흠에 뒤섞여 있어서 그것에 의해 왜곡됩니다.

123. 그렇다면 무엇으로, 혹은 어떤 근거로 그 행위들이 하나님을 기쁘게 하는가?

오직 믿음만이 그것에 은총을 가져다줍니다. 곧 우리가 이 믿음에 의지할 때 최고 법의 심판에 이르지 않을 것입니다. 하나님은 자신의 준엄함의 잣대로 법의 심판을 요구하기를 원치 않습니다. 오히려 마치 그 행위가 완전하고 완성된 것처럼 그것들의 악을 감추고 그리스도의 정결함으로 그것들의 더러움을 덮어 줍니다.

124. 그런데 여기서 우리는 그리스도인이 하나님에 의해서 부름 받은 후에 행위로 의롭게 된다고 말하는가, 혹은 하나님의 사랑이 우리의 영원한 생명이 되므로 하나님에 의해 사랑받기 위해서 행위가 마땅히 따른다고 말하는가?

결코 아닙니다. 오히려 기록된 것처럼 죽을 인간은 아무도 하나님 앞에서 의롭게 될 수 없다는 것을 알아야 합니다. 그러므로 우리는 그가 우리와 함께 심판에 들어가지 않도록 기원해야 합니다.(시 143:2)

125. 그럼에도 불구하고 우리는 믿는 자들의 선한 행위가 그것 때문에 무익하다고 판단할 것인가?

그렇지 않습니다. 하나님은 이 세상에서나 미래의 삶에서나 헛되이 보상을 약속하지는 않기 때문입니다. 그러나 샘처럼 하나님의 무상의 사랑에서부터 이 보상이 나옵니다. 그가 우리를 먼저 자녀로 받아 주었기 때문이고, 그 다음으로 우리에게서 나오는 악행에 대한 기억을 덮었고 호의로 동행하기 때문입니다.

126. 그러나 의를 가진 자가 선한 행위를 결핍할 정도로 이 의는 선한 행위로부터 분리될 수 있는가?

그럴 수 없습니다. 우리가 우리에게 제공되는 그리스도를 받을 때 그 자신은 우리에게 죽음으로부터의 해방과 하나님과의 화해를 약속할 뿐 아니라, 동시에 그것에 의해서 우리가 새 삶으로 태어나게 되는 성령의 은총을 약속합니다. 우리가 그리스도를 벗어나지 않기 위해서 이것과 연합하는 것이 필요합니다.

127. 그러므로 믿음은 모든 선한 행위가 나오는 뿌리이며 우리를 행위의 노력에서 돌이키게 만들지 않는다.

그렇습니다. 그러므로 복음의 모든 가르침은 이 두 가지를 포함합니다. 곧 믿음과 회개입니다.

제21장

128. 회개는 무엇인가?

죄를 기뻐하지 않고 미워하는 것과 의를 사랑하는 것이니 이는 하나님 사랑에서 얻어지며, 우리가 우리 자신을 부인하기까지 육의 죽음으로 인도하여서 우리가 하나님의 영에 지배받도록 우리 자신을 넘기게 하고 우리 삶의 모든 행위를 신적 의지에 순종하도록 준비하게 만듭니다.

129. 그대가 하나님을 올바로 섬기는 이유를 지시할 때 이 두 번째 부분은 처음에 설정한 구분에 있었다.

옳습니다. 또한 우리가 하나님의 뜻에 복종하는 것이 하나님을 섬기는 참되고 정당한 규칙이라는 것이 첨언되었습니다.

130. 왜 그런가?

우리가 자의대로 생각한 경배가 아니라 그가 자신의 뜻에 따라 규정한 경배가 그에게 인정받기 때문입니다.

율법에 관하여

131. 그는 우리에게 어떤 삶의 규칙을 주었는가?

그의 법입니다.

132. 무엇을 포함하는가?

두 부분으로 구성됩니다. 첫 번째 부분은 4개 규정을 가지며, 두 번째 부분은 6개 규정을 가집니다. 그러므로 전체 율법은 총 10개 규정으로 이루어집니다.

133. 누가 이 구분의 장본인인가?

두 석판에 써서 모세에게 전달한 하나님 자신입니다. 또한 열 개의 말로 편집되었다고 자주 증언합니다.

134. 첫 번째 판의 논리는 무엇인가?

하나님에 대한 경건의 의무에 관한 것입니다.

135. 두 번째는?

인간들과 어떻게 행해야 하는가, 인간들에게 어떤 의무가 있는가에 관한 것입니다.

제22장

136. 첫 번째 계명을 낭송하라.

이스라엘아 들어라. 나는 너를 종살이하던 집 이집트 땅에서 데려온 너의 하나님 여호와다. 내 앞에 다른 신들을 두어서는 안 될 것이다.(출 20:2-3; 신 5:6-7)

137. 이제 말의 뜻을 설명하라.

처음에 율법 전체에 대한 서문과 같은 것을 사용합니다. 여호와는 자기 이름을 부름으로써 자신이 명령할 권한과 권위를 옹호합니다. 그 다음으로 우리에게 그의 법의 은총을 가져다주기 위해서 자신이 우리의 하나님임을 첨언합니다. 그러므로 이 말은 곧 자신이 우리의 구원자라고 말하는 것과 같습니다. 그가 이런 호의가 우리에게 합당하다고 여긴다면, 우리는 그에게 순종하는 백성임을 보여 주는 것이 마땅합니다.

138. 그런데 계속해서 해방과 이집트의 종살이의 멍에를 파괴하는 것에 대해 말한 것은 이스라엘 백성에게만 특별히 해당되는가?

이것은 육신적인 것임을 고백합니다. 그러나 구별 없이 모든 인간에게 관계되는 다른 종류의 해방이 있습니다. 그는 죄의 영적인 종살이와 악마의 폭정에서부터 우리 모두를 해방시켰습니다.

139. 그의 법에 앞서 서문을 말할 때 어째서 이 일을 기억하는가?

우리가 모두 그에게 복종하지 않는다면 배은 망덕한 죄인이 된다는 것을 우리에게 환기시키기 위함입니다.

140. 그러면 여기 첫 번째 계명에서 하나님은 무엇을 요구하는가?

그에게만 오직 영광을 돌릴 것이며 다른 신에게 유사한 영광을 돌리지 말 것입니다.

141. 다른 신에게 돌려서는 안 되는, 그에게 고유한 영광이란 무엇인가?

그를 경배하고 우리의 신뢰를 그에게 두고, 그의 이름을 부르고, 그의 위엄에 나타내는 모든 것을 그에게 돌리는 것입니다.

142. '내 앞에서' 라는 말이 왜 첨가되었는가?

어떤 것도 그에게 감추어지는 것이 없기 때문입니다. 또한 그는 감추어진 생각을 아는 자요 심판자입니다. 이것은 다만 외적인 고백의 영예를 요구하는 것이 아니라 마음의 진실한 경건을 요구한다는 것을 의미합니다.

제23장

143. 두 번째 계명으로 넘어가자.

너를 위해 위로 하늘이나 아래로 땅이나 혹은 땅 아래 물에 있는 것들의 형상을 새기지 말고 어떤 형상도 표현하지 말 것이다. 그것들을 경배하지도 섬기지도 말라.

144. 완전히 어떤 형상이라도 그리거나 새기지 말도록 금지하는가?

아닙니다. 여기서 다만 두 가지를 금지합니다. 곧 하나님을 표현하기 위하여 혹은 경배하기 위해서 형상들을 만들지 말라는 것입니다.

145. 하나님은 어째서 가시적인 형상으로 표현되어서는 안 되는가?

영이며 영원하고 불가해한 하나님과 육신적이고 부패 가능하고 사멸할 수 있는 형상 사이에는 비교할 것이 없기 때문입니다.(신 4:15; 사 41:7; 롬 6장 이하; 행 17:24-25)

146. 그러므로 그대는 이런 식으로 그를 표현할 때 그의 위엄을 해친다고 생각하는가?

그렇게 생각합니다.

147. 여기서 어떤 경배가 저주를 받는가?

마치 하나님이 입상이나 형상에서 표현된 것처럼, 그것들을 향하여 기도하고 그 앞에 무릎을 꿇어 절하고 혹은 다른 표시로 경배를 표할 때입니다.

148. 그러므로 어떤 그림이나 새겨진 것이라도 이 말로써 저주한다는 것으로 이해할 수 없다.

오히려 다만 거기서 하나님을 찾거나 경배하기 위한 목적으로, 혹은 같은 일인데 그것들을 신적 영광을 돌려 경배하거나 혹은 미신이나 우상 숭배로 그것들을 악용할 목적으로 형상을 만드는 것이 금지된다.

그렇습니다.

149. 이제 우리는 이 계명을 무슨 목적과 관련시켜야 하는가?

하나님은 경배받고 섬김 받아야 할 유일한 신이라는 것을 선포한 것처럼, 무엇이 옳은 경배의 형식인가를 보여 줍니다. 이것은 우리를 모든 미신과 다른 사악하고 육적인 형상으로부터 우리를 돌이키게 하기 위함입니다.

제24장

150. 계속하자.

우리의 하나님 여호와는 강하고 질투하는 하나님이니, 아버지의 불의를 3, 4세대까지, 자신을 미워한 자들의 후손들에게까지 보응하는 하나님입니다.

151. 그의 강함을 왜 언급하는가?

그의 영광을 수호하기 위한 능력을 충분히 가졌다는 것을 나타내기 위함입니다.

152. 질투라는 말로 무엇을 지시하는가?

동등하거나 동료 됨을 참을 수 없다는 것입니다. 즉 그가 우리에게 그의 무한한 선함으로 말미암아 자신을 선사한 것처럼 우리가 철저히 그의 백성이 되기를 원합니다. 그로부터 미신으로 향함으로써 간음을 범했다고 말해지 듯이 우리 영혼의 이런 정결함은 그에게 헌신하고 깊이 매달리는 것입니다.

153. 아버지의 불의를 아들에게 보복한다는 것은 무슨 의미로 말하는 것인가?

우리에게 보다 많은 두려움을 주입하기 위해서 범죄한 자들이 받아야 할 벌이 있을 뿐 아니라 그들의 후손이 저주받을 것임을 위협합니다.

154. 그러나 다른 사람의 범죄 때문에 누군가를 처벌하는 것이 하나님의 공평성과 부합될 수 있는가?

만일 인류의 조건이 어떠한가를 참고한다면 문제는 해결됩니다. 즉 우리 모두는 본성적으로 저주를 받을 수밖에 없습니다. 하나님은 우리를 이런 운명에 남겨 두었으므로 하나님에 대해 불평할 것은 없습니다. 그는 경건한 자들의 후손을 축복함으로써 경건한 자들에 대한 사랑을 보여 주는 것처럼, 또한 불경건한 자들의 후손들에게서 이 축복을 박탈함으로써 그들에 대한 복수를 수행합니다.

155. 계속하라.

우리를 다정한 달콤함으로 이끌기 위해서 자신을 사랑하고 자신의 명령을 준수하는 모든 사람에 대하여 자비를 베풀기를 약속합니다.

156. 경건한 자의 무죄가 모든 후손들에게, 그들이 아무리 불경건하더라도 구원이 될 것으로 이해하는가?

결코 그렇지 않습니다. 오히려 그의 호의는 신실한 자들에게 부어짐으로써 그들에 대한 사랑에서 그들의 자녀들에게도 자비롭게 보여 줍니다. 현재의 삶에 있어서 그들의 일을 번영케 할 뿐 아니라 그들의 영혼을 성화함으로써 그들을 자신의 무리로 여기십니다.

157. 그러나 이것인 언제나 분명해 보이지는 않는다.

시인합니다. 즉 불경건한 자들의 자녀들에게 자비를 보이는 자유를 유보하듯이 그의 자유 의지로 신실하게 보인 자들 가운데서 그렇게 간주된 자들의 자녀들에게 은총을 억제하지 않습니다. 그럼에도 불구하고 이 약속은 헛되지도 허위도 아니라는 것이 확립되도록 규제합니다.(롬 6:1; 롬 2:3-11)

158. 여기서는 왜 1000세대를, 그러나 형벌의 저주에 있어서 3, 4세대를 언급하는가?

이것은 자신이 잔인함보다는 인도적이고 은혜로움에 기울어 있음을 의미합니다. 이것은 다른 곳에서 자신이 쉽사리 잊는다고 말할 때 진노에는 더디다고 증언한 것과 같습니다.

제25장

159. 제3 계명으로 가자.

네 하나님 여호와의 이름을 헛되이 부르지 말라.

160. 무슨 의미인가?

위증할 뿐 아니라 필요 이상으로 맹세함으로써 하나님의 이름을 악용하지 말도록 금지하는 것입니다.

161. 정당한 맹세에서 하나님의 이름을 사용하는 것은 합법적인가?

정당한 사유로 하나님의 이름이 사용될 때는 합당합니다. 먼저 진리를 주장할 때 두 번째로 인간들 사이에 상호 사랑과 조화를 지키기 위해서 맹세함이 적절할 만큼 사안이 중요할 때입니다.

162. 그런데 이 계명은 하나님의 이름이 모독되거나 혹은 그의 명예가 손상되는 서약을 억제하는 것 이상을 염두에 두는 것은 아닌가?

한 종류를 제안함으로써 두려움과 공경심을 가지고 그의 이름이 영화롭게 나타나도록 하는 목적으로가 아니면, 하나님의 이름이 우리에 의해 공공연히 언급되지 않도록 보편적으로 우리에게 훈계합니다. 즉 그의 이름은 거룩하기 때문에 우리는 그 이름이 멸시당하거나 혹은 다른 사람에게 멸시할 계기를 제공하지 않도록 모든 방법으로 조심해야 합니다.

163. 이런 일이 어떻게 이루어지는가?

그의 명예를 위해서가 아니면, 하나님과 그의 행위에 대해 달리 생각하거나 말하지 않음으로 이루어집니다.

164. 그 다음은 무엇인가?

그의 이름을 헛되이 사용하는 자는 죄가 없지 않다고 선언하는 유보 조항입니다.

165. 다른 데서 하나님은 자기 법을 위반하는 자들을 보응할 것이라고 선언할 것이므로, 여기서는 더 무엇이 포함되는가?

누군가 하나님의 이름의 영광을 모독한다면 보응이 준비될 것임을 우리가 앎으로써, 그 영광에 더욱 열심을 내도록 하기 위해서, 이 계명은 그 영광을 얼마나 중요시하는가를 지시하고자 했습니다.

제26장

166. 네 번째 계명으로 가자.

안식일을 기억하여 그 날을 거룩하게 하라. 엿새 동안 네 일을 힘써 일할 것이다. 그러나 일곱째 날은 주 너희 하나님의 안식일이다. 그 날에는 아무 일도 하지 말고 네 종이나 여종도, 소나 나귀도, 네 문 안에 거하는 나그네도 일을 해서는 안 된다. 즉 엿새 동안에 하나님은 하늘과 땅과 바다와 그 안에 들어 있는 모든 것들을 완성하셨고, 일곱째 날에 안식하셨기 때문이다. 그러므로 하나님은 안식을 축복하셨고 그 날을 구별하여 거룩하게 만드셨다.

167. 일곱째 날에 안식하기 위해서 엿새 동안 일하라고 명령하는가?

단순히 그렇지는 않습니다. 오히려 엿새 동안 인간의 일에 종사하게 하고, 일곱째 날은 안식을 위해서 제외한 것입니다.

168. 우리에게 어떤 일이라도 금지하는가?

이 계명은 별도의 특별한 이유를 가집니다. 안식일 준수가 옛 의식의 일부분이라면 그리스도의 도래 때 폐기되었습니다.

169. 그대는 이 계명이 특별히 유대인들에게 관계되며 따라서 일시적이었다고 말하는가?

물론 이것이 의식적인 한에서 그렇습니다.

170. 그러므로 무엇인가? 의식 외에 무엇이 그 배후에 있는가?

이 계명은 세 가지 이유에서 주어졌습니다.

171. 나에게 그것을 말하라.

영적 안식을 나타내기 위해서, 교회 정책의 보존을 위해서, 종들의 일을 덜어 주기 위해서입니다.

172. 영적 안식으로 무엇을 이해하는가?

우리 자신의 일에서 벗어나고 하나님이 우리 안에서 자신의 일을 수행하도록 하기 위함입니다.

173. 안식해야 하는 이유는 무엇인가?

우리의 육신을 십자가에 못 박으려면, 즉 하나님의 영으로 지배받기 위해서 우리의 자연을 포기해야 합니다.

174. 일곱째 날에 이렇게 하는 것으로 충분한가?

계속적으로 해야 합니다. 한 번 시작하여 일생 동안 지속적으로 해야 합니다.

175. 그러므로 이런 의미를 위해 특정한 날이 정해진 이유는 무엇인가?

모든 것을 통해 진리가 상징과 일치해야 할 필요는 없습니다. 다만 상징하기에 충분한 한에서 이것이 적합합니다.

176. 그럼에도 불구하고 어째서 어떤 다른 날보다 일곱째 날이 규정되는가?

이 숫자는 성서에서 완전을 나타냅니다. 그러므로 지속성을 나타내기에 적합합니다. 적어도 이 삶에서 이 영적 안식이 시작되고, 우리가 세상을 떠나기 전에는 완전하지 않을 것임을 동시에 지시합니다.

제27장

177. 주님이 그의 예로써 우리를 안식하도록 권하는 것은 무엇을 의미하는가?

주님은 세상 창조를 엿새 안에 종결했을 때 자신의 일을 돌아보기 위해 일곱째 날을 바쳤습니다. 우리를 이 일에 보다 확실히 독려하기 위해서 우리에게 자신의 예를 보여줍니다. 즉 우리가 자신을 그의 형상으로 만드는 것 외에 다른 것을 구해서는 안 됩니다.

178. 그런데 하나님의 일에 대한 명상은 지속되어야 하는가, 아니면 칠일 중에서 하루를 이 일을 위해 정하는 것으로 충분한가?

우리는 매일 이 일을 위해 노력하는 것이 적합합니다. 그러나 우리의 약함 때문에 하루가 특별히 정해졌습니다. 그리고 이것이 내가 말한 정책입니다.

179. 그러므로 이 날에 어떤 질서가 지켜져야 하는가?

백성이 그리스도의 가르침을 듣고 공적 기도를 올리고 신앙을 고백하기 위해서 모여야 합니다.

180. 이제 그대가 말한 바대로 주님이 이 계명으로 종들의 일을 덜어주기를 염려하고자 했다는 말을 설명하라.

타인의 권세 아래 있는 자들에게 어느 정도 휴식을 주기 위함입니다. 이것은 공공질서를 유지하기 위한 목적도 있습니다. 즉 하루를 안식에 할당할 때 각 사람은 나머지 시간에 노동하는 습관을 가지게 됩니다.

181. 이 계명이 우리에게 어느 정도 관계가 있는가 보자.

그리스도 안에 이것의 진리가 존재할 때, 의식에 관한 것은 폐지되었다고 나는 말합니다.(골 2:16-17)

182. 어떻게?

그의 죽음의 능력으로 우리의 옛 사람이 십자가에 못 박히고 우리도 새로운 생명으로 일으켜지기 때문입니다.(롬 6:4-6)

183. 그러므로 우리에게 계명에서 어떤 것이 남는가?

교회의 영적 정치를 위해 행하는 거룩한 제도를 등한시하지 말아야 합니다. 특히 명령된 대로 하나님의 설교를 듣기 위해서, 성찬을 거행하기 위해서, 엄숙한 기도를 위해서 거룩한 모임에 참석하기 위해서입니다.

184. 그러나 상징은 우리에게 더 이상의 유익을 주지 않는가?

물론 그렇습니다. 즉 그것의 진리로 돌이키게 합니다. 즉 그리스도의 몸에 접붙여지고 그의 지체가 되기 위해서 우리는 자신의 일을 중단하고 하나님의 지배에 우리 자신을 맡겨야 합니다.

185. 다른 판으로 넘어가자.

그것의 시작은 '아버지와 어머니를 공경하라'입니다.

186. 여기서 공경이라는 말은 그대에게 무엇을 의미하는가?

자녀들은 절도와 겸손을 가지고 부모님의 뜻을 따르고 순종함으로써 그들을 존경심으로 섬기고 필요시 돕고 그들을 위해 일을 하라는 것입니다. 이 세 가지에 부모님께 바쳐야 할 공경이 포함됩니다.

187. 계속하라.

주 네 하나님이 그에게 주실 것보다 더 많은 날들이 땅 위에서 연장될 것이라는 약속이 이 계명에 첨가됩니다.

188. 무슨 의미인가?

부모님께 바쳐야 할 공경을 보이는 자들은 오랫동안 하나님의 은총으로 살 것이라는 뜻입니다.

189. 이 삶이 수많은 고생으로 가득하다면 하나님은 어째서 우리에게 은총의 오랜 지속을 약속하는가?

이 삶이 아무리 많은 비참함으로 가득할지라도 하나님이 신실한 자들을 양육하고 보존하는 한 그들에 대한 하나님의 축복이 그의 아버지로서의 호의의 증거가 되는 이유에서 그렇습니다.

190. 거꾸로 빨리 적당한 연령 이전에 이 세상으로부터 치워진 자들은 하나님으로부터 저주받은 것인가?

그렇지 않습니다. 오히려 하나님의 사랑을 더 많이 받는 자는 더욱 빨리 이 삶으로부터 옮겨지는 일이 일어납니다.

191. 이렇게 행함으로써 어떻게 그의 약속을 만족시킬 수 있는가?

하나님이 우리에게 어떤 지상적 축복을 약속하든지 간에, 우리의 영혼의 선과 구원에 도움이 되는 한, 이 조건 아래서 받아들임이 합당합니다. 즉 언제나 영혼의 문제가 선행하지 않는 한 이 계명은 심히 왜곡된 것입니다.

192. 부모님께 반항하는 자들은 어떻게 되는가?

그들은 최후 심판에서 처벌받을 것이며 또한 여기서 하나님이 그들의 몸에 보응할 것이니 모두가 한창 나이에 꽃이 꺾임으로써 혹은 불명예스러운 죽음으로 혹은 다른 방식으로 벌을 받음으로써 보응할 것입니다.

193. 그런데 가나안 땅에 대한 약속이 특별히 언급되는가?

　　이스라엘에 관계되는 한 그렇습니다. 그러나 이 말은 우리에게 폭넓게 열려 있고 확장되어야 합니다. 우리가 어떤 지역에 살든지 간에 모든 땅이 주님의 것이며 우리에게 그것의 소유를 지시합니다.(시 24:1; 89:12; 115:16)

194. 이 계명에서 더 남은 것은 없는가?

　　아버지와 어머니에 대해서만 언급할지라도 우리 위에 있는 모든 사람들로 이해되어야 합니다. 그들에게도 같은 논리이기 때문입니다.

195. 그것은 무엇인가?

　　주님은 그들을 보다 높은 명예의 등급으로 올리셨기 때문입니다. 세상의 질서를 주는 것이 하나님을 기쁘게 하기 때문에 부모나 군주나 혹은 어떤 지도자이든지 간에 그들의 권위도, 주권도, 명예도 하나님의 결정으로부터만 나오기 때문입니다.(롬 13:1)

제29장

196. 여섯 번째 계명을 낭송하라.

　　살인하지 말라.

197. 살인을 행하는 것 외에 다른 것을 금지하지 않는가?

　　그렇습니다. 여기서 하나님이 말할 때 외적인 행위에 대해서 법을 말할 뿐 아니라 또한 마음의 감정에 관해서까지도 말합니다.

198. 그대는 하나님이 어떤 살해의 은밀한 생각에서라도 우리를 돌이킨다고 지시하는 듯하다.

　　그렇습니다. 분노와 증오, 해치려는 모든 욕망은 하나님 앞에서 살인으로 여겨집니다.

199. 우리가 아무도 증오하지 않으면 충분히 극복된 것인가?

결코 그렇지 않습니다. 주님이 증오를 저주하고 우리가 이웃에게 자행하는 어떠한 악행에서도 억제하면서 동시에 우리가 모든 죽을 인간을 마음으로 사랑하며 신실하게 그들을 보호하고 지킴에 있어 열심을 내기를 요구한다는 것을 보여 줍니다.

200. 일곱 번째 계명으로 가자.

간음하지 말라.

201. 이것의 개요를 설명하라.

어떠한 음행이라고 하나님 앞에서는 저주받는다는 것입니다. 그러므로 우리 자신에 대한 하나님의 진노를 도발하지 않으려면 그것을 부지런히 멀리해야 합니다.

202. 이 밖에 아무것도 요구하지 않는가?

우리가 말한 입법자의 생각을 존중해야 합니다. 외형적으로 행위에 머물지 말고 오히려 마음의 감정에 주목해야 합니다.

203. 그러므로 더 이상의 무엇을 이해하는가?

우리 몸과 우리 영혼은 성령의 성전이므로 우리는 몸과 영혼을 정결하고 순수하게 제시해야 합니다. 그러므로 외적 음행을 절제함으로써 순결해야 할 뿐 아니라 또한 마음과 말과 몸짓과 행동에서도 그렇게 해야 합니다. 결국 몸은 모든 방종에서 순결해야 하고 마음은 모든 욕망에서 깨끗해야 합니다. 이것은 우리의 어떤 부분도 방종의 더러움으로 오염되지 않기 위함입니다.

제30장

204. 여덟 번째 계명으로 가자.

도둑질하지 말라.

205. 이것은 인간 법으로 처벌받는 절도만을 금하는 것인가 아니면 그 이상인가?

모든 악한 종류의 기만과 타인의 재물을 탐내어 기만하는 기술이 절도의 이름 아래 포함됩니다. 그러므로 우리가 이웃의 재물을 강제로 취하거나 교활과 간교로써 그것에 손을 대거나 어떤 다른 은밀한 이유에서 그것을 취하려고 시도하는 것을 금지당합니다.

206. 악행으로부터 손을 떼는 것으로 충분한가, 아니면 여기서 탐욕도 저주받는가?

여기로 항상 돌아와야 합니다. 입법자가 영적이기 때문에 외적인 절도만이 아니라 다른 사람을 힘들게 하는 모든 계획과 의도를 억제하기를 원합니다. 또한 일차적으로 형제의 비용으로 부유하기를 바라는 탐욕을 억제하기를 원합니다.

207. 그러므로 우리가 이 계명에 순종하기 위해서 무엇을 해야 하는가?

각자의 것을 안전하게 하도록 노력해야 합니다.

208. 아홉 번째 계명은 무엇인가?

네 이웃에 대해서 거짓 증인 되지 말 것이다.

209. 공공 장소에서 거짓 맹세하는 것을 금지하는가, 아니면 일반적으로 이웃에 대해 거짓말하는 것을 금하는가?

이웃을 거짓으로 모함하지 말라는 일반적인 가르침이 한 가지 말 속에 포함되어 있습니다. 우리의 악담과 질투로써 이웃의 명예를 훼손하거나 혹은 그에게 어떤 물적 손해를 끼쳐서는 안 됩니다.

210. 그런데 공적 위증을 어째서 분명히 표현하는가?

우리에게 이 악행에 대한 보다 큰 두려움을 주입하기 위함입니다. 만일 누군가 악담과 중상에 습관이 되어 있다면, 이웃의 명예를 손상할 수 있는 기회가 주어졌을 때 쉽사리 위증할 수 있을 것입니다.

211. 우리가 악담하는 것을 억제하려 하는가, 혹은 악한 의심과 불리하고 불의한 판단까지도 억제하려 하는가?

둘 다입니다. 앞서 언급한 이유에 따라서 이것을 저주합니다. 인간 앞에서 행하는 것이 악하므로 하나님 앞에서 의도한 것도 악합니다.

212. 그러므로 전체적으로 무엇을 의도하는지 설명하라.

이웃에 대해 악한 생각을 품어서도 안 되고 그들의 명예를 손상하려고 해서도 안 되다고 명합니다. 오히려 우리가 공평과 인도주의를 갖추기를 명합니다. 이것은 진리가 허락한다면 우리가 이웃에 대해 좋게 생각하고 그들의 판단을 온전히 옹호하려고 노력하기 위해서입니다.

제31장

213. 마지막 계명을 낭송하라.

네 이웃의 집을 탐내지 말고 네 이웃의 아내도, 종도, 여종도, 소와 나귀도 탐내지 말고 이웃의 그 어느 것이라도 탐내지 말라.

214. 그대가 전에 항상 말한 것처럼 율법 전체가 영적이기 때문에 억제되어야 할 외적인 행위뿐만 아니라 교정받아야 할 마음의 감정에 보다 높은 계명이 부과되었으므로 여기에 더 무엇이 첨부되는가?

주님은 다른 계명들로 의지와 감정을 통제하고 조절하기를 원했습니다. 여러 가지 탐욕을 유발하지만 그럼에도 불구하고 확고한 계획에까지 도달하지 않은 생각들에 법을 부과합니다.

215. 그대는 신실한 자의 마음에 스며들고 그들의 마음에 들어오는 최소의 탐욕도, 그들이 그것에 동의하기보다는 저항할지라도, 죄라고 말하는가?

합의가 이루어지지 않을지라도 모든 사악한 생각은 우리의 본성의 악함에서 나온다는 것이 확실합니다. 그러나 나는 이것만을 말합니다. 이 계명으로써 인간의 마음을 자극하고 부추기지만 확고하고 숙고한 의지에까지는 이끌지 못하는 모든 악한 탐욕이 저주를 받습니다.

216. 그러므로 인간들이 인식하고 그것에 자신을 굴복시키기를 허용하는 악한 감정들이 금지
되었다고 이해한다. 이제 우리의 마음이 죄를 부추기는 어떤 왜곡된 탐욕도 허용하지 않
기 위해서 절대 온전함이 우리에게 요구된다고 이해한다.
그렇습니다.

217. 법 전체의 개요를 간단히 요약할 수 있는가?
두 가지로 요약하자면, 첫 번째는 온 마음과 온 정신으로 온 힘을 다해 하나
님을 사랑하는 것이고 두 번째로 이웃을 우리 자신처럼 사랑하는 것입니다.

218. 하나님 사랑 아래 무엇이 포함되는가?
하나님을 사랑하는 것이 합당한 것처럼 그를 사랑하는 것이니, 이것은 동시
에 그가 주요 아버지요 구원자임을 알기 위함입니다. 그러므로 하나님 사랑
에는 그에 대한 경배, 그의 의지에 순종하면서 그를 신뢰하는 확신이 연결되
어야 합니다.

219. 온 마음, 온 정신, 온 힘이라는 말로 무엇을 이해하는가?
이 사랑에 어긋나는 어떤 생각, 어떤 욕망, 어떤 열심도 우리 안에 있어서는
안 됩니다.

제32장

220. 두 번째 장의 의미는 무엇인가?
우리가 본성적으로 우리 자신을 사랑하는 데 기울어서 이 감정이 다른 모든
것을 능가하는 것처럼, 이웃에 대한 사랑이 우리 안에서 지배하는 것이 합당
합니다. 이 사랑이 우리를 전체적으로 지배함으로써 모든 계획과 행위들의
규범이 되어야 합니다.

221. '이웃'이라는 이름은 무엇을 의미하는가?

친지와 친구, 혹은 우리와 어떤 필연에 의해서 연결된 자들뿐 아니라 우리가 알지 못하는 자들과 원수들도 의미합니다.

222. 이 연결이 우리에게 무슨 관계가 있는가?

하나님이 모든 인류를 동시에 결합하는 사슬로 이들은 연결되어 있습니다. 그런데 이 사슬은 어떤 악함에 의해서도 파괴될 수 없을 정도로 신성하고 불가침적입니다.

223. 그러므로 누군가 우리를 미워한다면 그럼에도 불구하고 그는 여전히 우리의 이웃이고 우리에 의해 같은 위치에서 간주되어야 하는 것이 적절하다고 그대는 말한다. 왜냐하면 우리 사이의 이런 결합을 확정한 하나님의 질서는 범접할 수 없기 때문이다.

그렇습니다.

224. 법이 하나님을 올바로 경배하는 형식을 지시하므로 그 규정에 따라서 살아야 하지 않겠는가?

사실입니다. 그러나 모든 사람이 저 약함으로 억눌려서 아무도 마땅히 해야 할 바를 전체적으로 이행하지 못합니다.

225. 그러므로 하나님은 우리에게 우리 능력을 넘어서는 완전성을 어째서 요구하는가?

하나님은 우리가 행함으로써 책임지지 않는 어떤 것도 요구하지 않습니다. 그 밖에 여기서 규정된 삶의 형식을 위해 우리는 노력합니다. 설령 우리가 목표, 즉 완전성에서 멀리 있을지라도 주님이 우리의 부족함을 용서하십니다.

226. 그대는 모든 인간에 대해 일반적으로 말하는가 혹은 믿는 자들에 대해 말하는가?

하나님의 영으로 아직 거듭 태어나지 않은 자는 최소한의 법도 시작하기에 적합하지 않을 것입니다. 이것 외에 법에 일부 순종하는 자가 있다면, 그럼에도 불구하고 하나님 앞에서 확증된 자로 판단받지 않을 것입니다. 왜냐하면 율법에 포함된 모든 것을 이행하지 않는 모든 자를 율법은 저주받은 자로 선언하기 때문입니다.(신 27:26; 갈 3:10)

제33장

227. 여기서 두 종류의 인간이 있는 것처럼 율법의 이중 직무가 있다는 것을 확립해야 한다.

불신자들의 경우 율법은 그들이 하나님 앞에서 모든 핑계를 대는 것을 차단하는 역할을 할 따름입니다. 이것은 바울이 율법을 죽음과 저주의 직무라고 칭할 때 의미한 것입니다. 그러나 믿는 자에 대해서는 전혀 다른 용도를 가집니다.(롬 3:19-20; 고후 3:6-9)

228. 어떤 용도인가?

우선 그들은 율법으로부터 의를 얻을 수 없다는 것을 배움으로써 이런 식으로 겸손함으로 훈련을 받습니다.(롬 5:20) 겸손은 그리스도 안에서 구원을 구하기 위한 참된 준비입니다. 그 다음으로 율법은 행할 수 있는 것 이상을 요구하는 한, 주로부터 능력을 구하도록 촉구하며 동시에 그들이 오만하지 않도록 언제나 피고임을 상기시켜 줍니다.(갈 4:6) 마지막으로 율법은 그들을 하나님에 대한 두려움 속에 붙잡아 두는 사슬과 같습니다.

229. 그러므로 이 지상의 순례에서 우리가 율법을 결코 만족시킬 수 없을지라도 우리에게 정확한 완전성을 요구하는 것은 불필요하지는 않다고 생각한다. 율법은 우리가 추구해야 할 목표, 우리가 지향하는 목적을 지시해 준다. 곧 우리 각자가 자신에게 부여된 은총에 따라서 자신의 삶을 최고의 올바름으로 준비하고 보다 전진하도록 열심히 노력하는 것이다.

그렇게 생각합니다.

230. 우리는 율법에서 모든 의의 완전한 규범을 가지고 있지 않은가?

하나님이 우리에게 율법을 따르는 것 외에 다른 것을 원하지 않는 한에서 그렇습니다. 또한 우리가 율법의 규정 외에 무엇이든지 받는 것을 그는 무효

로 간주합니다. 그는 순종 외에 다른 제물을 용납하지 않기 때문입니다.(삼상
15:22; 렘 7:21-23)

231. 그러므로 예언자들과 사도들이 여기저기서 이용하는 그 많은 훈계와 계명과 권면은 무엇
을 위함인가?
그것들은 우리로 하여금 율법에서 벗어나게 하기보다는 율법에 순종하도록
인도하는 율법의 순수한 해설입니다.

232. 그러나 율법은 각자의 사적인 소명에 대해 아무것도 규정하지 않는다.
율법이 각자에게 자신의 몫을 돌려주라고 명령할 때 우리는 각자의 사적인
상태와 삶의 종류에 어떤 일들이 속하는지를 추론할 수 있습니다. 이미 말
한 대로 각 계명에 대한 해설이 성서 도처에 산재해 있습니다. 즉 여기서 주
님이 요약적으로 몇 마디 말로 포괄한 것이 다른 곳에서는 보다 장황하고 길
게 설명되고 있습니다.

기도에 관하여

제34장

233. 헌신과 순종에 놓여 있는 하나님 경배의 두 번째 부분에 대해 충분히 논했으므로 이제
세 번째 부분에 대해 논하자.
우리가 어떤 곤경에 처하든지 그에게로 피신할 때 하나님의 이름을 부른다
고 말했습니다.

234. 그대는 그 이름만을 불러야 한다고 생각하는가?
전적으로 그렇습니다. 그는 자신의 전능에 대한 경배로서 이것을 요구합니다.

235. 그렇다면 인간들은 우리를 돕기 위해 어떻게 호소할 수 있을까?

이 둘 사이에 큰 차이가 있습니다. 즉 우리가 하나님을 부를 때 우리는 다른 곳에서 어떤 선한 것을 기대할 수 없고, 또한 다른 곳에 우리의 전적인 보루를 둘 수 없다는 것을 증언합니다. 그럼에도 불구하고 그가 우리에게 허락하고 우리를 돕는 능력을 부여하는 한 우리는 도움을 구합니다.

236. 그러므로 우리가 인간들을 신뢰하고 돕기 위해 달려가는 것이 우리가 한 하나님의 이름을 부르는 데 아무것도 방해가 되지 않는다고 그대는 말한다. 왜냐하면 그들에 대한 우리의 신뢰는 물러서지 않기 때문이다. 또한 하나님이 어느 방식으로든 선행할 수 있는 능력을 부여함으로써 자신의 호의를 실행할 일꾼을 우리에게 정해 주지 않았다면 우리는 달리 그들에게 호소하지 못할 것이다. 하나님은 그들의 손을 통해서 우리를 돕고 하나님이 그들에게 둔 도움을 요구하기를 원했다.

그렇게 생각합니다. 그러므로 그들에게서 어떤 선행을 인지하든지 간에 진실로 한 하나님 자신이 우리에게 저 모든 것을 그들의 봉사를 통해 베푸시는 것처럼, 하나님에게 용납된 것으로 보는 것이 합당합니다.

237. 그런데 사람들이 우리에게 어떤 봉사를 제공할 때마다, 그럼에도 불구하고 그들에게 감사해야 하지 않는가? 왜냐하면 자연의 공정성과 인도주의 법이 이것을 명령하기 때문이다.

하나님의 자비의 고갈되지 않는 샘에서부터 흘러나오는 선함은 강물을 통하듯이 그들의 손을 통해서 우리에게 이르도록 만드는 이런 명예에 그들이 합당하다고 여기는 한 가지 이유 때문에 그들에게 감사해야 합니다. 이런 이유로 하나님은 우리를 그들에게 매이게 했고 이것을 우리가 알기를 원합니다. 그러므로 인간들에게 감사할 줄 모르는 자는 또한 하나님에게도 배은 망덕하게 됩니다.

238. 여기서부터 천사들을 부르거나 이 삶에서 떠난 주의 거룩한 종들을 부르는 것이 헛되다고 추론할 수 있는가?

할 수 있습니다. 하나님은 성자들이 우리를 돕도록 이 몫을 부여하지 않았습니다. 천사들에 관한 한 우리의 구원을 위해 그들의 도움을 이용할지라도 하나님은 우리가 천사들을 부르기를 원하지 않습니다.

239. 그러므로 하나님에 의해 정해진 질서에 부합되게 일치하지 않는 것은 무엇이든지 하나님의 의지와 싸우는 것이라고 그대는 말한다.

그렇습니다. 하나님이 우리에게 주는 것으로 만족하지 않는 것은 불신의 확실한 표시입니다. 그 다음으로 하나님이 우리를 자신에게 부를 때, 성자나 천사들에게 우리의 신뢰를 돌린다면 오직 하나님에게만 전적으로 두어야 할 신뢰를 그들에게 이전하는 것이고 우상 숭배에 빠지는 것입니다. 즉 우리는 하나님이 자신에게 전적으로 유보한 것을 그들에게 나누어 주는 것입니다.

제35장

240. 이제 기도하는 이유에 대해 다루어 보자. 혀로 기도하는 것으로 충분한가, 혹은 기도는 정신과 마음을 요구하는가?

혀는 항상 필요하지는 않습니다. 그러나 참된 기도는 이성과 감정을 결여할 수 없습니다.

241. 이것을 무슨 논리로 입증하는가?

하나님은 영이므로 그가 인간으로부터 마음을 요구할 때 특별히 자신과 교제하는 기도로써 마음을 요구합니다. 그러므로 그를 진실로 부르는 자들이 아니라면 자신이 그들의 이웃이 될 것을 약속하지 않습니다. 그러나 반대로 그는 진심이 아니고 허위로 기도하는 모든 자를 저주합니다.(시 145:18; 사 29:13-14)

242. 다만 혀에서 만들어진 기도는 그러므로 헛되고 아무것도 아니다.

그럴 뿐 아니라 하나님을 전혀 기쁘게 할 수 없습니다.

243. 하나님은 기도에서 어떤 마음을 요구하는가?

첫 번째로 우리의 부족함과 비참함을 느끼고, 그 감정이 우리 마음에 불안을 낳게 합니다. 그 다음으로 하나님으로부터 은총을 얻기 위한 욕망으로 진지하고 열렬히 타오릅니다. 이 욕망은 우리가 기도에 전념하도록 불을 붙입니다.

244. 이런 감정이 인간들에게 천성적으로 남아 있는가, 혹은 하나님의 은총으로 인간들에게 오는가?

하나님은 이것이 우리에게 이르도록 할 필요가 있습니다. 우리는 양쪽으로 어리석기 때문입니다. 즉 하나님의 영은 우리 안에 말할 수 없는 탄식을 일으키며 우리 정신을 이렇게 갈망하게 만들어서 기도를 하게 합니다. (롬 8:26; 갈 4:6)

245. 이 가르침은 그대가 쉬면서 어느 방식으로든 한가롭게 영의 움직임을 기다리고 스스로 기도하도록 분기하지 않는 것을 의도하는가?

결코 아닙니다. 오히려 여기서 목적은 믿는 자들이 스스로 냉담하고 나태하여서 기도를 위해 준비가 덜 되어 있다고 느낌으로써 하나님에게로 지체 없이 도피하고 그의 영의 불타는 바늘로 자신을 불태워서 기도하기에 적합하게 되기를 요구하는 데 있습니다.

246. 그럼에도 불구하고 그대는 기도에서 혀를 사용하지 않는 것으로 이해하는가?

그렇지 않습니다. 혀는 쉽사리 하나님으로부터 벗어나지 않도록 정신을 북돋우고 유지하기 위한 보조 수단입니다. 이 밖에 혀는 다른 지체들에 비해서 하나님의 영광을 드러내기 위해서 창조되었기 때문에, 그것의 모든 기능을 이런 용도로 사용하는 것이 타당합니다. 이 밖에 마음의 열심은 인간으로 하여금 생각을 혀를 써서 소리로 표출하도록 인간들을 촉구합니다.

247. 그렇다면 자신에게도 이해되지 않는 낯선 언어로 기도하는 자는 무슨 유익을 주는가?

이것은 하나님과 유희하는 것일 따름입니다. 그러므로 이런 일은 그리스도인을 위선자로 만듭니다. (고전 14장)

제36장

248. 그런데 우리가 기도할 때 불확실한 일에 대해 우발적으로 기도하는가, 혹은 하나님이 우리의 기도를 들어줄 것을 확신해야 하는가?

주님이 우리의 기도를 들을 것이며 우리에게 유익하다면 우리가 구하는 것은 무엇이든지 얻을 것이라는 확신이 기도의 항구적 기초입니다. 이런 이유 때문에 바울은 믿음에서 하나님에 대한 올바른 외침이 나온다고 가르칩니다. 주님의 선함에 대한 확신으로 먼저 안식하지 않는 자는 결코 올바로 그를 부를 수 없기 때문입니다.(롬 10:14)

249. 그러므로 의심하면서 기도하는 자에게, 곧 기도함으로써 무슨 유익이 있을 것인지 마음에 확신이 없거나 하나님으로부터 자신의 기도가 청허될지 불확실한 자에게 무슨 일이 일어나는가?

그들의 기도는 어떤 약속으로 뒷받침되지 못하였으므로 헛되고 그릇됩니다. 우리는 확신을 가지고 기도하라고 명령받습니다. 또한 무엇이든지 믿음으로 구하면 우리에게 주어질 것이라는 약속이 덧붙여집니다.(마 21:22; 막 11:24)

250. 우리가 하나님이 보시기에는 부적합함에도 불구하고 그 앞에 감히 설 수 있다는 확신은 어디에서 오는지를 아는 일이 남아 있다.

첫 번째로 우리는 자격 문제를 떠나서 단순히 설 수 있게 하는 약속을 가지고 있습니다. 그 다음으로 우리가 하나님의 자녀라면 그의 영이 우리로 하여금 아버지처럼 우리를 친근하게 받아 줄 것임을 의심하지 않도록 고무하고 촉구합니다. 또한 우리가 벌레 같기 때문에 우리의 죄에 대한 의식에 억눌리지 않고 그의 영광스러운 주권을 두려워하지 않도록, 그는 우리에게 그리스도를 중보자로 내놓습니다. 이것은 우리가 그에게로 나갈 수 있도록 허락받음으로써 은총을 얻을 것에 대해 염려하지 않도록 하기 위함입니다.(시 50:15; 91:15; 145:18-19; 사 30:15; 65:24; 렘 29:12-14; 욜 2:3-5; 마 9:2-22; 딤전 2:5; 히 4:16; 요일 2:1)

251. 그대는 그리스도의 한 이름 외에는 하나님을 불러서는 안 되는 것으로 이해하는가?

그렇게 생각합니다. 그는 분명한 말로 우리에게 명령하고 우리가 구하는 것이 이루어지도록 중재할 것이라는 약속을 덧붙입니다.(요 14:15)

252. 그러므로 이 중보자에 의존하여 하나님에게로 친근하게 접근하고 그를 통해서 우리의 기도가 청허될 수 있는 하나님과 자신 사이의 유일한 중보자로 내세우는 자를 무모함과 오만함으로 고발할 수 없다.

그렇습니다. 이렇게 기도하는 자는 마치 그의 입으로부터 기도를 하는 것 같습니다. 왜냐하면 자신의 기도가 그의 후견으로 도움을 받고 추천될 것을 알기 때문입니다.(롬 8:26. 34)

제37장

253. 이제 믿는 자의 기도는 무엇을 포함해야 하는가를 다루어 보자. 우리 마음속에 들어오는 것은 무엇이든지 하나님에게 요구할 수 있는가, 혹은 어떤 규칙을 지켜야 하는가?

자신의 욕망에, 육적 판단에 굴복하는 기도는 너무나 그릇됩니다. 우리는 자신에게 무엇이 소용되는가를 판단할 수 있기에는 너무나 무지합니다. 또한 우리는 이 욕망의 무절제로 고통받고 있으니 이 욕망은 억제될 필요가 있습니다.

254. 그러므로 어떤 일이 필요한가?

한 가지가 남아 있으니 하나님 자신이 우리에게 올바른 기도의 형식을 규정했습니다. 이것은 우리가 손으로 인도하고 말로써 앞장서는 자를 따르도록 하기 위함입니다.

255. 그는 우리에게 어떤 법을 규정했는가?

성서 도처에 이 일에 대한 풍성하고 많은 가르침이 전해집니다. 그러나 그는 보다 확실한 목표를 예시하기 위해 기도의 양식을 만들었고, 하나님으로부터 우리가 구할 수 있는 모든 것을 간단하게 제시하고 있고 몇 장으로 정리된 것을 마치 구술하듯 지시했습니다.

256. 낭송하라.

주 우리 그리스도는 제자들로부터 기도의 방법에 대해 질문을 받았을 때, 이렇게 대답했습니다. 너희가 기도하기 원할 때 이렇게 말하라. 하늘에 계신 우리 아버지, 당신의 이름이 거룩히 여겨지기를 바라며, 당신의 나라가 임하기를 바라며, 당신의 뜻이 하늘에서 이루어지듯이 땅에서도 이루어지기를. 오늘 우리에게 일용할 양식을 주시며, 우리가 우리에게 빚진 자를 사면하듯이 우리의 빚을 사면하시며, 우리가 시험에 들지 않게 하시며, 악에서 우리를 구하여 주소서. 당신의 나라와 권세와 영광이 영원하시기를 바랍니다. 아멘.(마 6:9-13; 눅 11:2-4)

257. 우리가 내용을 보다 잘 이해하기 위해서 장들로 나누어야 한다.

이 기도는 6부분을 가지고 있습니다. 그중 처음 세 부분은 우리를 고려함이 없이 자기 고유한 목적으로서 하나님의 유일한 영광에 관계되며, 나머지 세 부분은 우리와 우리의 유익에 관계됩니다.

258. 그러므로 우리에게 어떤 선함도 돌아오지 않는 어떤 것이라도 하나님으로부터 구해야 하는가?

하나님 자신은 그의 무한한 선함 때문에 모든 것을 정하셨으므로 어떤 것도 우리에게 유익이 되지 않고서는 그의 영광에 도움이 되지 않습니다. 그러므로 그의 이름이 거룩하게 될 때 또한 우리가 거룩하게 되도록 합니다. 그의 나라는 우리가 어느 방식으로든 그 나라에 참여자가 되지 않는 한 오지 않습니다. 그러나 이 모든 것을 원함에 있어서 우리의 유익을 간과하고 오직 그의 영광을 주시하는 것이 타당합니다.

259. 이 가르침에 따르자면 이 세 가지 요구가 우리의 유익과 연결되어 있음에도 불구하고 하나님의 이름을 영화롭게 하는 것 외에 다른 목적을 위한 것이 되어서는 안 된다.

그렇습니다. 다른 세 부분이 우리의 구원을 위한 것을 구하는 데 정해져 있을지라도 우리는 같은 하나님의 영광을 배려해야 합니다.

제38장

260. 이제 말을 해설하는 데로 넘어가자. 우선 다른 이름보다 차라리 아버지의 이름이 어째서 하나님에게 부여되는가?

올바른 기도를 위해서는 확실한 양심의 신뢰가 일차적으로 요구되기 때문에 하나님은 이 이름을 자신을 위해서 취합니다. 어떤 말도 순수한 달콤함의 의미를 담지 못하기 때문입니다. 그러므로 우리의 마음에서 모든 걱정을 몰아내고 자신에게 친근하게 간구하도록 우리를 초대합니다.

261. 그러므로 아들이 아버지에게 하듯이 하나님에게 어려움 없이 감히 접근할 수 있는가?

그렇습니다. 우리가 구하는 것을 보다 확실히 구할 수 있다는 확신을 가지고서. 선생이 훈계하듯이, 우리가 악할지라도 우리가 우리 자녀들에게 선한 것을 거절할 수 없다면, 또한 그들을 빈손으로 돌려보낼 수 없고 그들에게 빵 대신 독을 제공할 수 없다면, 하물며 최고의 선이며 또한 선 자체인 하늘의 아버지로부터 보다 큰 은총을 기대할 수 있지 않겠습니까?(마 7:11)

262. 처음에 말한 바대로, 모든 기도가 이 이름에서 그리스도의 보호에 근거해야 한다는 것을 인정하는 논거를 이 이름에서부터 도출할 수 없는가?

확실한 근거를 도출할 수 있습니다. 우리가 그리스도의 지체인 한 하나님은 자녀의 자리에 우리를 두어야 하기 때문입니다.

263. 그대는 어째서 하나님을 특별히 그대의 아버지라고 부르는 대신 공동으로 우리의 아버지라고 칭하는가?

믿는 자들 각자는 하나님을 자신의 아버지라고 부를 수 있습니다. 그러나 주님은 공동의 칭호를 사용했습니다. 이것은 우리로 하여금 기도로써 자비를 실천함에 익숙하게 만들기 위함입니다. 또한 각 사람이 다른 사람을 무시하고 오직 자신만을 염려하지 않도록 하기 위함입니다.

264. 하나님이 하늘에 있다고 첨부한 말은 무슨 의도를 가지는가?

이것은 하나님이 지고하고 능력 있고 불가해하다는 것을 말하는 듯합니다.

265. 이것은 무엇 때문이며, 어떤 이유에서인가?

그를 부를 때 이런 방식으로 위를 향하여 마음을 올리도록 가르침을 받습니다. 이것은 자신에 대해 육적이거나 지상적인 것을 생각하지 말며, 하나님을 우리의 기준으로 평가하지 말며, 자신에 관해 보다 겸손하게 느낌으로써, 그로 하여금 우리 의지에 순종하도록 하기를 원치 않으며, 두려움과 경외심을 가지고 그의 영광스러운 주권을 받아들이기를 배우기 위함입니다. 그의 뜻대로 만물을 지배하는 주님을 하늘의 통치자로 표현할 때 이것은 우리의 신념을 분기시키고 확증하기에 유효합니다.

266. 첫 번째 간구의 요점을 내게 낭송하라.

성서는 하나님의 이름으로써 인간들 사이에 알려진 지식과 명성을 이해합니다. 그러므로 그의 영광이 도처에서, 그리고 만물에서 드러나기를 바랍니다.

267. 그러나 하나님의 영광의 어떤 것이 증가하거나 감소될 수 있는가?

그 자체로는 아무것도 증가하거나 감소하지 않습니다. 그러나 하나님의 영광이 마땅히 인간들 사이에 드러나기를 원합니다. 곧 하나님이 창조하는 무엇이든지, 모든 그의 역사가 영광스럽게 드러나며 이로써 온갖 방식으로 그 자신이 영화롭게 되기를 원합니다.

268. 두 번째 간구에서 그대는 하나님의 나라에서 무엇을 이해하는가?

이것은 두 가지입니다. 그의 영으로써 선택받은 자들을 다스리는 것과 그를 따르기를 거절하는 버림 받은 자들을 멸절하고 멸망시키는 것, 그리고 이로써 그의 능력에 항거할 수 있는 것은 아무것도 없다는 것이 드러나게 되는 것입니다.

269. 그대는 그 나라가 어떤 방식으로 오기를 기도하는가?

주님이 나날이 신실한 자의 수를 늘리며 그 나라가 성취되기까지 그의 영의 새로운 선물을 그들에게 채워 주기를 기도합니다. 이를 위해서 그가 사탄의 암흑을 몰아내기 위해서 그의 진리를 점차로 분명하고 현저하게 드러내고 그의 의를 증진함으로써 모든 불의를 폐지하기를 기도합니다.

270. 이 모든 일이 매일 이루어지지 않는가?

하나님의 나라가 미완성이라고 말할 수 있는 방식으로 이루어집니다. 그러므로 우리는 그 나라가 최후의 종말에 도달하기까지 증가하고 드러나기를 원합니다. 결국 마지막 날에 하나님 홀로 모든 피조물에서 높여지고 빼어나게 되고 이로써 만유 가운데 모든 것이 되기를 희망합니다.(고전 15:28)

제40장

271. 하나님의 뜻이 이루어지기 위해서 그대가 간구하는 것이 무슨 의미를 가지는가?

모든 피조물이 그의 뜻에 복종하여 굴복하고 그의 뜻이 아니고서는 어떤 것도 이루어지지 않을 정도로 그의 명령에 의존하는 것입니다.

272. 그러므로 그의 뜻이 아니고서는 어떤 것도 이루어질 수 없다고 생각하는가?

그가 결정한 것이 자신에게서 이루어지기를 원할 뿐 아니라, 또한 모든 저항을 길들이고 굴종케 함으로써 만물의 모든 의지를 그의 뜻에 복종시키며 자신에게 순종하도록 만들기를 원합니다.

273. 이렇게 기도함으로써 자신의 의지를 포기하는 것이 아닌가?

그렇습니다. 그가 우리 안에서 그의 의지와 싸우는 욕망은 무엇이든지 수포로 돌아가도록 하기 위해서 뿐 아니라, 또한 그가 우리 안에 새로운 정신과 새로운 마음을 형성하기 위해서, 또한 우리 자신이 우리로부터 원하는 것이 아니라 차라리 그의 영이 우리의 의지에 선행함으로써 하나님과 온전한 조화를 가지도록 하기 위함입니다.

274. 어째서 하늘에서 이루어진 것처럼 땅에서도 이루어지기를 원하는가?

그의 천상의 피조물인 거룩한 천사들이 이 한 가지 목적을 가져야 하기 때문입니다. 즉 그들이 모든 일에서 그에게 복종하며 언제나 말씀을 청종하며, 이밖에 복종할 준비가 되어 있는 것처럼, 이런 순종하려는 마음을 인간에게 바랍니다. 이것은 각 사람이 그에게 자발적으로 순종하게 하기 위함입니다.

제41장

275. 이제 두 번째 부분으로 가자. 그대가 구하는 나날의 빵은 무엇을 의미하는가?

현재의 삶을 유지하기 위해서 행하는 모든 일, 즉 먹고 입는 것뿐만 아니라 또한 외적 삶의 필요를 유지하기 위한 모든 다른 보조 수단이니 이것은 우리가 편안히 빵을 먹기 위함입니다.

276. 우리가 노동으로 준비하라고 명령하는 것을 어째서 하나님으로부터 선사받기를 원하는가?

우리는 삶을 준비하기 위해서 노동하고 땀을 흘려야 할지라도 우리는 우리의 노동이나 근면이나 분주함에 의해서 양육되는 것이 아니라 하나님의 축복에 의해서 양육됩니다. 우리의 손으로 하는 노동 자체도 이 축복에 의해서 번창하고 그렇지 않으면 헛될 것입니다. 이 밖에 이렇게 생각해야 합니다. 아무리 많은 음식이 우리에게 있고 그것으로 배부를지라도 그것의 재고로 아니라 오직 하나님의 능력으로 우리는 양육됩니다. 이것들은 자연적으로 타고난 능력을 가지고 있지 않습니다. 그러나 하나님이 하늘로부터 그의 자비의 도구처럼 이것들을 마련합니다.(신 8:3, 17)

277. 하나님으로부터 그대에게 주어지기를 요구한다면 어떤 근거로 그대의 빵이라고 부르는가?

하나님은 우리에게 아무 의무도 없을지라도 하나님의 축복으로 우리의 것이 되기 때문입니다. 우리는 이 말로써 다른 사람에게 빵을 구하는 것을 자제하도록 훈계받습니다. 정당한 근거에서 하나님의 손으로부터 오는 것처럼 우리에게 오는 것으로 만족해야 합니다.

278. 나날의 빵에 오늘이라는 말을 왜 덧붙이는가?

이 두 가지 술어로써 우리는 절제와 중용을 명령받습니다. 이것은 우리의 욕심이 필요의 정도를 초과하지 않기 위함입니다.

279. 이 기도가 모든 사람의 공통의 기도가 되어야 한다면 집에 재물이 많고 오랜 세월 수확물을 쌓아 놓은 부자들이 어떻게 자신들을 위해 주어지기를 구할 수 있는가?

하나님이 그들에게 사용을 허용하지 않는 한, 그리고 하나님의 은총으로 사용 자체가 유익하고 효과적이 되도록 하지 않는 한, 그들이 가진 어떤 것도 그 자신에게 유익하지 않다는 것을 부자나 가난한 자나 확립해야 합니다. 그러므로 우리에게 필요하고 충분한 만큼 하나님의 손으로부터 매시간 받지 않는 한 어떤 것도 소유함으로써 가질 수는 없습니다.

제42장

280. 다섯 번째 요구는 무엇을 내포하는가?

주님이 우리의 죄를 용서하시는 것입니다.

281. 죽을 인간 중에 사죄를 필요로 하지 않을 만큼 의로운 사람은 없는가?

아무도 없습니다. 그리스도가 이 기도 형식을 자신의 사도들에게 주셨을 때 온 교회를 위해 주신 것입니다. 그러므로 이 필연에서 벗어나기를 원하는 자는 믿는 자의 공동체에서 벗어나야 합니다. 또한 우리는 성서가 증언하는 것을 듣습니다. 곧 자신이 하나의 일에서 하나님 앞에서 자신을 의롭다고 주장하는 자는 천 가지 일에서 죄인임이 드러나게 될 것입니다. 그러므로 모든 사람에게는 그의 자비로 피하는 것만이 남아 있습니다.(욥 9:2-3)

282. 그대는 어떻게 우리의 죄가 용서된다고 생각하는가?

그리스도가 말한 대로 죄는 하나님이 우리를 그의 순수한 관용으로 해방할 때까지 우리를 영원한 죽음에 사로잡아 피고석에 붙잡아 두는 것입니다.

283. 그러므로 그대는 우리가 하나님의 무상의 자비로 사죄를 받는다고 말한다.

그렇습니다. 형벌이 한 가지 작은 죄라도 속량하는 것이라면, 우리는 어떤 죄도 보속할 수 없습니다. 그러므로 모든 죄를 무상으로 용서하고 처벌받지 않는 것이 필요합니다.

284. 이 사죄로부터 우리에게 어떤 유익이 오는가?

마치 우리가 의롭고 죄가 없는 것처럼 받아들여지는 것이며 동시에 하나님의 아버지 같은 선의에 대한 신뢰에서부터 확실한 구원이 우리의 양심에 확증됩니다.

285. 우리가 우리에게 죄 지은 자를 용서하는 것처럼 우리를 용서하라는 이 조건이 전제된 것은 사람들이 우리에게 무슨 죄를 범했다면 그들을 용서함으로써 하나님으로부터 우리가 용서를 받기에 합당하다는 것을 의미하는가?

그렇지 않습니다. 그럴 경우 사죄는 무상이 아닐 것이며 십자가에서 우리를 위해 죽은 그리스도의 보속에만 근거하지 않을 것입니다. 그러나 우리에게 가해진 불의를 망각하고 그의 자비와 선함을 모방함으로써 우리가 그의 자녀임을 보여 주어야 합니다. 그는 우리를 이 표지로써 확증하기 원합니다. 동시에 거꾸로 우리가 용서하는 데 용이하고 유연하다는 것을 보여 주지 않는 한, 최고의 엄격함 외에 아무것도 그로부터 기대되어서는 안 된다는 것을 지시합니다.

286. 그러므로 그대는 자기에게 잘못한 일을 마음에서 포기할 수 없는 모든 사람은 하나님에 의해 거부되고 자녀의 자리에서 추방된다고 말한다. 또한 하늘에서 용서받을 가능성이 없을 것임을 확신할 수 없다.

그렇게 생각합니다. 다른 사람에게 적용되는 같은 척도로 각 사람이 재어질 것입니다.

제43장

287. 그 다음은 무엇인가?

주님이 우리를 시험에 들지 말게 하시고 악에서 해방시키기를 간구하는 것입니다.

288. 그대는 이것 전체를 하나의 간구에 포함하는가?

간구는 하나가 아니면 안 됩니다. 왜냐하면 뒤의 간구는 앞의 간구의 설명이기 때문입니다.

289. 이것은 요약하자면 무엇을 포함하는가?

주님이 우리를 죄에 떨어지거나 타락하기를 허락하지 않는 것과 악마가 우리와 부단히 싸우는 우리의 육적 욕망에 우리가 굴복되기를 허락하지 않는 것과 오히려 우리가 저항할 수 있도록 능력으로 무장시키며 그의 손으로 우리를 붙들어 주고 덮어 주고 보호하며, 이로써 우리가 그의 신뢰와 보호 아래서 안전하게 거주하게 하시는 것입니다. (롬 7:23)

290. 이것은 어떻게 이루어지는가?

우리가 그의 영으로 다스림을 받고 의에 대한 사랑과 소망으로 충만해서 죄와 육과 사탄을 정복하게 될 때, 즉 우리가 죄에 대한 증오로 말미암아 세상으로부터 구별되어서 순수한 거룩함 속에 휩싸일 때입니다. 우리의 승리는 영의 능력에 있습니다.

291. 모든 사람이 이 도움을 필요로 하는가?

누가 피할 수 있습니까? 언제나 악마는 우리를 위협하고 삼킬 것을 찾아서 으르렁거리는 사자처럼 배회합니다. 그러나 우리는 얼마나 약한가를 인정해야 합니다. 하나님이 우리를 싸움을 위해 그의 무기로 준비시키고 그의 손으로 강화시키지 않는 한, 우리는 어느 순간이라도 무너지게 됩니다. (벧전 5:8)

292. 시험이라는 말은 그대에게 무엇을 의미하는가?

이것은 사탄의 계교와 기만을 의미합니다. 우리는 하나님의 도움을 받지 않으면 사탄은 이것으로써 끊임없이 우리를 공격하고 쉽사리 포위합니다. 우리의 정신은 타고난 허영 때문에 사탄의 기만에 취약합니다. 또 우리의 의지는 언제나 악에 기우는 경향이 있으므로 악에 굴복합니다.

293. 그런데 그대는 왜 하나님이 그대를 시험에 들지 말게 하도록 간구하는가? 시험은 하나님의 일이 아니라 사탄의 직무로 보이기 때문이다.

하나님이 사탄의 기만으로 억눌리거나 죄에 의해 정복되지 않도록 믿는 자들을 그의 보호 아래 두는 것처럼, 하나님은 처벌하기 원하는 자들을 그의 은총에서 제외할 뿐 아니라 사탄의 독재에 넘기고 눈멀게 만들고 사악하게 만듭니다. 이것은 그들이 죄에 넘겨져서 모든 시험의 유혹에 노출되게 하기 위함입니다.

294. 덧붙여진 단서-당신의 나라와 권세와 영광이 영원토록 있기를-는 무엇을 의미하는가?

여기서 다시 우리는 기도가 우리 자신에 대한 신뢰보다는 하나님의 권세와 선함으로 뒷받침되어야 한다는 것을 훈계받습니다. 이 밖에 우리의 기도는 하나님에 대한 칭송으로 끝나야 한다는 것을 배웁니다.

제44장

295. 이 양식에 포함된 것 외에는 하나님에게 구해서는 안 되는가?

다른 말로, 다른 방식으로 구하는 것은 자유일지라도, 그럼에도 불구하고 올바르게 기도하는 유일한 규범과 관계되지 않은 것은 하나님에게 기도할 수 없습니다.

성례전론²

296. 이제 우리가 정한 선서에 따라서 하나님 예배의 네 번째 부분에 대해 다루어야 한다.

우리는 하나님이 모든 선함의 근원이며 그의 선함, 의, 지혜, 능력을 찬양과 감사 행위로써 따라가기 위해서, 즉 모든 선함의 영광이 전적으로 그에게 있게 하기 위해서 여기에 이 부분을 정했다고 말했습니다.

297. 이 부분의 규칙을 정하지 않았는가?

성서에서 그에 대한 찬양에 관해 있는 것은 무엇이든지 우리에게 규칙이 되어야 합니다.

298. 주기도문은 이것과 관계되는 것이 없는가?

주님의 이름이 거룩하게 되기를 원할 때, 그의 영광이 그의 모든 행위에 있기를 원합니다. 또한 그가 죄인을 용서한다면 자비롭고, 징벌을 실시한다면 의롭고, 그가 약속한 바를 그의 백성에게 베푼다면 참된 신으로 간주되기를 원합니다. 결국 우리가 그의 행위로 인식하는 어떤 것이든지 간에, 우리로 하여금 그에게 영광을 돌리도록 촉구합니다. 이것이 그에게 모든 선함에 대한 찬양을 돌리는 이유입니다.

299. 여기까지 우리가 다룬 것에서 어떤 결론을 내리게 되는가?

진리 자체가 가르친 것, 그리고 내가 처음에 제시한 것은 한 참된 하나님을 아버지로 아는 것과 그가 보낸 그리스도를 아는 것이 영원한 생명이라는 것입니다. 그에게 마땅히 드려야 할 영광과 경배를 보이기 위해서, 그가 우리에게 주님일 뿐 아니라 또한 아버지요 구원자이며 우리가 그의 자녀요 종이 되

---

2. 여기서 베자는 '성례전론' 대신 '하나님의 말씀론'이라고 기록했다.

기 위해서 그를 알아야 한다고 말합니다. 그러므로 우리의 생명을 그의 영광을 드러내는 데 바쳐야 합니다.(요 17:3)

제45장

300. 어떤 길로 이런 목표에 도달하는가?

이 목적을 위해서 그는 우리에게 거룩한 말씀을 남겼습니다. 영적 가르침은 우리가 그의 하늘나라로 들어가는 문과 같습니다.

301. 우리는 어디에서 이 말씀을 발견해야 하는가?

이 말씀이 포함된 성서입니다.

302. 열매를 얻기 위해 그 말씀을 어떻게 사용해야 하는가?

우리가 마음의 확고한 확신을 가지고 말씀을 하늘로부터 내려온 확실한 진리로 받아들인다면, 우리가 말씀에 순종한다면, 우리가 우리의 의지와 정신을 말씀에 순종하게 만든다면, 마음으로 말씀을 사랑한다면, 말씀이 우리 마음에 한번에 새겨져서 그곳에 뿌리를 내리고 삶의 열매를 맺는다면, 결국 우리가 그것의 규칙에 따라서 형성된다면, 말씀은 정해진 것처럼 구원을 우리에게 선사합니다.

303. 이 모든 것이 우리 능력 속에 있는가?

어떤 것도 우리 능력 안에 있지 않고 오히려 이 모든 것을 우리 안에서 그의 영의 은총으로 이루어지게 하는 것은 하나님입니다.

304. 그러나 우리는 근면해야 하며 모든 열심과 읽기와 듣기와 명상에 매진함으로써 전진해야 하지 않는가?

물론입니다. 각 사람이 사적으로 매일 독서할 때 동시에 우리 모두는 구원의 가르침이 해설되는 믿는 자들의 모임에 특히 주의 깊게 참석해야 합니다.

305. 그러므로 모든 사람이 동시에 같은 가르침을 듣기 위해서 모이지 않는 한 각자가 집에서 홀로 독서한다면 충분하다는 것을 부인하는가?

가능한 한, 즉 기회가 주어지는 한 모여야 합니다.

306. 이것을 나에게 입증할 수 있는가?

주님의 한 의지는 우리에게 입증하기에 충분해야 합니다. 적어도 두세 사람이 지키는 것이 아니라, 모든 사람들이 공통으로 순종하는 교회의 이런 질서를 주님은 추천했습니다. 그는 이것이 교회를 세우고 보존하기 위한 유일한 근거임을 선포했습니다. 그러므로 이것이 우리에게 신성 불가침한 규칙이 되어야 합니다. 아무도 자신이 선생보다 지혜롭다고 생각해서는 안 됩니다.(엡 4:11)

307. 그러므로 교회를 목사가 지도하는 것이 필요한가?

그들의 말을 듣는 것이 필요하며 그들의 입으로 선포하는 그리스도의 가르침을 두려움과 경외심으로 받아들이는 것이 필요합니다. 그러므로 그들의 말을 듣기를 멸시하거나 거부하는 자는 그리스도를 멸시하는 것이고 믿는 자들의 교제에서 스스로 단절하는 것입니다.(마 10:40; 눅 10:16)

308. 그런데 목사로부터 그리스도인이 한번 가르침을 받는 것으로 충분한가, 아니면 이 과정을 일생 동안 유지해야 하는가?

끝까지 인내하지 않는다면 시작한 것으로는 부족합니다. 우리는 끝까지 혹은 차라리 끝없이 그리스도의 제자가 되는 것이 필요합니다. 주님은 이 역할을 교회의 일꾼들에게 위탁했습니다. 이는 그들이 그 대신에 그의 이름으로 우리를 가르치기 위함입니다.

(성례전론)[3]

제46장

309. 하나님이 우리와 교제하기 위해서 말씀 외에 다른 수단은 없는가?

말씀 선포에 성례전을 결부했습니다.

310. 성례전은 무엇인가?

우리를 향한 하나님의 호의의 외적 증거이니 가시적인 표적으로 영적인 은사를 상징하는 것입니다. 우리 마음에 하나님의 약속을 인 치는 것으로서 약속의 진실성을 보다 잘 확증하기 위함입니다.

311. 구원에 대한 신뢰로 양심을 공고하게 하기 위해서 가시적인 표적 아래 그런 능력이 숨어 있는가?

그것은 그 자체로는 가지고 있지 않지만 하나님의 의지에 의해서 성례전이 이런 목적으로 제정되었기 때문에 가집니다.

312. 하나님의 약속을 우리 마음에 인 치는 것이 성령의 고유한 일이라면 그대는 성례전에 이 것을 어떻게 부여하는가?

성례전과 성령 사이에는 큰 차이가 있습니다. 마음을 움직이고 감동시키고 정신을 조명하고 양심을 확실하고 안정되게 만드는 것은 진실로 오직 영의 일입니다. 그러므로 성령의 고유한 일로 간주되어야 하고 찬양을 다른 데 돌리지 말고 성령의 덕분으로 돌려야 합니다. 그럼에도 불구하고 하나님이 성례전을 제2의 도구로서 사용하고 합당한 용도로 사용하는 것을 막을 수 없습니다. 또한 하나님은 영의 능력이 박탈되지 않게 만듭니다.

---

3. 베자는 여기에 '성례전론'이라는 제목을 삽입했다.

313. 그러므로 그대는 성례전의 능력과 효과가 외적 요소에 포함되어 있다고 생각하는 것이 아니라 전적으로 하나님의 영으로부터 나온다고 믿는가?

그렇게 믿습니다. 주님은 이 목적을 위해 정하신 그의 도구를 통해서 그의 능력을 발휘하는 것을 기뻐하셨습니다. 그가 이렇게 행함으로써 그의 영의 능력에서 아무것도 상실하지 않습니다.

314. 왜 이렇게 되는지 이유를 나에게 성명할 수 있는가?

성례전은 이런 방법으로 우리의 약함을 돕습니다. 만일 우리가 전적으로 영적이라면 천사들처럼 영적으로 그를 직시하고 그의 은사를 통찰할 수 있을 것입니다. 그러나 우리는 이 지상적 육신 덩어리에 싸여 있기 때문에 우리에게 영적이고 천상적인 사물들의 모습을 지상적인 방법으로 보여 주는 상징이나 거울을 필요로 합니다. 우리는 다른 방법으로는 그것에 도달할 수 없습니다. 우리에게는 하나님의 약속에 대해 보다 확신을 얻기 위해서 우리의 모든 감각을 움직이는 것이 필요합니다.

제47장

315. 우리의 필요를 보조하기 위해서 성례전이 하나님에 의해서 제정된 것이 사실이라면 누군가 성례전을 필요로 하지 않는 것처럼 없어도 된다고 판단한다면 마땅히 그 오만함이 정죄되어야 하지 않는가?

그렇습니다. 누군가 성례전의 사용을 필요치 않은 것처럼 자발적으로 거절한다면 그리스도를 멸시하는 것이고 그의 은혜를 거절하는 것이고 영을 소멸하는 것입니다.

316. 그러나 선한 자나 악한 자가 함께 사용하는 성례전으로부터 양심을 공고하게 만들기 위해서 어떤 확신이, 얼마나 확실한 보장이 얻어질 수 있는가?

비록 불경건한 자들이 성례전에서 제공된 하나님의 선물을, 내가 말한 대로, 아무 유익도 없이 취할지라도, 그들에 관한 한, 이것 때문에 그들이 성례전의 능력과 본성이 그대로 있지 않도록 할 수 없습니다.

317. 그러므로 어떻게, 언제 성례전의 사용에 효과가 따르는가?

　　우리가 오직 그리스도와 그의 은혜를 구하면서 믿음으로 성례전을 받을 때입니다.

318. 그대는 왜 여기서 그리스도를 구해야 한다고 말하는가?

　　우리는 구원을 구하기 위해서, 혹은 거기에 첨가되고 포함된 수여될 은총의 능력을 상상하기 위해서 가시적인 표적에 집착해서는 안 된다고 이해합니다. 오히려 표적을, 우리가 올바로 그리스도에게 인도되는 보조 수단으로 생각해야 하고 그로부터 구원과 확실한 행복을 구해야 할 것입니다.

319. 성례전을 사용하기 위해 믿음이 요구된다면 하나님의 약속을 보다 확신하기 위해서 그대는 어떻게 성례전이 신앙의 확증을 위해서 우리에게 주어졌다고 말하는가?

　　믿음은 양육되고 매일 매일 성장하지 않으면 믿음은 한번 시작된 것으로는 충분하지 않습니다. 그러므로 주님은 신앙을 때로는 양육하고 때로는 무장하고 때로는 촉진하기 위해서 성례전을 제정했습니다. 바울이 하나님의 약속을 인 치기 위해서 유익하다고 전할 때 바로 이것을 의미합니다.(롬 4:11)

320. 그런데 하나님의 약속이 다른 것에 의해서 확증되지 않는 한 그것에 대해 확고한 믿음을 가지지 않는 것은 불신실의 표시가 아닌가?

　　이것은 하나님의 자녀들이 고통받는 믿음의 약함을 확실히 지시합니다. 그들이 빈약하고 불완전한 믿음을 부여받았을지라도 이들은 신자이기를 중단하지 않습니다. 우리가 이 세상에 머무는 한, 삶의 마지막까지 지속적으로 전진하는 것 외에 달리 추방할 수 없는 불신의 잔재가 우리 몸 속에 언제나 남아 있습니다. 그러므로 언제나 전진할 필요가 있습니다.

제48장

321. 그리스도 교회의 성례전은 몇 가지인가?

　　전부 두 가지입니다. 그것들은 모든 신자들 사이에서 공통적으로 사용됩니다.

322. 그것은 무엇인가?

세례와 성만찬입니다.

323. 그것들 사이의 유사점과 다른 점은 무엇인가?

세례는 우리에게는 교회로의 입교와 같은 것입니다. 우리는 세례로써 (그렇지 않다면 우리는 국외자이고 손님이므로) 하나님의 가족으로 받아들여져서 그의 가족 구성원으로 여겨진다는 것을 증언하기 때문입니다. 성만찬은 하나님이 우리의 영혼을 양육함으로써 우리의 아버지가 됨을 보인다는 것을 증언합니다.

324. 양자의 진리가 우리에게 보다 분명히 알려지기 위해서 그중 하나에 대해 특별히 다루어 보자. 세례의 의미는 무엇인가?

그것은 두 가지 부분을 가집니다. 여기서 죄의 용서와 영적 거듭 태어남이 비유됩니다.

325. 이것들을 표현하기 위해서 물에는 이런 것에 대한 어떤 유비가 내재하는가?

죄의 용서는 물로 몸의 때를 씻듯이 영혼이 그의 오점을 씻어 내는 일종의 목욕입니다.

326. 거듭 태어남은 어떠한가?

중생의 시작은 우리의 본성의 죽음이며 우리가 새로운 피조물이 되기 위한 목표이기 때문에 물이 머리에 관수됨에서 죽음의 비유가 우리에게 재현됩니다. 그러나 우리가 물 아래 잠긴 채로 머물지 않고 잠정적으로 무덤 속에 내려가는 듯한 동작 뒤에 곧 물에서 나옴에서 새로운 삶이 재현됩니다.

327. 그대는 물이 영혼의 목욕이라고 생각하는가?

그렇지 않습니다. 이 명예를 그리스도의 피로부터 빼앗는 것은 불가합니다. 그의 피는 우리 모든 흠을 제거하고 하나님 앞에 순결하고 오점 없이 나타나기 위해서 쏟은 것입니다. 또한 성령이 우리의 양심을 저 거룩한 피로 적실 때 우리는 이 정화의 열매를 깨닫습니다. 우리는 성례전에서 이 인 침을 가집니다.(요일 1:7; 벧전 1:19)

328. 물이 씻음의 상징이라는 것 외에 다른 의미를 부여하지 않는가?

나는 이 상징에 진리가 결부되어 있다고 생각합니다. 하나님은 우리에게 선물을 약속하면서 우리를 기만하지 않습니다. 그러므로 세례에서 우리에게 죄의 용서와 생명의 새로움이 제공되며 우리에 의해 받아들여지는 것이 확실합니다.

329. 이 은혜가 모든 자들에게서 구별 없이 성취되는가?

많은 사람들이 자신의 사악함으로 은총에 이르는 길을 차단함으로써 은총이 자신들에게 무익하게 만듭니다. 그러므로 그 열매는 믿는 자들에게 도달하지 않는 한 무익합니다. 그러나 성례전의 본성이 없어지는 것은 아닙니다.

330. 거듭 태어남은 어디서 오는가?

그리스도의 죽음과 동시에 부활에서 옵니다. 이 능력은 그의 죽음에 있으니 그의 죽음을 통해 우리의 옛 사람이 십자가에 못 박히고 우리의 부패한 자연이 매장되어서 더 이상 우리 안에서 다스리지 못하기 때문입니다. 그런데 우리가 하나님의 의에 순종하기 위해서 새로운 생명으로 변화되는 것이 부활의 은혜입니다.

331. 세례를 통해 어떻게 우리에게 이런 선함이 우리에게 부여되는가?

세례에서 우리에게 제공된 약속을 거절함으로써 무익하게 만들지 않는다면 우리는 그리스도를 옷 입고 그의 영을 선사받습니다.

332. 올바로 세례를 사용하기 위해서 우리는 무엇을 행해야 하는가?

올바른 세례의 용법은 믿음과 회개에 있습니다. 즉 우리는 먼저 그리스도의 피로 모든 흠에서 정화되었고 하나님을 기쁘게 한다는 것을 마음에 확신해야 합니다. 그 다음으로 그의 영이 우리 안에 거주한다는 것을 느껴야 하고, 또한 이것을 다른 사람들에게 선포해야 합니다. 또한 육의 죽음을 명상하는 것과 하나님의 의에 순종하는 것을 부단히 훈련해야 합니다.

제50장

333. 세례의 올바른 용법을 위해서 이것이 필요하다면 유아들에게 세례를 주는 것은 어떻게 되는가?

민음과 회개가 언제나 선행될 필요는 없습니다. 오히려 그들에게는 연령 때문에 능력이 되는 것만이 요구됩니다. 그러므로 유아들은 성인이 된 후에 자신의 세례의 효력을 실행하는 것으로 충분합니다.

334. 여기에 아무런 부조리가 없다는 것을 합리적으로 밝힐 수 있는가?

주님이 이성과 부합하지 않는 것은 아무것도 정하지 않았다는 것을 내게 인정한다면 그렇습니다. 모세와 모든 예언자들은 할례가 회개의 표적임을 가르칩니다. 바울의 증언에 의하면 이것은 민음의 표시였습니다. 그럼에도 불구하고 그는 유아들을 이것에서 배제하지 않았음을 봅니다.(신 10:16; 30:6; 렘 4:4; 롬 4:11)

335. 그러나 할례에 적용되었던 이유에 의해서 그들이 이제 세례를 받아야 하는가?

하나님이 이스라엘 백성에게 주었던 약속은 이제 온 땅에 공표되었기 때문에 그렇습니다.

336. 그러므로 그대는 이 표적을 또한 사용할 수 있다고 추론하는가?

모든 것을 양쪽에서 잘 고려하는 자는 이것을 따르게 됩니다. 그리스도는 우리로 하여금 이스라엘에게 이전에 부여되었던 그의 은총에 보다 모호하게 혹은 일부 제한적으로 참여하게 만든 것이 아닙니다. 그는 오히려 보다 분명하게, 그리고 풍성하게 우리에게 은총을 주셨습니다.

337. 유아들이 세례에서 배제된다면 이것 때문에 하나님의 은총의 일부가 없어져서 그리스도

의 은총이 그의 도래로 축소되었다고 말해질 수 있다고 생각하는가?

이것은 분명합니다. 하나님의 자비를 증언하고 약속을 확증하기 위해서 매우 유효한 표적이 거부된다면 옛 사람들이 누렸던 특별한 위로가 우리에게는 결핍되기 때문입니다.

338. 그러므로 하나님이 옛 계약 아래서 자신을 자녀들의 아버지로 보여 주기 위해서 구원의 약속을 가시적인 표적으로 그들의 몸에 새겨지기를 원했기 때문에 그리스도의 도래 이후 신도들이 확증을 덜 가진다면 불합당하다고 그대는 생각한다. 이것은 옛 조상에게 주어졌던 같은 약속이 오늘 우리에게 주어졌고 또한 하나님은 그의 선함의 보다 분명한 증거를 그리스도 안에서 우리에게 보여 주었기 때문이다.

그렇게 생각합니다. 이것 외에 내가 말한 것처럼 세례의 능력과 본질은 유아들에게 공통적임은 충분히 확실하기 때문에 진리보다 못한 표적을 그들에게 거부한다면 그들에게 해가 분명히 미칠 것입니다.

339. 어떤 조건에서 유아들은 세례 받아야 하는가?

그들은 신도들에게 약속된 축복의 후손들이라고 증언하기 위해서, 그리고 그들이 성장한 후에 자신의 세례의 진리를 깨닫고 거기서부터 열매를 인지하고 전진하기 위해서입니다.

제51장

340. 성만찬으로 넘어가자. 우선 그대로부터 그것의 의미가 무엇인지를 알고 싶다.

우리의 영혼이 자신의 살과 피의 교제에 의해서 영원한 삶의 희망으로 이끌리도록 가르치기 위해서, 또한 우리가 이것을 확신하기 위해서 그에 의해서 제정되었습니다.

341. 그런데 왜 빵으로 주의 몸이, 포도주로 그의 피가 상징되는가?

여기서 빵이 몸을 양육함에 있어서 현재의 생명을 유지하기 위해서 가지는 것처럼 주님의 몸에 영적으로 영혼을 양육하기 위해서 동일한 능력이 있다는 것을 우리는 배웁니다. 포도주로 인간의 마음이 명랑해지고 힘이 소생하고 온 인간이 강해지는 것처럼, 주의 피로써 우리의 영혼이 같은 유익을 얻음을 배웁니다.

342. 그러므로 우리는 주님의 살과 피를 먹고 마시는가?

그렇게 생각합니다. 그에게 우리의 구원의 모든 신뢰가 있기 때문에 그가 아버지에게 보여 주었던 순종이(마치 우리의 것이 되는 것처럼) 우리를 위해 용납됨으로써 우리가 그것을 소유가 필요가 있습니다. 그가 자신을 우리의 것으로 만들지 않고서는 달리 우리에게 그의 은총이 전달될 수 없기 때문입니다.

343. 그러나 그는 우리를 죽음의 심판에서 속량하여 아버지와 화해케 하기 위해서 자신을 죽음에 내맡겼을 때 자신을 내어 주지 않았는가?

그것은 사실입니다. 그러나 그의 죽음의 효과와 열매가 우리에게 도달하도록 그를 받아들이지 않는다면 우리에게는 충분하지 않습니다.

344. 그를 받는 방법은 믿음에 있는가?

나는 그렇게 고백합니다. 그러나 그가 우리를 죽음에서 해방시키기 위해서 죽었을 뿐 아니라 우리를 위해 생명을 획득하기 위해서 부활했음을 믿고 우리 안에 거주함을 압니다. 지체가 머리와 연합하듯이 그렇게 우리가 그와 연합하여 있으며 이 연합 덕분으로 그의 모든 선함에 참여하게 된다는 것을 첨언합니다.

제52장

345. 이 교제를 오직 성찬을 통해서만 얻는가?

또한 복음을 통해서도, 바울의 증언에 의하면, 그리스도는 우리와 교제합니다.(고전 1:4-9) 바울은 이것을 올바로 가르칩니다. 거기서 우리는 그의 살 중의 살이며 그의 뼈 중의 뼈이며(엡 5:30) 그 자신은 살아 있는 빵이라는 것과 그가 하늘로부터 우리의 영혼을 먹이기 위해서 내려오시며 아버지와 자신이 하나

인 것처럼 우리와 하나 되신다는 것 등을 듣습니다.(요 6:51; 17:21)

346. 성례전으로부터 그 이상 무엇이 나오며 이것 외에 어떤 유익이 우리에게 주어지는가?

내가 말한 이 성례전은 우리에게 확증되고 증가됩니다. 비록 세례 혹은 복음에서 우리에게 그리스도가 보일지라도, 우리는 전적으로 그를 받는 것이 아니라 부분적으로만 받는 것이기 때문입니다.

347. 그러므로 우리는 빵의 상징에서 무엇을 가지는가?

한번 그리스도의 몸이 우리를 위해 하나님과 우리를 화해시키기 위해 희생된 것처럼, 이제 또한 우리에게 주어졌다는 것입니다. 이것은 화해가 우리와 관계된다는 것을 확실히 알기 위함입니다.

348. 피의 상징에서 무엇을 가지는가?

그리스도가 한번 그의 피를 죄인의 보속을 위해 우리의 속량의 값으로 쏟은 것처럼, 이제 그 피를 마시도록 우리에게 내어 준 것은 거기서 우리에게 와야 하는 열매를 우리가 느끼게 하기 위함입니다.

349. 이 두 가지 답변에 의하면 주의 거룩한 만찬은 우리에게 그의 죽음을 지시함으로써 그의 능력에 우리가 참여하게 하려는 것이다.

그렇습니다. 우리의 구원을 위해 족한 일회적이고 영원한 희생이 그때 실행되었습니다. 그러므로 우리가 그것을 즐기는 것 외에 다른 일은 남아 있지 않습니다.

350. 그러므로 아들의 몸이 하나님께 받쳐지기 위한 목적에서 성만찬이 제정된 것은 아니다.

결코 아닙니다. 그만이 영원한 제사장이므로 이 특권을 가집니다.(히 5:5-10) 그리고 그가 받아서 먹으라고 말할 때 그의 말이 이것을 의미합니다. 우리가 그의 몸을 받치는 것이 아니라 다만 그것을 먹을 것을 그는 가르칩니다.(마 26:26-28)

제53장

351. 우리는 왜 두 가지 표적을 사용하는가?

거기서 주님은 우리의 약함을 돌보셔서 자신이 우리의 영혼의 양식뿐 아니라 또한 음료라는 것과 그 이외에 다른 데서 영적인 생명을 찾지 말도록 우리에게 친근하게 가르치십니다.

352. 모든 사람이 구별 없이 예외 없이 양자를 사용해야 하는가?

그리스도의 명령이 그렇습니다. 여기서 무엇인가를 반대로 시험함으로써 생략하는 것을 허용할 수 없습니다.

353. 우리가 성찬에서 네가 말한 은총의 의미만을 가지는가? 혹은 그것의 실재 자체가 우리에게 보여지는가?

우리 주님 그리스도가 진리 자체이므로 그가 거기서 우리에게 주는 약속을 동시에 이행했다는 것을 의심할 수 없습니다. 그는 상징에 진리를 덧붙였습니다. 그러므로 그가 말과 표적으로 증언하는 것처럼 우리로 하여금 그의 본질에 참여하게 한다는 것을 나는 의심하지 않습니다. 이것은 그와 한 생명으로 연합하기 위함입니다.

354. 그러나 그리스도의 몸이 하늘에 계시고 우리는 지금까지 땅에서 배회한다면 어떻게 이 일이 일어날 수 있는가?

이 일은 그의 영의 기적적이고 은밀한 능력에 의해서 이루어집니다. 다른 경우 공간적 거리에 의해 분리된 것을 연결하는 것은 그리스도에게는 어렵지 않습니다.

355. 그러므로 몸은 빵 속에 포함되어 있지 않고 피는 잔 속에 있지 않다고 생각하는가?

결코 그렇지 않습니다. 오히려 표적의 진리를 소유하기 위해서는 그리스도가 계신 하늘로 마음을 향해야 한다고 생각합니다. 그리고 하늘로부터 그가 심판자와 구원자로 올 것을 기대합니다. 그러나 지상적 요소에서 구하는 것은 그릇되고 헛된 일입니다.

356. 그대가 말한 것을 종합하자면 성찬에는 두 가지 일이 있으니 곧 눈으로 구별되는 빵과 포도주를 손으로 만지며 맛을 본다. 그 다음으로 마치 우리 영혼의 고유한 양식처럼 우리 영혼이 내면적으로 먹는 그리스도가 있다.

그런데 여기에서 몸의 부활이 우리에게 마치 담보가 주어진 것처럼 확증되고 그래서 우리들은 생명의 상징에 참여하게 됩니다.

제54장

357. 이 성례전의 올바르고 정당한 용도는 무엇인가?

바울이 정의한 것처럼 인간은 그것에 접근하기 전에 자신을 검증해야 합니다.(고전 11:28)

358. 이 검증에서 무엇을 검토해야 하는가?

그리스도의 참 지체인가를 검토해야 합니다.

359. 이 일을 어떤 근거로 알게 되는가?

참된 회개와 믿음을 갖추었고 이웃을 진지한 사랑으로 돌보고 정신이 모든 증오와 악의로부터 깨끗한 경우입니다.

360. 그대는 인간에게서 완전한 믿음과 사랑을 요구하는가?

양자는 실로 온전하고 모든 오점이 없는 것이 합당합니다. 그러나 모든 사람에게 그처럼 아무것도 결핍하지 않은 절대적인 완전함을 요구하는 것은 헛됩니다. 그런 완전함은 인간에게서 결코 발견될 수 없기 때문입니다.

361. 그러므로 우리가 지금까지 그것으로 고통받는 불완전함이 우리로 하여금 성례전에 나가는 것을 막지 못하는가?

오히려 우리가 완전하다면 성찬은 우리 가운데서 더 이상 필요가 없을 것입니다. 성찬은 뒷받침되어야 할 우리의 연약함을 위한 버팀목이며 불완전함의 보조 수단이어야 합니다.

362. 이 두 가지 성례전은 이것 외에 다른 목적을 가지지 않는가?

이것들은 우리의 고백의 표지이며 일종의 인식표와 같습니다. 왜냐하면 이것을 사용함으로써 인간들에게 우리의 믿음을 고백하기 때문입니다. 또한 우리가 그리스도 안에서 종교적 합의를 가짐을 증언합니다.

363. 만일 누군가 성례전의 사용을 거절한다면 어떻게 생각해야 하는가?

이것은 그리스도를 은밀히 거부하는 것입니다. 확실히 그런 자는 자신이 그리도인임을 고백하기에 합당하지 않기 때문에 그리스도인들 중 하나로 간주되기에 합당하지 않습니다.

364. 온 생애를 통해서 양자를 한 번만 받는 것으로 족한가?

한 번의 세례로 충분하므로 세례를 반복하는 것은 불가합니다. 그러나 성찬은 다른 근거가 있습니다.

365. 그 기준은 무엇인가?

주님은 세례를 통해서 우리를 양자로 삼고 그의 교회로 보내어서 우리를 자기 식구로 삼습니다. 우리를 그의 백성의 숫자에 등록한 후에 성찬을 통해 우리를 연속적으로 양육할 필요가 있다는 것을 증언합니다.

제55장

366. 세례와 성찬의 집례는 무차별하게 모든 사람에 속하는가?

그 부분은 대중을 가르칠 직무를 위임받은 자들의 고유한 임무입니다. 교회를 구원의 가르침으로 먹이고 성례전을 집행하는 일들은 상호 간에 영속적으로 연결되어 있기 때문입니다.

367. 나에게 성서의 증언으로 이것을 입증할 수 있는가?

그리스도는 특별히 사도들에게 세례의 임무를 주셨습니다. 그는 우리가 성찬을 거행함에 있어서 자신의 모범을 따르라고 명령했습니다. 복음서 기자들은 그리스도 자신이 만찬을 분배함에 있어서 대중의 일꾼의 직무를 행했다고 보고합니다.(마 28:19)

368. 그들에게 분배가 위임된 목사들은 어디에서나 모든 사람들을, 선택 없이 받아들여야 하는가?

세례에 관해서는 오늘 유아에게만 주어지기 때문에 구별의 여지가 없습니다. 그러나 성찬에 있어서 목사는 분명히 합당하지 않은 자에게 그것을 제공하지 않도록 조심해야 합니다.

369. 왜 그런가?

왜냐하면 이 일은 성례전의 모독과 속화 없이는 일어날 수 없기 때문입니다.

370. 그리스도는 유다가 아무리 불경건할지라도 그와의 만찬을 합당하다고 여기지 않았는가?

인정합니다. 그때까지 그의 불경건이 감추어져 있었습니다. 그리스도에게는 감추어져 있지 않을지라도 그것은 아직 사람들에게 드러나지 않았습니다.

371. 그러므로 위선자들은 어떻게 되는가?

목사는 그들을 무자격자처럼 제지할 수는 없습니다. 그러나 하나님이 인간들에게 알려진 그들의 불의를 드러낼 때까지 그들을 내버려 두어야 합니다.

372. 목사 자신이 어떤 사람이 부적합하다는 것을 알았거나 경고를 받았다면?

정당한 검증이나 교회의 판결이 아니면 이것은 그들을 성찬에서 제외하기에 충분하지 않습니다.

373. 그러므로 확실히 교회에서 정치 질서를 확정하는 것이 바람직하다.

달리는 더 좋게 구성되지 않습니다. 이것이 바로 윤리를 감독하는 장로들이 선발되어 징계해야 할 범죄를 감시해야 하는 이유입니다. 그리고 장로들은 성찬을 결코 받아서는 안 되는 것으로 아는 자들, 성례전을 오염시키지 않고서는 받아들여질 수 없는 자들을 성찬에서 배제해야 합니다.

우리 주 예수 그리스도의
성만찬에 대한 소논문

서문

이 소 논문에 대해서는 별로 해설할 필요가 없다. 왜냐하면 논문 안에 이미 자체의 해설을 포함하고 있기 때문이다. 칼뱅은 「기독교 강요」 1536년판과 1539년 판, 그리고 이 권 속에 출판된 1차 신앙 교리문답에서 이미 성만찬의 본질에 대한 견해를 피력한 바 있다. 그런데 무엇인가를 해야 할 때가 무르익었다. 루터파와 츠빙글리파 사이의 논쟁이 벌어졌고 이것은 일반 사람들의 마음을 심히 뒤흔들어 놓았다. C.R.이 표현한 대로 칼뱅은 그의 모국어인 프랑스어로 특별히 작성된 소책자에서 싸우는 양파 사이의 중간 노선을 냉정하고 명백하게 보여 줄 필요가 있었다. 이 글은 1540년에 집필되었고 출판업자를 찾기 위해 약간 어려움을 겪은 후 다음 해 제네바에서 출판된 듯하다.

 칼뱅의 입장은 매우 명료하게 진술되었다. 그의 주요 입장은 다른 긴 논쟁문들에서도 반복되나 똑같이 명료하지는 않다. 그는 성만찬의 요소들이 단순한 표지, 비유, 상징이라는 견해를 거부한다. 다른 한편 그는 그리스도의 몸을 성만찬 요소들에 긴

밀히 연결하고 종속시킴으로써 부적격자들이 그의 몸을 취하는 위험을 내포한 견해를 공격한다. 그는 요소들 속에 그리스도의 참되고 현실적인 실재를 확신한다. 원래의 성만찬 명령에 부합하여 그들의 마음과 가슴을 올리며 가시적 표지에 머물지 않고 십자가에 달린 그리스도가 획득하고 올리어진, 그리스도가 분여하는 은사에 참여하는 자들은 이 실재와 모든 연계된 축복을 누리게 된다.

그 내용의 정확한 진술뿐 아니라 종교 개혁파 내의 싸우는 양파에 대해 언급할 때의 냉정하고 화해적인 어조는 주목할 만하다. 이 어조는 그의 모든 후기 논쟁적 작품에서는 유지되지 않았음을 인정해야 한다. 그러나 여기서 그의 분명한 목표는 논쟁의 발생으로 인해 고통받는 자들에게 논쟁의 신랄함을 정당화하지는 않을지라도 설명하는 것이다. 이 변증적 목표는 전체 글이 담겨 있는 화해적 어조에 의해서 촉진된다.

이 논문의 여러 판들의 상이점은 그 의미가 한 번도 의심할 여지가 없다는 의미에서 사소하다. 또한 그것은 주목해야 할 만한 가치도 없다.

우리 주 예수 그리스도의 성만찬에 대한 소논문

우리 주 예수 그리스도의 성만찬이 오랫동안 여러 가지 커다란 오류에 뒤얽혔기 때문에, 또한 지난 수년간 여전히 상이한 견해들과 격렬한 논쟁들에 휘말렸기 때문에, 많은 연약한 양심들이 어느 편을 선택할 것인지 결정하지 못하고 의심과 당황 가운데서 모든 논쟁이 중단되고 주님의 종들이 어떤 합의에 도달하기를 기다리고 있다는 것은 놀랄 일이 아니다. 어쨌든 이 신비에 대한 이해는 우리의 구원을 위해 필수적이므로, 이것에 대해서 어떤 확신을 가지지 않는 것은 매우 위험스러운 일이므로, 간략하게 이 문제를 다루며 그런데도 분명하게 알아야 할 사실의 주요한 요점을 상술하는 것은 매우 유익한 작업이 될 것이라고 생각했다. 또한 어떤 선한 인간들이 이 일의 필요성을 고려해서 나에게 이를 요청했다. 나는 내 의무에 거스르지 않고서는 이 요청을 거절할 수 없었다.

　그러나 우리가 모든 어려움을 해결하기 위해서 내가 따르고자 한 순서를 유의하는 것이 적절하다. 우선 주님이 어떤 목적으로, 무슨 근거로 성만찬을 제정했는지를 해설할 것이다. 두 번째로, 우리가 여기서 어떤 열매와 유익을 얻는지, 또한 예수 그리스도의 몸이 어떻게 우리에게 주어졌는지를 설명할 것이다. 그 다음으로 그것의 정당한 용법이 무엇인지를 설명할 것이다. 네 번째로, 이것이 어떤 오류와 미신으로 오염되었는지를 진술할 것인데, 거기서 하나님의 종들이 교황당들과 얼마나 다른 의견을 가져야 하는지 드러낼 것이다. 마지막으로, 우리 시대에 복음을 드러냈고 거룩한 가르침으로 교회를 올바로 세우기 위해 헌신하는 자들 간에 그처럼 신랄하게 논란된 싸움의 근원이 무엇인지 말할 것이다.

　첫 번째 사항에 관해서. 우리의 선한 하나님은 우리를 세례를 통해서 그가 유기하고 관리하기를 원한 당신의 집인 교회로 받아들이기를 기뻐했으므로, 또한 우리를 그의 집식구로서 뿐 아니라 그의 자녀로 받아들였으므로, 그는 선한 아버지의 직무를 행하기 위해서 우리를 양육하고 우리가 살기에 필요한 모든 것을 공급한다. 육적인 양식은 모든 사람에게 공통적이며 악한 자들도 선한 자들처럼 그것의 몫을 가지기 때문에, 하나님의 가족에게는 고유한 것이 아니다. 우리는 이미 아버지로서의 그의 선함에 관한 증언을 가지고 있는 것이 사실이다. 그가 우리에게 축복과 함께 주는 모든 물질에 우리가 참여하는 한, 그는 선함으로써 우리를 육적으로 부양한다. 그러나 그가 우리를 거듭나게 한 생명이 영적일 뿐 아니라, 또한 음식은 우리를 보존하고 강건하게 하기 위해서 영적이어야 한다. 그는 우리로 하여금 한번 천상의 유산을 소유하도록 불렀을 뿐 아니라 희망을 통해서 우리를 이 소유로 이미 인도했다는 것과 그가 우리에게 생명을 약속했을 뿐 아니라 우리를 죽음에서 이끌어 내어 생명으로 옮겼다는 것을 알아야 한다. 그는 우리를 자기 자녀로 삼음으로써 우리 마음에 새겨진 불멸의 씨앗, 곧 그의 말씀으로 우리를 거듭나게 했다.

　우리를 이 삶에서 부양하기 위해서 우리의 배를 썩을 일시적인 음식물로 채우는 것이 문제가 아니라, 우리의 영혼을 보다 낫고 귀한 양식으로 양육하는 것이 필요하다. 그러나 우리의 영혼이 부양되는 영적인 빵은 주님이 우리를 거듭나게 한 말씀이라고 성서 전체는 우리에게 말한다. 그런데 우리의 유일한 생명인 예수 그리스도가 말씀으로 우리에게 주어졌고 베풀어졌다고 성서는 그 근거를 부언한다. 왜냐하면 하나님 외에 다른 곳에 생명이 있다고 판단해서는 안 되기 때문이다. 하나님이 그의 수단을 통해서 우리에게 생명을 전하기 위해서, 예수 안에서 생명의 충만을 이룬 것처럼, 또한 그것을 통해서 예수 그리스도가 그의 모든 은총으로써 우리에게 베푸는 그의 말씀을 도구로 정했다. 한편 우리의 영혼은 예수 그리스도 외에 다른 양식을 가지고 있지 않음은 여전히 진실이다. 그런데 하늘 아버지는 우리를 양육하고자 하여 결코 다른 것을 우리에게 주는 대신 차라리 이 양식으로 충분히 만족하도록 우리에게 추천한다. 우리는 이 양식 없이 지낼 수 없고 이것 외에 다른 양식을 발견할 수 없다.

우리는 예수 그리스도가 우리 영혼이 양육받는 유일한 양식임을 이미 보았다. 그 이유는 주가 이것을 위한 도구로 정한 그의 말씀을 통해 이 양식이 분배되었기 때문이며, 또한 이것이 빵과 음료라고 불리기 때문이다. 그러나 말씀에 대해 언급된 것은 또한 성찬의 예전에도 해당된다. 주는 성찬을 통해서 우리를 예수 그리스도의 친교로 인도한다. 우리는 너무나 연약하여서 그가 단순한 가르침과 설교를 통해 우리에게 제공될 때, 마음의 진정한 확신으로 그를 받아들일 수 없기 때문에 자비의 아버지는 우리의 약함에 응하기를 개의치 않고 말씀과 함께한 가시적 표지를 추가하기 원했다. 이 표지를 통해서 아버지는 우리를 확고하게 하기 위해서 우리로부터 모든 의심과 불확신을 제거함으로써 그의 약속의 실체를 보여 준다. 우리가 예수 그리스도의 몸과 피와 교제를 가지는 것은 높고도 불가해한 신비이고 우리 자신은 너무나 둔하고 무지해서 하나님에 관한 최소의 것도 이해할 수 없기 때문에, 우리의 능력이 허락하는 한에서 우리로 하여금 이해하게 할 필요가 있었다. 이런 이유 때문에 주님은 복음에 담겨진 약속들을 우리 양심에 표시하고 인 치기 위해서 우리에게 그의 만찬을 제정했다. 이 약속은 그의 몸과 피에 우리를 참여하게 하는 것과 이것에 우리의 참된 영적 양식이 있다는 확신을 우리에게 주는 것에 관한 것이다. 이것은 우리가 이런 담보를 가짐으로써 구원의 올바른 확신을 가지기 위함이다. 두 번째로, 우리에 대한 그의 큰 친절을 인식하고 그것을 보다 높이 찬송하고 기리도록 훈련하기 위함이다. 세 번째로, 우리가 예수 그리스도의 지체인 한에서 거룩하고 무죄하도록 권면하기 위함이며, 또한 여기서 특별히 추천된 것처럼 특히 형제로서 단결하고 사랑하도록 권면하기 위함이다. 주님이 그의 만찬을 우리에게 명령하면서 고려한 이 세 가지 이유를 주목할 때 어떤 유익이 우리에게 되돌아오는지, 그것을 올바로 사용하기 위한 우리의 임무가 무엇인지를 이해하게 될 것이다.

　이제 두 번째 점으로 들어갈 차례다. 즉 우리가 주의 만찬에서 우리의 유익을 취하는 한, 이것이 우리에게 얼마나 유익한가를 보여 줄 차례다. 그러나 우리는 이것이 돕는 우리의 빈곤을 고려함으로써 그것의 유익을 인식한다. 우리는 우리가 누구인지를 반성하고 우리 안에 있는 것을 검증하는 동안에 기적적인 양심의 고통과 괴로움 속에 있는 것이 필요하다. 우리 가운데는 자신 안에서 조그만 의도 발견할 수 없기 때문이다. 거꾸로 우리는 죄와 불의로 가득하여서, 우리의 양심 외에 우리를 고발하기 위해서 다른 고발자를 필요로 하지 않고, 우리를 정죄하기 위해서 다른 재판관을 필요로 하지 않는다. 그러므로 하나님의 진노가 우리에게 임박했고 영원한 죽음을 피할 수 있는 자는 없다. 우리가 잠들거나 어리석지 않다면 이 두려운 생각은 우리를 괴롭히고 고통스럽게 하기 위한 영원한 게헨나와 같을 수밖에 없다. 우리의 정죄가 따른다는 것을 보지 못하는 한 우리는 하나님의 심판을 기억할 수 없다. 우리의 선한 하나님이 우리를 죽음에서 구원하지 않는 한 우리는 이미 죽음의 구덩이에 있다. 우리가 썩고 기생충 덩이에 불과한 우리의 육신을 볼 때 어떤 부활의 희망을 가질 수 있는가? 육신으로나 영혼으로나 우리가 우리 자신 안에 머무는 한 비참할 뿐이다. 이런 비참에 대해 큰 슬픔과 고통 외에 아무것도 느낄 수 없다. 그러나 하늘의 아버지는 이것을 돕기 위해서 우리 주 예수 그리스도를 명상할 수 있는 거울처럼 우리에게 성만찬을 준다. 그는 우리의 잘못과 죄를 없애기 위해서 십자가에 달렸고, 우리를 부패와 죽음에서 구원하기 위해서 부활했으며, 우리를 천상의 불멸로 회복시킬 것이다. 우리가 성찬에서 받는 유일한 위로는 이것이니, 곧 우리를 예수 그리스도의 십자가와 부활로 이끌고 인도하여서 우리 안에 어떤 불의가 있든지, 주는 우리를 의롭다고 인정하고 받아들이기를 중단하지 않는 것이다. 우리 안에 어떤 죽음의 요소가 있을지라도 주는 우리를 살리기를 중지하지 않는다. 우리가 어떤 불행을 가질지라도 주는 우리를 모든 행복으로 채워 주기를 중지하지 않는다.
　그러나 그것이 무엇인지 보다 쉽게 설명하자면 우리가 모든 일에서 부족하고 우리의 구원에 도움이 될 것을 조금이라도 맛볼 수 있기 위해서, 우리가 예수 그리스도의 고난과 죽음에 동참하게 함으로써 우리에게 유익하고 도움이 되는 모든 것을 가진다고 우리에게 증언한다. 어쨌든 주님은 거기서 우리로 하여금 주 예수 그리스도의 모든 선의와 부의 동반자로 만듦으로써 우리에게 그의 영적 은총의 보화를 베푼다고 말할 수 있다. 주는 성만찬이 우리가 우리를 저주로부터 구원하기 위해 십자가에 달리고 우리에게 의와 영원한 생명을 얻어 주기 위해서 부활한 예수 그리스도를 명상할 수 있는 거울처럼 우리에게 주어졌음을 우리에게 상기시킨다. 이 같은 은총이 복음을 통해 우리에게 제공된 것은 사실이다. 그러나 성찬에서 우리는 보다 큰 확신과 충만한 기쁨을 가지기 위해 거기서 우리에게 이런 열매가 온다는 것을 아는 것이 마땅하다.

그러나 먼저 예수 그리스도의 선행이 우리의 것이 되지 않고서는 우리에게 속할 수 없기 때문에 우선 그것이 성찬에서 우리에게 주어져서 우리가 말한 것들이 진실로 우리 안에서 성취되어야 할 필요가 있다. 이런 이유 때문에 성찬의 요소와 본질은 주 예수라고 말하곤 한다. 그 효과는 우리가 그 수단을 통해 갖는 은총과 축복이다. 그러나 성찬의 효과는 우리가 그의 죽음을 통해서 하나님과 화해를 이루는 것과 그의 피를 쏟음에서 우리 영혼이 얻는 씻음과 그의 순종에서 얻는 의, 간단히 말해서 그가 우리를 위해 행한 모든 일에서 우리가 얻는 구원의 희망을 확증해 주는 것이다. 그러나 본질은 요소와 연결되어야 한다. 그렇지 않다면 어떤 확실한 것도 없을 것이다. 여기서 우리는 두 가지가 성찬에서 우리에게 제시되어 있다고 결론을 내려야 한다. 즉 모든 선의 근원과 질료로서의 예수 그리스도, 그리고 그의 죽음과 고난의 열매와 효과이다. 거기서 우리에게 말해지는 말씀도 역시 중요하다. 왜냐하면 우리에게 그의 몸을 먹고 그의 피를 마시라고 명령함으로써 그의 몸은 우리를 위해 주어졌고 그의 피는 우리의 죄의 사면을 위해 흘려졌기 때문이다. 여기서 그는 우선 우리가 생각 없이 단순히 그의 몸과 피와 교제해서는 안 되며, 그의 죽음과 고난으로 우리에게 오는 열매를 받기 위해서 교제해야 함을 지시한다. 다른 한편으로 우리를 위해 만들어진 그의 살과 피에 우리가 참여함으로써만 이런 열매를 누릴 수 있다는 것을 지시한다.

이제 우리는 옛날에, 그리고 현재에도 논란이 되는 이 문제에 들어가기 시작한다. 빵이 그리스도의 몸이라 불리며 포도주가 그의 피라고 불리는 말은 어떻게 이해해야 하는가? 내가 근래에 제시한 원리를 유지한다면 이 문제는 큰 어려움 없이 해결될 수 있다. 예수 그리스도가 성만찬에서 모든 것의 본질과 기초로서 우리에게 주어지지 않는 한, 우리가 성만찬에서 찾아야 하는 모든 유익은 폐기되었다. 이것이 해결될 때 예수 그리스도의 참된 친교가 성만찬에서 우리에게 제공되었음을 부정하는 것은 이 거룩한 성례전을 하찮고 무익한 것으로 만드는 것이며, 이것은 들을 가치도 없는 가증스러운 신성 모독임을 우리는 의심 없이 고백할 것이다. 우선 우리가 예수 그리스도와 친교하는 이유가 그가 죽음을 통해서 획득한 모든 은총에 참여하기 위함이라면 우리는 그의 영에 참여할 뿐만 아니라, 또한 그의 인간성에 참여해야 한다. 그리스도는 우리의 빚을 보속하기 위해서 인간성 안에서 아버지 하나님에게 복종했다. 정확하게 말하자면 한 사건은 다른 사건 없이 행해질 수 없다. 그가 자신을 우리에게 주었을 때 이것은 우리가 그를 온전히 소유하기 위함이기 때문이다. 이 이유 때문에 그의 영이 우리의 생명이라고 말한 것처럼 그 자신이 그의 입으로 자기 몸은 진실로 양식이며 자기 피는 진실로 음료라고 선언한다. 이 말씀이 헛되이 말해진 것이 아니라면 그리스도 안에서 우리의 생명을 가지기 위해서는 우리의 영혼은 마치 양식처럼 그의 몸과 피로써 배불러야 한다. 성만찬에서 우리가 빵을 취하여 먹으며 이것은 그의 몸이라고 말하고 우리가 잔을 마시며 이것이 그의 피라고 말할 때 이것이 우리에게 문자적으로 증언되었다. 몸과 피에 관해서 문자적으로 말해진 것은 우리가 거기서 우리의 영적 생명의 본질을 찾는 것을 배우기 위함이다. 그럼에도 불구하고 지금 만일 빵이 그리스도의 몸이며 포도주가 그의 피인지 알기를 원한다면 빵과 포도주는 몸과 피를 대신하는 가시적인 표지이며 그러나 몸과 피의 이름이 그것에 부가되어진 것은 이것들을 통해서 주 예수가 우리에게 몸과 피를 분배한 도구와 같기 때문이라고 우리는 대답할 것이다. 이렇게 말하는 형식과 방식의 이유는 매우 적절하다. 즉 이 일은 우리의 눈뿐 아니라, 우리의 자연적 감각에도 불가해한 일이기 때문에, 우리가 예수 그리스도의 몸에서 가지는 친교는 여기서 가시적으로 드러나기 때문이다. 유사한 사물에서 하나의 적합한 예를 발견하는 것처럼, 우리 주는 그리스도의 세례에서 그의 영을 나타나게 하기를 원함으로써 비둘기 형상으로 나타내었다. 세례 요한은 이 역사를 말하면서 성령이 내려오는 것을 보았다고 말한다. 우리가 보다 자세히 묻는다면 성령은 그 본질상 보일 수 없으므로 그는 다만 비둘기를 보았다는 것을 발견할 것이다. 어쨌든 이 환상이 헛된 형상이 아니라 성령의 임재의 확실한 표지라는 것을 알기 때문에 그가 성령을 보았다고 그는 말하기를 주저하지 않았다. 성령은 그의 능력에 맞추어서 그에게 표출되었기 때문이다. 우리가 주 예수의 몸과 피에서 가지는 친교도 마찬가지다. 이것은 눈으로 볼 수 없고 인간의 이성으로 파악할 수 없는 영적 신비다. 그러나 우리의 약함이 요구하는 대로 그것은 가시적 표시에 의해서 우리에게 나타내 어졌으니, 그럼에도 불구하고 이것은 단순히 공허한 상징이 아니라 그것의 진리, 본질 과 결합되어 있다. 빵이 몸으로 불리는 것은 정당하니, 그것은 몸을 나타낼 뿐 아니 라 그것을 제시하기 때문이다. 그럼에도 불구하고 빵은 몸의 상징이고 비유인 한, 예 수 그리스도의 몸이 빵에 이전되었음을 우리는 인정할 것이다. 그러나 주의 성례전 은 결코 그것의 진리, 본질과 분리될 수 없고 분리되어서도 안 된다는 것을 우리는 또 한 덧붙여 말한다. 이것들을 혼동하지 않기 위해서 구별하는 것은 합리적이며 전적 으로 필요하다. 다른 것 없이 한 가지를 세우기 위해서 양자를 분리하는 것은 불합리 하다. 그럼에도 불구하고 우리가 가시적 표지를 볼 때 그것이 무엇을 나타내며 누구 에 의해서 우리에게 주어졌는지를 보아야 한다. 빵은 우리에게 먹으라는 명령과 함께 예수 그리스도의 몸을 상징하기 위해서 우리에게 주어졌으니, 불변하는 참 진리인 하 나님에 의해 주어졌다. 하나님이 속이거나 거짓말할 수 없다면 그가 통고한 모든 것 을 완수할 것이다. 우리는 성만찬에서 예수 그리스도의 몸과 피를 받아야 한다. 주는 거기서 우리에게 양자의 친교를 표현하기 때문이다. 그렇지 않다면 그가 우리에게 다 만 빵과 포도주만을 주고 영적 신비를 제쳐 둔다면 그의 살이 우리에게 양식이고 그 의 피가 음료가 됨의 표적으로 우리가 빵을 먹고 포도주를 마신다고 말하는 것이 무 엇이겠는가? 이것은 그가 거짓 표적으로 이 신비를 정한 것이 되지 않겠는가? 그러나 하나님이 성만찬에서 우리에게 지시한 것이 참되다면 성례전의 내적 본질은 가시적 표적과 연결되어 있다고 고백해야 한다. 또한 빵이 우리에게 손으로 분배되는 것처럼 우리는 그리스도의 몸에 참여하기 위해서 그 몸과 친교한다. 다른 일이 없을 때, 예수 그리스도가 성만찬에서 그의 몸과 피의 본질을 우리에게 준다고 들을 때, 우리가 그 것을 온전히 소유하기 위해서, 우리는 만족해야 하고, 그것을 소유함으로써 그의 모 든 선함에 참여하게 된다. 그리고 여기서 우리는 그에 대해 가져야 하는 믿음을 위해 서 우리 양심을 확고하게 하기 위한 좋은 도움을 받는다.

성만찬이 우리에게 가져오는 두 번째 열매는 주 예수에게 합당한 찬양 고백을 드리기 위해서 우리가 그로부터 나날이 받았고 받는 은총을 보다 잘 알도록 우리를 훈계하고 독려하는 것이다. 왜냐하면 우리 자신은 너무나 부주의해서 주가 우리의 나태함을 일깨우고 우리로 하여금 우리의 의무를 행하도록 독려하지 않는다면 우리 하나님의 선함을 명상하는 것은 기적이기 때문이다. 그러나 그가 우리로 하여금 그처럼 형용할 수 없는 호의를(곧 그 자신의 본성으로 우리를 먹이는 일) 말하자면 눈으로 보고 손으로 만지고 분명히 느끼게 할 때보다 더 생생하게 우리를 괴롭히는* 가시를 가질 수 없을 것이다. 이것이 그가 올 때까지 우리가 그의 죽음을 선포하라고 명령함으로써 그가 지시하기** 원하는 것이다. 하나님이 우리에게 행한 은총을 결코 망각하지 않고 오히려 그것을 부지런히 기억하고 우리가 서로 신앙을 세우기 위해서 다른 사람들에게 그것을 높이는 것이 구원에 필요한 일이라면 우리는 여기에서 성만찬의 또 다른 각별한 유익을 본다. 즉 성만찬이 우리를 배은 망덕에서 구원하며 주 예수가 우리를 위해 죽음으로써 우리에게 행한 은총을 망각하지 않고 오히려 우리로 하여금 그에게 감사하게 하며 공공연한 고백을 통해서처럼 우리가 얼마나 그와 가까운가를 선언하게 한다.

세 번째 유익은 우리가 거룩하게 살며 무엇보다 우리들 사이에 형제적인 애정과 조화를 유지하도록 권면함을 받는 데 있다. 거기에 우리가 우리의 머리처럼 그와 한 몸이 되고 연합함으로써 예수 그리스도의 일원이 되기 때문에 이것이 일차적으로 우리가 그의 순수함과 무죄성에 순응해야 하고 또 특별히 한 몸의 지체들이 가져야 할 사랑과 조화를 함께 가져야 하는 이유다. 그럼에도 불구하고 이 유익을 올바로 이해하기 위해서 우리 주가 우리만을 외적인 표지로써 훈계하고 우리의 마음을 촉구하고 불태운다고 생각해서는 안 된다. 주요 원리는 그가 이 일을 위해 도구로 지정한 그의 명령에 효력을 부여하기 위해서 성령을 통해서 우리 안에 거주한다는 것이다. 이 도구를 통해서 그는 우리 안에서 그의 일을 행하기 원한다. 그러므로 성령의 능력이 성례전과 결합되고 사람들이 그것을 합당하게 받음으로써 우리는 삶의 거룩함과 특별

---

* 초판의 'prendre'은 수정판에서는 'poindre'로 수정되었으므로 이 표현을 따랐다.

** 수정판에 'signifier'가 첨가되었다.

히 사랑에 있어서 전진하고 성장하기 위해서 좋은 보조 수단을 바라야 한다.

이제 이 글 서두에서 우리가 제안한 세 번째 주요점, 즉 주의 제도를 경건하게 준수하는 합법적인 용법으로 가 보자. 경멸감 혹은 무관심으로 이 거룩한 예전에 접근하는 자는 누구나 주님이 부른 곳으로 따르려 하지 않음으로써 그것을 왜곡하여 사용하는 것이고 오염시키는 것이다. 그러나 하나님이 이처럼 성화한 것을 오염시키고 더럽히는 것은 참을 수 없는 신성 모독이다. 성 바울이 이것을 합당하지 않게 받는 자들에 대해 엄한 저주를 선언한 것은 이유가 없지 않다. 하늘에, 땅에 주님의 몸과 피보다 더 값지고 존귀한 것이 없다면 준비 없이 경솔하게 이것을 취하는 것은 사소한 잘못이 아니다. 바울은 우리에게 이것을 합당하게 사용하기 위해서 우리 자신을 잘 살피도록 훈계한다. 우리가 이 시험이 어떠해야 하는가를 이해한다면 우리가 추구하는 이 용법이 어떠한가를 알게 된다.

그러나 우리는 여기서 조심해야 한다. 주가 명령한 대로 우리를 시험하기 위해서 아무리 노력해도 부족하기 때문이며, 다른 한편으로 궤변적인 박사들은 끝이 없는 시험을 요구함으로써 불쌍한 양심을 너무나 위험스러운 혼란에 빠지게 했으며 혹은 차라리 무서운 게헨나에 떨어지게 하였다. 이 모든 괴로움에서 벗어나기 위해서 내가 이미 말한 대로 모든 것을 규범으로서 주의 명령으로 환원시켜야 한다. 주의 명령은 우리가 그것을 따를 때 우리로 하여금 실패하게 하지 않는다. 우리는 그것을 따르면서 우리 자신에 대한 진실한 회개가 있는지, 우리 주 예수 그리스도에 대한 참된 신앙이 있는지를 검토해야 한다. 이 두 가지 일은 서로 다른 것 없이는 존립할 수 없을 정도로 연결되어 있다. 만일 우리가 우리의 삶이 그리스도를 향해 놓여 있다고 판단한다면 우리 스스로는 죽었다고 인식해야 한다. 우리가 그리스도 안에서 우리의 힘을 찾는다면 우리 스스로 쇠약한 것으로 이해해야 한다. 우리의 모든 행복이 그의 은총 안에 있다고 판단한다면 이 은총 없이 우리의 곤궁이 무엇인가를 이해할 필요가 있다. 우리가 그 안에서 안식을 가진다면 우리 스스로는 고통과 불안 외에는 아무것도 느낄 수 없다. 그러나 이런 감정은 먼저 우리 모든 삶에 대한 불만을 낳을 수밖에 없다. 다음으로는 걱정과 근심, 마지막으로 정의에 대한 욕망과 사랑을 낳는다. 자기 죄의 부끄러움과 자기 상태와 조건의 불행을 아는 자는 하나님으로부터 소외되어 있는 동안 이런 수치심 속에서 자신에 대해 불만을 가지고 자신을 저주하고 큰 슬픔으로 탄식하고 한숨을 쉬어야 한다. 하나님의 심판은 곧 나타나며 피할 길이 없고 자신의 방어를 위해 변명할 말이 없다는 것을 알 때 놀라운 불안으로 죄 많은 양심을 압박한다. 우리 자신의 비참에 대한 이런 지식을 가짐으로써 하나님의 선함을 맛볼 수 있다. 이때 우리는 우리 사람을 그의 의지에 따라서 규제하기를 바라고 그 안에서 새로운 피조물이 되기 위해서 이전의 삶 전체를 포기하기를 바란다. 우리가 마땅히 주의 거룩한 만찬에 참여하기 원한다면 마음의 확신을 가지고 주님을 우리의 유일한 의, 삶, 구원으로 붙잡으며 그에 의해서 우리에게 주어진 약속을 확실한 것으로 받아들여야 한다. 다른 한편으로는 우리 자신과 모든 피조물을 믿지 않으면서 전적으로 그 안에서 안식하고 그의 유일한 은총으로 만족하기 위해서 모든 정반대의 신념을 포기한다. 그러나 그가 우리를 원조해야 하는 필요성을 우리가 인식할 수 없기 때문에 우리의 비참에 대한 참된 감정으로 마음 구석에서 생생하게 감동받아야 한다. 이 감정은 우리로 하여금 주님에 굶주리고 목마르게 할 것이다. 사실 식욕 없이 음식을 찾는 것이 얼마나 웃음거리인가? 그러나 좋은 식욕을 가지기 위해서 위(胃)가 비는 것으로 충분하지 않다. 위의 상태가 좋고 양식을 소화할 수 있어야 한다. 그러므로 주의 만찬에서 양식을 발견하기 위해서 우리 영혼은 굶주림으로 시달려야 하고 배부르고자 하는 열렬한 욕망을 가져야 한다. 우선 하나님의 정의를 열망함이 없이 예수 그리스도를 바랄 수 없다는 것을 주목해야 한다. 하나님의 의는 우리 자신을 부인하고 그의 뜻을 순종함으로 이루어진다. 우리가 모든 쾌락에 탐닉하고 방종한 삶을 살면서 그리스도의 몸에 속한다고 자칭하는 것은 옳지 않다. 그리스도 안에는 오직 정절, 인자, 절제, 진리, 겸손과 모든 덕만이 있기 때문에 우리가 그의 지체가 되기를 원한다면 모든 음탕, 오만, 방종, 거짓, 거만과 유사한 악덕은 우리로부터 멀어야 한다. 우리는 그리스도에게 커다란 수치와 오명을 안겨 주지 않고서는 그와 이런 일을 뒤섞을 수 없기 때문이다. 밝음과 암흑 사이에 일치가 없듯이 그리스도와 불의 사이에는 더 이상 일치가 없다는 것을 우리는 언제나 기억해야 한다. 우리의 삶이 예수 그리스도의 모범에 합치되도록 하기 위해서 우리는 참된 회개로 그에게 가야 한다. 어쨌든 회개가 우리 온 삶의 부분에서 보편적이어야 할지라도 특별히 사랑 안에서 일어나려면 무엇보다 이 성례전에서 사랑이 우리에게 추천되었기 때문에 이것은 사랑의 줄이라고 불린다. 우리 모두가 공동으로 사용하기 위해 여기서 성화된 빵이 함께 혼합되어서 아무도 구별할 수 없을 정도로 많은 낱알들로 이루어진 것처럼 우리는 우리 사이에 해체될 수 없는 사랑으로 연합되었기 때문이다. 더구나 우리 모두는 여기서 그리스도의 같은 몸을 받아서 그것의 지체들이 된다. 우리가 서로 분열과 불화를 가진다면 우리 때문에 예수 그리스도는 갈라질 것이다. 우리는 그렇게 행한 것과 같은 신성 모독의 책임을 져야 할 것이다. 그러나 우리는 살아 있는 인간에게, 특히 교회의 일치 안에 있는 어떤 그리스도인에게 미움과 원한을 지닌다면 우리는 그에게 결코 나아가려고 생각해서는 안 된다. 우리는 주의 명령을 잘 완수하기 위해서 다른 감정을 지녀야 한다. 즉 우리가 주님께 얼마나 빚지고 있는가를 입으로 고백하고 증언해야 한다. 또한 그의 이름이 우리 가운데 영화롭게 되기 위해서 뿐 아니라 또한 다른 사람의 믿음을 세우기 위해서, 그들에게 우리의 모범을 통해서 그들이 행해야 할 바를 가르치기 위해서 그에게 감사해야 한다.

그러나 땅 위에는 믿음과 거룩한 삶에 있어서 약함이 없을 정도로 그렇게 전진하는 인간이 없기 때문에 우리가 정한 믿음과 회개의 규정들을 완화함으로써 앞으로 나가지 않는다면 많은 선한 양심들이 이미 말한 것으로 고통받을 위험이 있을 것이다. 그러므로 마음의 완전한 확신과 완전한 회개를 요구하고 그것을 가지지 않은 자들을 배제하는 것은 위험한 교육 방식이다. 이것을 행한다면 한 사람의 예외도 없이 모든 사람이 배제되기 때문이다. 어떤 불신으로 더럽혀지지 않았다고, 어떤 악덕이나 약함에 굴복하지 않았다고 자랑할 수 있는 사람이 누구인가? 확실히 하나님의 자녀들은 주님이 그들의 불신을 도와주도록 언제나 기도할 필요가 있다는 것을 알고 있다. 이것은 우리가 거기서 완전히 치유되거나 우리 몸의 감옥에서 구원받을 수 없을 정도로 우리의 본성에 뿌리를 내린 질병이다. 우선 그들은 죄의 용서와 보다 전진하기 위한 은총을 구하기 위해서 순수한 삶에서 행해야 하고 날마다 기도해야 한다. 어떤 자들은 보다 불완전하고 어떤 자들은 덜 불완전할지라도 어쨌든 많은 면에서 부족하지 않은 자가 없다. 이렇게 우리가 여기서 완전한 믿음 혹은 완전한 삶을 보여야 한다면 성만찬은 우리 모두에게 무익할 뿐 아니라 해로울 것이다. 이것은 우리 주님의 의도에 어긋난다. 주님은 그의 교회에 이것보다 유익한 것을 주지 않았기 때문이다. 그러나 우리가 자신에게서 불완전한 믿음을 느낄 때, 또한 우리 자신의 많은 악덕을 고발할 정도로 우리가 깨끗한 양심을 갖지 못할 때, 이 연약함 가운데서 우리가 마음속에 위선과 거짓 없이 예수 그리스도의 구원을 바라며 복음의 규칙에 따라서 살기를 바란다면, 이것은 우리가 주님의 식탁에 나서는 것을 막을 수 없다. 나는 결코 위선이 있어서는 안 된다고 분명히 말했다. 왜냐하면 여전히 자신의 악덕을 유지함에도 불구하고 혹은 일시적으로 피하지만 결국 그것으로 되돌아감에도 불구하고 그것을 저주하는 것으로 족하다는 것을 자신에게 믿게 만듦으로써 헛된 아첨으로 자신을 기만하는 많은 자들이 있기 때문이다. 그러나 참 회개는 확고하고 항구적이다. 참 회개는 하루나 한 주 동안이 아니라 지속적으로 끊임없이 우리로 하여금 우리 자신 속에 있는 악에 대항하여 싸우게 만든다.

우리가 하나님에 대한 두려움에서 출발해서 자신 안에서 모든 악에 대한 불만과 증오를 느끼고 우리 주님을 기쁘게 하기 위해서 살려는 욕망을 느낄 때, 우리가 우리 자신의 육신에 지닌 약함의 흔적에도 불구하고 우리는 성만찬에 참여할 수 있다. 우리가 의심에 굴복하여 연약하고 불완전한 삶을 살지 않는다면 성례전은 우리에게 아무 도움이 되지 못하고 그것을 정한 것은 불필요한 일이 될 것이다. 그러나 성례전은 하나님이 우리의 약함을 돕기 위해서, 우리의 신앙을 공고히 하기 위해서, 우리의 사랑을 증대하기 위해서 우리에게 준 치유책이므로 우리는 병이 우리를 압박함을 느낄수록, 이것으로 인해 우리가 무력해지기는커녕, 더욱더 모든 삶의 거룩함에서 전진해야 한다. 우리가 성만찬에 가는 것을 면하기 위해서 여전히 신앙이 약하고 삶이 온전하지 않다고 변명한다면 이것은 마치 자신이 아프기 때문에 약을 취하지 않으려고 변명하는 것과 같다. 그러나 우리 마음속에 느끼는 신앙의 약함과 우리 삶의 불완전함으로 인해 우리는 이것들을 치유할 수 있는 유일한 치유제로서 성찬에 와야 한다. 단 우리는 믿음과 회개 없이 성찬에 와서는 안 된다. 믿음은 마음 밑에 감추어져 있다. 그러나 우리의 양심은 하나님 앞에서 우리 자신의 믿음을 증언한다. 회개는 행위에 의해서 드러난다. 이것이 우리 삶에서 나타나야 한다.

성찬을 사용하는 때에 관해서는 어떤 일정한 때로 한정할 수 없다. 인간이 성찬에 불참할 수밖에 없도록 만드는 특별한 장애들이 어느 정도 있기 때문이다. 무엇보다 우리는 그리스도인들이 매일 성찬을 사용하도록 강제하는 명백한 명령을 가지고 있지 않다. 어쨌든 주님이 우리를 인도하는 목적을 잘 유의한다면 성찬의 사용은 지금보다 빈번해야 한다는 것을 알게 된다. 우리가 연약함으로 압박을 받을수록 우리는 믿음을 공고히 하고 삶의 순결함을 위해 도움을 줄 수 있고 주어야 하는 일에 있어서 더욱 자주 훈련해야 할 필요가 있기 때문이다. 그러므로 백성의 능력이 감당할 수 있는 한 성찬을 자주 거행하는 관습이 모든 질서 잡힌 교회에 있어야 한다. 그리고 성찬이 집회에서 거행될 때마다, 불참할 수밖에 없는 큰 장애가 있지 않는 한, 각 개인은 자기 자리에서 성찬을 받을 준비를 갖추어야 한다. 시간과 때를 규정한 분명한 명령을 가지고 있지 않을지라도 우리 주님의 의도가 이렇다는 것을 아는 것으로 충분하다. 그러므로 우리는 성찬을 자주 사용해야 하며 그렇지 않을 경우 거기서 오는 유익을 잘 알지 못할 것이다. 이와 반대로 주장하는 변명들은 너무 하찮은 것들이다. 어떤 자들은 자신들이 합당하지 않다고 말하며 이런 핑계 아래 일년 내내 참여하지 않는다. 또 어떤 자들은 자신들의 합당성에 주목하는 것으로 만족하지 않고 아무 준비도 없이 성찬에 오는 많은 사람들과 교제할 수 없다고 주장한다. 또한 어떤 자들은 성만찬을 자주 사용하는 것은 불필요하다고 생각한다. 왜냐하면 우리가 일단 예수 그리스도를 받아들였다면 그를 받기 위해서 그렇게 자주 돌아올 필요가 없기 때문이라는 것이다. 나는 자신들의 불합당성을 가지고 핑계하는 첫 번째 부류의 사람에게 그들의 양심이 하나님의 이름을 올바로 부를 수 없을 정도로 일년 이상 그처럼 빈곤한 상태에 머물 수 있는지 묻는다. 우리가 예수 그리스도의 지체가 아니라면 하나님을 우리의 아버지로 부르는 것은 경솔하다고 그들은 나에게 고백하기 때문이다. 성만찬의 본질과 진리는 우리에게서 완성될 수는 없다. 그러나 우리가 진리를 가지고 있다면 보다 강력한 이유에 의해서 표적을 받을 수 있다. 부적합하기 때문에 성찬을 받는 것에서 면제되기를 원하는 자는 하나님께 기도하기를 중단하는 것이다. 그 밖에 어떤 가책으로 고통당하는 양심으로 하여금 어찌할 바를 알지 못한 채 먹도록 강요할 의도는 없다. 오히려 주님이 그들을 구원하기를 기다릴 것을 조언한다. 비슷하게 꺼리길 만한 이유가 있다면 연기할 수 있다는 것을 부정하지 않는다. 다만 자신의 부적합성을 이유로 성만찬에 오랫동안 불참하는 것에 동의해서는 안 된다는 것을 말하고자 한다. 이렇게 함으로써 그는 우리의 모든 행복이 달려 있는 교회의 친교를 스스로 빼앗는 것이다. 오히려 그는 큰 행복과 모든 은총에서부터 박탈되고 배제되지 않기 위해서 악마가 그 앞에 놓은 장애물들에 맞서 싸우려고 노력할 것이다. 두 번째 부류는 약간 그럴 듯한 논거를 취한다. 즉 스스로 형제라 칭하며 방종하고 사악한 삶을 사는 자들과 함께 빵을 먹을 수 없다면, 우리는 그리스도의 몸을 우리에게 제시하고 분배하기 위해서 성화된 주님의 빵을 그들과 함께 나누지 않도록 유의해야 한다는 것이다. 그러나 답변은 그리 어렵지 않다. 즉 자신에게 좋게 보이는 자를 인정하거나 배척하기 위해 판단하고 분간하는 것은 각 사람의 직무가 아니다. 이 특권은 모든 교회 일반 혹은 목사 및 교회의 관리에 있어 목사를 돕기 위해 세운 장로들에게 속하기 때문이다. 성 바울은 다른 사람을 시험하라고 명령하지 않고 각자가 자신을 살필 것을 명령하기 때문이다. 우리의 의무는 무질서하게 사는 것으로 보이는 자들에게 훈계해야 하고, 그들이 듣지 않으려 한다면, 목사가 교회의 권위로 법적 절차를 밟도록 목사에게 알리는 것이다. 그러나 우리는 교회의 친교를 떠남으로써 사악한 자들의 모임에서 물러나서는 안 된다. 출교에 이를 정도로 그렇게 악명 높은 범죄는 빈번히 일어나지 않는다. 목사가 그의 마음에 어떤 인간이 부적합하다고 판단할지라도 교회적 판단에 의해 그를 설득함이 없이 그가 그렇다고 선언하고 그에게 성찬을 금지할 권한은 없기 때문이다. 이런 경우, 우리는 가라지가 알곡으로부터 완전히 분리되는 최후의 날을 기다리면서 하나님에게 그의 교회를 점차로 모든 스캔들에서 구원하도록 기도하는 것 외에 다른 치유책이 없다. 세 번째 부류는 전혀 진실한 모습을 가지고 있지 않다. 이 영적 빵은 첫 술에 배부르도록 우리에게 주어지지는 않기 때문이다. 오히려 그것이 우리에게 제공될 때 그의 달콤함을 약간 맛봄으로써 그것을 탐내고 사용하도록 하기 위함이다. 이것은 우리가 앞에서 설명한 것으로서, 우리가 이 사멸적 삶에 처해 있는 동안 우리 영혼이 첫 술에 완전히 배 부르는 방식으로 예수 그리스도가 우리에게 주어진 것이 아니라 우리에게 지속적인 양식이 되기를 원한다.

네 번째 점으로 가서, 악마는 우리 주님이 그의 교회에 이 거룩한 예전보다 더 유익한 것을 남겨 두지 않았음을 알기 때문에 그의 관습적 방식에 따라서 처음부터 교회를 오류와 미신으로 오염시켜서 그 열매를 부패시키고 파괴하려고 노력했고, 또한 주의 질서를 거의 전복시키고 거짓과 공허함으로 바꿀 때까지 그의 시도를 중단하지 않았다. 내 의도는 각각의 오용이 언제 시작되었고 언제 증가했는지를 보여 주는 것이 아니다. 우리가 주님의 만찬을 온전히 가지려면 우리가 주의해야 할 어떤 오류를 악마가 도입했는지를 조목조목 지시하는 것으로 충분하다.

우선 우리가 그의 몸과 교제함으로써 주님이 그의 아버지 하나님께 십자가에서 우리 죄의 속죄와 보속을 위해 바친 희생에 참여한다는 것을 증언하기 위해서 우리 사이에 분배되도록 주님이 우리에게 만찬을 주었음에도 불구하고, 거꾸로 인간들은 이것이 우리가 우리의 죄를 하나님 앞에서 용서받기 위한 제사라고 그들 머리로 고안해 냈다. 이것은 결코 용납될 수 없는 신성 모독이다. 주 예수의 죽음이 하나님의 심판을 받아야 할 모든 잘못을 그가 씻음으로써 우리를 아버지와 화해시킨 유일한 희생임을 우리가 알지 못한다면, 우리는 이 희생의 능력을 파괴하는 것이기 때문이다. 예수 그리스도는 우리가 공통으로 사제라고 부르는 유일한 제사장이며 그의 중재에 의해서 우리가 아버지로부터 은총을 받는다고 고백하지 않는다면, 우리는 그의 명예를 박탈하는 것이고 그에게 큰 불의를 가하는 것이다. 그러나 성만찬이 죄의 용서를 획득하기 위한 제사라고 주장하는 견해는 성만찬에 위배되기 때문에 이 견해는 악마적인 것으로 정죄해야 한다. 이 견해가 성만찬에 위배된다는 것은 너무나 악명 높은 사실이다. 예수 그리스도가 죽음을 통해서 그의 아버지께 제물을 바침으로써 단번에 우리 죄의 사죄와 은총을 획득하였다는 사실과 또한 이 죽음에서만 찾아야 하는 은총을 얻기 위해 매일 제사를 드려야 한다는 사실을 그들이 어떻게 동시에 인정하는가? 이 오류는 처음부터 그렇게 극단적이지는 않았으나 조금씩 커져서 이 지경에 이르게 되었다. 고대 교부들이 성만찬을 제사라고 부른 것은 분명하다. 그러나 그들은 예수 그리스도의 죽음이 여기서 대표되기 때문이라고 그 이유를 설명했다. 이렇게 말한 것은 이것이 유일한 희생의(그 앞에서 우리는 완전히 정지해야 하는데) 기념이기 때문에 이 이름이 여기에 부여되었던 데서 기인한다. 나는 고대 교회의 관습을 잘 변명할 수는 없지만, 이것이 짐승 대신 빵을 제물로 사용하는 것을 제외하고 구약성서에서 있었던 것과 같은 의식처럼 몸짓과 행위에 의해서 일종의 제사를 표현하는 이유다. 이것은 너무나 유대교에 근접하고 주님의 제정에 부합하지 않기 때문에 나는 이것을 인정하지 못한다. 구약성서에서 상징의 시대에 이 희생이 '육신에서'* (육신에서 희생이 완성되었으니) 이루어질 것을 기다리면서 주님은 이런 의식을 명령했기 때문이다. 이 희생이 완전하였으

---

* 이 부분은 1542년판에서 다음과 같이 수정되었다. "사랑하는 그의 아들의 육신에서"

므로 우리는 그것의 교제를 받는 것 말고 할 것이 없다. 그러므로 이 희생이 표출하는 것은 불필요하게 되었다. 그러므로 예수 그리스도가 우리에게 남긴 명령은 우리가 제물을 봉헌하거나 바치라는 것이 아니라 희생되고 바쳐진 것을 취하여 먹으라는 것이다. 어쨌든 이런 제의에는 어떤 취약점이 있었을지라도 일찍이 이런 불경건은 없었다. 사람들은 그리스도의 죽음의 고유한 목적, 즉 우리의 빚을 위해 하나님에게 보속하는 일, 그리고 이 수단을 통해 우리를 하나님과 화해시키는 일을 전적으로 미사에 이전했기 때문이다. 우선 예수 그리스도의 직무, 즉 하나님께 희생을 드리고 희생함으로써 우리가 은총과 죄의 용서를 얻도록 중재하는 일이 사제라고 불리는 자들에게 전가되었다. 여기서 진리의 원수들이 주장하는 해답을 나는 은폐하려 하지 않는다. 이것은 미사가 새로운 희생이 아니라 다만 우리가 말한 유일한 희생의 적용이라는 것이다. 그들이 이렇게 말함으로써 그들의 가증스런 행위를 윤색하지만 이것은 순전한 말장난이다. 그리스도의 희생이 유일할 뿐 아니라 이것의 효력은 언제까지나 남아 있기 때문에 이것은 반복되어서는 안 된다고 말하기 때문이다. 다른 자들이 그리스도의 중재의 능력을 우리에게 적용하기 위해 후에 같은 봉헌을 행하도록 하기 위해서 그리스도가 자신을 한번 아버지께 드린 것이 아니다. 오히려 그가 천상의 성소에 들어가서 거기서 그의 중재를 통해 아버지가 우리에게 자비롭게 되도록 하기 위함이다. 그의 죽음의 능력을 우리에게 적용하는 것에 관해서는 이것이 교황파 교회에서 생각한 방식에 의해서가 아니라, 하나님이 자기 사절로 세운 목사의 선포를 통해 우리에게 증언함으로써 우리가 복음의 메시지를 받고 성례전을 통해 봉인될 때 그의 죽음의 열매를 느끼게 된다. 모든 백성의 의견은 그들의 모든 박사와 성직자들에 의해 승인되었다. 즉 미사를 듣거나 말하게 함으로써 이 헌신에 의해 하나님에게서 은총과 의를 얻는다. 성만찬의 유익을 느끼기 위해서 우리는 아무것도 가져갈 필요가 없고 우리가 찾는 것을 얻기 위해서 다만 여기서 우리에게 제시된 은총, 성만찬에 있지는 않고 예수 그리스도의 십자가에서 나온 것처럼, 십자가로 우리를 돌아가게 하는 은총을 믿음 안에서 받아야 한다. 그러나 성만찬을 제사로 만드는 것은 성만찬을 바로 이해하지 못하는 것이다. 이것은 우리로 하여금 그리스도의 죽음을(그 죽음의 능력은 영원히 지속되는데) 유일한 희생으로 인식하지 못하게 한다. 이것을 잘 이해한다면 주님이 제정한 것과는 아무런 접촉점이 없는 모든 미사는 다만 가증스러울 따름이다. 주님은 한 명의 사제가 제사를 행한 후에 별도로 간직하라고 명령한 것이 아니라 그가 사도들과 함께 행한 첫 번째 만찬의 모범에 따라서 집회에서 성례전이 분배되기를 원했기 때문이다. 그러나 사람들은 이 사악한 견해를 악덕의 온상처럼 날조한 후에 이 불행한 관습이 나왔으니, 즉 백성은 미사에서 이루어지는 공덕에 참여하기 위해서 거기에 참석하는 것으로 만족하고 사제가 그의 성체를 모든 사람을 위해, 특별히 참석자들을 위해 봉헌한다고 주장하기 때문에 성만찬을 포기한다. 나는 언급할 가치가 없을 정도로 중대한 악습들을 더 이상 말하고 싶지 않다. 즉 각각의 성인에게 미사를 돌린 것, 주의 만찬에 대해 말해진 것을 성 기욤(Guillaume)과 성 고티에(Gaultier)에게 이전한 것, 또한 미사를 사고팔기 위한 일반 시장으로 만든 것, 제사라는 말이 야기한 다른 악행들.

이 거룩한 신비를 부패시키기 위해서 악마가 뿌린 두 번째 오류는 축성의 의도를 가지고 말씀을 선언한 후에 빵은 그리스도의 몸으로, 포도주는 그의 피로 변한다는 화체설을 날조한 것이다. 이 기만은 우선 성서적 근거가 없으며 고대 교회의 증언이 없고 더구나 하나님의 말씀과 부합하지도 않는다. 예수 그리스도가 빵을 가리켜 자기 몸이라고 부를 때 빵의 본질이 없어지고 대신 그리스도의 몸이 도래한다고 말한 것은 지나치게 부자연스러운 해석이 아닌가? 그러나 이 부조리를 반박하기에는 진리가 너무나 명백하므로 사실을 의심할 필요는 없다. 나는 성서뿐 아니라 고대 교부들에게서 성례전이 빵이라고 불린 허다한 증언을 포기한다. 그러나 나는 다만 성례전의 본성은 물질적 빵이 몸의 가시적인 표적으로 남는 것을 필요로 한다는 것을 말한다. 우리가 거기서 보는 표적은 거기서 상징되는 영적 사물과 어떤 유사점을 가져야 하는 것이 모든 성례전에서 공통적 규칙이기 때문이다. 세례에서 물이 우리의 육신적 더러움을 씻는 증거로 주어졌을 때 우리가 영혼의 내적 정화에 대한 확신을 가지는 것처럼, 또한 성만찬에서 그리스도의 몸이 우리의 양식이 됨을 우리에게 증언하기 위해서 물질적 빵이 있어야 한다. 그렇지 않다면 흰 빵이 이것을 상징한다는 것은 무슨 의미가 되는가? 우리의 약함 때문에 주님이 우리에게 주기를 원한 모든 표적은 진실로 빵이 빵으로 남지 않는다면 소멸한다는 것을 분명히 본다. 주님이 우리에게 사용한 말은 이런 의미와 같기 때문이다. '인간이 빵을 먹음으로써 육신적으로 유지되는 것처럼, 내 몸은 영혼을 살리는 영적인 양식이다.' 성 바울이 사용한 다른 비유는 무엇인가? 즉 밀의 무수한 알갱이가 혼합되어 빵이 만들어지는 것처럼 우리가 모두 한 빵에 참여함으로써 하나로 연합해야 한다. 만일 본질 없이 흰 빵만이 있다면 이렇게 말하는 것은 조롱거리가 아닐까? 그러므로 이 화체설은 성만찬의 진리를 박탈하기 위해서 악마에 의해서 날조된 것이라고 우리는 의심 없이 결론 내린다.

　　이 환상으로부터 후에 여러 가지 다른 어리석은 일들이 발생했다. 어리석고 혐오스러운 일들밖에는 없기를! 사람들은(내가 알 수 없는) 공간적 임재를 상상했으며 여기서 파생하는 모든 부조리한 일들을 고려함이 없이 예수 그리스도는 그의 신성과 인간성으로 이 흰 빵에 결합되어 있다고 생각했기 때문이다. 소르본의 옛날 박사들은 몸과 피가 어떻게 표적과 결부되었는가를 보다 꼼꼼하게 논의했음에도 불구하고 어쨌든 예수 그리스도는 이 표적 아래 포함되어 있고 거기서 그를 찾아야 한다는 견해가 교황파 교회에서 높은 자와 낮은 자들에 의해 받아들여졌으며, 오늘날 잔인하게 불과 칼에 의해 유지되고 있다는 것을 부인할 수 없다. 그러나 이것을 견지하기 위해서는 그리스도의 몸은 크기가 없으며 혹은 그는 여러 장소에 존재할 수 있다고 고백해야 한다. 또한 이렇게 말함으로써 그리스도는 유령과 다를 바가 없다는 결론에 도달하게 된다. 그러나 그리스도의 몸이 표적 속에 포함되는 혹은 공간적으로 그것과 결부되는 이런 임재를 확립하려는 것은 몽상일 뿐 아니라 저주받을 오류이니, 그리스도의 영광에 위배되며 우리가 그의 인간적 본성에 대해 믿어야 할 것을 파괴한다. 성서는 도처에서 주 예수가 지상에서 우리의 인간성을 취한 것처럼 하늘에서 그의 본성을 변화시킴이 없이 사멸적 조건에서 인간성을 구제했다고 우리에게 가르치기 때문이다. 그러므로 우리는 이 인간성에 대해 말할 때 두 가지 것을 고려해야 한다. 즉 우리는 그의 본성의 진리를 제거할 수 없으며 또한 그의 영광스러운 조건에서 아무것도 훼손할 수 없다. 이것을 잘 준수하기 위해서 우리는 우리의 구원자를 찾기 위해서 언제나 우리의 생각을 높이 고양해야 한다. 우리가 이 세상의 썩을 요소들 아래로 낮추기 원한다면 우리는 성서가 그의 인간성에 대해 가르친 것을 파괴할 뿐 아니라 그의 승천의 영광을 무효화하는 것이다. 다른 많은 사람들이 이 문제를 충분히 다루었기 때문에 나는 이것을 다시 말하지 않으려 한다. 단 나는 예수 그리스도를 환상에 의해서 빵과 포도주 아래 포함시키는 일 혹은 이렇게 그것들과 결부시킴으로써 우리의 지성이 하늘을 바라봄이 없이 환상을 즐기는 것은 악마적인 몽상이라는 것을 지나치면서 언급하고자 한다. 또한 우리는 다른 곳에서 이것을 다시 다룰 것이다. 그러나 이 왜곡된 견해는 일단 받아들여진 후에는 많은 다른 미신들을 야기했다. 첫 번째로 순수한 우상 숭배에 지나지 않는 육적 경배가 있다. 성만찬의 빵 앞에 부복하고 예수 그리스도가 그것에 들어 있는 것처럼 거기서 그를 경배하는 것은 빵을 성례전 대신 우상으로 만드는 것이다. 우리는 경배하라는 명령이 아니라 취하여 먹으라는 명령을 가졌다. 그렇게 무모하게 이것을 시도해서는 안 된다. 더구나 성만찬을 거행하기 전에 백성에게 마음을 하늘을 향해 높이 들라고 엄숙히 권면하는 일은 고대 교회에서 언제나 준수되었다. 이것은 예수 그리스도를 잘 경배하기 위해서 가시적 표적에서 멈추어서는 안 된다는 것을 나타내기 위해서였다. 그러나 우리가 말했고 이후에 말할 진리와 표적의 임재와 결합이 잘 이해될 때 이 점에 대해서 더 오래 논쟁할 것은 없다. 일 년에 한 번 길에서 성체를 엄숙하게 운반하는 일 혹은 다른 날에는 성체를 위해 장막을 만드는 일, 마치 성체가 하나님인 것처럼 일 년 내내 이것을 장에 보관하여 백성을 즐겁게 하는 일 등 여러 미신적인 행위들이 같은 근원에서 나왔다. 이 모든 일은 하나님의 말씀 없이 날조되었을 뿐 아니라 성만찬의 제정에 직접 위배되기 때문에 모든 그리스도인에 의해서 배격되어야 한다.

교황파 교회에서 백성이 일 년 내내 성만찬에 참여하지 않는 이 재난이 어디서 유래했는지를 우리는 보여 주었다. 즉 사람들이 성만찬을 한 사람에 의해서 모든 사람의 이름으로 봉헌되는 제사로 간주하기 때문이다. 그러나 일 년에 한번 성찬을 이용하는 경우에도 이것은 비참하게 낭비되고 조각조각 찢기는 것 같다. 주님의 명령대로 백성에게 피의 성례전을 분배하는 대신 다른 절반으로 만족해야 한다고 믿도록 하기 때문이다. 불쌍한 신도들은 주님이 그들에게 행한 은총을 사악하게 날치기 당한다. 우리의 양식을 위하여 주님의 피에 참여하는 것이 작은 은덕이 아니라면 이것을 가질 권리가 있는 자들에게서 강탈하는 것은 너무나 지나치게 잔인하기 때문이다. 여기서 우리는 교황이 일단 주권을 장악한 후에 교회를 얼마나 뻔뻔하게, 파렴치하게 교회에 독재를 자행했는가를 알 수 있다. 우리 주님이 사도들에게 그의 몸으로 성화된 빵을 먹으라고 명령한 후, 잔에 이르렀을 때 단순히 마시라고 말하지 않고 모든 사람이 잔을 마시라고 분명히 덧붙였다. 우리가 이것보다 더 분명한 것을 원하는가? 그는 모두라는 말을 사용함이 없이 빵을 먹으라고 말한다. 그는 우리 모두가 잔을 마시라고 말한다. 그가 미리 악마의 이런 악행을 방지하고자 하지 않았다면 이런 차이는 어디서 왔는가? 그럼에도 불구하고 교황은 오만하게도 너희 모두가 마시라는 것은 아니라고 감히 말한다. 또한 자신이 하나님보다 더 지혜롭다는 것을 과시하기 위해서 사제적 품위를 높이기 위해서 사제는 백성보다 약간의 특권을 가지는 것은 당연하다고 주장한다. 마치 우리 주님이 한 인간이 다른 인간과 어떻게 구별되어야 하는가를 고려하지 않은 것처럼 말한다. 더구나 그는 잔이 모든 사람에게 공통으로 주어질 경우 일어날 수 있는 위험들을 근거로 내세운다. 즉 마치 우리 주님이 이것을 예견하지 못한 것처럼 사람들이 몇 방울 쏟을 수 있다는 것이다. 이것은 하나님이 지켜야 할 질서를 혼란하게 했고 백성을 위험에 빠지게 했다고 항의하는 것이 아닌가? 이런 변경에 큰 불편은 없다는 것을 과시하기 위해서, 주님이 헛되이 살과 피를 구별한 것처럼, 몸은 피와 분리될 수 없기 때문에 한 종류 아래 모든 것이 포함되어 있다고 주장한다. 만일 둘 중 한 가지를 불필요한 것으로 간과할 수 있다면 두 가지 요소를 구별해서 추천한 것은 어리석은 짓일 것이다. 그의 앞잡이들은 이 가증스러운 이론을 주장하는 것이 파렴치하다는 것을 알았을 때 이것을 달리 은폐하려고 하였다. 즉 예수 그리스도가 성만찬을 제정하였을 때 그가 성직 계급으로 세운 자기 사도들에게만 말했다는 것이다. 그러나 성 바울이 그가 주님으로부터 받은 것을 모든 그리스도인들에게 전한다고 말한 것에 대해서 그들은 어떻게 대답하려는가? 즉 각 사람은 이 빵을 먹고 이 잔을 마시라는 말에 어떻게 대답할 것인가? 실제로 우리 주님이 자기 사도들에게 사제들처럼 만찬을 주었다는 것을 누가 그들에게 계시했는가? 그가 그들에게 그의 모범대로 행하라고 명령할 때 말씀은 정반대를 지시한다. 그는 그의 교회에서 언제나 지켜지기를 바란 규칙을 그들에게 주었다. 이 규칙은 적그리스도가 권력을 쟁취하여 공공연히 하나님과 그의 진리에 대항하여 뿔을 세워 완전히 파괴하려 하기까지 오랫동안 지켜졌다. 우리는 하나님이 결합한 부분들을 분리함으로써 성례전을 나누고 찢어 놓는 것은 참을 수 없는 도착(倒錯) 행위라고 본다.

결론적으로 우리는 달리 고려될 수 있는 것을 한 항목 아래 포함시킨다. 즉 악마는 어떤 가르침 없이 성만찬을 거행하는 방식을 도입하였으니, 가르침을 전례적 능력으로 대치하였다. 이것은 한편으로는 부적절하고 무익하기도 하고 다른 한편으로는 위험하고, 거기서 많은 악이 유래한다. 교황파 교회에서 성만찬으로 여기는 미사는 잘 정의하자면 순전한 모방이며 광대 놀이다. 내가 모방이라고 부른 이유는 사리 분별 없이, 원숭이가 생각 없이, 분별없이 행하고자 하는 바를 하듯이, 주님의 만찬을 흉내 내려 하기 때문이다. 어쨌든 주님이 우리에게 추천한 주요 원리는 참 이해를 가지고 이 신비를 거행하라는 것이다. 그러므로 본질은 가르침에 있다. 가르침을 제외한다면 성찬은 차갑고 효력 없는 의식에 지나지 않는다. 이 사실은 성서에 의해서 지시될 뿐 아니라 교황의 법전에 의해 증언된다. 성 아우구스티누스는 세례의 물은 말씀이 없다면 썩을 물이 아니면 무엇이냐고 물었다. 또한 말씀은 선포되었기 때문이 아니라 이해되어야 한다고 말했다. 여기서 그는 말씀이 이해될 수 있게 선포될 때, 성례전들은 말씀으로부터 능력을 취한다는 것을 지시한다. 말씀이 없이는 성례전들은 성례전으로 칭해질 가치가 없다. 그러나 미사에는 이해할 만한 가르침이 있기는커녕, 오히려 모든 신비는 사람들이 이해할 수 없도록 은밀하게 행해지고 말해지지 않는 한 망쳐진다고 생각한다. 그러나 마술사처럼 중얼거리고 많은 표지를 행함으로써 예수 그리스도가 그들의 손안에 내려오도록 강요한다고 생각하기 때문에 그들의 축성은 일종의 마술에 지나지 않는다. 그러나 미사가 이렇게 지시되었을 때 그리스도의 만찬을 준수하는 것이라기보다는 명백한 모독이라는 것을 우리는 본다. 성만찬의 본래적이고 주요한 본질, 즉 신비가 백성에게 잘 설명되고 약속이 분명하게 낭송되는 것이 (사제가 의미도, 이치도 없이 낮은 소리로 중얼거리는 것이 아니라) 미사에는 결여되어 있다. 내가 광대 놀이라고 칭한 이유는 거기서 행해지는 너절한 행위들과 몸짓은 주님의 성찬과 같은 그런 신비보다는 차라리 광대에 적합하기 때문이다.

실로 구약성서의 제사들은 많은 장식들과 의식들과 더불어 행해진 것이 사실이다. 그러나 거기에는 선한 의미가 있었고 모든 것이 백성에게 경건을 가르치고 훈련시키기에 적절했기 때문에 구약성서의 제사가 오늘날 사람들이 행하는 제사, 어떤 유익도 없이 백성을 즐겁게 하는 것 외에 아무런 도움도 되지 않는 제사와 유사하지 않다고 주장한다. 미사주의자들은 자신들의 전례를 방어하기 위해서 구약성서의 모범을 주장하기 때문에 그들이 행하는 것과 하나님이 이스라엘 백성에게 행하도록 명령한 것 사이에 어떤 차이가 있는지를 우리는 주목해야 한다. 당시 그들이 준수한 것은 주님의 명령에 근거했던 [반면], 그들의 모든 전례는 인간적 근거 외에 없다면 여기에는 큰 차이가 있다. 그러나 우리는 그들을 책망할 좋은 고지를 선점했다. 우리 주님이 당분간 이런 형식을 명령한 것은 이유가 없지 않기 때문이다. 이는 언젠가 이런 형식이 종식되고 폐지되기 위해서다. 그가 그렇게 분명한 가르침을 아직 주지 않았기 때문에 그는 다른 곳에서 결여된 것을 보완하기 위해서 이 백성이 여기서 보다 많은 모형으로 훈련받기를 원했다. 그러나 우리는 실체를 가졌으므로 우리는 그림자를 버려야 한다. 우리가 이미 폐지된 의식으로 되돌아가고자 한다면 이것은 예수 그리스도가 죽음으로써 찢은 성전의 장막을 다시 드리우는 것이고 그의 복음의 빛을 어둡게 하는 것이기 때문이다. 그러므로 미사에 있어서 그렇게 허다한 의식들은 그리스도교에 위배되는 일종의 유대주의임을 보게 된다. 나는 공공의 예절과 질서에 도움을 주며 성례전의 경외감을 증대시키는 전례들을(그것들이 이성적이고 적절한 한) 비난할 의도는 없다. 그러나 끝도 없고 측량할 수 없는 이런 심연은 허다한 미신을 초래했고, 백성의 신앙에 어떤 도움을 주는 대신 어리석음으로 인도하는 한 결코 용납할 수 없다.

여기에서 하나님이 그의 진리에 대해 이해력을 부여한 자들과 교황당들과의 차이를 볼 수 있다. 첫 번째로, 그들은 미사는 제사이며 그것에 의해서 우리가 죄의 용서를 획득하며, 혹은 사제는 그리스도의 죽음과 고난의 공로를 미사를 사거나 미사에 참석하거나 경배하는 자들에게 적용하기 위한 중재자와 같다고 믿는 것은 가증스러운 신성 모독이다. 그러나 오히려 주님의 죽음과 고난은 하나님의 진노를 만족시키는 유일한 제사요, 주 예수가 우리를 위해서 지성소에 들어가서 그의 희생의 능력으로써 중재한 후에 우리가 영원한 의를 획득한다고 그들은 결론 내릴 것이다. 그 밖에 이 죽음의 열매가 성찬에서 우리에게 전달된다는 것을 그들은 인정한다. 이것은 행위의 공로 때문이 아니라, 성찬에서 우리에게 주어지고 우리가 믿음으로 받는 약속 때문이다. 두 번째로, 빵의 본질이 예수 그리스도의 몸으로 변하고 포도주가 그의 피로 변한다는 것을 그들은 결코 인정하지 않으며, 오히려 가시적인 표지는 우리가 말한 영적 진리를 우리에게 나타내기 위해서 그것의 참 본질을 유지한다는 사실을 고집할 것이다. 세 번째로, 주님은 성만찬에서 우리에게 상징한 것을 주며 그러므로 우리가 거기서 참으로 예수 그리스도의 살과 피를 받는다는 것을 그들은 확신할 것이다. 그럼에도 불구하고 그들은 성례전을 경배하기는커녕 주님의 살과 피가 빵 아래 감추어져 있거나 혹은 가시적 표지에 공간적으로 붙어 있는 것처럼 찾지 않는다. 오히려 그들은 예수 그리스도를 받고 경배하기 위해서 이성과 마음을 하늘을 향해 높인다. 그러므로 그들은 성체를 엄숙하게 행렬로 운반하고 그것을 경배하기 위해 장막을 만드는 것과 같은 모든 미신적인 행동을 우상 숭배로 경멸하고 정죄하게 된다. 우리 주님의 약속은 그가 우리에게 허락한 용도를 넘어가지 않기 때문이다. 또한 성만찬의 요소 중 한 가지, 즉 잔을 백성에게서 빼앗는 것은 주님의 명령을 위반하고 범하는 것이라고 그들은 믿는다. 주의 명령을 잘 준수하기 위해서 빵과 잔을 온전히 분배할 필요가 있다. 마지막으로, 사도들이 우리에게 허용한 단순함을 지나쳐서 유대인들에게서 취한 그런 전례를 사용하는 것은 쓸모없는 허식일 뿐 아니라 그리스도교에 위험하고 부적합하다고 그들은 믿을 것이다. 또한 몸짓과(알 수 없는) 어떤 광대 놀이로 성만찬을 거행하는 것은 더욱 큰 도착 행위라고 그들은 믿을 것이다. 여기에서는 가르침이 낭송되는 것이 아니라 오히려 성만찬이 일종의 마술인 것처럼 매몰되어 버린다.

우리 시대에 너무나 신랄하게 벌어졌던 논쟁은 불행한 일이었다. 의심의 여지없이 이것은 복음의 진로를 방해하고 파괴하기 위해서 악마에 의해서 사주되었으므로 나는 그것을 장황하게 설명하기를 즐거워하기는커녕 그것에 대한 기억이 전적으로 잊혀지기를 바란다. 그럼에도 불구하고 나는 많은 선한 양심들이 고통받는 것을 보기 때문에, 그들이 어느 쪽에 호소해야 할지를 알지 못하기 때문에, 그들이 어떻게 결단해야 하는가를 보여 주기 위해서 필요하다고 여겨지는 것을 간단히 말할 것이다. 첫 번째로 진리를 밝히기 위해서 선장처럼 되어야 할 자들 사이에서 그처럼 큰 이견이 발생한 것 때문에 걸려 넘어지지 않기를 모든 신도들에게 하나님의 이름으로 요청한다. 주님이 그의 일꾼들을 약간의 무지 속에 두기를 허용하고 그들이 서로 다투는 것을 감수하는 것은 새로운 일이 아니기 때문이다. 이것은 그들을 언제까지나 무지에 방치하기 위해서가 아니라 당분간 그들을 겸비하게 하기 위함이다. 실제로 모든 일이 어떤 장애 없이 바란 대로 이루어진다면 인간들은 자신을 망각할 것이고 하나님의 은총은 합당한 만큼 인식되지 않을 것이다. 그러므로 주님은 홀로 영광을 받기 위해서 인간들에게서 모든 영광의 요소를 없애기를 바랐다. 이 논쟁을 야기한 자들이 우리를 진리로 이끌기 시작했을 때 세상은 어떤 암흑의 심연에 있었는지를 고려한다면 그들이 처음부터 모든 것을 알지는 못했다는 것에 대해 결코 놀라지 않을 것이다. 우리 주님이 그렇게 짧은 시간에 그들을 조명함으로써 오류의 수렁에서 나오게 하였고 그렇게 오랫동안 빠져 있었던 오류의 수렁에서 다른 자들을 끄집어 낸 것은 차라리 기적이다. 그러나 일이 어떻게 되었는지를 이야기하는 것보다 더 나은 것은 없다. 왜냐하면 일반적으로 생각하듯이 여기서 걸려 넘어질 만한 대단한 문제는 아니기 때문이다.

루터가 가르치기 시작했을 때 그는 그리스도의 육신적 임재에 관해서 세상이 그것을 인지할 수 있도록 허락했던 것처럼 보이는 방식으로 성만찬을 논했다. 그는 화체설을 정죄하면서 빵이 그리스도의 몸과 연합하는 한에서 빵은 그의 몸이라고 말했다. 이 밖에 그는 약간 딱딱하고 거친 비유를 덧붙였다. 그러나 그는 자신의 의도를 달리 설명할 수 없었기 때문에 이렇게 하지 않을 수 없었다. 약간 부적절한 것을 사용하지 않고서는 이렇게 고귀한 일을 이해시킬 수 없었기 때문이다.

다른 한편으로 츠빙글리와 오이콜람파디우스는 600년 이상 가르치고 주장한 그리스도의 이러한 육신적 임재를 정하게 함으로써 악마가 야기한 악습과 기만을 고려해서 이를 묵과하는 것은 불가능하다고 생각하고 일어났다. 예수 그리스도가 여기서 빵에 포함되어 있는 것처럼 경배되는 한에서 이것은 가증스러운 우상 숭배를 초래하기 때문이다. 그러나 그렇게 오랫동안 사람들 마음속에 뿌리 박은 이 견해를 제거하는 것은 매우 어렵기 때문에 그들은 예수 그리스도의 승천에 관하여 성서에 그렇게 증언된 것을 깨닫지 못하는 것은 중대한 오류라는 것을 보여 줌으로써 이것에 대해 항변하고, 그리스도가 그의 인간성으로 하늘로 올랐고 거기서 세상을 심판하기 위해서 내려오기까지 그곳에 머문다는 것을 입증하는 데 노력을 기울였다. 그러나 그들이 이 점에 몰두하는 동안 성만찬에 그리스도의 어떤 임재를 믿어야 하는지, 또한 여기서 그의 몸과 피에 어떻게 참여해야 하는지를 가르치는 것을 잊었다. 루터가 생각한 것과 달리 그들은 영적 본질이 없는 순전한 표적 외에 다른 것을 허용하려 하지 않았다. 그러므로 루터는 그들에게 대항하기 시작했고 결국 그들을 이단자들로 고발하기에 이르렀다. 논쟁이 일단 시작되자 시간이 지나면서 더욱 증폭되었고 15년의 시간 동안 너무나 신랄하게 다투었고 서로 상대방의 말을 편안한 마음으로 들으려 하지 않았다. 그들이 한번 만났음에도 불구하고 너무나 이견이 컸으므로 어떤 화해도 없이 돌아섰다. 그들은 어떤 합의에 도달하는 대신 자신들의 입장을 방어하고 반대 의견을 반박하는 것 외에는 관심을 두지 않음으로써 점점 더 멀어졌다. 루터가 어떤 면에서 잘못했고 츠빙글리와 오이콜람파디우스가 어떤 면에서 잘못했는가를 우리는 안다. 즉 처음부터 루터의 과제는 교황당이 꿈꾸는 그런 공간적 임재를 받아들일 수 없다는 것을 훈계하고, 또한 하나님 대신에 성례전을 경배하게 만들지 않는다고 선언하고, 세 번째로 그렇게 딱딱하고 이해하기 어려운 비유를 자제하거나 혹은 중도적으로 사용하여 비유들이 스캔들을 야기할 수 없도록 해석하는 것이었다. 논쟁 이후 그들은 정도를 넘어서 자신의 입장을 선언하고 상대방을 너무나 신랄하고 엄격한 말로 비난하였다. 자신을 내맡겨서 상대방의 주장을 받아들이는 대신 습관적으로 격렬하게 반대자들을 논박하기 위해서 과장된 언어를 사용했다. 이 언어는 그렇게 말한 것을 믿기에 익숙하지 않은 자들에게는 견디기 어려웠다. 다른 자들은 성례전에서 예수 그리스도의 몸의 공간적 임재와 또한 여기서 파생한 왜곡된 경배에 관한 교황당의 미신적이고 허황된 견해에 대항하여 가차 없이 외쳤으니 선을 세우기보다는 악을 파괴하는 데 오히려 노력함으로써 사람들을 불쾌하게 하였다. 그들이 진리를 부정하지 않았음에도 불구하고 어쨌든 그들은 마땅히 해야 하는 정도로 분명히 진리를 가르치지 않았다. 즉 빵과 포도주가 그리스도의 살과 피의 표적이므로 그렇게 칭해진다고 주장하는 데 너무나 집중한 나머지, 그것들이 진리와 결합된 표적이라는 것을 덧붙이는 것에 주의하지 않았다. 또한 그들은 주님이 이 성례전을 통해 우리에게 자기 몸과 피에 참여하게 하는 참된 친교를 가리려는 의도는 없었다고 항변하는 데 주의하지 않았다.

　양편은 애정 없이 진리가 있는 곳을 추적하기 위해서 상대방의 말을 인내를 가지고 들으려고 하지 않는 실수를 범했다. 그럼에도 불구하고 우리의 의무가 무엇인지 생각하기를 멈추어서는 안 된다면 주님이 그들에게 행한 은총과 그가 그들의 손을 통해, 그들의 수단을 통해 우리에게 베푼 호의를 망각하지 않아야 한다. 우리가 그들에게 빚지고 있는 것에 대해 배은 망덕하지 않는다면 우리는 그들의 이런 실수를 비난하거나 중상하지 않고 용서할 수 있기 때문이다. 간단히 말해서, 우리는 그들이 거룩하고 탁월한 삶을 살았고 여전히 살고 있으며 교회를 세우는 데 특별히 열성을 가진 것을 보기 때문에 이 문제에 대해 중용과 경외심을 가지고 판단하고 말해야 한다. 결국 우리의 선한 하나님은 그들을 이렇게 겸비하게 한 후에 이 불행한 갈등이 해결되기를 기다려서 이 일을 종식시키기를, 혹은 세상을 위해서 이 일을 진정시키기를 기뻔하기 때문이다. 내가 이렇게 말하는 이유는 마땅히 이루어져야 할 타협이 결정된 가운데 공식적인 문안이 아직 없기 때문이다. 그러나 하나님이 한 장소에 그런 문안을 작성해야 할 자들을 모으는 것을 기뻐할 때가 있을 것이다. 그동안 우리는 교회들 간에 형제애와 친교가 있는 것과 모든 사람이 하나님의 명령에 따라서 함께 모이는 데 필요한 일에 있어서 합의하는 것으로 만족해야 한다. 우리는 주님의 명령에 따라서 믿음으로 성례전을 받음으로써 진실로 예수 그리스도의 몸과 피의 고유한 본질에 참여하게 된다는 것을 한 입으로 고백한다. 이 일이 어떻게 이루어지는가를 일부 사람들이 다른 사람보다 더 잘 진술하고 더 분명히 설명할 수 있다. 여하튼 우리는 모든 육적 환상을 배제하기 위해서 마음을 하늘을 향하여 올려야 하고, 주 예수가 어떤 부패한 요소에 포함될 정도로 낮아졌다고 생각해서는 안 된다. 다른 한편, 우리는 거룩한 신비의 효과를 감소시키지 않기 위해서 이것이 하나님의 은밀하고 기적적인 능력에 의해서 이루어지고 하나님의 영은 참여의 연결 끈이라고 생각해야 한다. 이런 이유 때문에 이 거룩한 신비가 영적이라고 불리는 것이다.

성만찬에 관한 신앙고백

서문

성만찬에 관한 칼뱅의 견해를 밝힌 이 초기 진술을 *C.R.*은 1537년의 것으로 추정했다. 이것은 그 나름으로 고유한 신학적 가치를 가진다. 역사적으로 이것은 문서에 첨부된 주에서 거명된 종교 개혁자들 간에 도달한 의견의 일치를 기록한다. 이 문서의 목적은 부처가 주도하는 스트라스부르 사람들이 루터파에 너무 양보했다는 의심을 누그러뜨리기 위한 것이다. 베른 쪽에 속한 많은 도시들의 신학자들은 같은 의심을 자아내기보다는 차라리 그들의 신앙을 새로이 고백하기를 선호했다.*(C.R. IX, liv 참고)*

성만찬에 관한 신앙고백

우리는 그리스도가 우리에게 부여하는 영적 생명이, 그가 자기 영으로 우리를 살리게 함이 아니라, 그의 영이 우리로 하여금 그의 살리는 몸의 능력에 참여하게 함에 근거한다는 것을 고백한다. 우리는 이 참여를 통해서 영원한 생명으로 먹여진다. 그러므로 우리가 그리스도와 함께 가지는 친교에 대해 말할 때, 우리는 믿는 자들이 그의 몸과 피뿐 아니라 그의 영과 교제를 나눔으로써 그리스도 전체를 소유한다고 이해한다. 성서는 분명히 그리스도의 몸이 참으로 우리를 위한 양식이며 그의 피가 참으로 음료라고 선언한다. 이로써 성서는 우리가 그리스도에게서 생명을 구한다면 진실로 그것들에 의해 양육되어야 한다는 것을 확언한다. 우리가 그리스도의 살에서 온 살이며 그의 뼈에서 온 뼈라고 사도가 단언함으로써 가르친 것은 사소하거나 일반적인 사실이 아니다. 오히려 그는 그리스도의 몸과의 교제의 큰 신비를 지적한다. 아무도 이 신비의 숭고함을 말로 적절하게 설명할 수 없다. 그 밖에 우리 주님이 하늘로 올리어졌고 따라서 우리로부터 그의 몸의 공간적 임재를 거두었다는 사실은 모순이 없다. 그의 공간적 임재는 여기서 요청되지 않는다. 왜냐하면 비록 우리가 사멸할 삶 속에서 순례자로서 그와 함께 같은 공간에 포함되지도, 갇혀 있지도 않을지라도 그의 영의 효능은 어떤 경계에 의해 한정되지 않고 도리어 공간 속에서 흩어져 있는 것들을 하나로 연결하고 결합할 수 있기 때문이다. 그러므로 우리는 그의 영이 우리가 그에게 참여하게 하는 끈이며, 실로 그는 주님의 몸과 피의 본질로써 우리를 영원한 생명을 위해 먹이고 그것들에 참여함을 통해 우리를 살린다는 것을 인정한다. 그리스도는 그의 축복된 만찬에서 빵과 포도주의 상징 아래 자신의 몸과 피의 교제를 제공하니, 그 자신이 제정한 바에 따라서 올바로 집행하는 모든 자들에게 그것들을 보여준다.

우리는 친애하는 형제요 동료인 기욤 파렐과 장 칼뱅, 비레(P. Viret)가 작성한 이 성명서를 올바른 가르침으로 환영한다. 우리는 우리 주 그리스도가 결코 성만찬에서 공간적으로 도처에 편재하는 것이 아니라 참되고 유한한 몸을 가지며 천상의 영광 속에 있다고 믿는다. 그럼에도 불구하고 그의 말씀과 상징을 통해서 그는 만찬에 현존한다. 곧 우리가 믿음에 의해서 그와 더불어 하늘에 올리어지는 것처럼, 우리에게 자신을 보여 준다. 따라서 우리가 나누는 빵과 우리가 그것을 통해 그리스도를 보여 주는 잔은 우리에게는 실로 그의 몸과 피의 친교가 될 수 있다. 이 밖에 그리스도가 그의 축복된 만찬에서 보여 주는 것이 단순한 헛된 상징이라는 것은 교회에서 관용해서는 안 될 오류이며, 혹은 여기서 그리스도의 참 몸과 참 피를 받는다는 것, 즉 그것은 참 하나님이며 인간인 주님 자신임을 믿지 않는 것은 오류라고 본다.

마르틴 부처가 자신의 손으로 썼고
볼프강 카피토가 서명하였다.

말씀과 성례전의 사역에 관한 교리 촬요

서문

이 문서를 포함시키는 일반적 이유는 다른 곳에서 언급했다. 여기서는 그것의 진정성에 대한 찬반의 사소한 증거들에 주목해야 한다. *C.R.*은 베자가 작성한 이 작품이 포함된 칼뱅의 후대 출판작들의 명단을 인용한다. 베자는 그것의 진정성에 대한 의심을 제거하려고 하는 듯하며 그 표제를 다음과 붙였다. "어떤 교리의 요약, 저자의 이름은 첨부되어 있지 않음." 그러나 어디서 이런 결함이 발생했는지, 어떤 자료에서 이 작품을 가져왔는지, 진정하지 않다면 이 작품을 포함시킨 이유가 무엇인지는 베자도, 어떤 다른 증인도 대답할 수 없는 물음들이다. *C.R.*은 이 문서를 칼뱅의 전집에서 삭제하는 것은 그의 명성에 아무런 손상을 끼치지 않을 것이라고 신중하게 판단한다. 어떤 사람도 이것보다 더 대담한 무엇인가를 말할 정도로 용감할 수는 없을 것이다. 그리고 칼뱅의 초기 출판작 속에 이것을 그릇 포함시켰으리라는 것에 대한 보다 확실한 증거가 부재한 가운데 그것의 주제에 대한 고유한 관심이 여기에 포함시킨 것을 정당화한다.(*C.R.* IX, lxi 참고)

말씀과 성례전의 사역에 관한 교리 촬요

I

복음 사역 전체의 목표는 모든 행복의 근원인 하나님이 죄로 인해 분열되고 그러므로 파괴된 우리를 그리스도와 교제케 함이며 우리가 그로부터 영원한 생명을 누리는 것이다. 즉 한마디로 말해서 모든 천성적 보화가 그리스도 자신의 것일 뿐 아니라 우리의 것이 되도록 우리에게 적용되는 것이다.

데살로니가후서 2:14 "그는 우리의 복음을 통해서 여러분을 부르셨고 여러분에게 주 예수 그리스도의 영광에 도달하게 하셨습니다."

II

우리는 이 친교가 (a) 신비하며, 인간의 이성으로는 이해할 수 없고, (b) 영적이라고 믿는다. 왜냐하면 이것은 성령을 통해 이루어지기 때문이다. 성령은 살아 있는 하나님의 능력이며 아버지와 아들로부터 발원하므로 우리는 그에게 전능성을 전가한다. 성령에 의해 아버지는 우리를 우리의 머리인 그리스도와 연합시키되 상징적으로가 아니라 아주 능력 있게, 그리고 진실로 연합시킴으로써 우리는 그의 살로부터 온 살, 그의 뼈로부터 온 뼈가 되고, 그는 삶을 주는 육신으로부터 영원한 생명을 우리에게 주입한다.

(a) 에베소서 5:32 "이것은 큰 신비입니다. 나는 그리스도와 교회를 두고 이 말을 합니다."
(b) 고린도전서 6:17 "주님과 연합한 자는 한 영입니다."
아우구스티누스, 「다르다누스에게 보낸 서신 57」 "하나님을 떠나서 죄가 범해졌다. 하나님 없이는 의도 없다. 그러므로 우리는 육적 번식에 의해서 죄의 지체로부터 오지 아니하면 죽지 않는다. 또한 영적 연합에 의해서 그의 사람이 되지 않으면 살지 못한다."

Ⅲ

성령이 이 연합을 일으킨다는 것을 믿는 것은 분명한 이유에 근거한다. 즉 ⒜ 아버지나 혹은 ⒝ 아들이 믿는 자들로 구원에 이르게 하는 것이 무엇이든지, 성서는 각자가 성령을 통해 역사한다는 것을 증언한다. 그리고 ⒞ 그리스도는 그의 영을 통해서만 우리 안에 거주하며, 같은 영을 통하지 않고 다른 방식으로는 자신을 우리에게 전달하지 않는다.

⒜ 요한복음 14:16 "내가 아버지께 기도할 것이다. 그러면 아버지께서 다른 보혜사를 너희에게 보낼 것이니 진리의 영이다. 세상은 그를 받아들일 수 없다."

그리고 잠시 후 25절 "내가 너희와 함께 있는 동안 나는 너희에게 이 모든 것을 말했다. 그러나 아버지가 내 이름으로 보내실 성령인 보혜사는 모든 것을 가르칠 것이고 또 내가 너희에게 말한 것을 모두 기억나게 하실 것이다."

⒝ 요한복음 15:26 "내가 아버지로부터 너희에게 보내려는 보혜사, 곧 아버지로부터 오는 진리의 영이 오시면 그가 나를 증거하실 것이다." 또한 요한복음 16:7 "그럼에도 불구하고 내가 진리를 말한다. 내가 떠나가는 것이 너희에게 유익하다. 내가 떠나가지 않으면, 보혜사가 너희에게 오지 않을 것이며, 내가 가면 그분을 너희에게 보낼 것이다."

⒞ 로마서 8:9 "그러나 하나님의 영이 여러분 안에 계시다면, 여러분은 육 안에 있는 것이 아니라 영 안에 있는 것입니다. 그리스도의 영을 가지지 않은 사람은 그리스도의 사람이 아닙니다." 잠시 후 11절 "예수를 죽은 자들 가운데서 다시 살리신 자의 영이 여러분 안에 있다면, 그리스도 예수를 죽은 자들 가운데서 다시 살리신 자가 여러분 안에 계신 그의 영을 통하여 여러분의 죽을 몸도 살릴 것입니다." 그리고 잠시 후 14절 "누구든지 하나님의 영으로 인도 받은 자는 하나님의 아들입니다." 또한 고린도전서 6:19 "여러분의 몸은 하나님으로부터 오셔서 여러분 속에 계신 성령의 집이라는 것을 알지 못합니까?" 또한 고린도전서 3:16 "여러분은 하나님의 성전이며 하나님의 영이 여러분 속에 계시다는 것을 알지 못합니까?"

IV

이 연합을 이루기 위해서 성령은 이중의 도구를 사용하니, 즉 말씀 선포와 성례전의 집행이다.

V

성령이 외적인 사역자를 도구로 사용한다고 말할 때 그 의미는 이것이다. 말씀 선포와 성례전 집행에 있어서 구별된 직무를 가진 두 가지 사역자가 있다. (a) 외적 사역자는 음성을 통해 말씀과 외적이고 지상적이고 흠 있는 거룩한 표시를 집행한다. 그러나 성령인 내적 사역자는 내면적으로 자유로이 행한다. 반면에 성령은 그의 은밀한 능력에 의해 그가 원하는 누구든지, 그의 마음속에서 믿음을 통해서 그리스도와 연합을 이룬다. 이 연합은 내적이고 천상적이고 파괴될 수 없다.

(a) 고린도전서 3:5-7, 바울은 전체 사역에 대해 이렇게 말한다. "대체 바울은 무엇이며, 아볼로는 무엇입니까? 각각 주께서 준신 직책에 따라서 여러분을 믿게 한 종들이 아닙니까? 나는 심었고, 아볼로는 물을 주었을 뿐이요 하나님이 자라게 하셨습니다. 그러므로 심는 자나 물주는 자는 아무것도 아니요, 자라게 하시는 자는 하나님 뿐입니다."

VI

말씀 선포에서 외적 사역자들은 음성으로 말씀을 선포하고 이것은 귀에 청취된다(a). 내적 사역자인 성령은 말씀, 즉 그리스도를 통해서 선포된 것을 의지하는 모든 자의 영혼에 전한다. 그러므로 그리스도가, 혹은 이 일을 위해서 그의 말씀이 몸의 기관을 통해서 받아들여지는 것은 필요치 않다. 그러나 성령은 그의 은밀한 능력을 통해서 우리 안에 믿음을 창조함을 통해서 이 연합을 일으킨다. 이를 통해서 성령은 우리를 참 하나님이며 참 인간인 그리스도의 살아 있는 지체로 만든다.

(a) 사도행전 16:14 "루디아라고 불리는 여인이 있었는데, 그는 두아디라 시에서 온 자색 옷감 장수요 하나님을 공경하는 사람이었습니다. 주께서 그 여인의 마음을

열어 바울의 말을 귀 담아 듣게 하셨다."

VII

세례에서 ⒜ 외적 사역자는 외적 요소, 즉 물로써 세례를 주며 이것은 육신적으로 받아들여진다. ⒝ 내적 사역자 성령은 흠 없는 어린양의 피로써 세례를 준다. 그러므로 세례를 받는 자는 참 하나님이며 참 인간인 온전한 그리스도를 부여받는다.(갈 3:27) 그러므로 우리 영혼이 피로 씻기기 위해서 몸의 기관을 통해서 그리스도를 받아들일 필요는 없다. 도리어 성령의 은밀하고 강력한 작용으로 충분하다.

(a) 마태복음 3:11; 요한복음 1:26 "나는 너희를 회개하게 하려고 물로 세례를 준다."

(b) 디도서 3:5 "그는 다시 나게 하는 씻음과 성령의 새롭게 하심으로 우리를 구원하였다."

고린도전서 6:11 "여러분 중에도 이런 사람이 더러 있습니다. 그러나 여러분은 주 예수 그리스도의 이름과 하나님의 영으로 씻음을 받아 거룩해졌으며 또 의롭다 함을 얻었습니다."

VIII

주의 만찬에서 외적 사역자는 외적 상징인 주의 빵과 포도주를 보여 준다. 우리는 이것을 우리 몸의 기관을 통해서 인식하고 먹고 마신다. 그들은 자신이 빵과 포도주에 의해서 이 죽을 삶을 위해서 빵과 포도주에 의해 양육되는 것을 아는 것처럼, ⒜ 내적 사역자 성령은 몸의 외적 기관을 통해서가 아니라 그의 은밀한 능력을 통해서 믿는 자의 영혼에 진실로 그리고 효과적으로 주의 몸과 피를 영원한 생명을 위하여 먹여 준다.

(a) 고린도전서 10:3-4 "그리고 그들은 다 같이 신령한 음식을 먹고 다 같이 신령한 물을 마셨습니다. 그들과 함께 한 신령한 바위에서 나오는 신령한 물을 마셨습니다. 이 바위는 그리스도였습니다."

IX

우리가 영원한 생명을 위해 그리스도의 몸으로 먹여질 때, 그리스도는 그 자신의 몸이나 그 자신의 피가 하늘로부터 제단이나 제단 주변에, 빵 안에 혹은 빵 아래, 혹은 빵으로부터 멀지 않은 곳에 내려온다고 믿기를 원하지 않는다. 이것은 세례에서 우리가 그리스도의 진정한 지체가 되기 위해서, 그리스도의 몸 자신이 하늘로부터 물 속에 혹은 물 아래 내려오거나 혹은 물로부터 멀지 않은 곳에 있을 필요가 없는 것과 같다. 마찬가지로 우리가 온전한 그리스도에 참여하기 위해서 문자적 의미에서 몸이 내려올 필요는 없다. 우리는 아버지와 아들로부터 발원한 주의 영의 능력이, 우리가 세례에서 여전히 하늘에 머무르고 있는 그의 몸의 지체가 되기에 충분히 우리 안에 있다고 믿는다. 그리고 성만찬에서 같은 몸은 하늘에 머무르지만 그는 그의 은밀하고 매우 효과적인 능력을 통해서 우리를 양육한다.

그리스도의 몸의 내려옴, 혹은 가시적이든 불가시적이든 아래로의 이행은 없다는 이 가르침은 성서의 아주 분명한 증언이다. 그리스도가 인간인 것처럼 성서는 그가 그들로부터 떠나서(눅 24:51) 갔고(요 14:2), 세상을 떠났고(요 16:28), 위로 올리어져(행 1:11), 손으로 만들어지지 않은 거룩한 곳으로 들어가서(히 9:11, 24) 만물이 회복되는 시기까지 하늘에 계실 것이다.(행 3:21)

또한 그리스도의 말씀도 이 가르침과 충돌하지 않는다. 즉, 우리가 나누는 것은 내 몸이다 등. 그리스도의 최선의 해석자 바울은 '우리가 나누는 빵'을 이렇게 해석한다. 또한 바울은 그리스도의 말씀, 곧 '이것은 내 몸이다'를 '그리스도의 몸의 친교'로 해석한다.

그러나 우리는 성령을 통해서 이 친교를 일으키는 분에게 동참하게 됨이 친교의 유일한 근거라는 것을 이전에 이미 보여 주었다. 왜냐하면 그는 아버지와 아들로부터 나오는 살아 있는 하나님의 능력이기 때문이다.

이 가르침은 또한 사도 신조와도 조화를 이룬다. 이것은 침해될 수 없고 아주 명백한 확실성을 가진 것으로 간주되어야 한다. 즉 그는 하늘로 올라갔고 전능한 아버지 하나님 오른편에 앉아 있고, 저기서부터 산 자와 죽은 자를 심판하기 위하여 올 것이다.

아우구스티누스는 우리처럼 이 신조들을 이해한다.(「다르다누스에게 보낸 서신 57」) 거기서 그는 이 신조들을 그리스도인의 고백이라 부르며 그것으로부터 후퇴하는 것을 금한다. 인간 그리스도는 지금 거기서부터 다시 올 그곳에 있다는 것을 의심하지 말라고 아우구스티누스는 말한다. 그는 죽은 자들로부터 일어났고 하늘로 올라갔고 아버지의 오른편에 앉아 있고, 바로 그가 갔던 그곳으로부터 산 자와 죽은 자를 심판하기 위해 올 것임을 기억하고 그리스도인의 고백을 신실하게 지켜라. 또한 천사의 음성은 그가 하늘로 들어갔던 그 모습대로, 즉 육신의 같은 형태와 본질로 올 것이라고 증언한다. 확실히 그는 그가 불멸성을 부여할 그것의 본질을 파괴하지 않는다. 이것이 그의 형상이므로 그는 도처에 확산되어 있다고 생각해서는 안 된다. 우리는 인간의 신성이 몸의 실재를 파괴하는 것으로 상상하지 않도록 주의해야 한다. 그러나 하나님 안에 있는 것이 하나님처럼 도처에 있다고 추론할 수 없다. 성서는 우리에 관해서, 그 안에서 우리가 살며 움직이며 우리 존재를 가진다고 진실로 말하기 때문이다. 그러나 우리는 그가 존재하는 것처럼 있지 않다. 그러나 인간이 하나님 안에 있고 하나님이 인간 안에 있는 것은 각기 상이하게, 적절하고 특수한 방식으로 있는 것이다. 하나님과 인간은 한 인격이다. 그리고 각각이 예수 그리스도이니, 그가 하나님인 한 도처에 있으나, 그가 인간인 한 하늘에 있다. 아우구스티누스는 이렇게 말했다.

이 가르침은 참 인간성을 취함에 관한 신조와 조화를 이룬다. (a) 그리스도는 죄를 제외하고서 모든 조건을 기꺼이 취했으며, (b) 영광을 받은 후에 그는 그 본성을 파괴함이 없이 자신의 육신에 불멸성을 주었다.

(a) 히브리서 4:15 "우리의 대제사장은 우리의 연약함을 동정하시지 못하는 분이 아닙니다. 그는 죄가 없으면서도 우리와 마찬가지로 모든 일에 시험을 받으셨습니다."

(b) 누가복음 24:39 "내 발과 내 손을 보라. 틀림없는 나다. 나를 만져 보라. 유령은 살과 뼈가 없으나 너희가 보는 대로 나는 있다."

아우구스티누스, 「요한복음 강해」, 5 "그의 위엄에 따라서, 그의 섭리에 따라서 그의 표현할 수 없고 보이지 않는 은총에 따라서 그가 말한 것이 이루어졌다. 보라, 내가 세상 끝 날까지 너희와 함께 있다. 말씀이 취한 육신이 처녀로부터 태어났고 유대인에 의해 붙잡혀 나무에 못 박혔고 십자가에서 끌어내려져서 세마포에 싸여졌고 무덤에 안치되었고 부활하였다. 너희는 언제나 이 육신을 너희 곁에 두지 못할 것이다. 왜 그런가? 왜냐하면 그는 그의 제자들과 함께 40일간 육신적으로 임재하여 살아 있었고, 그들이 남아서 바라보는 가운데 그는 하늘로 오르셨고 더 이상 여기 있지 않기 때문이다. 그는 저기 있고 아버지 오른편에 앉아 있다. 여기에 있으니 그의 위엄의 임재를 거두지 않기 때문이다. 달리 말하자면 위엄 속에서 그리스도는 우리에게 언제나 임재한다. 그는 육적으로는 제자들에게 말한 것이 옳다. 즉, 너희는 나를 언제나 곁에 두지 못한다. 그리스도는 며칠 동안 육적으로 교회에 임재하였다. 그러나 교회는 눈으로 보지 못한 것을 믿음을 통해서 붙잡는다."

이 가르침은 또한 그리스도의 신성에 관한, 전능에 관한, 성령에 관한 신조들과 조화를 이룬다. 우리는 그리스도가 약속한 대로 실재로 아주 능력 있게 (a) 그의 영을 통해서 우리에게 현존한다는 것을 믿는다. 그러나 우리는 그의 전능함이, 그리스도의 몸이 하늘로 오를 수 없고 하나님의 오른편에 앉아 있지 않다고 저 신조를 부인할 정도라고 믿지는 않는다. 차라리 우리는 전능함과 우리의 신조가 이를 통해 확고히 확립된다고 믿는다. 우리는 이 역사가, 그리스도의 몸이 하늘로부터 제단에 내려오고 목사의 손에 의해 제공되고 우리의 육신적 입에 의해 먹여짐보다는 성령의 은밀하고 불가해한 능력에 의해서 더욱 확실히 우리 안에서 행해진다고 믿기 때문이다. 성령의 역사는 창조자 자신이 모든 그의 피조물보다 탁월한 것처럼 이것보다 더욱 확실하고 능력 있다.

(a) 고린도전서 15:45 "첫 사람 아담은 살아 있는 영이 되었고 마지막 아담은 생명을 주는 영이 되었다."

예정에 관한 논제들

서문

이 작은 문서를 포함시킨 것에 대한 이유는 서문에서 진술했다. *C.R.*은 여기에 대해 다음과 같이 해설한다. 처음으로 출판되는 이 작은 글에 대해 우리는 말할 것이 없다. 제네바 코덱스(Genevan Codex)는 집필 동기를 알려 주지 않는다. 또한 우리는 서신집에서 보다 정확한 날짜도 발견할 수 없고 다른 곳에서도 이 문서에 대한 어떤 기억이나 전달된 내용을 발견할 수 없었다.(*C.R. IX, liv* 참고)

글의 어조는 비타협적이고 이것은 비교적 후대의 저작임을 말해 주는 것으로 볼 수 있다.

예정에 관한 논제들

첫 인간이 창조되기 전에 하나님은 그의 영원한 계획에서 인류 전체에 대해 행하고자 의지한 바를 결정했다.

하나님의 감추어진 계획에서, 아담은 그의 본성의 손상되지 않은 상태에서 타락할 것이고 그의 탈선에 의해서 모든 후손들을 영원한 죽음의 선고에 연루케 할 것임이 결정되었다.

선택받은 자와 버림 받은 자의 구별은 같은 결정에 따른다. 즉, 하나님이 어떤 자를 구원을 위해 택한 것처럼 다른 자들은 영원한 파멸로 정했다.

버림 받은 자가 하나님의 의로운 진노의 그릇이고 선택받은 자가 그의 동정의 그릇인 것처럼, 구별의 근거는 오로지 하나님의 순수한 의지에서 찾아야 할 것이니, 이것은 공의의 최고 기준이다.

선택받은 자는 믿음에 의해 양자로 받아들여지는 은총을 받으나 그의 선택은 믿음에 따른 것이 아니라 시간과 순서에 있어서 우선한다.

믿음의 시작과 믿음 안에서의 견인이 하나님의 은혜로운 선택에 기인하기 때문에 하나님이 선택한 자 외에는 아무도 믿음의 조명을 받지 못하며 아무도 거듭남의 영을 부여받지 못한다. 그러나 버림 받은 자는 필연적으로 그들의 맹목 가운데 머무르며 혹은 믿음의 몫이 결여되어 있다.

우리가 그리스도 안에서 선택받으나, 그럼에도 불구하고 하나님이 우리를 그의 백성 가운데 속한 것으로 여기는 것은 순서적으로 그가 우리를 그리스도의 지체로 만듦에 선행한다.

하나님의 의지는 만물의 탁월하고 일차적인 원인이고 하나님은 악마와 불신적인 자들을 자기 의지에 굴복케 하지만, 그럼에도 불구하고 하나님은 죄의 원인, 악의 원조, 어떤 범죄의 주체로 불릴 수 없다.

하나님은 진실로 죄에 대해 진노하고 인간 속의 불의한 것은 그를 불쾌하게 만들므로 무엇이든지 정죄하지만, 그럼에도 불구하고 인간의 모든 행위는 하나님의 단순한 허락에 의해서가 아니라 그의 동의와 은밀한 계획에 의해 지배된다.

악마와 버림 받은 자들이 하나님의 종이요 기관이며 그의 은밀한 심판을 증진시키지만, 하나님은 그럼에도 불구하고 불가해한 방식으로 그들 가운데, 그들을 통해서 역사함으로써 그들의 사악함을 제어하지 않는다. 왜냐하면 수단이 종종 우리에게는 감추어져 있지만 그들의 악함은 선한 목적을 위해 의롭고 정당하게 사용되기 때문이다.

모든 일은 하나님의 의지나 명령을 통해 행해지기 때문에 하나님이 죄의 원조라고 말하는 자는 무지하고 사악하다. 그들은 인간들의 분명한 사악함과 하나님의 은밀한 심판을 구별하지 못하기 때문이다.

제 2 부

변증

장 칼뱅

PART II
APOLOGETIC
JEAN CALVIN

교회 개혁의 필요성

서문

시작하는 인사말이 이 문서의 배경에 대해 말해 준다. 복합적인 동기들로 황제 카를 5세가 슈파이어 회의를 소집했는데, 그것들 중에는 종교적인 논쟁이 아주 오래 계속된 데 대한 불만, 그리고 프로테스탄트 영주들이 이로 인해 프랑스와의 전쟁에 관심을 두지 않는 데 대한 불만이 있었던 것이 확실하다. 부처는 종교 개혁의 정당한 논거를 주장하는 글을 보냄으로써 황제의 마음을 준비시켜야겠다고 생각했지만, 그런 글이 목적을 이룰 수 있을 것인가 하는 의심이 나중에 그에게 엄습해 왔고, 그래서 그는 칼뱅의 조언을 구했다. 칼뱅은 놀라운 힘과 속도로 이 일을 처리하여, 1543년이 끝날 무렵(슈파이어 회의는 1544년 2월에 열리도록 소집되었다)에는 베자가 자신의 「칼뱅의 생애」에서 그 시대 가장 열정적이고 중량감 있는 저술들 가운데 하나라고 평한 문서를 준비하였다. *C.R.*은 이 논문이 내용의 중요성과 문체의 우아함이란 두 측면 모두에서 칭찬할 만하다고 보고 있다(*C.R. VI*, xxviii 이하 참고).

교회 개혁의 필요성

—지금 슈파이어에서 제국 회의를 개최하고 있는 최고의 황제 카를 5세와, 가장 저명한 군주들과 기타
고위 인사들에게, 교회를 회복시켜야 하는 책무를 진지하게 수행하도록 하기 위해 그리스도께서 다
스리시기를 소망하는 모든 사람들의 이름으로 제출하는 변변찮은 권고의 글

황제 폐하,

폐하께서는 우리 모두가 매우 참담하고 거의 절망적이라고 보는 교회의 현 상황을 제국의 제후들과 기타 고위 인사들과 논의하여 그 개선책을 마련하고자 이 제국 회의를 소집하셨습니다. 그래서 당신께서 지금 이 논의의 장에 앉아 계시는 동안, 먼저 황제 폐하와 동시에 지극히 높으신 제후들과 저명인사들께서 제가 여러분 앞에 제출하는 이 글을 읽고 신중히 고려해 주시기를 겸손하게 탄원합니다. 사안의 중요성에 비추어 볼 때 여러분은 자연스럽게 귀를 쫑긋 세우게 될 것입니다. 저는 여러분에게 아주 분명하게 이 문제를 제시하여, 여러분이 어떤 행로를 택할지 결정하는 데 아무런 어려움이 없도록 하고자 합니다. 제가 어떠한 사람이든지, 저는 여기서 건전한 교리와 교회를 변호할 것임을 공언합니다. 이런 점에서, 저는 제가 그 자격을 거짓되게 찬탈하고 있는 것인지, 혹은 그 책무를 충실히 잘 수행하고 제가 공언한 것을 제대로 이행하고 있는지 여부가 밝혀질 때까지 여러분이 제 말을 경청할 것을 요구할 권리가 있다고 여깁니다. 비록 제게 그렇게 막중한 일을 감당할 만한 충분한 역량이 결코 없다는 것을 알지만, 저는 여러분께서 제 임무의 성격에 대해 듣고 난 후에, 제가 어리석거나 뻔뻔해서 감히 여러분 앞에 나섰다는 비난을 받게 되는 것은 조금도 두렵지 않습니다. 사람들이 자신의 행동을 칭찬하거나 혹은 적어도 정당화할 때 보통 두 가지 근거에서 그렇게 합니다. 어떤 일이 정직하게 행해졌고 좋은 열의에서 비롯된 것일 때, 우리는 그것을 칭찬할 만한 일이라고 간주합니다. 그리고 그 일이 공적인 필요성의 압력 아래 행해진 경우에, 우리는 적어도 변명의 여지가 없지는 않다고 여깁니다. 여기서는 이 두 가지가 다 적용되므로 여러분의 공정함을 바탕으로 저는 제 계획을

여러분이 쉽게 승인해 주리라고 확신합니다. 제가 어디서 이보다 더 좋은 목적을 위해, 혹은 더 정직하게 진력할 수 있겠으며, 또한 그리스도의 교회를 제 능력껏 도우려고 시도하는 것보다 더 필요한 일이 지금 어디 있겠습니까? 교회의 주장들을 부인하는 것은 어떠한 경우든 불법이 되고 있으며, 지금 교회는 심한 곤란과 극도의 위험 속에 놓여 있습니다. 그러나 서두에서 제 자신에 대해 길게 늘어놓을 이유는 없습니다. 제가 말씀드리는 바를, 벌써부터 교회를 회복시키는 일에 관심을 기울여 왔거나 교회가 바른 질서를 회복하기를 열망하는 모든 사람들의 일치된 부르짖음으로 받아들여 주시기를 바랍니다. 이들 중에는 뛰어난 몇몇 제후들과 적지 않은 저명한 단체들이 속해 있습니다. 이 모든 것들을 비록 제가 한 사람의 개인으로서 말씀드리지만, 그들 모두가 저를 통해 동시에 그리고 한목소리로 말하고 있다고 하는 것이 보다 옳을 것입니다. 또한 그리스도교 세계의 다양한 지역에 흩어져 있으면서도 아무런 이의 없이 저와 함께 이 변론을 진술해 주는 셀 수 없이 많은 경건한 사람들이 있습니다. 요컨대, 이 글을 교회의 부패가 너무나 애통해서 더 이상 그것을 견디지 못하고 어떤 치유책을 찾게 되기까지 노력을 멈추지 않기로 결심한 모든 사람들 공통의 제언으로 간주해 주십시오. 우리가 얼마나 가증한 이름들로 낙인찍히고 있는지 알고 있습니다. 그러나 우리를 부르기에 타당하다고 생각되는 이름이 무엇이든지 간에, 우리의 주장을 들어주시고, 일단 듣고 난 후에 우리가 어떤 위치를 점할 자격이 있는지 판단해 주십시오.

먼저, 문제는 교회가 수많은 심각한 질병들로 고통당하고 있는가 아닌가 하는 것이 아닙니다. 왜냐하면 이 점은 웬만한 판단을 내리는 사람이라면 모두가 인정하는 바이기 때문입니다. 오히려 핵심은 교회의 질병들이 그 치료가 더 이상 지연될 수 없고, 따라서 느려 터진 치유책의 결과를 기다리는 것은 무용할 뿐 아니라 적절하지도 않은 그런 질병들인가 아닌가 하는 것입니다. 감히 교회의 이전 상태에 어떤 변화를 꾀했다는 이유로 우리는 성급하고 불경한 혁신을 하고 있다는 비난을 받고 있습니다. 그것이 아무런 근거가 없이 행해지거나 불충분하게 이루어진 것이 아닌데도 말입니다. 제가 듣기로 이 점에서조차 우리를 비난하기를 주저하지 않는 사람들이 있고, 그들의 견해에 따르면 우리가 실로 개선을 열망한 점에서는 옳지만, 그것을 시도한 점에서는 옳지 않다는 것입니다. 그와 같은 사람들에게 지금 제가 부탁하고 싶은 것은 우리가 성급하게 서두른 것도 아니고, 경솔하게 시도한 것도 없고, 우리의 의무가 아닌 것을 행한 것도 없으며, 요컨대 정말 불가피한 경우가 아니고서는 아무것도 행하지 않았다는 것을 제가 밝힐 때까지 판단을 조금만 유보해 달라는 것뿐입니다. 제가 이 점을 입증할 수 있도록 하기 위해 논쟁 중에 있는 문제가 무엇인지 아실 필요가 있습니다.

하나님께서 루터와 다른 사람들을 세우사 그들로 하여금 횃불을 치켜들어 우리를 구원의 길로 인도하고, 그들의 사역을 통해 우리 교회의 기초를 닦고 일으켜 세우게 하셨을 때, 우리 종교의 진리, 하나님께 대한 순전하고 합당한 예배, 인간의 구원에 관한 핵심적인 교리들이 상당 부분 폐물이 된 상태에 있었다고 우리는 주장합니다. 성례전의 집행 또한 다양한 방식으로 손상을 입고 더럽혀졌다고 주장합니다. 그리고 우리는 교회 정치도 일종의 비열하고 참을 수 없는 폭정으로 바뀌어 버렸다고 주장합니다. 하지만 아마도 이러한 주장들이 좀 더 잘 설명되어야만 특정 개인들의 마음을 움직일 수 있을 것입니다. 그래서 저는 이 주제가 요구하는 것만큼은 못 되더라도 제 능력이 허락하는 한도까지 힘껏 이 일을 해볼 생각입니다. 그렇지만 제가 여기서 우리의 모든 논쟁점들을 다 검토하고 논하겠다는 것은 아닙니다. 그것은 긴 논의를 요하는 것으로, 지금은 그 적절한 때가 아닙니다. 저는 우리가 비난받는 빌미가 되고 있는 그 변화들을 감행하도록 우리를 떠민 동기들이 얼마나 정당하고 필연적인 것이었는가를 입증하고 싶을 따름입니다.

이 일을 이루기 위해,[1] 이제 저는 개혁자들이 채택한 치료책들이 적절하고 유익했다는 것을 밝혀야 합니다. 여기서 저는 우리가 일을 진행한 방식에 대해 서술할 생각은 없으며(이것에 대해서는 이후에 언급할 것입니다), 단지 우리에게는 교회의 끔찍한 상황을 조금이라도 개선해 보고자 하는 것 이외에 다른 목적이 없었다는 것을 명확하게 하고 싶을 뿐입니다. 우리의 교리는 지독한 중상 비방을 받아 왔으며 지금도 여전히 매일같이 그런 공격을 받고 있습니다. 어떤 사람들은 설교를 통해 우리의 교리를 소리 높여 비난하고, 다른 사람들은 저술 활동을 통해 공격하고 비웃고 있습니다. 이들은 모두 무지한 대중들로 하여금 우리 교리에 대해 나쁘게 생각할 수 있도록 해주는 것이

---

1. 이 책의 제일 앞에 나오는 전체 서문을 참고하라. 칼뱅은 세 가지를 언급하면서 곧바로 첫 번째에 해당하는 것부터 다루고 있다. 여기서는 본문에서 그 이유를 밝히고 있는 바와 같이 이 가운데서 두 번째에 해당하는 내용에 대해서만 다루고 다른 것들은 생략하고 있다.

라면 뭐든지 샅샅이 찾아 들춰내고 있습니다. 하지만 황제 폐하께 올린 우리의 신앙고백은 세상에 공개된 바이며, 우리가 수많은 가증스러운 비난으로 인해 얼마나 부당하게 괴롭힘을 당했는지를 분명하게 증거해 줍니다. 또한 우리는 현재와 마찬가지로 과거에도 항상 우리 교리에 대해 답변할 준비가 되어 있었습니다. 한마디로, 우리가 공개적으로 고백하는 것 이외에는 아무것도 우리 교회에서 가르치지 않았다는 것입니다. 논쟁이 되고 있는 사항들에 대해 우리 신앙고백에서는 분명하고도 솔직하게 밝히고 있으며, 그와 관련된 모든 것을 자세하게 다루면서 성실하게 해설하고 있습니다. 그러므로 공정한 재판관이라면 우리가 모든 점에서 불경건과는 너무나 거리가 먼 사람들이라는 것을 납득하지 않을 수 없을 것입니다. 확실히 우리 개혁자들이 무지의 깊은 어둠 속에 있던 세상을 흔들어 깨워 성서를 읽게 하고, 성서를 보다 잘 이해할 수 있도록 열심히 애쓰고, 실제적으로 가장 중요한 교리의 의미에 대해 잘 밝혀 줌으로써 교회에 결코 적지 않은 공헌을 해 왔다는 것만은 모든 사람들에게 똑같이 분명한 사실입니다. 설교를 들어 보면 노파들의 넋두리나 그와 비슷한 보잘것없는 가공의 이야기들 외에 별다른 내용이 없었습니다. 학교들에서는 시끄러운 논쟁만 무성하고 성서는 좀처럼 언급되지 않았습니다. 교회의 통치를 맡고 있는 자들이 유일하게 관심을 쏟는 일은 재정 수입의 감소를 막는 일이었고, 따라서 자신들의 금고를 채워 주는 일이라면 무엇이나 아무런 어려움 없이 허락하였습니다. 가장 편파적인 사람들조차도, 아무리 그들이 다른 많은 사항들에 대해서 우리의 교리를 비방한다 할지라도, 우리 측 사람들이 이와 같은 해악을 얼마간 개혁하였다는 것은 인정하고 있습니다.

그러나 저는 우리의 노력이 아무리 교회에 유익을 끼쳤다고 하더라도, 만약 다른 점에서 우리가 교회에 해를 끼쳤다면, 그것이 우리의 잘못을 경감시켜 줄 수는 없다고 생각하고 있습니다. 그러므로 우리의 교리 전체, 성례전을 집행하는 형식, 그리고 교회를 다스리는 우리의 방식에 대해 검토해 보면, 이 세 가지 중 어느 것에서도 우리가 하나님 말씀의 정확한 규범으로 복원하기 위해서가 아니라면 고대의 형식을 바꾼 게 없다는 것을 알게 될 것입니다.[2]

교리에 관한 우리의 논쟁은 모두 하나님에 대한 합당한 예배나, 혹은 구원의 근

---

2. 번역에서는 여기서 한 구절이 생략되었다. *Atque ad redeamus ad illam ante a nobis positam divisionem.*

거와 관련이 있습니다. 전자에 관해서 말하자면, 의심의 여지없이 우리는 사람들에게 하나님을 형식적으로 예배하거나 경솔하게 예배해서는 안 된다고 권고하고 있고, 예배 형식을 제시할 때도 우리는 그 목적을 놓치지 않고 중요한 것을 빠뜨리지도 않습니다. 우리는 하나님의 영광을 이전에 일반적으로 선포되었던 것보다 훨씬 높은 어조로 선포하며, 그분의 영광이 온전하게 보다 잘 빛나도록 하기 위해 성실하게 노력합니다. 우리를 향한 그분의 은혜를 가능한 한 생생하게 칭송하면서, 우리는 다른 사람들로 하여금 그분의 위엄을 존중하고 그분의 위대함에 합당한 경의를 표하고 그분의 자비에 마땅한 감사를 느끼고 그분께 찬양을 드리는 일에 하나가 되도록 합니다. 이렇게 해서 저들 심령에 하나님께 대한 강한 신뢰가 고취되어 결국 기도로 이끌림을 받게 됩니다. 그리고 이로 인해 각 사람은 또한 참된 자기 부정을 배우게 되어 하나님께 순종할 마음을 먹게 되고 자기 자신의 욕망들에 이별을 고하게 됩니다. 요컨대, 하나님께서 자신을 영적으로 예배하라고 우리에게 요구하신 대로 우리는 사람들에게 하나님께서 명하시는 영적인 제사를 드리도록 권고하는 일에 전력을 기울이고 있습니다.

우리가 사람들에게 다음과 같은 것들을 권고하는 데 얼마나 열심인지 우리의 대적자들도 부인할 수 없을 것입니다. 우리는 사람들에게 오직 하나님에게서만 얻을 수 있는 선을 바라보고, 그분의 능력을 신뢰하고, 그분의 선하심을 믿고, 그분의 진리를 의지하고, 마음을 다하여 그분을 향하고, 온전한 희망을 가지고 그분께 의지하고, 필요할 때마다 그분을 떠올리라고, 즉 매순간마다 우리가 누리고 있는 모든 선한 것들이 그분에게서 비롯된 것이라고 여기고, 찬양을 통해 이것을 증거하라고 열심히 권고합니다. 그리고 누구라도 다가서기가 어려워서 단념해서는 안 되므로, 우리는 축복의 온전한 원천이 그리스도 안에서 우리에게 활짝 열려 있고 그 샘에서 우리는 모든 필요한 것들을 얻을 수 있다고 가르칩니다. 우리가 얼마나 자주 그리고 정성을 다해 참된 회개를 권고하고, 사람들로 하여금 자신들의 이성과 세속적인 욕망을 끊어 버리고 자기 자신을 온전히 부인함으로써 오직 하나님께만 순종할 결심을 하라고, 그리고 더 이상 자신들을 위해 살지 말고 하나님을 위해 살라고 촉구하고 있는지에 대해서는 우리의 저작들과 설교가 그 증거입니다. 동시에 우리는 그와 같은 쇄신에 뒤따르는 외적인 책무들과 사랑의 사역들 또한 간과하지 않습니다. 말하건대, 우리가 아는 바에 따르면 이것이야말로 그분께서 인정하시는 확실한 예배입니다. 왜냐하면 이것이야말로 그분의 말씀이 규정하는 바이고, 그분의 인정을 받는 유일한 그리스도교 교회의 제사이기 때문입니다.

그 결과 우리의 교회들에서는 오직 하나님만이 일체의 미신 없는 경건한 의식을 통해 높임을 받고 있고, 그분의 선하심, 지혜, 능력, 진리, 그리고 뛰어남이 다른 어느 곳에서보다 우리의 교회에서 더 충분하게 설파되고 있으며, 우리는 그리스도의 이름에 대한 참된 신앙으로 그분께 기원하고, 그분의 자비를 마음으로 그리고 말로써 찬양하고 있는데, 요컨대 그분의 이름을 거룩하게 하는 것 이외에는 어떠한 일도 이루어지지 않고 있는데도 불구하고, 그리스도인이라 자칭하는 저들은 무슨 이유로 우리에게 그다지도 완강한 태도를 보이는 것입니까? 먼저, 빛보다 어둠을 사랑하기 때문에 저들은 온 세상에서 행해지고 있는 어리석은 우상 숭배를 우리가 우리의 의무대로 날카롭게 공격하는 것을 참을 수 없는 것입니다. 성상들을 만들어 하나님을 예배할 때, 허위에 기반하고 있는 예배를 하나님의 이름으로 제정할 때, 성인들의 상에 기원을 할 때, 그리고 죽은 사람들의 유골에 신적인 영광을 돌릴 때, 이런 것들에 대항해서 그리고 이와 유사한 혐오스러운 것들에 대항해서 우리는 그것들의 본성을 드러내 밝히고 저항합니다. 이런 이유 때문에 우리의 교리를 미워하는 자들은 우리를 호되게 매도하면서, 교회가 오래전에 승인한 하나님 예배를 감히 폐한 이단들이라고 우리를 공격합니다. 저들이 때때로 일종의 방패막이로 내세우고 있는 '교회'라는 말에 관해서는 나중에 간략히 언급하겠습니다. 그런데 이러한 극악무도한 타락상이 명백한데도 그것들을 방어할 뿐만 아니라, 그것들을 하나님께 대한 참된 예배라도 되는 듯 묘사하고 시치미를 떼고 있으니 얼마나 사악한 일입니까!

양측 모두 하나님 앞에서 우상 숭배가 저주스런 범죄임을 고백합니다. 하지만 우리가 성상 숭배를 비난할 때 우리 대적자들은 즉각 반대 입장을 취하고, 우리와 더불어 자신들의 입으로 그 죄악성을 시인한 바 있는 그 범죄 행위를 옹호합니다. 아니, 이보다 더 우스꽝스러운 일은 그리스어로 그 용어에 대해 우리와 합의한 후에, 라틴어로 바꾸자마자 그들이 반대하기 시작한다는 것입니다. 그들은 우상 숭배를 정죄하면서도 성상 숭배는 격렬하게 옹호하는 자들로, 자신들이 성상들에게 돌리는 경의는 예배[3]가 아니라고 주장하는 교활한 자들입니다. 그것을 고대의 우상 숭배와 비교해 보면 거기서 어떤 차이점을 발견할 수 있기라도 한 것처럼 행세합니다. 이전의 우상 숭배자들은 비록 신들을 나타내는 물상들을 통해서이기는 하지만, 자신들이 천상의 신들을 예배하고 있는 것이라고 꾸며 대었습니다. 우리 대적자들이 핑계를 대는 것도 이와 같지 않습니까? 그러나 하나님께서 이러한 변명을 용납하십니까? 이집트인들이 자신들의 신학의 오묘한 수법으로 미묘한 구별을 함으로써 자신들을 가리려고 했을 때, 선지자들이 이 때문에 이집트인들의 광란에 대한 비난을 그만두었습니까? 또한 유대인들이 숭배했던 구리 뱀을 그들이 하나님의 표상으로 섬겨 온 것이라고 생각하지 않고 달리 어떻게 생각할 수가 있습니까? 암브로시우스는 시편 118편 주석에서 이렇게 말하고 있습니다. "이방인들이 나무를 숭배하는 것은 그들이 그 나무를 하나님의 형상으로 생각하기 때문이다. 하지만 하나님의 비가시적인 형상은 보이는 것 속에 있지 않고 보이지 않는 것 안에 특별하게 있다." 오늘날 행해지는 일들은 어떠합니까? 사람들은 마치 하나님이 형상들 안에 있기라도 한 것처럼 그 형상들 앞에 엎드리고 있지 않습니까? 하나님의 능력과 은혜가 그 그림들과 조각상들에 들러붙어 있다고 생각하는 것이 아니라면, 그들이 기도하고 싶을 때 그 형상들에게로 달려가겠습니까?

저는 아직 더욱 극심한 미신들을 언급하지 않았는데, 이러한 미신들은 비단 무지한 자들에게만 국한되지 않고 사회 전반에 스며들어 있습니다. 사람들은 이제 꽃과 화관으로, 예복, 제복, 허리띠, 지갑, 그리고 온갖 종류의 부질없는 것들로 자신들의 우상을 장식합니다. 저들은 우상들 앞에 촛불을 밝히고 향을 피우며, 당당히 어깨에 메고 다닙니다. 크리스토포로스(Christophoros)나 바바라(Barbara)의 형상에 기도할 때, 저들은 주기도문과 천사들의 인사를 중얼거립니다. 형상이 아름다울수록 더 뛰어난 것으로 간주됩니다. 여기에 허구적인 기적 이야기들이 덧붙여집니다. 어떤 형상은 말을 했다고 하고, 다른 형상은 교회에 불이 났을 때 발로 밟아 껐다고 하고, 또 다른 형상은 스스로 새로운 거처로 옮겨 갔다고 하고, 또 다른 형상은 하늘에서 내려왔다고 저들은 꾸며 댑니다. 온 세상이 이러한 망상으로 가득 차 있고, 이러한 사실이 완전히

---

3. 원문에는 *latriae honorem*이라고 되어 있다.

주지의 사실이 되어 버린 상황에서, 한분 하나님에 대한 예배를 그분의 말씀의 규례에 맞게 복원시켰고, 이런 일에 아무런 비난받을 만한 것이 없으며, 우리 교회에서 비단 우상 숭배뿐만 아니라 미신까지도 일소시킨 우리가 하나님의 예배를 범하고 있다는 비난을 받고 있습니다. 우리가 성상 숭배 – 즉 우리 표현대로 하면 idolatry, 우리 대적자들 식으로 하면 *idolodulia* – 를 버렸다는 것이 그 비난의 이유입니다.

그러나 성서 도처에 증거가 명백할 뿐만 아니라, 고대 교회의 전거도 우리를 지지해 줍니다. 더 순수했던 시대의 모든 저술가들은 이방인들 사이에 있었던 형상들의 남용에 대해 오늘날 목격되고 있는 것들과 별반 다를 게 없는 모습으로 기술하고 있습니다. 그리고 그 주제에 관해 살펴보고 그 시대 사람들에게 비난한 내용들이 오늘날에도 그대로 적용될 수 있습니다. 우리가 성인들의 유골과 유물들, 그리고 성상들을 버린다는 이유로 그들이 우리를 비난하고 있는데, 이에 대해서는 쉽게 답할 수 있습니다. 이런 것들 중에 어떤 것도 구리 뱀보다 더 가치 있는 것으로 여겨질 수 없고, 또 그것들을 제거하는 이유들이 히스기야가 그 구리 뱀을 깨뜨린 이유들 못지않게 타당한 것들이기 때문입니다. 사람들을 빠져들게 만드는 그 근원을 뿌리째 뽑아 버리지 않고서는, 지금 사람들의 마음을 사로잡고 있는 우상 숭배광증(idolomania)이 치유될 수 없음이 분명합니다. 그리고 우리는 성 아우구스티누스가 다음과 같이 말하고 있는 바가 확실한 진리라는 것을 너무나 절감하고 있습니다(*Ep.* 49). "성상이 귀 기울이고 있다는 관념에 깊이 통감하지 않은 채 성상에게 기도하고 예배하는 자는 아무도 없다." 이와 마찬가지로(*Psalm* 115:4) "입, 눈, 귀, 그리고 발을 지니고 있는 성상들은 불행한 영혼을 바로잡기보다는 그릇 인도하기가 더 쉬운데, 그것은 그 성상들이 말하지도, 보지도, 듣지도, 걷지도 못하기 때문이다." 또한 "그러한 외형을 갖추게 함으로써, 육체 가운데 사는 영혼은 자기 육체와 비슷하게 보이는 육체가 분명히 비슷한 지각 능력을 지니고 있을 것이라고 생각하게 된다." 유물 문제에 관해서는 세상이 얼마나 뻔뻔하게 기만당했는지 거의 믿지 못할 정도입니다. 저는 우리 주님의 할례에 대해서 세 가지 유물을 언급할 수 있습니다. 그분을 십자가에 못 박은 못은 세 개인데 14개의 못이 전시되고 있고, 병사들이 제비 뽑은 솔기 없는 옷이라는 유물도 웃옷만 세 벌이 있고, 십자가 위에 놓였던 명패는 두 개가 있고, 우리 주님 옆구리를 찌른 세 개의 창이 있으며, 무덤에서 그분의 몸을 감쌌던 세마포는 약 다섯 개 정도입니다. 게다가 그들은 성만찬 제정 때에 사용되었던 물품들까지 모두 보여 주는데, 이와 유사한 속임수는 수없이 많습니다. 유명한 성인치고 유골이 두세 개 없는 사람은 아무도 없습니다. 저는 경석(輕石) 한 덩어리를 오랫동안 베드로의 두개골로 숭배하고 있는 곳이 어딘지 말할 수 있습니다. 더 형편없는 경우들을 언급하는 것은 제 체면이 허락하지를 않습니다. 그러므로 우리가 하나님의 교회를 그러한 부패로부터 깨끗하게 하기 위해 노력했다는 이유로 우리를 비난하는 것은 부당합니다.

하나님 예배에 관해, 우리의 적대자들은 이제 우리가 위선일 뿐인 공허하고 유치한 관례들을 버리고 하나님을 보다 단순하게 예배한다는 이유로 우리를 비난합니다. 우리가 하나님에 대한 영적인 예배를 조금도 손상시키지 않았다는 것은 사실이 증명하는 바입니다. 아니, 영적인 예배가 상당하게 폐절되었을 때, 우리는 그것을 그 이전의 본모습으로 회복시켰던 것입니다. 이제 우리에게 가해진 공격이 정당한 것인지 아닌지 살펴보도록 합시다. 교리에 관해 저는 우리가 선지자들과 한편이라고 주장합니다. 왜냐하면 우상 숭배를 비판할 때를 제외하고는 그들이 하나님에 대한 예배가 외적인 시늉에 있다고 잘못 생각하는 백성들을 나무랄 때보다 더 날카롭게 나무랐던 적은 없기 때문입니다. 그렇다면 그 선지자들이 주장하는 요지는 무엇입니까? 하나님이 의식 그 자체는 중요하게 생각지 않으시고 거기에 아무런 가치도 두지 않으시고 내면의 신앙과 진리를 기대하신다는 것과, 그분이 명하시는 유일한 것은 그 의식들이 순수한 신앙, 기도, 찬양의 행위가 되어야 한다는 것이고, 그러한 의식이 될 때 그분께서 인정하신다는 것입니다. 모든 선지자들의 글은 이러한 취지에 대한 증언으로 가득합니다. 제가 이미 밝혔듯이 선지자들이 이 일보다 더 열심을 기울인 일은 아무것도 없습니다. 우리 개혁자들이 출현하였을 때 세상이 그 어느 때보다 더 눈멀어 있었다는 것은 철면피가 아닌 이상 누구라도 부인할 수 없는 사실입니다. 그러므로 이러한 선지자적인 책망을 통해 사람들을 권고하여 강권적으로 그들을 저러한 광기로부터 벗어나게 만들어, 그들로 하여금 마치 아이들이 쇼를 보고 기뻐하듯이 하나님이 단지 예배 의식만으로 만족하실 것이라고는 더 이상 생각하지 않도록 하는 일이 절대적으로 필요하였습니다. 하나님에 대한 영적인 예배를 가르치고, 사람들의 마음에서 거의 사라져 버린 이 교리를 촉구하는 일 또한 마찬가지로 필요한 일이었습니다. 지금까지 우리는 이 두 가지 일을 충실하게 수행해 왔고 그것은 지금도 마찬가지인데, 우리의 저작들과 설교가 이를 분명하게 증거해 줍니다.

예배 의식들 자체를 통렬히 비판하고 또한 그것들 가운데 상당 부분을 철폐하는 데 있어, 우리는 우리와 선지자들 사이에 얼마간 차이가 있다는 것을 고백합니다. 선지자들은 하나님께 대한 예배를 사람들이 외적인 의식들에 제한한다고 비난하였지만, 그래도 그 의식들은 여전히 하나님께서 직접 제정하신 것들이었습니다. 우리가 비판하고 있는 것은 인간이 고안해 낸 쓸데없는 것들에도 똑같은 영광이 돌려지고 있다는 점입니다. 그들은 미신을 비난하면서도, 하나님께서 명하셨고 교육상 유용하고 적절한 수많은 의식들에 대해서는 언급을 피하였습니다. 그러나 우리는 어느새 스며들었거나 남용되고 있음이 분명한, 더욱이 시대에 부합되지 않는 여러 의식들을 바로잡기 위해 노력해 왔습니다. 만약 우리가 모든 것을 혼란에 빠뜨릴 생각이 아니라면 우리는 구약 시대와 신약 시대의 구별을 잊어서는 안 되며 율법 아래서는 지키는 것이 유익했던 의식들이 이제는 불필요할 뿐 아니라 사악하고 터무니없는 일이라는 것도 결코 잊어서는 안 됩니다. 그리스도께서 오시지 않아 아직 분명하게 드러나지 않았을 때 의식들은 그분의 그림자를 비춰 주어 믿는 자들의 마음속에 그분의 강림에 대한 소망을 심어 주었습니다. 하지만 그분의 영광이 뚜렷이 현존하고 있는 지금, 의식들은 단지 그 영광을 흐릿하게 할 뿐입니다. 그리고 우리는 하나님께서 행하신 것이 무엇인지 알고 있습니다. 그분께서 잠시 동안 명하셨던 의식들을 이제 그분께서 영원히 폐지하셨습니다. 바울은 그 이유를 이렇게 설명합니다. 먼저, 본체가 그리스도에게서 나타났으므로 표상은 당연히 물러나야 한다는 것이고, 둘째, 하나님께서 이제 자신의 교회를 다른 방법으로 가르치고자 하신다는 것입니다(갈 4:3 이하; 골 2:8, 16, 17). 하나님 자신이 교회에 부가하셨던 속박으로부터 교회를 자유롭게 하셨는데, 사람들에게 이전의 것들 대신에 새로운 속박을 요구하는 것보다 더 잘못된 일이 뭐가 있겠습니까? 하나님께서 일정한 섭리를 정하셨는데, 그에 상반되는 것, 그리고 그분께서 공개적으로 부인하시는 것을 세우고자 하는 것은 얼마나 주제넘은 짓입니까! 하지만 모든 것 가운데 최고로 사악한 것은 하나님께서 인간이 만든 모든 형태의 예배를 그렇게 자주, 그리고 그렇게 엄격하게 금하셨는데도 불구하고 그분께 드려진 예배는 온통 인간적인 고안물들로 가득 찬 예배뿐이라는 것입니다. 그렇다면 우리 대적자들이 이 점에 있어서 우리가 종교를 헛된 것으로 만들었다고 소리치는 근거는 무엇입니까? 먼저, 그리스도께서 인간의 전통으로써 하나님을 예배하는 것은 헛되다고 선포하시면서 가치 없는 것으로 무시하지 않은 것들을 우리는 결코 경홀하게 대하지 않았습니다. 헛된 예배로 사람들이 자신들의 고통에서 벗어나는 효력이라도 있었다면 사태는 아마도 좀 더 견딜 만했을 것입니다. 하지만 제가 알고 있는 바로는 하나님께서 많은 성서구절들을 통해 자신의 말씀으로 재가받지 못한 어떠한 새로운 예배도 금하고 있고, 그분께서는 그러한 예배를 만들어 내는 주제넘은 행동에 대해서 크게 진노하신다고 선포하시면서, 그러한 행동을 중벌로 다룰 것이라고 경고하고 있기 때문에, 우리가 도입한 종교 개혁은 강력한 필요성에 의해 요청된 바라는 점이 명백합니다.

하나님께서는 인간 이성에 의해 고안된 예배와 연관된 모든 것을 거부하고 심지어 혐오하신다는 것을 세상 사람들에게 납득시키는 것이 얼마나 어려운 일인지 저는 모르지 않습니다. 이러한 오류는 갖가지 이유들에 기인하는데, 옛 속담에도 있듯이 "모두가 자기 것은 더 낫게 여기는 것입니다." 그래서 우리 자신의 머리에서 나온 것들이 우리를 만족시키며, 바울이 말하듯이 이러한 허구적인 예배가 종종 지혜 있는 것처럼 보입니다(골 2:23). 게다가 그것들은 대부분 우리의 눈을 즐겁게 하는 외적인 화려함을 지니고 있기 때문에 오직 하나님께서 요구하고 허용하시는 겉치레가 덜 화려한 것보다 더 우리의 육적인 본성에 맞는 것입니다. 하지만 위선만큼이나 인간의 분별력을 가리고 이 문제에 대해 잘못 판단하게 하는 것은 아무것도 없습니다. 마음과 정신을 바치는 것이 참된 예배자의 의무인데도, 사람들은 항상 이와는 완전히 달리 하나님을 섬기는 방식을 고안해 내고 싶어 하며, 이들이 바라는 바는 그분께 몸은 순종시켜 의무를 수행하면서도 그 정신은 자기 자신들이 그대로 유지하는 것입니다. 더욱이 이들은 그분께 외적인 허세를 들이대고는 이러한 책략으로써 자기 자신들을 바쳐야 하는 불가피성을 모면했다고 생각합니다. 그리고 이것이야말로 이들이 아무런 한계도 없이 그리고 목적도 없이 자신들을 무참하게 지치게 하는 무수한 의식들을 감수하는 이유이고, 순전한 영과 진리로 하나님을 예배하기보다는 영원한 미로 속에서 헤매고자 하는 이유이기도 합니다.

그러므로 우리가 안일과 방종으로써 사람들을 꾀어낸다는 우리 대적자들의 비난은 순전히 중상모략입니다. 만약 선택할 수 있는 문제라면 육적인 인간이 우리의 교리에 따라 하나님을 예배하는 데 동의하는 것보다 더 선호되지 않을 것은 아무것도 없기 때문입니다. 신앙과 회개라는 낱말을 사용하는 것은 쉽지만 그것을 행하는 것은 너무나 어려운 일입니다. 그러므로 하나님께 대한 예배가 신앙과 회개 가운데 있다고 믿는 사람은 절대로 규율의 고삐를 느슨하게 하는 일 없이, 사람들이 들어서기를 가장 주저하는 길로 그들을 이끕니다. 이에 대해서 우리는 사실에 기반하고 있는 가장 함축적인 증거를 가지고 있습니다. 마음에 대해서 아무런 언급도 하지 않는다면, 사람들은 감히 수많은 엄격한 법률들에 의해 속박당하고 수많은 고행들을 강요당하고 가혹하고 무거운 멍에를 매고자 할 것입니다. 요컨대, 그들이 감당하지 못할 골칫거리는 없습니다. 그러므로 우리 설교의 끊임없는 주제인 영적인 진리보다 인간의 정신이 더 싫어하는 것은 아무것도 없고, 우리 대적자들이 강력하게 주장하는 번쩍이는 현란함보다 인간의 정신이 더 몰두하고 있는 것도 없는 것 같습니다. 하나님의 위대하심이 우리를 강권해서 우리는 그분을 전적으로 예배하지 않을 수 없습니다. 그렇기 때문에 우리가 그분을 예배하는 의무에서 벗어날 수 없으므로 우리에게 남아 있는 유일한 길은 그분 앞으로 직접 나아가지 않아도 되도록 간접적인 대체물을 찾아내거나, 아니면 그럴 듯한 가면을 쓰는 것과 같은 외적인 의식들을 통해 우리가 마음의 내적인 사악함을 감추는 것입니다. 그리고 우리가 우리 마음을 그분께 드리지 않아도 되도록 육체적인 순종을 마치 칸막이처럼 중간에 끼워 넣는 것입니다. 세상은 이와 같은 도피구를 결코 버리려 하지 않으며, 저들이 숨어서 안심하고 하나님을 기만하던 곳에서 우리가 그들을 바깥 밝은 곳으로 끄집어 내었다고 해서 우리를 큰소리로 비방합니다.

기도에 대해서 우리는 세 가지 점을 개선하였습니다. 우리는 성인들의 중보를 폐기시키고 사람들을 그리스도에게로 되돌려 놓았습니다. 그래서 사람들은 그리스도의 이름으로 아버지 하나님께 간구하고, 그리스도를 중보자로 신뢰할 수 있게 되었고, 우리는 그들에게 먼저 확신을 가지고 기도하도록, 그리고 두 번째로 이전처럼 알 수 없는 말로 혼란스러운 기도를 중얼거리는 대신에 제대로 깨닫고 기도하도록 가르쳤습니다. 여기서 우리는 즉시 성인들을 상대로 오만불손하게 행동했다는 이유로, 그리고 신자들에게서 값을 헤아릴 수 없는 특권을 빼앗았다는 이유로 신랄한 비판을 받고 있습니다. 이러한 비난들은 아무 근거도 없습니다. 그리스도의 직무를 성인들에게 돌리는 것을 막는 것은 결코 그들에 대한 명예 훼손이 아닙니다. 그리고 인간의 잘못으로 인해 부당하고도 무분별하게 성인들에게 주어진 영예 이외에 우리가 저들에게서 빼앗은 영예는 아무것도 없습니다. 저는 분명하게 지적될 수 없는 것은 어떤 것도 언급하지 않을 것입니다. 먼저, 기도하려고 할 때 사람들은 하나님이 아주 멀리 있다고 상상하고, 누군가 보호자가 인도해 주지 않으면 그분께 다가갈 수 없다고 생각합니다. 이런 잘못된 생각이 비단 배우지 못한 사람들 사이에서만 통용되고 있는 것은 아니고, 그들의 지도자로 여길 수 있는 사람들조차도 이런 생각을 갖고 있습니다. 그런데 보호자들을 찾는 데 있어 모든 사람들은 각자 나름의 취향을 좇고 있습니다. 어떤 사람은 마리아를, 또 다른 사람은 미카엘을, 또 다른 사람은 베드로를 택합니다. 그리스도는 좀처럼 그 목록에 넣지 않습니다. 그리스도가 중재자로 불려지는 것을 듣고 경이로워하면서 놀라지 않을 사람은 백 명에 한 명이 될까 말까 합니다. 그러므로 저들은 모두 그리스도는 지나쳐 버리고 성인들의 보호에 의존합니다. 그래서 미신이 점차로 스며들어 와서 사람들은 마치 하나님께 하듯이 무분별하게 성인들에게 간구하기까지 이른 것입니다. 실로 그들이 보다 분명하게 말하고 싶을 때 그들이 성인들에게 요구할 수 있는 것은 기도로써 하나님 앞에서 자신들을 도와 달라는 것뿐이라는 점을 저는 밝힙니다. 하지만 아주 빈번하게, 이러한 구별을 혼동한 채, 그들은 순간순간 마음 내키는 대로 어떤 때는 하나님께, 그리고 또 다른 때는 성인들에게 간구하고 있습니다. 거기다가 성인들마다 제각기 특별한 분야를 맡고 있습니다. 어떤 성인은 비를 내리고, 다른 이는 좋은 날씨를, 또 다른 성인은 몸의 열을 내리게 하고, 또 파멸에서 구해 줍니다. 하지만 모든 교회에 팽만한 이러한 불경한 이교적 망상들을 하나도 언급하지 않더라도 그 모든 불경건에 버금갈 만한 불경건이 있으니, 곧 많은 사람들이 여기저기서 중재자를 청하는 데 있어서, 하나님께서 공표하신 유일한 분인 그리스도를 무시하고 신적인 보호보다는 성인들의 보호에 더욱 의지한다는 것입니다.

그렇지만 우리를 비난하는 자들, 그들 가운데 비교적 공정성을 존중하는 자들까지도 우리가 기도에서 죽은 성인들에 대한 언급을 완전히 폐기한 것은 지나쳤다고 우리를 비난합니다. 하지만 그들은 도대체 어떤 근거에서, 최고의 선생인 그리스도와 선지자들과 사도들께서 세우신 규칙을 신실하게 지키고 성령께서 성서에서 가르치신 것이나 하나님의 종들이 태초부터 사도들의 시대까지 시행해 온 것들을 간과하지 않은 것이 죄라고 자기들 멋대로 말하는 것입니까? 성령께서 올바른 기도법에 관해 규정할 때보다 더 세심하게 지시하시는 예는 찾아보기 어려우며, 죽은 성인들에게 의지하라고 가르치는 말은 한마디도 없습니다. 신자들이 올린 많은 기도문들이 남아 있습니다. 그 가운데 어떤 것도 그런 식으로 죽은 성인들에게 호소하는 내용을 담고 있지 않습니다. 사실 때때로 이스라엘 사람들은 하나님께 아브라함, 이삭, 야곱, 그리고 다윗과 같은 사람들을 기억해 달라고 간청하였습니다. 하지만 그들이 이런 언급을 한 것은 하나님께서 그들과 맺은 언약을 잊지 말고 약속에 따라 그 자손들을 축복해 달라는 뜻이었습니다. 종국적으로 그리스도 안에서 확증될 이 은혜의 언약을 그들과 같은 거룩한 조상들이 자신들의 이름으로, 그리고 그 후손들의 이름으로 받았기 때문입니다. 그러므로 이스라엘 교회의 신자들은 조상들을 언급함으로써 죽은 자들의 중재를 구한 것이 아니라 약속, 곧 그리스도께서 충만히 확증하실 때까지 그들에게 맡겨진 약속에 호소한 것입니다. 그렇다면 하나님께서 권고하신 기도의 형식을 버리고, 어떠한 지시도 받은 바 없이 그리고 어떠한 모범도 없이, 기도에 성인들의 중재를 도입하는 것은 얼마나 터무니없고 얼빠진 일입니까? 그러나 이 점을 간략하게 마무리 짓기 위해, 저는 바울이 천명하고 있는 내용, 즉 믿음에서 나오지 않은 기도는 진정한 기도가 아니고, 믿음은 하나님의 말씀에서 나온다(롬 10:17)는 주장에 입각하고자 합니다. 제가 잘못 파악한 것이 아니라면, 이러한 말로써 바울은 하나님의 말씀만이 기도를 위한 유일하고 확실한 기반이 된다는 것을 분명하게 밝혔습니다. 그리고 그는 다른 곳에서 우리 평생의 모든 행위가 믿음, 즉 양심의 확신에 의해 이루어져야 한다고 말하면서, 이것이야말로 다른 어떤 것에서보다 특별히 기도에서 필수 요건이 된다고 밝히고 있습니다. 그렇지만 이 문제에 있어 보다 결정적인 것은 바울이 기도는 하나님의 말씀에 달려 있다고 천명할 때입니다. 왜냐하면 이것은 마치 하나님께서 사람들에게 기도할 말을 집어넣어 주실 때까지 모든 사람으로 하여금 그 입을 열지 못하도록 그가 금지한 것과 마찬가지이기 때문입니다. 이것이 우리에게는 굳건한 벽이 되어 주며, 모든 지옥의 권세가 이 울타리를 허물려고 아무리 노력해도 무위에 그치고 말 것입니다. 오직 하나님께만 기원하라는 분명한 명령이 있기 때문에, 또한 한분 중보자가 제시되었고, 그분의 중보가 우리의 기도를 도우시기 때문에, 더욱이 우리에게 약속이 주어져서 우리가 그리스도의 이름으로 무엇이든지 구하면 얻을 것이기 때문에,

우리가 사람들이 고안한 하찮은 것들보다 하나님의 확실한 진리를 좇으면 사람들이 우리를 너그럽게 받아 줄 것입니다.

기도에 죽은 자들의 중재를 끌어들여서 자신들이 구하는 것을 보다 쉽게 얻고자 하는 자들은 두 가지 중 하나를 입증해야 할 의무를 지닙니다. 즉 하나님의 말씀을 통해 그렇게 배웠다는 것을 입증하든지, 아니면 사람들이 자기 멋대로 기도할 권리를 가지고 있음을 증명하든지 해야 할 것입니다. 하지만 전자의 경우에, 그들이 성서에서 어떤 근거도 찾지 못했을 뿐 아니라 그런 중재에 대한 어떤 공인된 선례도 갖고 있지 못합니다. 한편 후자의 경우에, 바울은 하나님의 말씀을 통해 기도하는 법을 배운 사람들을 제외하고는 그 누구도 하나님께 간구할 수 없다고 천명하고 있습니다. 사람들이 기도할 때 경건한 마음이 생기도록 해 주는 확신이 바로 여기에 달려 있습니다. 세상 사람들은 하나님께 탄원하면서도 그 성공에 대해서는 반신반의합니다. 이것은 그들이 약속을 신뢰하지도 않고, 자신들이 구하는 바를 확실히 얻게 해 줄 중보자를 가진다는 것이 어떤 의미인지 이해하지 못하기 때문입니다. 더욱이 하나님께서는 아무 의심 없이 나아오라고 우리에게 명하십니다(마 21:22). 따라서 참된 신앙에서 나오는 기도는 하나님께 은혜를 입는 반면, 불신을 수반한 기도는 오히려 하나님을 우리에게서 멀어지게 합니다. 이것이 바로 참된 간구와 이방인들의 신성 모독적이고 종잡을 수 없는 기도를 구별 짓는 올바른 표지입니다. 실로 믿음이 부족한 곳에서 기도는 신성한 예배이기를 그칩니다. 야고보도 다음과 같이 이에 대해 언급하고 있습니다. "누구든지 지혜가 부족하거든 하나님께 구하게 하라. 하지만 오직 믿음으로 구하고 조금도 의심하지 말게 하라. 의심하는 자는 마치 바람에 밀려 요동하는 바다 물결 같다"(약 1:6). 참된 중보자이신 그리스도에 대해 아무런 관심도 없는 사람이 불안과 불신 가운데 요동치는 것은 조금도 놀라운 일이 아닙니다. 바울이 말하고 있는 바대로(롬 5:2; 엡 2:18), 우리가 담대하게 확신을 가지고 아버지 하나님께 나아갈 수 있는 것은 오직 그리스도를 통해서일 뿐입니다. 그러므로 우리는 사람들에게 그리스도께 나아가면 이전에 하던 것처럼 기도 중에 더 이상 의심하지도 말고 동요하지도 말고, 주님의 말씀을 전적으로 의지하라고 가르칩니다. 하나님의 말씀은 한번 영혼을 꿰뚫으면 신앙을 방해하는 모든 의심을 멀리 물리칩니다.

저는 앞에서 우리가 기도에 있어 세 가지 점을 개선했다고 밝혔는데, 이제 그 세 번째 문제를 지적할 차례입니다. 사람들이 일반적으로 이해할 수 없는 말로 기도를 하기에, 우리는 그들에게 이해할 수 있는 말로 기도하라고 가르쳤습니다. 그래서 모든 사람들은 개인적인 기도를 할 때 자신이 하나님께 무엇을 구하고 있는지 알고 기도하도록 가르침을 받았습니다. 그리고 우리 교회에서 공중 기도는 모든 회중들이 이해할 수 있는 말로 이루어졌습니다. 비록 이 문제에 대해 하나님께서 아무런 가르침도 주시지 않았다고 할지라도, 이것은 마땅히 그래야만 하는 자연적인 이성의 명령입니다. 기도의 목적은 하나님으로 하여금 우리의 필요를 아는 증인이 되게 하는 것, 말하자면 우리의 심정을 그분 앞에 쏟아 내는 것이기 때문입니다. 아무런 생각이나 지성 없이 혀를 움직이는 것보다 더 이 목적과 모순되는 것은 아무것도 없습니다. 그런데도 이런 어리석은 일들이 너무나 자행되어, 대중적인 말로 기도하는 것은 대체로 경건을 범하는 것으로 간주되었습니다. 저는 주기도문을 라틴어 이외의 다른 언어로 봉독한 자들을 투옥과 호된 고행으로 위협했던 한 추기경의 이름을 거론할 수도 있습니다. 그렇지만 일반적으로 사람들이 믿는 바는, 사람이 집에서 기도할 때 궁극적인 목표가 기도하는 데 있으면 그가 어떤 언어로 기도하든지 문제 될 게 없지만, 교회에서는 예배의 위엄을 위해 라틴어로 기도해야 한다는 것입니다.

제가 앞서 말했듯이, 아무런 의미도 없이 혀에서 떨어져 나오는 소리들로 하나님과 대화하려고 마음먹는 태도에는 뭔가 기괴한 것이 있는 것 같습니다. 비록 하나님께서 자신의 불만족을 표명하지 않았다고 하더라도, 달리 가르쳐 주는 자가 없이도 자연 그 자체가 그것을 거부하고 있습니다. 게다가 하나님께서 그러한 고안물을 얼마나 싫어하시는지 성서의 전체적인 흐름에서 추론해 내기는 쉬운 일입니다. 교회에서의 공중 기도에 관해서, 바울이 말하고 있는 바는 분명합니다. 만일 알 수 없는 말로 축복한다면 무지한 자들은 아멘이라고 대답할 수 없습니다(고전 14:16). 그리고 이러한 잘못된 관습을 처음 도입한 자들이 종국에는 뻔뻔하게도 바울이 말할 수 없을 정도로 어처구니없는 일이라고 간주하는 바로 그것을 기도의 위엄에 결정적인 것이라고 주장하였다니 더더욱 기괴한 일입니다. 우리 교회에서는 모두가 대중적인 언어로 공동으로 기도하고 남자와 여자가 차별 없이 시편을 노래하는데, 이러한 방식을 우리의 대적자들이 원한다면 조롱해도 좋습니다. 성령께서 하늘로부터 우리의 증인이 되어 주시며, 다른 곳에서 내뱉는 혼란스럽고 의미 없는 소리들을 물리쳐 주실 것입니다.

두 번째로 중요한 교리, 즉 구원의 근거와 구원을 얻는 방법에 관한 교리에 대해서는 많은 논란이 제기되고 있습니다. 우리가 인간 자신에게는 죄와 죽음밖에 없으므로 자기 자신을 벗어나 오직 그리스도 안에서 생명을 구하라고 말하면, 즉각 의지의 자유와 능력을 언급하면서 반론이 제기됩니다. 만약 인간에게 하나님을 섬길 수 있는 고유의 능력이 조금이라도 있다면, 인간은 전적으로 그리스도의 은혜를 통해 구원을 얻지 않고, 부분적으로는 자기 자신이 구원을 취하게 됩니다. 반면에, 온전한 구원이 그리스도의 은혜에 기인한다면, 할 일이 아무것도 없는 인간은 구원을 얻기 위해 스스로를 도울 수 있는 아무런 힘도 없는 것입니다. 그렇지만 비록 우리의 대적자들이 인간이 모든 선한 행동을 하는 데 있어 성령의 도움을 받는다는 것을 인정한다고 할지라도, 그럼에도 불구하고 그들은 선행이 이루어지는 데 있어서 인간이 얼마간 역할 분담을 한 것이라고 주장합니다. 이들이 이런 주장을 하는 것은 우리 최초의 조상들의 타락으로 인해 우리의 본성에 얼마나 깊은 상처가 생겼는지를 이해하지 못한 탓입니다. 의심의 여지없이 저들도 우리와 함께 원죄의 교리를 신봉하고 있지만 그 효력에 대해서는 수정을 가하여, 인간의 능력이 단지 약화되었을 뿐이고 완전히 소멸된 것은 아니라고 주장하고 있습니다. 따라서 저들의 견해는 태초의 타락으로 인해 오염된 인간이 그 능력이 약화되어 바르게 행동할 수 없게 되었지만, 하나님의 은혜의 도우심을 받은 인간은 뭔가 공헌할 수 있는 자기 자신만의 것을 지니고 있다는 것입니다. 우리는 비록 인간이 성령의 인도하심을 받을 때에도 자발적으로, 그리고 자유 의지에 따라 행동한다는 것을 부인하지는 않지만 인간의 전체적인 본성은 너무나 악행에 물들어서 스스로 바르게 행동할 수 있는 어떤 능력도 지니고 있지 않다고 주장하는 바입니다. 따라서 우리는 우리의 교리에 반대하는 자들과 아주 거리가 멉니다. 그들은 인간을 온전히 겸손하게 하지도 않고, 중생의 축복을 제대로 평가하지도 않지만, 우리는 인간을 완전히 부복시켜 영적인 의로움과 관련하여 자신이 얼마나 부족한 자인지 깨닫게 하고, 하나님에게서 그것을 부분적으로가 아니라 전적으로 구하는 법을 배우게 합니다. 공정한 판단을 내리지 않는 일부 사람들은 우리를 너무 지나친 것으로 여기겠지만, 우리 교리에는 불합리한 것이나, 성서나 고대 교회의 전체적인 합의에 위배되는 것이 없습니다. 오히려 우리는 별 어려움 없이 우리의 교리가 아우구스티누스의 입에서 나온 문구와 똑같은 것임을 입증할 수 있습니다. 따라서 어느 정도 건전한 판단을 내리는 몇몇 사람들이 다른 점에서는 우리의 주장에 부정적이면서도 이 점에 관해서는 감히 우리에게 대적하려고 하지 않습니다. 제가 이미 언급했듯이 우리는 오직 이 점에서, 즉 인간에게 자신의 궁핍과 나약함을 납득시킴으로써 참된 겸손을 보다 효과적으로 가르치고, 그래서 사람들로 하여금 일체의 자기 과신을 내려놓고 자신을 전적으로 하나님께 의탁하도록 이끈다는 점에서 다른 사람들과 다르다는 것이 확실합니다. 그리고 우리는 자신이 소유하고 있는 모든 선한 것을 하나님의 은혜로 돌리도록 함으로써 감사할 줄 아는 인간으로 가르치는 데도 보다 효과적입니다. 반면에 저들은 인간이 자신의 능력에 대해 그릇된 생각을 가지도록 도취시켜 그의 파멸을 재촉하고, 하나님을 상대로 불경건한 교만을 갖게 하여 자신의 의로움에 대해 하나님께 영광을 돌리기는 하지만, 자기 자신에게 돌리는 영광보다 조금도 크지 않게끔 합니다. 이러한 오류들에다가 저들은 세 번째 오류를 더합니다. 즉 인간 본성의 타락에 관한 저들의 논의에서, 저들은 통상적으로 보다 추잡한 육체적인 욕망들에 대한 언급에서 갑자기 멈추고, 보다 깊숙이 자리 잡은 더 치명적인 질병들에 대해서는 다루지 않습니다. 그래서 저들의 학교에서 훈련을 받은 사람들은 최악의 범죄들에 대해서도 그것들이 감춰져 있기만 하면 마치 아무 죄도 아닌 양 자신들을 쉽게 용서하는 것입니다.

다음 문제는 행위의 가치와 공적에 관한 것입니다. 우리 양측은 다 선행에 대해서는 그에 합당한 칭찬을 돌리고, 하나님께서 그에 대한 보상을 예정해 두셨음을 부인하지 않습니다. 하지만 우리는 세 가지 유보 조항을 두고 있으며, 바로 여기에 구원 사역에 관한 우리의 남은 논쟁이 달려 있습니다.

첫째로, 우리가 주장하는 바는 한 사람의 행위가 어떠하든 그가 하나님 앞에서 의롭다 여김을 받는 것은 오로지 값없이 주시는 자비에 근거한다는 것입니다. 왜냐하면 하나님께서는 사람의 행위와는 전혀 상관없이 그리스도의 의로움을 마치 인간 자신의 것인 양 그에게 귀속시킴으로써, 그를 아무런 값없이 그리스도 안에 받아들이시기 때문입니다. 우리는 이것을 믿음으로 말미암는 의라고 말합니다. 이때 인간은 행위에 대한 모든 확신을 벗어 버리고, 자신이 하나님께 용납되는 유일한 근거가 자신에게는 결여되어 있는 의로움이고, 이 의를 그리스도에게서 빌려 온 것임을 확신하게 됩니다. 인간이 부분적으로 결함이 있기는 하지만 행위를 통해서 얼마간 하나님의 은혜를 입을 만하다고 생각한다는 점에서 세상은 항상 잘못을 범하고 있습니다(이러한 오류는 거의 모든 시대에 팽배해 왔습니다). 하지만 성서는 "이 율법의 말씀을 실행하지 아니하는 자는 저주를 받을 것이라"고 선포합니다. 행위로 판단을 받는 자들은 모두 필연적으로 이 저주 아래 놓이게 됩니다. 행위에 대한 모든 확신을 완전히 끊어 버리고 그리스도로 옷 입으며 하나님이 값없이 주시는 용납하심을 통해 그리스도 안에서 의롭다 함을 입는 자만이 이 저주에서 벗어날 수 있습니다. 그러므로 우리 의로움의 근거는 하나님이 우리의 행위를 보시지 않고 오직 그리스도만 보시고 우리를 그 자신과 화해시키시고, 값없이 우리를 택하사 우리를 진노의 자식이 아니라 그분 자신의 자녀로 삼아 주신다는 사실입니다. 하나님께서 우리의 행위를 보신다면 그분은 우리를 사랑해야 할 아무런 이유도 찾을 수 없습니다. 따라서 우리의 죄를 덮고 하나님의 불꽃같은 눈 앞에 유일하게 설 수 있는 그리스도의 순종을 우리에게 귀속시킴으로 그리스도의 공로를 통해 우리를 의롭다 하시는 것입니다. 이것이 바로 바울이 말하는바 "율법과 선지자들에게 증거를 받은"(롬 3:21) 성서의 분명하고도 변하지 않는 교리입니다. 이보다 더 분명한 율법을 바랄 수는 없다고 복음도 말하고 있습니다. 바울은 율법의 의를 복음의 의와 대비시켜 전자를 행위에, 후자를 그리스도의 은혜 위에 두고 있습니다(롬 10:5 이하). 그는 우리가 하나님 앞에서 의롭다 여김을 받는 것이 한편으로는 행위에, 다른 한편으로는 그리스도에게서 기인하는 것이라고 나누지 않고, 온전히 그리스도에게만 그 원인을 돌립니다.

여기서 두 가지 질문이 생깁니다. 먼저, 우리 구원의 영광을 나누어 일정 부분 우리 자신에게 돌릴 수 있는가 하는 것이고, 둘째는 우리의 양심이 하나님 앞에서처럼 행위를 확실하게 신뢰할 수 있는가 하는 것입니다. 첫 번째 질문에 대해 바울은 이렇게 말합니다. "모든 입을 막고 온 세상으로 하나님의 심판 아래에 있게 하려 함이라. … 모든 사람이 죄를 범하였으매 하나님의 영광에 이르지 못하더니 그리스도 예수 안에 있는 속량으로 말미암아 하나님의 은혜로 값없이 의롭다 하심을 얻은 자 되었느니라. … 자기의 의로우심을 나타내사 자기도 의로우시며 또한 예수 믿는 자를 의롭다 하려 하심이라"(롬 3:19 이하). 우리는 바울의 이 설명을 충실히 따르지만, 우리 대적자들은 어떤 의미로든 인간 자신의 행위를 높여 주지 않는 하나님의 은혜만으로 의롭게 되는 것이 아니라고 주장합니다.

두 번째 질문과 관련하여, 바울은 "만일 율법에 속한 자들이 상속자이면 믿음은 헛것이 되고 약속은 파기되었다"고 말하면서, "믿음으로 그 약속이 모든 후손에게 굳게 될 것이라"(롬 4:14, 16)고 결론을 내립니다. 바울은 다시금 "우리가 믿음으로 의롭다 하심을 얻어 하나님으로 더불어 화평을 누리므로"(롬 5:1), 더 이상 그의 임재를 두려워할 필요가 없다고 주장합니다. 또한 그는 우리가 행위에서 오는 안전을 추구하는 한 우리 양심은 한없는 불안과 동요에 사로잡힐 수밖에 없음을 모든 사람이 경험으로 알고 있으며, 우리가 유일한 안식처인 그리스도에게 참된 신뢰를 둘 때에만 잔잔한 평온을 누릴 수 있다고 말합니다. 우리는 바울의 가르침에 어떤 것도 덧붙이지 않습니다. 하지만 우리의 대적자들은 바울이 어리석은 것으로 간주하는, 끝없이 표변하는 양심을 신앙의 주요한 공리에 포함시키고 있습니다.

두 번째 언급할 내용은 죄의 용서와 관련이 있습니다. 인간이 일생 동안 비틀거리고 종종 넘어지기까지 한다는 것을 부인할 수 없기에, 우리 대적자들은 모든 인간이 원하든 원하지 않든지 자신의 부족한 의를 채우기 위해서 용서를 필요로 한다는 것을 인정할 수밖에 없습니다. 그러나 그들은 보속의 논리를 고안해 내어, 죄를 지은 사람들이 하나님의 호의를 사들일 수 있도록 하고 있습니다. 여기서 그들은 첫 번째 자리에 회개를, 그 다음에는 행위를 두고 있습니다. 그들이 말하는 행위란 잉여 공로(supererogation)를 행하는 것과 하나님께서 죄인들에게 명하시는 벌을 행하는 것입니다. 하지만 저들은 이러한 보상 행위가 그 요구되는 바에 훨씬 못 미친다는 것을 알기 때문에, 다른 곳에서 즉 교회가 지니고 있는 열쇠의 혜택에서 새로운 종류의 보속을 끌어들이는 것입니다. 저들은 이 열쇠로 교회의 보고를 열어 우리에게 필요한 것을 그리스도와 성인들의 공덕으로부터 공급받을 수 있다고 말합니다. 이와 반대로 우리는 인간의 죄가 아무런 값없이 사해졌다고 주장합니다. 그리고 우리는 그리스도께서 자기 목숨을 내어놓음으로 우리의 죄를 사하셨을 때 이루신 것 이외에 다른 어떠한 보속도 인정하지 않습니다. 그러므로 우리는 우리가 하나님과 화해를 이루게 된 것은 오직 그리스도의 은혜로 말미암은 것이지 다른 어떠한 보상 행위도 고려되지 않는다고 가르칩니다. 왜냐하면 우리 하나님 아버지께서는 그리스도의 속죄만으로 만족하시고, 우리에게 다른 어떤 것도 요구하지 않으시기 때문입니다. 성서에서 우리는 이러한 우리 교리에 대한 명확한 증거를 가지고 있습니다. 실로 이 교리는 우리의 교리가 아니라 보편 교회의 교리라 불려져야 합니다. 사도 바울은 하나님의 호의를 얻는 유일한 방법에 대해 이렇게 말합니다. "하나님이 죄를 알지도 못하신 이를 우리를 대신하여 죄로 삼으신 것은 우리로 하여금 그 안에서 하나님의 의가 되게 하려 하심이라"(고후 5:21). 그리고 죄의 용서에 대해 언급하는 또 다른 구절에서 바울은 죄의 용서를 통해 하나님께서는 행함이 없이도 우리에게 의를 전가시키신다고 선언합니다(롬 4:5). 따라서 우리는 보속 행위를 통해 하나님과 화해할 수 있고, 정의로운 하나님이 내리시는 벌도 상쇄시킬 수 있다는 우리 대적자들의 생각은 몹쓸 신성 모독이기에 강력하게 반대합니다. 그런 생각은 이사야가 그리스도에 관해 전해 준 가르침, 즉 "그가 징계를 받음으로 우리가 평화를 누린다"(사 53:5)는 가르침을 무너뜨리기 때문입니다.

잉여 공로에 관한 터무니없는 이야기를 우리가 뿌리치는 데는 많은 근거들이 있지만, 그 가운데 두 가지가 특히 중요합니다. 하나는, 인간이 자신이 마땅히 해야 할 바 이상의 것을 하나님께 수행할 수 있는 존재라고 생각하는 것을 용인할 수 없다는 것입니다. 그리고 다른 하나는, 대개의 경우 그들은 자신들의 머리로 고안해 내어 하나님께 억지로 들이대면서 자의적으로 드리는 예배 행위를 잉여 공로로 이해하기 때문에, 그것은 헛된 노력일 뿐이고 하나님의 진노를 가라앉힐 수 있는 속죄 행위와는 너무 거리가 멀다는 것입니다. 더욱이 이처럼 그리스도의 피를 순교자들의 피와 뒤섞어 공덕 혹은 보속의 덩어리를 만들어 죄로 인한 형벌을 청산하려는 것을 우리는 결코 묵과할 수 없고 또 묵과해서도 안 되는 일입니다. 아우구스티누스는 "어떤 순교자의 피도 죄 사함을 위해 흘려진 바 없다. 이것은 오직 그리스도에 의해서만 행해졌으며, 그분은 우리가 모방할 것이 아니라 감사히 받아들여야 할 것을 주신 것이다."라고 말하고 있습니다(in Joann. ev. Tract. 84). 레오(Leo)도 다음과 같은 글을 써서 아우구스티누스에 대한 전적인 동감을 표하였습니다. "많은 성인들의 죽음이 하나님 앞에서 소중한 것이었더라도, 어떤 무고한 사람의 죽임도 세상을 위한 속죄물이 되지는 않았다. 의인이 면류관을 받았으나 그것을 가져다주지는 않았고, 믿음을 지킨 자들이 인내의 모범은 보여 주었으나 의로움의 선물을 주지는 않았다"(Ep. 81과 97).

세 번째이자 마지막으로 언급할 내용은 선행에 대한 보상과 연관이 있습니다. 우리는 보상이 선행 자체의 가치나 공로에 따라 좌우되는 것이 아니라 순전히 하나님의 은혜에 달려 있다고 주장합니다. 실로 우리의 대적자들도 행위가 지니는 가치와 그에 대한 보상 사이에 전혀 균형이 잡혀 있지 않다는 것을 시인합니다. 하지만 그들은 이 문제에서 가장 중요한 점, 즉 신자들의 선행이 결코 하나님의 용서의 은혜 없이도 그분을 만족시킬 수 있을 만큼 깨끗하지는 않다는 점에는 주의를 기울이지 않습니다. 말하자면, 저들은 자신들이 항상 오점과 흠을 지닌 존재이고, 그것은 율법이 명하는 바 하나님의 온전하고 완전한 사랑에서 출발하지 않은 데서 기인하는 것임을 생각지 않습니다. 그래서 우리는 신자들의 선행은 언제나 하나님의 눈앞에 설 수 있을 만큼 흠 없는 깨끗함을 지니고 있지는 못하며, 실로 엄격한 정의의 척도로 측량하면 그 행위들은 얼마만큼씩 깨끗하지 못하다고 가르칩니다. 하지만 일단 하나님께서 은혜로 신자들을 자녀로 삼으셨을 때는, 그분은 그 사람들뿐만 아니라 그들의 행위까지도 용납하고 사랑하여 보상으로써 그 행위들을 높여 주시는 것입니다. 달리 말해서, 사람에 대해 말하는 그대로 행위에 대해서도 말할 수 있다는 것입니다. 행위는 그 자체의 가치 때문에 의롭게 되는 것이 아니라 오직 그리스도의 공로에 의해 의롭게 되는 것이고, 하나님을 진노케 했을 허물들도 그리스도의 희생으로 덮어진다는 것입니다. 이 점을 숙지하는 것은 다음의 두 가지 면에서 실질적으로 아주 중요합니다. 한편으로는 사람들로 하여금 하나님을 두려워하게 하여, 하나님 아버지의 사랑에서 비롯되는 것을 자신들의 행위에 속하는 것으로 사취할 수 없도록 해 주고, 다른 한편으로는 사람들에게 최상의 위안을 주어 자신들의 행위의 불완전성과 더러움에 생각이 미칠 때에 그들에게 하나님께서 아버지의 관대함으로 기꺼이 용서하신다는 것을 깨닫게 함으로써 그들로 하여금 낙심치 않게 해 줍니다.

이제 우리는 성례전에 대해 말씀드리고자 합니다. 이 문제에 대해 우리가 바로잡은 것 중에는 하나님의 확실하고 확증된 권위로 옹호할 수 없는 어떠한 것도 없습니다. 칠 성례가 그리스도에 의해 제정된 것으로 간주되고 있지만, 우리는 그 가운데 다섯 개를 폐지하였습니다. 우리는 그것들이 인간이 고안해 낸 의식이라고 밝혔는데, 결혼은 예외적인 것으로 하나님이 명하신 것이기는 하지만 성례로 명하신 것은 아니라고 생각합니다. 인간들이 이렇게 덧붙인 의식들을 우리가 그리스도께서 그 입술로 명하신 상징들로부터 분리시킬 때, 비록 그 의식들이 다른 측면에서는 악하지도 않고 무용한 것도 아니라고 할지라도, 우리의 논의가 결코 무의미한 것은 아닙니다. 그리스도께서는 자신의 입술로 명하신 그 상징들을 영적인 선물들의 증거로 삼고자 하셨습니다. 이 선물들이 인간의 능력 안에 있는 것이 아니기 때문에 인간은 그것을 증언할 수도 없는 것입니다. 우리 마음에 하나님의 거룩한 은혜를 인 쳐서 그리스도께 바치고, 우리가 그 안에서 누리는 축복을 드러내는 것은 확실히 평범한 일이 아닙니다. 이것이 그리스도의 성례전의 직무이기 때문에, 그것들을 인간에게서 비롯된 의식들과 구별하지 못하는 것은 하늘과 땅을 혼동하는 것과 같습니다. 바로 여기서 사람들은 이중의 잘못을 범해 왔습니다. 인간적인 것과 신적인 것을 구별하지 못함으로써, 그들은 성례전의 온전한 능력을 좌우하는 하나님의 거룩한 말씀을 심각하게 훼손시켰으며, 또한 그들은 그리스도께서 인간이 만든 의식들보다 결코 나은 의식을 만들지 못했다고 그분에 대해 잘못 생각한 것입니다.

마찬가지로 세례에서도 우리는 무익하고 미신적인 경향이 있는 유해한 많은 첨가물들을 잘라 내었습니다. 우리는 사도들이 그리스도에게서 받은 세례의 형태를 알고 있는데, 그들은 평생 그 형식을 지키다가 후손들에게 물려주었습니다. 하지만 그리스도의 권위와 사도들의 실행으로 승인되어 온 이 단순성에 후세대들은 만족하지 않았습니다. 저는 지금 그들이 타당한 근거들을 가지고 있는지, 이후에 누가 성유, 소금, 침, 촛불을 첨가시켰는지에 대해 논하고 있는 것이 아닙니다. 저는 오직 모든 사람들이 알아야 하는 것, 즉 미신 혹은 어리석음이 너무나 심각해져서 사람들이 정말 세례 그 자체보다 이러한 첨가물들에 더 많은 가치를 두고 있다는 것을 말하고자 할 뿐입니다. 우리는 또한 외적인 행동에 머물면서 그리스도에게는 조금도 관심을 두지 않는 앞뒤가 뒤바뀐 어처구니없는 확신을 몰아내고자 했습니다. 설교에서 뿐 아니라 학교에서도 저들은 상징들의 효력에 대해 칭찬하는 말을 지나치게 늘어놓아, 사람들을 그리스도에게 인도하는 대신에 눈에 보이는 요소들에 의지하도록 가르치고 있습니다. 마지막으로, 우리는 성례가 집행될 때 가르침이 수반되어, 성례의 유익과 그 적법한 사용에 대해 충실하게 밝혀 주었던 고대의 관습을 환기시켰습니다. 따라서 이 점에서는 우리의 대적자들조차 비난꺼리를 찾을 수 없을 것입니다. 하지만 사람들에게 신비에 대해 아무런 설명도 해 주지 않고 무의미한 볼거리만을 늘어놓는 것만큼 성례의 본질과 동떨어진 것은 없을 것입니다. 그라티아누스(Gratianus)가 아우구스티누스에게서 인용한 유명한 구절에 따르면, "말씀이 없으면 물은 단지 하나의 성분일 뿐이다." 여기서 '말씀'이 의미하는 바에 대해 그는 즉각 "그것은 우리가 전하는 신앙의 말씀이다"라는 말로 설명해 주고 있습니다. 그러므로 우리의 대적자들은 우리가 신비에 대한 이해로부터 분리된 채 상징만을 진열하는 것을 부정한다고 해서 그것을 신기하게 생각해서는 안 될 것입니다. 왜냐하면 이것은 신성 모독적인 분리로서, 그리스도께서 제정하신 질서를 뒤집어엎고 있기 때문입니다. 통상적으로 행해지는 성례 집행 양식에서 발견되는 또 다른 해악은, 마법적인 주문을 외는 경우에서와 마찬가지로, 사람들이 스스로 종교적인 행위로 간주하는 것을 전혀 이해하지 못하고 있다는 것입니다.

저는 앞에서 그리스도교회의 또 다른 성례인 우리 주님의 성만찬은 단지 더럽혀졌을 뿐만 아니라 거의 파괴되고 말았다고 이미 말했습니다. 그렇기 때문에 우리가 그 순수성을 회복하도록 더욱 애써야 했던 것입니다. 먼저, 수많은 어리석음의 원천이 되고 있는 희생에 대한 불경건한 조작을 사람들의 마음속에서부터 뿌리 뽑아야만 했습니다. 그리스도께서 명백하게 제정하신 것에 반하여 성체 봉헌 의식이 도입되었을 뿐만 아니라, 여기에 매우 유해한 견해, 즉 이러한 성체 봉헌 의식이 속죄의 방편이라는 견해가 부가되었기 때문입니다. 이렇게 해서 오직 그리스도에게만 속하는 대제사장의 위엄이 죽을 수밖에 없는 인간에게 옮겨졌으며, 그분의 죽음의 공덕도 인간들 자신의 행위로 전가된 것입니다. 또한 그 효력이 산 자와 죽은 자 모두에게 미치게 되었습니다. 그래서 우리는 이렇게 조작된 희생 의식을 철폐하고 이미 상당 부분 폐기되어 버린 성찬 의식을 회복시킨 것입니다. 사람들은 일 년에 한 번 성만찬에 참여하면 그 나머지 기간에는 성만찬을 거행한다는 미명하에 사제가 행하는 것을 지켜보기만 하면 충분하다고 생각하였습니다. 그렇지만 거기에는 성만찬의 흔적이라고는 아무것도 없었습니다. 그리스도께서는 무엇이라 말씀하십니까? 그리스도는 받아 서로 나누라고 말씀하십니다. 하지만 미사에서는 받는 것(taking) 대신에 봉헌(offering)을 가장하고 있습니다. 거기에는 나눔도 없고 초대도 없습니다. 사제는 마치 몸에서 잘려진 지체인 양 자기 혼자서 준비하고 혼자 받아먹고 있습니다. 그 차이가 얼마나 큰지요! 또한 우리는 사람들이 잔을 받을 수 있도록 회복시켰습니다. 우리 주님께서 사람들에게 잔을 허용하셨을 뿐 아니라 위탁하셨는데도 그것을 그 사람들에게서 빼앗는 것은 오직 사탄의 계교에 의한 것입니다. 우리는 의식들 가운데 많은 것을 폐기하였습니다. 그것들이 지나치게 많아졌기 때문이기도 하고, 또 어떤 것은 지나치게 유대교적인 경향을 보이고, 또 다른 것들은 무지한 인간들의 고안물들로, 너무나 심오한 신비와 도통 조화를 이루지 못했기 때문입니다. 모르는 새 슬금슬금 기어들어와 자행된 것 외에 그것들에 다른 해악이 없다고 할지라도, 일반 대중들이 그것들에 사로잡혀 정신을 빼앗기고 있는 것을 우리가 보고 있다는 것만으로도, 그 의식들을 폐지할 충분한 근거가 되지 않습니까?

우리가 허구적인 화체설과 떡을 보관하고 운반하는 관습을 강하게 비난하지 않을 수 없었던 더 확실한 이유가 있습니다. 첫째는 그것이 그리스도의 명백한 말씀에 위배된다는 것이고, 둘째는 성례의 본질에 맞지 않는다는 것입니다. 성례가 의미하는 영적인 진리에 상응하는 가시적인 상징이 없을 때 거기에 성례는 없는 것입니다. 그리고 성만찬에 관해 바울이 말하는 바는 명확합니다. "떡이 하나요 많은 우리가 한 몸이니 이는 우리가 다 한 떡에 참여함이라"(고전 10:17). 먹을 떡도 마실 포도주도 없고, 오로지 눈을 속이는 공허한 환상만 있다면, 우리 주님의 몸과 피에 상응하는 성만찬에서의 가시적인 표지의 유비는 어디에 있습니까? 거기다가 이 같은 허구에는 더욱 사악한 미신이 찰싹 붙어 있는데, 우리가 앞에서 살펴본 대로 사람들이 마치 하나님께 하듯이 떡에 매달려서 그것을 하나님으로 예배하고 있다는 것입니다. 성례는 경건한 마음들을 하늘에까지 고양시키는 수단이 되어야 하는데, 성만찬의 거룩한 상징들이 전혀 다른 목적을 위해 남용되고 있고, 사람들은 그것들을 바라보고 예배하는 데 만족한 채로 한번도 자신들의 마음을 그리스도께로 들어올린 적이 없다는 것입니다.

떡을 엄숙하게 옮기거나 그것을 높은 곳에 두어 경배하게 하는 것은 그리스도께서 제정하신 것과는 너무도 거리가 먼 타락입니다. 성만찬에서 주님은 우리 앞에 자신의 몸과 피를 베푸시는데, 그것은 우리로 하여금 먹고 마시도록 하기 위함입니다. 따라서 그분이 맨 먼저 명하시는 것은 우리에게 받아서 먹고 마시라는 것이고, 그런 다음 그분이 덧붙이는 것은 우리가 먹는 것이 그분 자신의 몸이고 우리가 마시는 것이 그분 자신의 피라는 약속의 말씀입니다. 그러므로 떡을 따로 떼어 보관하거나 그것을 예배하도록 옮기는 사람은 약속을 명령에서 분리시키는 것, 다시 말해 끊어 버릴 수 없는 끈을 잘라 버리는 것이므로, 저들은 자신들이 그리스도의 몸을 지니고 있다고 생각하지만 실상은 스스로 고안해 낸 우상을 소유한 것에 불과합니다. 그리스도께서 떡과 포도주의 상징을 통해 자기 자신의 몸과 피를 내어 주시는 이 약속은 오직 그것들을 그리스도에게서 받아 그분께서 명하시는 방식으로 그 신비를 행하는 자들에게만 속하는 것입니다. 그렇지만 다른 목적을 위해 그것들을 자신들 뜻대로 악용하고, 그래서 그 약속을 지니지 못하는 자들은 단지 자신들이 고안해 낸 허구만을 소유하게 됩니다.

마지막으로, 우리는 사람들에게 교리를 설명해 주고 신비를 풀어 주는 일을 회복시켰습니다. 전에는 사제가 알아듣지 못할 말들을 하고, 중얼중얼하면서 떡과 포도주를 거룩하게 하는 체했습니다. 여기서 우리가 그리스도의 명령을 순전하게 좇았다고 말하는 것 이외에, 우리를 비난하는 자들이 떠들어 댈 것은 아무것도 없습니다. 그리스도께서 침묵의 주문으로 떡을 향해 자신의 몸이 되라고 명하신 것이 아니라, 분명한 목소리로 자신의 몸을 주노라고 사도들에게 선포하셨기 때문입니다.

또한 우리는 세례의 경우에서와 마찬가지로 성만찬의 경우에도 사람들에게 신실하게 그리고 가능한 한 세심하게 그 목적, 효력, 유익, 그리고 의식에 대해 설명하였습니다. 먼저, 우리는 모든 사람들에게 믿음을 가지고 나아오라고 권면합니다. 믿음을 통해 그들은 눈에 보이는 것을 내적으로 분별할 수 있게 되는 것입니다. 이 가시적인 물질은 영적인 음식으로, 오직 그것을 통해 그들의 영혼이 양육되어 영원한 생명에 이를 수 있게 되는 것입니다. 이 성만찬에서 우리는 주님 자신이 실제 그대로 우리 앞에 내놓지 않는 것은 어떤 것도 상징들을 통해 약속하거나 말하지 않으신다고 믿습니다. 그래서 우리는 성만찬에서 주님께서 우리에게 그리스도의 몸과 피 모두를 주시고 우리가 이를 받는 것이라고 가르칩니다. 우리가 떡과 포도주가 상징들이라고 가르칠 때는 반드시 그것들이 나타내는 진리가 그 떡과 포도주에 결합되어 있다는 것을 곧바로 덧붙입니다. 우리는 이 원천에서 우리에게 비롯되는 유익이 어떤 것이고 얼마나 귀한 것인지에 대해, 그리고 우리 양심이 거기서 받는 생명과 구원의 보증이 얼마나 귀중한 것인지에 대해 침묵하지 않습니다. 우리가 다른 누구보다 이 장엄한 성만찬에 대해 보다 명쾌하게 설명하고 그 위엄을 더욱 충분히 높였다는 것은 솔직히 어느 누구도 부인하지 못할 것입니다.

교회 통치에 관해 우리가 다른 사람들과 의견을 달리하면서 그에 대해 충분한 이유를 제시하지 못하는 것은 아무것도 없습니다. 우리는 사도적 규범과 초대 교회의 관습에 따라, 교회에서 다스리는 사람은 누구나 또한 가르쳐야 한다고 주장하면서 목회자 직을 회복하였습니다. 우리는 그 임무를 성실히 수행하지 않는 자들은 그 직위를 유지할 수 없다고 주장하는 바입니다. 그들을 택하는 데 있어 우리는 이 일이 더욱 경건한 주의를 기울여야 하는 일이라고 권면해 왔고, 우리 자신도 그렇게 하도록 애썼습니다. 주교들이 부주교나 대리인들을 통해 어떤 종류의 시험을 집행하고 관리하고 있는지는 잘 알려져 있습니다. 우리는 그런 시험에서 비롯되는 결과를 통해, 그 시험이 과연 어떤 시험인지 추론해 볼 수도 있습니다. 게으르고 못난 사람들을 그들이 곳곳에서 얼마나 많이 사제의 직위에 올려 세웠는지는 말할 필요조차 없습니다. 우리 가운데 비록 학식이 뛰어나지 않은 목회자들이 있을 수는 있지만, 적어도 가르치기에 웬만큼 적합하지 않은 사람은 아무도 성직자로 받아들이고 있지 않습니다. 모두가 더욱 온전한 상태에 이르지 못하였다는 사실은 우리보다는 시대의 불행 탓으로 돌려야 할 문제입니다. 그렇지만 우리 교회의 목회자들이 다른 사람들과 비교해 볼 때 결코 부주의하게 선택되었을 리 없다는 것이 우리의 정당한 자랑이고, 이 점은 항상 그러할 것입니다. 시험과 선택의 문제에서 우리가 얼마간 우위를 점한다고 해도, 여기서 우리가 특히 뛰어난 점은, 그 임무를 수행함 없이는 우리 가운데 목회자 직을 유지할 수 있는 사람이 아무도 없다는 것입니다. 따라서 우리 교회들 중에 어떤 교회도 하나님의 말씀을 일상적으로 선포하지 않는 교회가 없습니다.

우리 대적자들이 이런 사실들을 부인하는 것은 부끄러운 일이므로(너무나 명백한 문제를 부인함으로써 그들이 얻을 수 있는 게 뭐가 있겠습니까?), 저들은 우리를 상대로 첫째, 성직 임명의 권리와 능력에 관한 문제로, 둘째, 그 형식에 관한 문제로 싸움을 하는 것입니다. 저들은 이 문제의 관리 감독권을 감독들과 성직자에게 주고 있는 고대 교회법을 인용합니다. 저들은 이 권한이 끊어지지 않고 자신들에게 계승되었고, 이것이 심지어 사도들에게서 계승된 것이라고 주장합니다. 저들은 그 권한이 합법적으로 다른 곳에 넘어갈 수 있다는 것은 부인합니다. 저는 저들이 소유하고 있다고 자랑하는 그 권리를 정말로 자신들의 능력으로 소유하고 있기를 바랍니다. 하지만 우리가 먼저 수세기 동안 감독들이 어떤 절차에 따라 지금과 같은 지위에 오르게 되었는지, 그 다음에 그들이 어떤 태도로 처신했는지, 마지막으로 그들이 어떤 자들을 성직에 임명하고 교회 정치를 맡겨 왔는지 살펴본다면, 저들이 자랑해 마지않는 이 계승이 오래전에 중단되었다는 것을 알게 될 것입니다. 고대 교회법은 감독이나 장로의 직을 맡게 될 자들은 먼저 생활과 교리 둘 다에 관해 엄격한 시험을 치러야 한다고 요구하고 있습니다. 이에 관한 명백한 증거가 제4차 아프리카 회의의 기록에 남아 있습니다. 더욱이 행정 관리와 백성들은 성직자들의 지명을 받은 사람을 승인하거나 거부할 자유 재량권[4]을 소유하고 있어서, 누구라도 내키지 않거나 동의하지 않는 사람들에게 강요할 수 없었습니다. 레오는 "모든 사람들을 다스릴 사람은 모두에 의해 선출되어야 한다. 은밀하게 검증도 받지 않은 채 임명된 사람은 심한 간섭을 받을 수밖에 없기 때문이다"(Ep. 90)라고 말하고 있습니다. 그리고 "존경받는 사람들의 증언과 성직자의 승인, 그리고 행정관리들과 백성들의 동의를 고려해야 한다. 어떤 다른 진행 과정도 합리적이지 않다"(Ep. 87)라고 말합니다. 키프리아누스 또한 똑같은 주장을 하였고, 더욱 강한 어조로 사제는 백성이 참석한 가운데 모든 사람들이 보는 앞에서 선출되어, 모든 사람들의 증언에 따라 적합하고 그럴 만한 인물이라는 인정을 받아야 한다는 사실은 신적인 권위에 의해 비준된 것이라고 단언하였습니다. 이 규칙이 잘 지켜지는 동안에 교회는 순탄했습니다. 그레고리오스의 편지들은 그 당시에 이 규칙이 세심하게 지켜졌다는 것을 보여 주는 증거들로 가득합니다.

성령께서 성경에서 모든 감독들에게 가르침의 의무를 부과하셨기 때문에, 고대 교회에서 가르침을 통해 자신이 목회자이기도 하다는 것을 나타내지 않으려 하는 감독을 임명하는 것은 터무니없는 일로 여겨졌을 것입니다. 누구도 다른 어떤 조건으로 그 직위에 받아들여질 수 없었습니다. 똑같은 규칙이 특정 교구에 흩어져 있던 사제들에게도 적용되었습니다. 그래서 "그들로 하여금 세속의 일에 휘말리지 않도록 하라. 자기 교회에서 멀리 여행하지 않도록 하라. 오래 자리를 비우지 않도록 하라"고 공포되었습니다. 그리고 한 사람을 감독으로 임명할 때 그 지역의 다른 모든 감독들이 모여야 하고, 만약 이 일이 여의치 않으면 적어도 세 명의 감독이 참석해야 한다는 법령이 제정되었습니다. 이런 법령을 제정한 목적은 누구도 소란을 일으켜 밀고 들어오거나 몰래 기어들어오거나 혹은 교묘한 술책으로 환심을 사지 못하게 하려 함이었습니다. 사제의 성직임명에 있어서는 각 감독이 자신에게 속한 사제단을 참여시켰습니다. 따로 더욱 자세하게 거론하면서 정확하게 확증할 수도 있는 이런 일들에 대해 제가 여기서 내친 김에 간단히 언급하는 것은, 우리 감독들이 우리 눈을 어둡게 하기

---

4. 원문에는 *arbitrium*이라고 되어 있다.

위해 피워 올린 이 계승의 연기에 대해 얼마나 깊이 고찰해야 하는지 쉽게 판단할 수 있게 해 주기 때문입니다.

저들은 마음에 드는 사람은 누구든지 교회에 임명할 수 있는 유일한 권한을 그리스도께서 사도들에게 유산으로 주셨다고 주장하면서, 우리가 이러한 사도의 권위 없이 목회를 행하는 불경스러운 뻔뻔함으로 자신들의 영역을 침범했다고 불평을 합니다. 저들은 이러한 자신들의 주장을 어떻게 입증합니까? 저들은 자신들이 사도들을 곧바로 계승했기 때문이라고 합니다. 그렇지만 다른 모든 것이 판이한데 이런 말만으로 충분하겠습니까? 그렇게 말하는 것은 우스꽝스러운 일일 텐데 저들은 그런 말을 거리낌없이 내뱉고 있습니다. 누군가를 성직에 임명할 때 저들은 그 사람의 생활이나 교리에 대해서 조금도 고려하지 않습니다. 백성들에게서 선거권을 박탈하였습니다. 심지어 다른 성직자들을 전부 배제하고서, 고위 성직자들이 모든 권한을 독점하였습니다. 또한 로마 교황은 지방의 감독에게서 그 권한을 빼앗아 자기 자신만의 권한으로 남용하고 있습니다. 그리고 자신들이 마치 세속 권력에 임명되기라도 한 듯이, 모든 일에 대해 감독의 본분 이상으로 신경을 쓰고 있습니다. 간략히 말해, 저들이 사도들이나 교회의 거룩한 교부들과는 조금도 유사한 데가 없는 패거리에 속하는데도, 저들은 자신들이 사도들과 교부들의 계승자인 양 자처하고 있습니다. 교회를 다스리는 자들이 어떻게 인도하든지 간에 그들은 사도의 직위에 있는 것으로 간주되어야 한다고 그리스도께서 법으로 제정하기라도 한 것처럼 굴고 있습니다. 혹은 이 직위가 자격 있는 자와 자격 없는 자에게 똑같이 상속되는 세습 재산과도 같은 것인 양 여기고 있습니다. 더욱이 밀레토스 사람들에 대해 언급되었던 것처럼, 저들은 자격을 갖춘 사람은 한 사람도 자신들의 무리에 받아들이지 않으려고 경계하고 있습니다. 혹은 실수로 그런 사람을 이미 받아들인 경우에는 배겨 내지 못하도록 하고 있습니다. 저는 대다수가 그렇다고 말하는 것이지, 몇몇 좋은 사람들이 그들 중에 있다는 것을 부인하지는 않습니다. 하지만 그들도 두려움 때문에 침묵을 지키고 있거나 말을 해도 다른 사람들이 귀 기울여 주지 않습니다. 그리스도의 가르침을 불과 검으로 핍박하는 사람들, 그 누구도 아무런 처벌을 받지 않고 그리스도에 대해 진실하게 말할 수 없도록 만드는 사람들, 자신들이 어려운 상황에 빠뜨려 놓은 교회를 다시 일으키려는 우리의 시도에 강하게 저항하는 사람들, 교회의 복지에 깊고 경건한 관심을 가진 모든 사람들을 의심의 눈초리로 바라보고 그들이 목회하지 못하도록 방해하거나 이미 목회를 하고 있다면 밀어내는 사람들, 이런 사람들이 자신들의 손으로 직접 신실한 목회자들을 그 자리에 세워 백성들에게 참된 종교를 가르치도록 해주기를 진정으로 바랍니다!

"특권을 남용하는 자들은 특권을 잃어 마땅하다"라는 그레고리오스의 널리 알려진 격언대로, 저들이 이제 전적으로 다른 사람들이 되어서, 자기들과는 다른 부류의 사람들을 선택해서 교회를 다스리게 하고 지금까지와는 다른 선출 방법을 채택하든지, 그렇지 않으면 응당 자신들에게 귀속된 것을 부당하게 빼앗겼다는 불평을 그쳐야 합니다. 혹은 더 솔직하게 말해서, 저들은 자신들이 감독직을 얻었던 방법과는 다른 방법으로 그 직위를 얻어야 하고, 다른 사람들을 다른 방법과 형식으로 성직에 임명해야 하며, 자신들이 감독으로 인정받고 싶다면 백성들을 먹임으로써 자신들의 임무를 다해야 할 것입니다. 만약 저들이 지명하고 임명할 수 있는 권한을 지키고자 한다면 저들은 수세기 동안 폐기해 두었던 생활과 교리에 관한 타당하고 진지한 검증시험을 복원시켜야 할 것입니다. 천 가지에 필적할 만한 한 가지 이유가 있으니, 행실로 자신이 건전한 교리의 대적자임을 드러내는 사람은 누구든지, 그가 어떤 직함을 뽐내든지, 이 한 가지 이유로 교회에서 일체의 권위를 상실했다는 것입니다. 고대의 교회회의들이 이단자에 관해 무엇을 명했는지, 그리고 그에게 어떤 권한을 남겨 주었는지 우리는 알고 있습니다. 확실히 고대 교회회의들은 사람들이 이단자에게 안수를 받고자 청하는 일을 명백히 금하였습니다. 그래서 교리의 순수성으로 교회의 일치를 지키지 않는 자는 그 누구도 성직을 임명하는 권한을 주장할 수 없었습니다. 우리가 주장하는 바는 오늘날 감독의 이름으로 교회를 다스리는 자들이 신실한 목회자도 아니고 건전한 교리의 수호자도 아니고 오히려 더욱 참담한 대적자들이라는 것입니다. 우리는 저들의 유일한 목표가 그리스도와 그분의 복음의 진리를 없애고 우상 숭배와 불경건, 유해하고 치명적인 오류들을 확립하는 것이라고 말합니다. 저들은 하나님의 참된 교리를 말로 집요하게 공격할 뿐 아니라, 참된 교리를 흑암에서 건지려는 모든 사람들에게 격노를 발하고 있습니다. 저들이 내던지는 많은 방해물들을 상대로 우리는 교회를 위해 고군분투하고 있습니다. 이에 대해 저들은 우리가 자신들의 영역을 비합법적으로 침범하고 있다고 훈계하듯 말하고 있는 것입니다.

성직 임명식의 형식이나 예법 문제는 실로 우리를 무척이나 괴롭히는 사안입니다. 우리는 성직자들의 손에 성유를 바르지도 않고, 성직자의 얼굴에 숨을 불어넣지도 않으며, 성직자들이 흰옷을 입거나 그 밖의 장식물을 걸치지도 않기 때문에, 저들은 우리의 성직 임명식이 제대로 행해진 것이 아니라고 생각합니다. 하지만 우리가 읽은 바에 따르면 고대에는 안수하는 것 이외에 다른 어떤 의식도 행해진 것이 없습니다. 그 이외의 다른 형식들은 최근에 행해지는 것으로, 오늘날 일반적으로 지나치게 정확하게 지켜지고 있다는 점을 제외하고는 달리 내세울 것이 없습니다. 그런데 이런 것이 그렇게 중요한 것입니까? 물론 아주 중요한 사안일 경우에는 인간의 권위보다 더 상위의 권위가 요구됩니다. 그러므로 인간이 고안해 낸 그런 의식들은 명백한 재가 없이도 시대 상황에 따라 얼마든지 자유롭게 바꿀 수 있는 것입니다. 더욱이 그리 오래되지 않은 것들은 훨씬 그 중요성이 덜한 것입니다. 저들은 자신들이 사제로 임명한 자들의 손에 잔과 접시를 맡깁니다. 왜 그럴까요? 그것들이 그들로 하여금 산 제사를 드릴 수 있도록 능력을 부여하기 때문이라고 합니다. 그건 어떤 명령에 근거한 것입니까? 그리스도께서는 사도들에게 결코 이러한 직무를 내리지 않으셨고, 그 계승자들이 이런 일을 행하기를 원치도 않았습니다. 그러므로 성직 임명식의 형식과 관련해서 우리를 괴롭히는 것은 말이 되지 않습니다. 우리는 그리스도의 규칙과도 다르지 않고, 사도들의 행습과도 다르지 않으며, 고대 교회의 관습과도 다르지 않습니다. 반면 우리가 간과하고 있다고 저들이 시비를 거는 저들의 형식에 대해서 저들은 결코 하나님의 말씀으로, 합리적으로, 혹은 전통을 구실로 방어할 수 없을 것입니다.

교회 통치 문제에 있어, 양심에 걸림돌이 되지 않거나 혹은 공공의 질서에 도움이 되는 규율들이 있어 이에 대해서는 우리가 기꺼이 받아들이지만, 강압적으로 양심을 속박하거나 덕을 세우기보다 미신을 조장하는 그런 규율들의 경우 우리는 폐지하지 않을 수 없었습니다. 여기서 우리 대적자들은 먼저 우리가 까다롭고 지나치게 조급하다고 비난하고, 그 다음에는 우리가 멋대로 굴기 위해 규율의 멍에를 벗어 버림으로써 육체적인 방종을 추구한다고 힐난합니다. 하지만 이미 말씀드렸듯이, 우리는 모든 일을 제대로 합당하게 할 수 있도록 해 주는 규율이라면 그 어떤 것도 겸손하게 준수하기를 결단코 싫어하지 않습니다. 그리고 우리가 폐기한 규율 하나하나에 대해 우리가 왜 그렇게 할 수밖에 없는지 그 이유를 밝히는 것도 거부하지 않습니다. 확실히 교회가 인간 전통의 무거운 짐으로 인해 심한 고통을 겪었다는 것과, 교회를 위해 이 짐을 가볍게 해야 할 필요가 있다는 점을 밝히는 것은 결코 어려운 일이 아닙니다. 잘 알려진 아우구스티누스의 탄식의 말이 있습니다. 그는 하나님께서 그 자비로 자유하게 하고자 하신 교회가 너무 과도한 짐에 억눌려, 차라리 유대인들의 상황이 더 견딜 만할 정도가 된 것이 자신의 시대의 불행이라고 개탄하였습니다(*Ep. secunda ad Januarium*). 그 시대 이후로 무거운 짐이 아마도 열 배는 늘었을 것입니다. 게다가 그것을 강제하는 가혹함은 더욱 강해졌습니다. 만약 성자 아우구스티누스가 지금 살아나 셀 수 없이 많은 규율들 아래 비참히 짓눌린 양심이 신음하는 것을 보면 뭐라 하겠습니까? 다른 한편으로, 그 규율들이 얼마나 엄격하게 강제되고 있는지 보면 뭐라 할까요? 우리를 비난하는 자들은 우리가 불만을 가진 것들에 대해 아우구스티누스와 더불어 한탄할 수는 있지만 개정 작업에 착수해서는 안 되는 일이었다고 비난할 것입니다. 이러한 비난에 대해서는 쉽게 논박을 가할 수 있습니다. 왜냐하면 인간의 법률들이 반드시 지켜져야 한다는 이러한 치명적인 오류는 개정되어야 하기 때문입니다. 앞에서 말했듯이, 우리는 외적인 것을 관리하기 위해 만들어진 법률들을 성실하게 준수해야 한다는 것을 부인하지 않습니다. 그렇지만 양심을 다스리는 일에 대해서는 하나님 이외에 어떤 입법자도 있을 수 없다고 주장합니다. 성서의 많은 구절들에서 그분이 자신의 것이라고 말씀하시는 이러한 권위는 오직 그분에게만 귀속되어야 합니다. 여기서, 먼저는 조금이라도 손상시킬 수 없는 하나님의 영광이 파괴되었고, 바울이 절대 인간의 뜻에 복종해서는 안 된다고 힘주어 강조한 양심의 참된 자유가 파괴되었습니다. 그래서 신실한 자들의 양심을 사로잡고 있는 부당한 속박을 풀어 주는 것이 우리의 의무이기 때문에, 우리는 그들이 자유이고 인간 법률들로부터 해방되었다고 가르쳤던 것입니다. 그리스도의 피로 사신 바 된 이 자유는 침해될 수 없습니다. 만약 우리의 이런 행동이 비난받을 만하다고 생각하는 사람이 있다면, 그 사람은 그리스도와 그 사도들에게도 똑같은 비난을 해야 할 것입니다. 저는 아직 우리로 하여금 인간의 전통들에 단호하게 맞설 수밖에 없도록 하는 다른 해악들은 열거하지 않았습니다. 두 가지만 거론할 것인데, 제가 그것들을 언급하고 나면 공정한 독자들은 모두 거기에 공감하리라는 것을 확신합니다. 그 중 한 가지는 이러한 전통들 중 일부는 이행하기 어려운 것들을 요구하기 때문에 결국 사람들을 위선으로 이끌거나 절망하게 할 뿐이라는 것입니다. 다른 하나는 인간의 전통들이 모두 우리 구주께서 바리새인들에 대해 비판하신 바로 그것을 – 그들이 하나님의 말씀을 폐하였도다 – 행하고 있다는 것입니다.

저는 여기서 이 점을 더욱 명확하게 해 줄 예들을 들고자 합니다. 저들이 우리에게 특별히 분을 내는 세 가지가 있습니다. 먼저, 우리가 언제든지 고기를 먹을 수 있는 자유를 주었다는 것, 둘째, 사제들의 결혼을 허용했다는 것, 그리고 셋째 사제에게 은밀하게 속삭이는 고해 성사를 폐지했다는 것입니다.

우리 대적자들의 솔직한 답변을 듣고 싶습니다. 금요일에 고기를 먹은 사람이, 일 년 내내 방탕한 일을 저지른 사람보다 더 심한 처벌을 받고 있지 않습니까? 사제가 결혼하는 경우, 백 번이나 간음죄에 빠지는 것보다 더 중대한 죄를 지은 것으로 간주되고 있지 않습니까? 저들은 일 년에 한 번 사제에게 죄를 고백하는 일을 빠뜨린 사람보다는 많은 신적인 표상들을 모욕한 사람을 용서하지 않습니까? 하나님의 거룩한 율법을 범하는 일을 경미한 범죄로 여기고, 인간의 법령들을 위반하는 일은 용서받을 수 없는 범죄로 판단하다니 어처구니없는 일이 아닙니까? 이런 일은 전례가 없는 일입니다. 이미 말씀드렸듯이, 이것은 그리스도께서 바리새인들에게 책망하신 불의입니다. "너희 유전으로 하나님의 말씀을 폐하는도다"(마 15:6). 게다가 바울이 말하는 적그리스도의 교만이 바로 "하나님의 성전에 앉아 자기를 하나님이라고 내세우는"(살후 2:4) 것입니다. 죽을 수밖에 없는 인간을 너무 높여서 그 법률들을 하나님의 영원한 법령들보다 앞세우고 나면, 하나님의 비길 데 없는 위엄은 어디 있겠습니까? 한 사도가 고기와 결혼의 금지를 악마의 가르침이라 말한(딤전 4:1-3) 것은 생략하겠습니다. 그것만으로도 충분히 잘못이지만, 최악의 불경건은 인간을 하나님보다 위에 세우는 것입니다. 저들이 제가 말하는 바를 부인한다면, 저는 사실 그 자체에 호소합니다.

독신제에 관한 규율과 은밀한 고해 성사에 관한 규율 이 두 가지는 영혼에 대한 가혹한 학살이 아니고 무엇입니까? 저들 교회의 모든 목회자들이 종신 순결을 서약하기 때문에, 서약 이후에 아내를 취하는 것은 불법이 됩니다. 그렇다면 성욕 절제의 은사를 받지 못한 자들의 경우 어떻게 됩니까? "여기에 예외가 있어서는 안 된다"는 것이 그에 대한 대답입니다. 그렇지만 경험에 따르면, 사제들을 정욕의 도가니에 가두어 두고 끊임없이 타오르는 불로 태우기보다는 차라리 이런 멍에를 사제들에게 강제하지 않았더라면 훨씬 더 좋았을 것입니다. 우리 대적자들은 순결에 대한 찬양을 늘어놓습니다. 그들은 또한 독신 제도의 이점들을 늘어놓아, 사제들의 결혼이 분별 없이 금지된 것은 아니라는 것을 입증하려고 합니다. 저들은 심지어 독신 제도를 기품 있고 명예로운 것으로 그립니다. 하지만 이 모든 것들로 저들은 양심을 속박하는 것이 합법적이라는 것을 입증하려는 것일까요? 그 양심은 그리스도께서 자유롭고 해방된 채로 두셨을 뿐 아니라, 그분 자신의 권위로 그리고 자신의 피로써 그 자유를 옹호하신 것입니다. 바울도 감히 그렇게 하지 않았습니다(고전 7:36). 그렇다면 이것은 새로운 인가증입니까? 설령 순결을 하늘 꼭대기까지 높이 칭송한다 한들, 이것이 추잡한 행동으로 세상을 더럽히는 사제들의 독신 제도와 무슨 상관이 있습니까? 저들이 말로 떠드는 순결을 행동으로도 보여 줄 때, 그것이 적합하게 행해지고 있다고 말할 수 있을 것입니다. 하지만 결혼의 금지가 사제들로 하여금 엄청난 죄를 지을 수 있도록 해 주는 하나의 인가증 같은 구실을 하고 있는 이때에, 감히 어떻게 저들이 그 타당성을 말할 수 있는지요? 그다지 악명 높지 않은 사람들의 경우 여기서 길게 논할 필요가 없어, 저는 그들을 하나님의 심판대에 맡겨 그들로 하여금 거기서 자신들의 순결에 대해 이야기하도록 하겠습니다.

이 같은 규율은 자발적으로 서약하지 않는 사람에게는 강제되지 않는다고 말할 수도 있겠군요. 하지만 서약할 수밖에 없도록 강요받았다는 것 이외에 다른 어떤 불가피성이 있었겠습니까? 모두에게 고지된 규정은 이렇습니다. 종신토록 독신을 지키겠다고 사전에 서약하지 않은 사람은 그 누구도 사제로 받아들여질 수 없고, 일단 서약한 사람은 본의가 아니더라도 자신이 한 번 약속한 것은 지켜야 하며, 이에 반하는 어떠한 변명도 용납될 수 없다는 것입니다. 저들은 그런 식으로 강제된 독신제가 자발적인 것이라고 주장합니다. 수사학자들로 하여금 결혼 생활의 약점과 독신 생활의 장점들을 늘어놓게 해서, 자신들이 그런 주제들에 관해 변론할 때 이용함으로써 자신들의 표현방식을 발전시킬 수는 있겠지요. 하지만 그들이 아무리 참된 것을 많이 말하더라도, 비참한 양심들을 목 졸려 죽을 때까지 몸부림 칠 수밖에 없는 죽음의 덫으로 이끄는 일을 타당한 것이라고 증명하기는 어려울 것입니다. 그리고 우스꽝스러운 것은 이 모든 꼴사나운 악행 가운데 심지어 위선까지도 자리하고 있다는 것입니다. 자신들이 어떤 행동을 하든지 간에, 저들은 단지 아내를 두지 않았다는 이유 하나로 자신들이 다른 사람들보다 더 낫다고 여기기 때문입니다.

고해 성사의 경우도 마찬가지입니다. 저들은 고해 성사로 얻을 수 있는 유익들을 늘어놓습니다. 반대로 우리는 마땅히 경계해야 할 적지 않은 위험들을 지적하고, 실제로 거기서 비롯된 수많은 극도의 해악들을 언급할 만반의 준비가 되어 있습니다. 사실 이러한 논법은 양측이 다 채택할 수 있는 그런 종류의 논법입니다. 하지만 그리스도의 영원한 규범, 즉 이런 식으로든 저런 식으로든 결코 변경되거나 구부러질 수 없고, 불신앙이 아니고서는 부인할 수 없는 그리스도의 영원한 규율은 결코 양심이 속박되어서는 안 된다는 것입니다. 게다가 우리 대적자들이 주장하는 규율들은 오로지 영혼을 고문하고 결국에는 파괴시키는 그런 규율들입니다. 그 규율들은 모든 사람들로 하여금 일 년에 한 번 자신의 모든 죄를 사제에게 고백하도록 요구하고, 이 일을 행하지 않으면 그에게는 용서받을 수 있는 아무런 희망도 남지 않기 때문입니다. 진정으로 하나님을 두려워하면서 이 일에 진지하게 임해 본 사람들은 이 같은 일을 백분의 일도 할 수 없다는 것을 알게 됩니다. 그 어떤 구제책으로도 자신을 구할 수 없는 저들은 절망할 수밖에 없게 됩니다. 또한 하나님을 보다 속 편하게 만족시키고 싶어 하는 사람들은 이러한 고해 성사가 위선을 위한 가장 적합한 은폐물이 된다는 것을 알게 됩니다. 신부들의 귀에 자신들의 죄를 토해 내자마자 저들은 하나님의 법정에서 면죄부를 받았다고 여기고, 뻔뻔하게도 더 자유롭게 죄를 범합니다. 그것은 저들이 너무도 신속하게 자신들의 짐을 내려놓을 수 있었기 때문입니다. 그런 다음 자신들이 율법이 명하는 것들을 충족시켰다고 확신하고서, 저들은 자신들이 열거한 목록에 자신들의 모든 죄가 포함되었다고 생각하지만, 실상은 그 천분의 일도 포함되지 않은 것입니다. 그렇다면 어떤 근거에서 우리의 대적자들은 우리가 교회의 규율을 파괴했다고 떠들어 대는 것인지 봅시다. 그것은 바로 우리가 불쌍한 양심들이 끔찍한 전횡의 억압으로 괴로움을 당하지 않도록 도우려 하고, 위선자들을 그 숨어 있던 데서 밝은 데로 끌어내 그들로 하여금 자신들을 보다 세심하게 돌아보아 이전에는 얼렁뚱땅 회피했던 하나님의 심판에 대해 좀 더 바르게 생각하도록 해 주었기 때문입니다.

하지만 어떤 사람들은 폐해가 아무리 많고 또 개선되어야 마땅하더라도, 규율은 다른 측면에서 신성하고 유용하며 오랫동안 지켜져 오면서 성별된 것이기 때문에 즉

각적으로 그리고 완전히 폐지되어서는 안 된다고 말할 것입니다.

고기를 먹는 문제와 관련하여, 제 대답은 우리의 교리가 고대 교회의 교리와 일치하며, 따라서 우리에게는 언제든 고기를 먹거나 먹지 않을 자유가 있다는 것입니다.

사제들의 결혼을 금지한 데 대해, 저는 수녀들과 수도승들이 오래전부터 종신토록 금욕 생활을 하겠다는 서약을 해 온 것처럼 이 규칙도 고대부터 있었다는 것을 인정합니다. 하지만 하나님이 선포하신 뜻이 인간의 관습보다 중요하다는 것을 저들이 인정한다면, 하나님의 뜻이 우리와 함께 있고 우리의 견해를 분명히 지지한다는 것을 분명히 알고도 저들은 왜 우리를 상대로 고대 풍습에 관해 다투려 하는 것입니까? 가르침은 분명합니다. "모든 사람은 결혼을 귀히 여기라"(히 13:4). 바울은 명백히 감독들을 남편이라고 말하고 있습니다(딤전 3:2; 딛 1:6). 일반적으로 그는 모든 사람들에게 결혼을 명하고, 결혼을 금하는 것은 마귀의 가르침이라고 말합니다(딤전 4:3). 인간이 하나님보다 우선시되지 못할진대, 성령께서 분명하게 선포하신 것을 거스르는 인간의 관습을 세우는 것이 무슨 유익이 있습니까? 더욱이 이 문제에서 우리를 상대로 고대 교회의 관습을 근거로 제시하는 자들의 판단이 얼마나 불공정한지 주목해 보는 것 또한 중요합니다. 사도 시대보다 더 초기의, 혹은 더 높은 권위를 지니는 고대 교회가 있습니까? 우리 적대자들은 그때에 교회의 모든 목회자들에게 결혼 허가가 내려졌고 그에 따라 그들이 결혼했다는 것을 부인하지는 않을 것입니다. 만약 사도들이 사제의 결혼을 금하는 것이 좋다고 생각했다면, 왜 그들이 교회에게서 그런 큰 유익을 빼앗았겠습니까? 그들 이후 약 250년이 흘러 니케아 공의회 때, 소조메노스(Sozomenos)가 말하는 대로, 목회자들에게 독신을 명하는 문제가 제기되었는데 파프누티우스(Paphnutius)의 개입으로 이 사안은 처리되지 않고 넘어갔습니다. 그 자신이 독신이었던 그가 독신을 명하는 법률을 두는 것은 용인될 수 없다고 밝히자, 공의회 전체가 즉각 그의 견해에 동의를 표했기 때문입니다. 하지만 점차 미신이 증대하여 그 당시에는 받아들여지지 않았던 규칙이 마침내 제정된 것입니다. 오래된 데다 그 저자가 불확실하다고 하여 사도가 제정한 것으로 여겨지는 교회법들 중에는 직위에 임명되고 난 후에는 찬양대나 봉독자를 제외한 모든 성직자들의 결혼을 허용하지 않는 것이 있습니다. 하지만 그 이전의 교회법에서는 사제와 집사가 종교를 구실로 그 아내들을 저버리는 일을 금하고 있습니다. 그리고 강그라 공의회(Council of Gangra)의 네 번째 법규는 결혼한 목사와 결혼하지 않은 목사를 구별하여 전자가 집례하는 예배에 참석하지 않으려 하는 사람들을 향해 저주를 선포하고 있습니다. 따라서 그 당시는 후대보다 훨씬 더 공평했던 것 같습니다.

하지만 여기서 이 주제를 충분하게 다루는 것이 제 의도는 아니었습니다. 저는 단지 초기의 순수했던 교회가 이 문제에 있어 우리의 적들이 주장하는 것처럼 그렇게 우리 견해와 다르지 않았다는 것을 지적하는 것이 좋다고 생각했을 뿐입니다. 그렇다고 하더라도, 저들은 마치 우리가 거룩한 것과 세속적인 것을 혼동이라도 하고 있는 양, 혹은 우리가 자기들보다 고대 교회와 훨씬 일치한다고 쉽게 응수하지 못하기라도 하는 양, 왜 우리를 그다지도 격렬하게 비난하는 것입니까? 고대인들이 사제들에게 금한 결혼을 우리는 허용합니다. 도처에서 그들 가운데 횡행했던 방탕에 대해 저들이 무슨 말을 할 수 있습니까? 저들은 자신들이 방탕을 용인하고 있다는 것을 부인할 것입니다. 하지만 만약 저들이 고대 교회법을 따르고자 한다면, 그러한 것을 보다 엄격하게 처벌해야 마땅할 것입니다. 네오카이사레이아의 공의회(Council of Neo-Caesarea)는 결혼하는 목사에게 성직 박탈의 벌을 내렸습니다. 하지만 간통을 범한 자에게는 이보다 훨씬 더 가혹한 처벌을 내려, 성직을 박탈하고 출교 처분하였습니다. 오늘날 사제의 결혼은 중대한 범죄로 여기면서도, 그가 수백 번 방탕한 행동을 해도 거기에 대해서는 얼마 안 되는 벌금만 부과하고 있습니다. 의심의 여지없이 처음 독신제라는 규율을 만든 사람들이 지금 살아 있어 이 같은 일에 대해 알게 된다면 누구보다 먼저 이 제도를 폐기할 것입니다. 하지만 제가 이미 말씀드렸듯이, 하나님께서 친히 죄 없다 하신 사안에 관해, 인간의 권위로 우리를 정죄하는 것은 무엇보다 불의한 일이 될 것입니다.

고해 성사에 관해서는 더 간략하게 답하겠습니다. 우리 대적자들은 죄를 고백할 의무가 부과된 것이 인노켄티우스 3세 이전이었다고 주장할 수 없습니다. 우리를 상대로 저들이 그토록 격렬하게 다투고 있는 이 폭압적인 제도는 1,200년 동안 기독교계가 전혀 알지 못하던 것이었기 때문입니다. 그렇지만 라테란 공의회(Council of Lateran)의 교령에는 이것이 포함되어 있습니다. 그렇습니다, 그러나 다른 많은 것들도 마찬가지의 내용을 담고 있습니다. 역사에 대해 웬만큼 알고 있는 사람들이라면 그 시대의 무지와 만행에 대해 잘 알고 있습니다. 이것은 실로 가장 무지한 통치자들이 항상 가장 전제적이라는 일반적인 견해와 부합합니다. 하지만 모든 경건한 영혼들은 이 규율에 스스로 묶여 있다고 생각하는 사람들이 어떤 미로 속에 갇혀 있었는지 증언하는 제 말을 받아들여 줄 것입니다. 양심에 대한 이와 같은 잔혹한 고문에다 저들은 이것이 죄사함에 필수적인 것이라는 신성 모독적인 억지를 보태고 있습니다. 저들은 기꺼이 고해 성사를 하지 않는 자는 누구라도 하나님의 용서를 받을 수 없다고 속이고 있습니다. 저는 묻고 싶습니다. 죄인이 하나님과 화해하는 방식을 자기들 마음대로 규정하고, 하나님이 거저 주시는 용서를 자신들이 부가한 조건들이 충족될 때까지 보류하는 것이 도대체 무슨 짓입니까? 다른 한편, 사람들은 가장 해로운 미신에 빠져 있습니다. 그것은 자신들의 죄를 사제들의 귀에 쏟아 버림으로써 죄짐을 벗자마자 완전히 죄책감에서 해방된다는 미신입니다. 이러한 견해를 많은 사람들이 무제한적인 면죄부로 남용하였습니다. 하나님을 두려워하는 사람들조차도 그리스도보다 사제에게 더 마음을 썼습니다. 공적이고 엄숙한 자백(키프리아누스는 이것을 exomologesis라 칭합니다)은 고대에 참회자들이 교회와 화해하기 위해 이행해야 했던 것으로, 그것이 본래 제정된 목적을 벗어나지 않았다면 분별 있는 사람은 누구나 이를 추천하고 기꺼이 수용하였습니다. 요컨대, 이 문제에 관해 우리는 고대 교회와 아무런 이견이 없습니다. 우리는 단지 신자들의 목을 조르고 있는 오늘날의 폭압적인 굴레를 풀고 싶을 뿐입니다. 이것이 우리가 마땅히 할 바입니다. 더욱이 누군가 위로와 조언을 얻고자 목회자를 사적으로 찾아가 자신의 근심거리들을 스스럼없이 그에게 털어놓을 때, 만일 이것이 강제가 아니라 자유롭게 행해진 것이라면 우리는 결코 이것이 무익하다고 말하지 않습니다. 제가 말하고자 하는 바는 모든 사람이 자신에게 좋다고 느끼는 바대로 이 문제를 자유롭게 처리하도록 맡겨 두자는 것입니다. 그 누구의 양심도 고착화된 규율로 속박해서는 안 됩니다.

황제 폐하와 저명하신 군주들이여, 부디 이 변증에 만족하셨기를 바랍니다. 이것은 참으로 정당한 변증입니다.[5]

---

5. 여기서 생략된 내용에 대해서는 이 책의 전체 서문을 참고하라.

PART III
CONTROVERSIAL
JEAN CALVIN

사돌레토에게 보내는 답신

서문

우리가 이 글을 어떤 배경적 사실들에 비추어 읽어야 하는지는 이 답변서가 담고 있는 내용이 말해 줄 것이다. *C.R.*에 이 글에 대한 다음과 같은 소개가 포함되어 있다. 칼뱅과 그 친구들이 제네바에서 추방되었을 때, 제네바 공화국과 교회의 상황은 로마 교회 옹호자들로 하여금 혼란에 지친 시민들이 그들 가운데 이전의 신앙 형태를 복원할지도 모른다는 기대를 가지도록 할 만한 상황이었다. 시기가 유리하고, 양 떼는 그 지도자를 빼앗겼으니, 로마 가톨릭주의자들은 자신들이 쉽게 제네바를 되찾을 수 있으리라 생각했다. 리옹에서 이루어진 한 회합에서 그들은 자신들 가운데 추기경 야코보 사돌레토를 위촉하여 그에게 제네바인들을 로마 교회의 품으로 돌아오라고 권면하는 일을 맡겼다. 사돌레토는 그 당시 카르팡트라의 주교로, 웅변술과 저작들로 명성이 자자했고 고결한 생활로도 그에 못지않은 존경을 받는 인물이었다. 사돌레토 자신도 교회에 어느 정도 개혁이 이루어지기를 희망했으며, 로마 가톨릭 신학보다 오히려 아우구스티누스주의에 매료되었다. 하지만 그는 분파와 새로운 것들을 묶인하게 되면, 그것들이 지나친 적의를 갖고 반대하고 있는 부도덕이나 오류들보다 교회에 더 큰 위해와 위험을 초래할 것이라고 생각하였다. 베자는 사돌레토가 진리의 빛을 억압하는 데 그 자신의 은사와 재능들을 사용했다고 호된 평가를 내리면서, 그가 추기경단에 받아들여진 것은 다름 아니라 종교를 왜곡해서 전하는 그의 능력 때문이었을 것이라고 짐작한다. 교회의 항구적인 일치에 근거한 그의 유약한 논증과 가톨릭 교회의 고대성이 존중되어야 한다는 그의 요구에도 불구하고, *C.R.*은 그를 신실한 사람으로 평가하고 있고, 교회를 개혁하는 일이 주교단에 맡겨진다면 그리스도에게 더 큰 영광을 돌리게 될 것이라는 의견에 그가 동조했다고 밝히고 있다. 그렇다고 해도, 1539년 4월 사돌레토는 제네바 시 의회와 시민들에게 정중하고도 마치 아버지와 같은 투로 편지를 써서 그들을 로마 교회의 품과 고대의 거룩함으로 돌아오라고 권하였다. 라틴어로 씌어진 이 편지는 사람들의 주목을 끄는 데 실패했거나, 적어도 대다수의 좀 더 온건한 사람들의 시선을 끄는 데 실패했다. 그렇지만 학식 있는 사람들은 이에 대해 신중하고 기백 있는 답변이 씌어질 필요가 있다고 생각하였다. 칼뱅은 이 책무를 맡으라는 친구들의 권면을 받아 수일 만에 문체의 우아함이나 명료함이나 논증의 힘과 정확성 면에서 자신의 저작들 가운데 출중한 편에 속하는 뛰어난 논문을 작성하였다. 파렐에게 보내는 편지에서 칼뱅은 사돌레토의 서신을 받았다는 것을 인정하고 있고, 자신이 이에 답신을 보내는 일을 맡아야 한다고 친구들이 설득했다는 것도 언급하고 있으며, 이 답신을 쓰는 일에 자신이 온전히 사로잡혀 있었다고 말하고 있다. 이 답신은 9월 1일 자로 표기되어 있다. (*C.R. V, xliv* 이하 참고.)

추기경 사돌레토가 제네바 시 의회와 시민들에게 보낸 편지에 대한 칼뱅의 답신

장 칼뱅이 추기경 사돌레토에게 – 안부

우리 시대가 낳은 학식이 뛰어난 수많은 사람들 중에 당신은 확실히 탁월한 학식과 각별한 웅변술로 인해 학문에 전념하는 모든 사람들이 우러러보고 존중하는 몇

안 되는 사람들 가운데 한 사람입니다. 그렇기 때문에 내가 학계에서 당신의 이름을 거론하고 당신에게 다음과 같은 권고를 한다는 것은 정말이지 내키지 않는 일입니다. 실로 강력한 필요성이 나를 이 경기장으로 끌고 오지 않았더라면 나는 이 일을 하지 않았을 것입니다. 왜냐하면 나는 학문에 공로가 큰 사람을 공격하는 데 열심을 내는 일이 얼마나 비난받을 만한 일인지 모르지 않고, 또 모든 지식인들에게 내가 얼마나 밉살스럽게 보일지 모르지 않기 때문입니다. 그들은 내가 단지 격정에 사로잡혀 그런다고 생각할 것이고, 내가 어떤 정당한 대의 때문에 자신들이 그 경탄할 만한 재능을 보고 사랑과 존경을 받을 만하다고 여기는 사람을 상대로 펜을 들었다고 생각하지는 않을 것이기 때문입니다. 그렇지만 내가 맡은 일의 성격을 설명하고 나면 내가 모든 비난으로부터 놓여 날 뿐만 아니라, 내가 맡은 대의는 비열하게 내 의무를 내동댕이 치지 않는 한 결코 포기할 수 없는 것임을 인정하지 않을 사람이 한 사람도 없을 것이라고 믿습니다.

당신은 최근에 제네바 시 의회와 시민들에게 편지를 보내어, 그들이 한 번 벗어 버린 로마 교황의 멍에를 다시 짊어질 생각은 없는지 의향을 타진하였습니다. 그 편지에서 당신의 목적을 이루기 위해 당신이 호의를 얻어야 하는 사람들의 감정을 상하게 하는 것은 좋은 방책이 아니었기 때문에, 당신은 선한 탄원자와 같은 태도를 취하였습니다. 당신은 아부의 말들을 늘어놓아 그들을 달래어, 그들로 하여금 당신의 견해를 받아들이게 하고자 애썼습니다. 당신은 압제에 대한 저항을 불러일으키려 애쓴 사람들을 상대로 악담과 신랄한 말들을 해대었습니다. 그리고 당신은 복음을 구실로 사악한 술수로써 그 도시에 당신이 종교와 교회의 전복이라고 개탄하는 것을 불러일으키는 자들을 힘껏 내리누르고 있습니다. 그렇지만 사돌레토여, 나는 당신이 그렇게 증오에 차서 공격하고 낙인을 찍는 그 사람들 중의 하나임을 고백합니다. 비록 내가 제네바로 초청받기 전에 이미 그곳에 종교가 확립되어 있었고 교회의 형태도 바로잡혀 있었지만, 나는 그것들에 동의를 표했을 뿐만 아니라 비레와 파렐이 이루어 놓은 것들을 보존하고 굳게 하기 위해 많은 연구를 하였기 때문입니다. 나는 내 입장을 그들의 입장과 분리시킬 수 없습니다. 더욱이 만약 당신이 나의 개인적인 성품을 공격한 것이었다면, 나는 당신의 학식을 고려하고 당신의 글을 존중하여 그 공격을 쉽게 용서할 수 있었을 것입니다. 하지만 나의 목회 사역이, 하나님으로부터 받은 소명에 의해 유지되고 시인되는 것이라고 확신하는 나의 목회 사역이 측면 공격을 당하고 훼손되는 것을 볼 때, 내가 여기서 침묵하고 묵인하는 것은 인내가 아니라 불성실이 될 것입니다.

제네바 교회 안에서 나는 먼저는 교사의 직무를, 그리고 그 후에는 목회자의 직무를 맡았습니다. 나는 당연히 이러한 직무들을 수행하는 데 있어 정당한 소명을 받았다고 단언합니다. 내가 얼마나 신실하게 그리고 경건하게 이 직무들을 수행했는지에 대해 지금 여기서 장황하게 늘어놓을 이유는 없습니다. 내가 명석함, 박식함, 신중함, 능력, 그리고 근면함까지 지니고 있다고 주장하지는 않겠습니다. 단지 나는 주님의 사역을 성실하게 감당했다고 말할 수 있습니다. 나는 나의 재판관이신 그리스도와 그의 모든 천사들에게 양심에 비추어 호소할 수 있으며, 모든 선한 사람들이 내 편에서 나를 위해 증언하고 있습니다. 그러므로 당신이 이 사역에 상처를 내고 비방하도록 내버려 두고 내가 침묵을 지킨다면, 장차 이 사역이 하나님의 일이었다는 것이 밝혀질 때에(그 진상이 알려지고 나면 이것은 밝혀지지 않을 수 없는 일이므로), 그러한 침묵을 누가 반역이라고 정죄하지 않겠습니까? 따라서 모든 사람이 지금 보는 바와 같이, 주님이 내게 맡기신 일을 명백한 불성실로 저버리고 싶지 않다면 당신의 비난에 맞서야 한다는 아주 강력한 의무감이 나를 사로잡고 있습니다.

비록 지금은 내가 제네바 교회를 맡고 있지 않지만, 그것이 내가 제네바 교회를 아버지와 같은 사랑으로 껴안고자 하는 것을 막을 수는 없습니다. 하나님께서 제네바 교회를 내게 맡기셨을 때, 그분은 나로 하여금 제네바 교회에 영원히 신실하도록 하셨습니다. 그래서 지금 그 교회에 최악의 덫이 설치되고 있고, 그 안전을 위해 내가 최선을 다해 돌보는 것이 하나님을 기쁘게 하는 일이고, 미연에 방지하지 않으면 곧바로 닥칠 중대한 위험을 내가 목도하고 있는데, 누가 내게 이 문제에 대해 침묵하고 무관심한 채 기다리라고 충고하겠습니까? 당신에게 묻고 싶습니다. 당신이 반드시 지키고 보존하려고 부단히 노력해 온 어떤 것이 파괴되는 것을 빈둥거리며 멍히 바라보고 묵인하는 것이 얼마나 무정한 일입니까? 하지만 이 점에 대해 더 언급할 필요가 없을 것입니다. 왜냐하면 당신 자신이 내게서 모든 어려움을 제거해 주고 있기 때문입니다. 그다지 가깝지도 않은 이웃이 당신에게 그렇게나 중요해서, 제네바인들을 향한 당신의 사랑을 표현하려 애쓰면서 주저 없이 나와 내 명성을 그토록 신랄하게 비난할 수밖에 없었다면, 내가 이웃의 책임감보다 훨씬 더 강한 책임감으로 나에게 맡겨졌던 도시의 공익을 살피고, 그 도시를 파괴로 인도할 수밖에 없는 당신의 참견과 시도에 내가 반대하는 것은 인정상 의심할 여지없이 허용될 것입니다. 게다가 내가 제네바 교회에는 최소한의 관심도 없고(내가 내 자신의 영혼을 돌보지 않을 수 없는 것과 마찬가지로 이 교회를 돌보는 일을 내팽개칠 수 없다는 것은 확실합니다), 그 교회를 위한 열정으로 이 일을 하는 게 아니라고 말하는데, 더욱이 나의 사역이(나는 이 사역이 그리스도에게서 비롯된 것인 줄 알기 때문에 필요하다면 피를 흘리면서도 반드시 지켜내고 말 작정입니다) 부당하게 비방을 당하고 욕을 먹고 있는데, 어떻게 내가 마치 이것을 알아채지 못한 것처럼 이 일을 묵인할 수가 있겠습니까?

그러므로 실로 당신의 중상모략에 대응하여 나의 무고함을 단순하고 침착하게 항변하는 데 대해 논쟁이라는 이름을 붙여야 한다면, 얼마나 많은 타당한 이유들 때문에 내가 이 논쟁에 뛰어들 수밖에 없었는지 공평한 독자들뿐만 아니라 사돌레토 당신도 쉽게 판단할 수 있을 것입니다. 나는 나의 결백을 주장하지만, 나에 대한 변호는 내 동료들에 대한 변호까지 포함하는 것입니다. 그들은 내가 내린 행정적인 모든 조처들에 너무나 깊이 결부되어 있기 때문에 그들에 대적해서 언급되는 것은 무엇이든지 기꺼이 내 것으로 여길 수밖에 없습니다. 이러한 목적을 위한 일에 착수하면서 내가 당신에게 지녔던 감정이 어떠했는지, 나는 행동으로 그것을 밝히고 입증하고자 애쓸 것입니다. 내가 그렇게 행동하면, 모든 사람이 내가 선하고 정의로운 동기, 양심의 올바름, 진심어린 신실함, 그리고 말의 정직성에서 당신을 앞설 뿐만 아니라, 신사다움과 온건함을 지키는 데도 훨씬 더 성공적이었다는 것을 인정하게 될 것입니다. 분명 급소를 자극하거나 심지어 심각하게 찌르는 일도 있을 것입니다. 하지만 나는 첫째로, 당신이 전에 나를 공박할 때 행했던 부당한 비난이나 이 일이 불가피하게 강요하는 것보다 더 거친 표현을 하지 않도록 노력할 것이며, 둘째로는, 무절제나 격정에 해당될 수 있는 정도의 호된 표현을 하거나 불쾌한 어투를 사용함으로써 순진한 사람들을 화나게 하지 않도록 애쓸 것입니다.

우선 첫째로, 만약 당신이 내가 아닌 어떤 다른 사람을 다루었다면, 그 사람은 틀림없이 내가 전부 생략하기로 마음먹은 바로 그 논의로 시작했을 것입니다. 왜냐하면 별로 힘들이지 않고도 그는 당신의 글에 담겨 있는 당신의 의도를 논할 것이고, 결국 당신의 목적이 당신이 말하는 것과는 다른 어떤 것이라는 것을 분명하게 밝히게 될 것이기 때문입니다. 솔직히 말해 그것이 당신이 이전에 공정하게 얻었던 대단한 신망을 위한 것이 아니라면, 예전에 제네바인들과 전혀 아무런 교류도 한 적이 없는 이 방인이 갑자기 그들에게 대단한 애정을 고백하고 있는 것은 얼마간 미심쩍은 일이고, 또 그런 애정이 존재했었다는 사전의 징후도 없기 때문입니다. 그리고 당신은 모든 술책과 속임수의 제조 공장인 로마 궁정에서 배운 로마 가톨릭의 기교에 어릴 때부터 깊이 빠져 있는 사람이고, 클레멘스의 품에서 교육받아 이제는 추기경에 선임된 사람으로, 대부분의 사람들이 이 문제에서 당신에게 의심의 눈초리를 보낼 만한 많은 것들을 지니고 있습니다. 그리고 당신은 교묘히 환심을 사는 방법들로 순진한 사람들의 마음을 얻을 수 있으리라고 생각했을 것인데, 아주 어리석은 사람이 아니라면 누구라도 그것들을 쉽게 논박할 수 있을 것입니다. 이런 식의 설명에 대해 비록 많은 사람들이 그렇게 믿으려는 경향이 있겠지만, 나는 이것들을 당신에게 돌리고 싶지 않습니다. 왜냐하면 그런 것들은 내가 보기에 모든 종류의 교양 학문들로 다듬어진 당신 같은 사람의 명성에는 어울리지 않는 것처럼 보이기 때문입니다. 그러므로 나는 당신과 논의를 시작함에 있어 당신이 당신의 학식, 사려 분별, 그리고 신중함에서 비롯된 순수한 의도로 제네바 사람들에게 편지했다고, 그리고 그들의 이익과 안전에 이바지한다고 당신이 믿은 길을 그들에게 선의로 권했다고 믿고자 합니다. 그러나 당신의 의도가 무엇이었든 간에(나는 이 문제에 있어서 당신에게 어떤 불공평한 혐의를 두고 싶지 않습니다), 당신은 당신이 사용할 수 있는 최고로 신랄하고 무례한 표현들로써 주님께서 우리의 손을 통해 전하신 것을 왜곡하고 완전히 파괴하려고 애쓰고 있습니다. 따라서 내가 원하든 원하지 않든지 나는 당신에게 공개적으로 맞서지 않을 수 없습니다. 왜냐하면 목회자는 유순한 영혼들의 손을 잡고 정성껏 그리고 침착하게 그리스도께로 인도하는 것과 더불어, 하나님의 일을 훼방하려고 하는 사람들의 간계를 격퇴시킬 준비가 되어 있을 그때에만 비로소 교회를 유익하게 하는 것이기 때문입니다.

비록 당신의 편지에 본제를 벗어나 지엽으로 흐른 부분들이 많지만, 그 전체적인 요지는 제네바 사람들을 로마 교황의 권력 아래로, 혹은 당신이 교회의 믿음과 복종이라고 부르는 것으로 되돌리려는 것입니다. 그러나 문제의 본질상, 그들의 감정이 누그러질 필요가 있기 때문에 당신은 영원한 생명의 견줄 수 없는 가치에 관해 길게 늘어놓음으로써 시작합니다. 그 다음에 당신은 핵심에 좀 더 가까이 가서, 하나님에 대한 잘못된 예배보다 영혼에 더 유해한 것은 아무것도 없다고 말하고 있습니다. 그리고 하나님께 합당한 예배를 드리기 위한 최선의 규칙은 바로 교회가 정하고 있는 바이고, 따라서 교회의 일치를 범한 사람들에게는 그들이 회개하지 않는 한 구원이 없다고 말하고 있습니다. 하지만 그 다음에 당신은 당신의 집단에서 분리해 나가는 것이 바로 교회에 대한 명백한 반역이고, 제네바 사람들이 우리에게서 받은 복음은 불경건한 도그마의 거대한 혼합 사료에 불과한 것이라고 주장합니다. 여기서 당신은 만약 그들이 당신의 권고를 경청하지 않는다면 어떤 종류의 하나님의 심판이 그들을 기다리고 있을지 추론하고 있습니다.

당신의 목적을 위해서는 우리가 하는 말을 완전히 의심하게 하는 것이 너무나 중요하기 때문에, 당신은 우리가 그들의 구원을 위해 보인 그 열정에 불길한 혐의를 씌우려고 악착같이 노력합니다. 따라서 당신은 우리가 탐욕과 야망을 채우려는 것 이외에 다른 어떤 목적도 갖고 있지 않다고 억지 주장을 하고 있습니다. 당신이 의도하는 바가 우리에게 오점을 남겨서, 당신의 편지를 읽는 사람들의 마음이 증오로 가득 차서 우리를 신뢰하지 않도록 하는 것이었기에, 나는 다른 사안으로 넘어가기 전에 당신의 이러한 반감에 대해 간략하게 응수하고자 합니다.

나 자신에 관해 말하고 싶지는 않지만, 당신이 나로 하여금 침묵하도록 내버려 두지 않기 때문에, 내가 해야 할 말을 겸손하게 말하려고 합니다. 내가 나 자신의 이익만을 구했다면, 나는 결코 당신이 속한 진영을 떠나지 않았을 것입니다. 그곳에서 출세하기가 내게는 쉬웠다고 말하면서 우쭐대지는 않겠습니다. 나는 그것을 원하지도 않았고, 그것을 잡으려고 내 마음을 쏟고 싶지도 않았습니다. 내 연배의 사람들 중에 고위직에 오른 사람이 적지 않다는 것을 알지만, 그들 중에 몇몇 사람에게는 나도 필적하였을 것이고, 어떤 사람들보다는 내가 더 앞섰으리라 생각합니다. 한 가지 분명히 말할 수 있는 것은 내 소원의 정점에 달하는 것, 즉 자유롭고 영예로운 지위에서 학문을 즐길 수 있는 여유를 가지는 것이 내게는 그리 어려운 일이 아니었을 것이라는 점입니다. 따라서 부끄러움을 모르는 철면피가 아니라면 누구라도 내가 교황의 왕국 안에서는 얻을 수 없었던 어떤 개인적인 유익을 그 왕국 바깥에서 얻으려 했다고 나를 비난할 수는 없을 것입니다.

그리고 누가 감히 파렐을 상대로 이런 비난을 합니까? 일을 해서 생계를 유지할 필요가 있었다면, 그는 이미 학문에 조예가 깊은 사람이었기 때문에 그것으로 필요를 충족시킬 수 있었을 것이고, 또 그는 외부의 도움을 필요로 하지 않을 만큼 명문가 사람이었습니다. 당신이 우리 가운데 구체적으로 누군가를 지적해서 말한 데 대해서는 우리도 우리 이름으로 응수하는 것이 합당할 것 같습니다. 하지만 당신은 오늘날 동일한 대의를 지지함으로써 우리와 연합하고 있는 모든 사람들에 대한 반대를 간접적으로 암시하면서 넌지시 말하고 있는 듯한데, 나는 그들을 위해서라면 파렐과 나를 위해 답변한 것보다 훨씬 더 나은 대답을 할 수 있다는 점을 당신에게 이해시키고 싶습니다. 당신도 우리 개혁자들 가운데 일부는 그 명성을 통해 알고 있습니다. 그들에 관해서, 나는 당신의 양심에 호소합니다. 그들을 당신에게서 떠나게 한 것이 정말 굶주림이었고, 절망 속에 빠져 있던 그들이 새로운 출발[1]을 하기 위한 수단으로 이런 개혁 운동에 뛰어들었다고 생각합니까? 이 운동에 처음 개입한 사람들을 일일이 검토해 보지 않더라도, 나는 그들이 당신과 마찬가지로 굳이 어떤 새로운 인생 계획을 찾아야 할 필요가 없을 정도의 지위와 부를 모두 지니고 있었다고 말할 수 있습니다.

그렇다면 잠시 나와 함께 우리가 획득한 명예와 권력이 무엇인지 생각해 봅시다. 우리의 모든 청중들은 우리가 우리 몫이 아닌 부나 위엄을 탐하거나 갈망하지 않았다는 데 대해 증인이 될 것입니다. 우리의 모든 말과 행동에서 그들은 당신이 우리에게 혐의를 씌우는 어떠한 야망의 흔적도 감지할 수 없었을 뿐 아니라, 오히려 반대로 우리가 온 마음을 다해 그것을 혐오하고 있다는 명백한 증거를 보았을 뿐입니다. 때문에 당신은 그들의 하찮은 한마디 말에 홀려서, 우리가 그들에게 제시한 많은 확증들에 반하는 무익한 중상을 믿으리라고 기대할 수는 없을 것입니다. 그리고 말보다 사실에 호소하자면, 주교들과 사제들이 면책특권이란 구실로 행정 장관에게서 강탈한 칼의 권력과 시민 재판권을 우리가 행정장관에게 되돌려주지 않았습니까? 주교들과 사제들이 찬탈한 모든 압제와 야망의 도구들을 우리가 혐오하여, 그것들을 폐지시키기 위해 분투하지 않았던가요? 신분 상승에 대한 기대가 조금이라도 있었다면, 왜 우리가 교활하게 본심을 숨기면서 그러한 권력이 교회를 다스리는 직무와 더불어 우리에게 양도되도록 하지 않았겠습니까? 그리고 왜 우리가 그 지배권 전체를, 아니

---

1. 원문에는 *novas tabulas*라고 되어 있는데, 이것은 오래된 것들을 폐지시키고 이전부터 있어왔던 각종 의무들을 무효화시키는 새로운 책들을 말한다.

정확히 말해 그들이 하나님의 말씀에서 어떤 인가도 받지 않은 채로 우리의 영혼에 감행한 그 도살을 전복시키고자 열심히 노력했겠습니까? 어떻게 우리가 상실해 버린 그 많은 것을 당연한 것으로 간주했겠습니까? 교회의 재원과 관련해서, 그들은 이러한 소동 가운데서도 여전히 상당량을 삼키고 있습니다. 그러나 궁극적으로 꼭 실현되어야 하는 바대로 그들이 어느 날 그 재원들을 빼앗기리라는 기대가 우리에게 있었다면, 왜 우리는 그 재원들이 우리에게 속하게 할 수 있는 방책을 강구하지 않았을까요? 하지만 우리가 검소하고 소박한 생계를 위해 필요한 것 이상으로 자기 자신의 소용을 위해 교회의 재산을 횡령하는 모든 주교를 도둑이라고 분명한 목소리로 비난했을 때, 우리가 목회자들 자신이 궁극적으로는 그 아래 침몰하고 말 풍요에 빠져들어 있는 이상 교회는 치명적인 독에 노출되어 있는 것이라고 주장했을 때, 우리가 이러한 교회의 재원들이 그들의 소유로 전락하는 것이 부당하다고 선포했을 때, 결국 우리가 너무 많아 사치를 할 만큼이 아니라 목회자 신분에 걸맞은 검약한 생활에 충분한 만큼만 목회자들에게 배분해야 하고, 그 남는 것은 고대 교회의 관습을 따라 베풀어야 한다고 충고했을 때, 우리가 중량감 있는 사람들을 선출하여 이 재원을 관리하게 하고 의무적으로 교회와 행정 장관에게 매년 결산을 하도록 해야 한다고 주장했을 때, 이것이 과연 우리 자신을 위해 뭔가를 움켜잡기 위한 것이었을까요? 아니면 오히려 우리 자신이 자발적으로 그것들에게서 자유롭게 벗어나려고 함은 아니었겠습니까? 이 모든 것들은 실로 우리가 어떤 사람인지가 아니라, 우리가 어떤 사람이 되고자 했는지를 보여 줍니다. 하지만 만약 이런 것들이 너무 분명하고 널리 알려져서 조금도 부인될 수 없다면, 도대체 어떤 얼굴로 당신은 우리가 특별한 부와 권력을 탐한다고 계속하여 비난할 것이며, 특히 이것들을 모두 알고 있는 사람들의 면전에서 그러할 것입니까? 당신과 같은 조직에 있는 사람들이 자신들의 추종자들에게 우리에 대해 퍼트린 터무니없는 거짓말에 우리는 놀라지 않습니다. 왜냐하면 거기에는 그런 거짓말들을 질책하거나 감히 논박할 수 있는 사람이 없기 때문입니다. 하지만 우리가 위에서 언급했던 모든 것들을 목격한 사람들이 있는 곳에서 그 반대의 것을 설득시키려고 애쓰는 것은 분별력을 잃은 사람이 할 일이고, 사돌레토 당신의 학식, 분별력, 신중함의 명성을 심각하게 훼손시키는 일입니다. 만약 당신이 우리의 의도가 그 결과로서 판단되어야 한다고 생각한다면, 우리가 목표로 했던 단 한 가지는 우리의 부족함과 미천함을 통해 그리스도의 왕국이 촉진되는 것이었음이 밝혀질 것입니다. 우리는 야망을 목적으로 하나님의 신성한 이름을 능욕한 사람들이 절대 아닙니다.

당신이 우리를 상대로 입을 벌리고 내뱉은 다른 많은 욕설들에 대해서 나는 침묵으로 넘기려고 합니다. 당신은 우리를 간교한 사람, 기독교의 일치와 평화의 적, 고대로부터 잘 확립된 것들을 혁신하려는 자들, 선동적이고, 영혼에도 해악을 끼치고, 공적으로 또 사적으로 사회에 널리 해로운 자들이라고 부릅니다. 당신이 힐책을 피하고 싶었다면, 우리가 편견을 조장하기 위해 허풍을 떨고 있다고 말하지를 말든지 혹은 당신 자신의 호언장담을 훨씬 더 억제했어야만 했습니다. 그렇지만 나는 이런 것들 하나하나를 길게 논하고 싶지는 않습니다. 단지 나는 한마디 말로 바로 반박될 수 있는 주장들로써 당신이 죄 없는 사람을 비난하는 것이 상스럽다고 말할 정도는 아니라 해도 얼마나 무례한 일인지 숙고해 보도록 할 것입니다. 비록 사람에게 상처를 입히는 것이 당신이 요컨대 그리스도와 그 말씀에 가하는 모욕적 언동의 무례함과 비교해 볼 때는 작은 문제지만 말입니다.

우리의 설교로 훈육을 받은 제네바 사람들이 자신들이 빠져들어 있던 오류의 소용돌이에서 빠져나와 복음의 순수한 가르침으로 향할 때, 당신은 그것을 하나님의 진리로부터 이탈하는 것이라고 말합니다. 그들이 자신들 가운데 보다 나은 형태의 교회를 세우기 위해 로마 교황의 압제를 벗어던졌을 때, 당신은 그것을 교회를 버리는 행동이라고 말합니다. 이제 함께 이 두 문제를 차례로 논의해 봅시다.

당신의 서문을 보면, 편지의 삼분의 일 가량이 영원한 지복의 미덕을 선포하는 데 할애되어 있지만, 거기에 대응하는 데 내가 오랜 시간을 쓸 필요는 없습니다. 비록 미래와 영원한 생명에 대한 찬양이 밤낮으로 우리가 듣고, 계속해서 기억하며, 끊임없이 묵상해야 할 만큼 가치 있는 주제이긴 하지만, 당신이 어떤 종교적인 감정의 징후를 이용해서 사람들의 호감을 사려고 한 것이 아니라면, 나는 당신이 무슨 이유로 여기서 그것에 관해 장황하게 늘어놓는지 모르겠습니다. 당신 자신에 관한 모든 의혹을 벗어 버리고자 했든지, 영광의 삶이 당신의 사고를 깊이 지배하고 있다는 것을 입증하고자 했든지, 혹은 당신이 그것을 장황하게 찬양함으로써 당신의 편지를 받는 사람들을 흥분시켜 박차를 가할 필요가 있다고 생각했든지 간에(나는 당신의 의도가 무엇이었는가를 간파하고 싶지 않기 때문에), 지나치게 자기 본위의 사고를 하고 하나님의 영광을 설명하고픈 열정을 최고의 존재적 동기로 여기지 않는 신학은 매우 건전하지 못한 신학입니다. 왜냐하면 우리는 무엇보다도 하나님을 위해 태어난 존재이지 우리 자신을 위한 존재가 아니기 때문입니다. 바울이 말한 대로(롬 11:36) 만물이 그에게서 흘러나왔고, 그 안에서 유지되며, 그에게로 돌아가야 합니다. 나는 실로 주님이 자신의 이름의 영광을 인간에게 보다 잘 위탁하기 위해, 그것을 우리의 구원과 분리되지 않도록 한데 묶음으로써 하나님의 영광을 증진시키고 확장시키려는 우리의 열정을 조절하셨다고 고백합니다. 하지만 주님께서 이러한 열정이 우리 자신의 유익에 대한 모든 생각과 관심을 넘어서야 한다고 가르쳤기 때문에, 그리고 자연법 또한 만물보다 하나님을 더 즐거워하지 않으면 그분이 자기 자신의 것을 받지 않으신다는 것을 가르쳐 주기 때문에, 확실히 기독교인은 단지 자기 영혼의 구원을 구하고 확보하는 것보다는 더 높이 올라가야 합니다. 그러므로 나는 참된 경건의 사람 중에, 전적으로 자기 자신에 대한 관심으로만 가득 차서 천국의 삶에 대한 열정을 가지라고 권면하는 말은 길고도 장황하게 늘어놓으면서 하나님의 이름을 거룩하게 하라고 권고하는 말은 한마디도 하지 않는 것을 한심하게 생각하지 않을 사람은 아무도 없다고 확신합니다. 그러나 나는 이처럼 하나님의 이름을 거룩하게 하고 난 이후에는 우리가 보다 높은 소명을 향해 서둘러 가는 것 이외에 삶에서 어떤 다른 목적을 두어서는 안 된다는 데 대해서는 당신에게 전적으로 동의합니다. 왜냐하면 하나님은 우리 앞에 그것을 우리의 모든 사고, 말, 그리고 행동의 변치 않는 목표로 정해 놓으셨기 때문입니다. 그리고 실로 복 되고 영원한 생명에 대한 소망을 가지고 하나님과 영적으로 교제하지 않는다면, 인간이 하등 동물보다 더 나은 것이 아무것도 없습니다. 그리고 전반적으로 우리가 우리의 이야기를 통해 목표로 하는 것은 그것을 묵상하고 갈망하도록 사람들을 자극하는 것입니다.

나는 또한 하나님에 대한 뒤틀리고 잘못된 예배보다 더 우리의 구원에 위험한 것은 없다는 당신의 말에 동의합니다. 우리가 그리스도의 제자 삼기를 원하는 사람들에게 경건 훈련을 시킬 때 늘 가르치는 가장 기본적인 것이 바로 이것입니다. 즉 자기 임의대로, 그리고 자기 자신의 즐거움을 좇아 하나님에 대한 어떤 새로운 예배를 임의로 고안해 내지 말고, 유일하게 적법한 예배는 그분께서 처음부터 인가하신 예배라는 것을 알라는 것입니다. 우리는 성서가 선포하는 대로, 순종이 어떤 제사보다도 낫다(삼상 15:22)고 단언합니다. 요약하자면, 우리는 그들이 반드시 그분의 입을 통해 나온 바로 그 예배의 규칙을 기꺼이 받아들이고 모든 거짓된 예배에 이별을 고하도록 훈련시킵니다.

그러므로 사돌레토여, 당신이 자원해서 이런 고백을 했을 때 당신은 내 변론의 기초를 놓은 셈입니다. 만약 당신이 잘못된 주장으로 거룩한 진리를 거짓으로 변질시키는 것이 영혼을 끔찍하게 파괴시키는 일이라는 점을 시인한다면, 우리 두 편 중 누가 유일하게 하나님에 대한 적법한 예배를 유지하고 있는지 물을 일만 남았습니다. 당신 측에게 유리하도록 주장하기 위해서, 당신은 예배의 가장 확실한 규범이 교회가 명한 것들이라고 전제하고 있습니다. 그러면서 당신은 마치 우리가 여기에 반대하기라도 하는 듯, 의문의 여지가 있는 문제들을 다루는 방식으로 이 문제를 거론하고 있습니다. 하지만 사돌레토여, 당신이 헛된 수고를 하고 있기에, 내가 이 문제에 관한 모든 수고로움에서 당신을 구해 주고자 합니다. 우리가 사람들로 하여금 가톨릭교회가 항상 지켜 왔던 하나님 예배 법에서 떠나게 하려 한다고 가정한 점에서 당신은 틀렸습니다. 당신은 또한 교회라는 용어에 대해 잘못된 생각을 가지고 있거나, 혹은 알면서도 의도적으로 속이고 있습니다. 나는 곧바로 당신이 후자에 대당한다는 점을 밝힐 텐데, 물론 그렇더라도 당신이 얼마간 잘못 알고 있는 내용도 있다는 점이 드러날 테지만 말입니다. 먼저, 교회라는 용어를 정의하는 데 있어서 당신은 그 올바른 이해를 위해 적잖게 도움을 받은 것들이 어떤 것들인지 밝히지 않고 있습니다. 당신이 교회를 현재뿐 아니라 과거에도, 그리고 이 세상 모든 지역에서 그리스도 안에서 연합되고 일치를 이루어, 항상 어디서나 그리스도의 한 성령으로 인도를 받는 것으로 묘사했을 때, 교회의 모든 표지들 가운데 가장 분명한 것이며 주님께서 우리에게 교회를 가리키시면서 그렇게 자주 언급하셨던 하나님의 말씀은 어떻게 되는 것입니까? 말씀은 없이 성령만을 자랑하는 것이 얼마나 위험한 일인지 알기 때문에, 그분께서는 교회가 실로 성령에 의해 통치되어야 한다고 선포하시면서, 그 통치가 모호하거나 불안하지 않도록 하기 위해 성령을 말씀과 한데 묶으신 것입니다. 그렇기 때문에, 그리스도께서는 하나님의 사람들은 하나님의 말씀을 듣는 자들이라고, 자기 양은 자기 음성을 듣고 목자인 줄 알고 다른 목소리는 낯선 사람의 목소리인 줄 분간한다고(요 10:27) 주장하십니다. 이러한 이유로, 성령께서는 바울의 입을 통해 교회가 사도들과 선지자들의 터 위에 세워진다고 선언하십니다(엡 2:20). 또한 교회가 생명의 말씀 안에서 물로 씻김으로써 주님께 거룩해진다고 선언합니다(엡 5:26). 이와 똑같은 사실이 베드로의 입을 통해 더욱 명확하게 선포되는데, 그는 사람들이 하나님께로 거듭난 것이 썩지 아니할 씨로 된 것이라고 가르치고 있습니다(벧전 1:23). 간단히 말해, 복음 선포가 그토록 자주 하나님의 나라를 규정짓는 것은 그것이 바로 하늘 임금이 자신의 백성들을 다스리는 제왕의 홀이기 때문이 아니고 무엇이겠습니까?

당신은 사도 시대의 저술들에서 뿐만 아니라, 선지자들이 교회의 회복 혹은 온 땅에 교회가 확장되는 것을 예언할 때마다, 그들이 항상 말씀에 최우선 순위를 두고 있음을 발견하게 될 것입니다. 그들은 생수가 예루살렘에서 솟아나서 네 개의 강으로 나뉘어 흘러, 지구 전체를 덮으리라고 말하고 있습니다(슥 14:8). 그리고 이 생수가 무엇인지에 대해서는 그들이 "율법이 시온에서부터 나올 것이요 여호와의 말씀이 예루살렘에서부터 나올 것이니라"(사 2:3)라고 말할 때 자연스럽게 밝혀지고 있습니다. 그래서 크리소스토무스는 성령을 빙자하여 우리로 하여금 복음의 순전한 가르침에서 떠나게 하는 모든 사람을 물리치라고 우리에게 권고하고 있습니다. 성령은 우리에게 새로운 교리를 계시하도록 약속된 것이 아니라, 우리 마음에 복음의 진리를 심어 주기 위해 약속된 것입니다. 그리고 사실 우리는 이 권고가 오늘날 얼마나 필요한 것인지를 경험하고 있습니다. 우리는 두 분파에게서 공격을 받고 있는데, 이들은 서로 아주 상이한 것처럼 보입니다. 교황과 재세례파 사이에 외관상 어떤 유사성이 있습니까? 당신이 알다시피 사탄은 자기 본성을 조금도 드러내지 않을 만큼 그렇게 교묘하게 자기 자신을 변형시키지는 못하기에, 그들 양측이 우리를 공격하는 주요 무기는 동일한 것입니다. 그들이 성령을 지나치게 자랑할 때 분명 하나님의 말씀을 침잠시키고 묻어 버리는 경향이 있기 때문에, 자신들이 오류를 범할 여지를 스스로 만들고 있습니다. 그리고 사돌레토 당신이 성령을 말씀으로부터 분리시켰을 때, 당신은 문간에서 걸려 넘어짐으로써 성령을 모독한 벌을 받은 것입니다. 당신은 하나님의 길을 추구하는 사람들이 마치 아무런 표식도 없는 두 길이 만나는 지점에 서 있는 것처럼, 그들이 교회의 권위를 따르는 것이 유리할지 아니면 당신이 새로운 교의의 고안자들이라 부르는 사람들에게 귀를 기울이는 것이 더 유리할지 망설이고 있다고 억지 진술을 하고 있습니다. 성령이 교회에 앞서 가면서, 교회로 하여금 말씀을 이해할 수 있도록 빛을 비추어 주고, 다른 한편으로 말씀은 시금석*과 같아서, 교회가 그것으로써 모든 교리들을 판가름한다는 것을 당신이 미리 알았더라면, 혹은 그 사실을 감추려고 하지 않았더라면, 당신이 이 난처하고 곤란한 문제에서 도피처를 찾으려 했을까요? 그러니 당신 자신의 경험을 통해, 말씀이 없이 성령만을 뽐내는 것이 성령은 없이 말씀 자체만을 제시하는 것만큼이나 터무니없는 일이라는 것을 배우도록 하시오. 교회에 대한 당신 자신의 정의보다 더 정확한 정의를 받아들일 자세가 되었다면, 이후에는 교회란 모든 성도들의 모임, 즉 온 세상에 편만한, 모든 시대에 존재했던 성도들이, 하나의 교리와 그리스도의 한 성령으로 함께 묶여져서, 신앙의 일치와 형제애적인 조화를 증진시키고 지키는 모임이라고 말하시오. 이런 교회와는 우리가 어떠한 불일치도 없음을 밝힙니다. 아니 오히려 우리는 이 교회를 우리 어머니로 존경하기에, 그 품속에 머물기를 간절히 소원합니다.

하지만 여기서 당신은 우리를 고발하고 있습니다. 당신은 지난 1500년간 믿는 자들이 만장일치로 인정해 왔던 모든 것들이 우리의 제어되지 못한 경솔한 행동으로 인해 갈기갈기 찢기고 파괴되고 있다고 가르치고 있습니다. 나는 당신에게 우리를 바르고 공정하게 대해 달라고 요구하지는 않겠습니다(비록 기독교인이 아닌 철학자라도 자발적으로 이런 태도를 취해야 마땅하지만 말입니다). 나는 단지 남을 중상하는 일에 천박하게 탐닉하지 말라는 부탁만 하고 싶습니다. 비록 우리가 침묵하고 있지만, 이러한 중상 비방은 진지하고 정직한 사람들을 상대로 한 당신의 명성에 심각한 해악을 미칠 것입니다. 사돌레토여, 만약 당신이 사실을 알면서도 부인하고자 한다면, 나는 우리가 당신보다 훨씬 고대의 유산들과 더 밀접하게 연결되어 있을 뿐만 아니라, 우리의 모든 시도가 고대 교회의 모습을 갱신하려는 것이었다는 사실을 당신이 알면서도 간교하고 교묘하게 숨겼다는 점을 명백하게 밝힐 것입니다. 고대 교회의 모습은 먼저는 무관심하고 무지한 사람들에 의해 훼손되고 왜곡되더니 이후에는 로마 교황과 그 도당들에 의해 극악무도하게 난도질당해 거의 파괴되어 버렸습니다.

나는 당신에게 사도들이 제정한 교회의 모습으로 돌아와야 한다고까지 압박하지

---

* Lydian Stone, 금의 순도를 가늠하기 위해 사용된다.

는 않겠습니다. 비록 그 안에 참된 교회의 유일한 모범이 있고, 거기서 조금이라도 벗어나는 사람은 누구든지 오류를 범하는 것이기는 하지만 말입니다. 그러나 당신을 위해 당신 목전에 크리소스토무스와 바실레이오스 당시의 그리스인들의 교회와, 키프리아누스와 암브로시우스, 그리고 아우구스티누스 시대의 라틴 사람들의 교회의 모습을 그들이 저술을 통해 증거하는 고대의 모습 그대로 펼쳐놓기를 바랍니다. 그렇게 한 다음, 오늘날 당신들 가운데 고대 교회가 얼마나 남아 있는지 아니면 황폐화되어 버렸는지 깊이 생각해 보시오. 확실히, 그 차이가 너무나 커서, 선지자들이 다윗과 솔로몬 치하에서 융성했던 훌륭한 교회와 시드기야와 여호야김 치하에서 모든 종류의 미신들에 빠져 거룩한 예배의 순수성을 심각하게 훼손시켰던 교회를 비교해서 기술하는 것 같을 것입니다. 당신은 여기서 고대의 경건과 거룩성을 위해 열심을 내는 사람, 방종하고 타락한 교회에 존재하는 문제들에 불만을 가지고 그 상황을 개선하고자 하는 사람, 그리고 그것을 원래의 찬란한 모습으로 회복하고자 하는 사람을 고대 유산의 적이라고 부를 것입니까?

교회의 안전을 위한 기초가 되는 세 가지가 있으니, 즉 교리(doctrine), 권징(discipline), 그리고 성례전(sacraments)입니다. 그리고 여기에 덧붙일 수 있는 네 번째가 바로 의식(ceremony)인데, 이것을 통해 사람들이 경건의 직무를 다하도록 훈련시킵니다. 우리가 가능한 한 당신의 교회에 대해 존경심을 가질 수 있으려면, 우리가 이것들 중 어떤 것으로 당신 교회를 판단하는 게 좋겠습니까? 마땅히 교회가 그 기초를 두어야 하는 예언자적이고 복음적인 교리의 진리는 당신의 교회에서 대부분 사라져 버렸을 뿐 아니라 불과 검에 의해 광포하게 내어 쫓겼습니다. 당신은 우리의 종교에 의해 인가된 모든 것, 즉 하나님의 계시를 통해 주어졌고 거룩한 교부들의 저술들에 구체적으로 표현되어 있으며 고대의 교회 회의들이 승인한 것들을 격렬하게 박해하는 조직체를 교회라고 나에게 강요할 것입니까? 묻건대, 고대의 주교들이 교회에서 행사하였던 그런 참되고 거룩한 권징의 어떤 흔적이라도 당신들 가운데 있습니까? 당신은 그들의 모든 관습들을 비웃지 않았던가요? 모든 교회 법들을 발로 짓밟지 않았던가요? 또한 나는 성례전에 대한 당신의 사악한 모독을 극도의 혐오감 없이는 생각조차 할 수가 없습니다.

사실상 의식에 관해서라면, 당신은 지나치게 많이 소유하고 있지만, 대부분 그

취지가 너무 유치하고 셀 수 없이 다양한 미신에 의해 훼손되어서, 교회의 보존을 위해서는 전적으로 무익합니다. 이 가운데 어떤 것도 내가 헐뜯으려는 마음으로 과장한 것이 없음을 당신은 알아야 합니다. 그것들 모두가 너무나 공공연하게 드러나 있어서, 보는 눈만 있다면 어디서든 손으로 가리킬 수 있을 정도입니다.

당신이 괜찮다면, 이제 똑같은 방법으로 우리를 시험해 봅시다. 분명 당신은 당신이 우리에게 씌운 비난이 옳았음을 전혀 입증하지 못할 것입니다. 성례에 관해, 우리가 시도한 모든 것은 성례들이 변질되기 전의 본래의 순수성을 복원하여 그 위엄을 되찾도록 하는 것이었습니다. 의식들을 우리는 상당히 많이 폐지하였는데, 우리가 그렇게 할 수밖에 없었던 것은, 부분적으로는 의식들이 너무나 많아서 일종의 유대주의로 변질되었고, 또 부분적으로는 그것들이 사람들의 마음을 미신으로 채워서 경건을 증진시키는 것이 아니라 오히려 경건에 심각한 장애를 초래할 수밖에 없었기 때문입니다. 그럼에도 우리는 시대 상황에 충분하다고 여겨지는 의식들은 보존하였습니다. 우리의 권징이 고대 교회가 공언했던 것과 같지 않다는 것을 우리는 부인하지 않습니다. 하지만 스스로 그것을 완전히 철폐시킨 사람들이 도대체 무슨 공정성을 가지고 우리가 권징을 파괴한다고 비난하며, 또 권징을 그 당연한 위치로 복원시키려고 시도하고 있는 우리를 지금껏 반대하고 있습니까?

우리의 교리에 관해서, 우리는 고대 교회에 호소하기를 주저하지 않습니다. 당신은 우리를 고발할 근거라고 생각한 어떤 점들에 대해 다루고 있는데, 나는 우리가 교회의 견해에 맞서서 고안해 낸 것들이라고 당신이 단언하는 것들이 얼마나 불공정하고 잘못된 것인지 간략하게나마 밝히려고 합니다.

하지만 세부적인 것들을 다루기 전에, 나는 우리 편 사람들이 성서를 설명하기 위해 연구한 것이 과실이라고 당신이 단언하는 근거가 무엇인지 잘 생각해 볼 것을 다시금 경고하고자 합니다. 이러한 연구를 통해 그들이 하나님의 말씀에 빛을 비추었다는 것을 당신도 알 것입니다. 이 점에서는 시기심조차도 그들에게서 모든 칭찬을 사취하기를 부끄러워 할 것입니다. 우리가 곤란하고 난해한 질문들로 사람들을 부추기고, 바울이 기독교인들에게 경계하라고 명한 철학으로 그들을 꾀었다고 당신이 주장할 때, 당신은 정직하지 못했습니다. 뭐라구요? 당신은 우리 개혁자들이 나타난 때가 어떠한 때였고, 목회자 후보생들이 학교에서 어떤 종류의 교리를 배웠는지 기억합니까? 그것은 단순한 궤변에 불과했고, 궤변이 너무 꼬이고, 뒤얽히고, 비틀리고, 이해하기 어려워, 스콜라 신학은 신비한 마법의 일종으로 묘사될 정도였다는 것을 당신 자신이 잘 알고 있습니다. 누구라도 주제를 더 짙은 어둠 속에 감추면 감출수록, 자기 자신과 타인을 터무니없는 수수께끼들로 더욱더 혼란스럽게 만들수록, 총명함과 학식에 대한 그의 명성은 더욱 커집니다. 또 나는 그런 연구 분위기에서 교육을 받은 사람들이 자신들의 배움의 결실을 어떤 기교를 부려 사람들에게 드러내고자 했을 때, 과연 그들이 교회에 무슨 덕을 끼쳤는지 묻고 싶습니다.

모든 항목을 면밀히 검토할 필요 없이, 바울이 기독교인들이 항상 지니길 바라던 그 단순성을 보여 준 설교들이 당시 유럽에 있었습니까? 아니 실로 늙은 여자들이 화롯가에 앉아 한 달 동안 궁리해 낼 수 있는 것보다 더 많은 공상거리들을 담고 있지 않았던 설교가 하나라도 있었습니까? 그 당시에 설교들은 일반적으로 두 부분으로 나뉘어져 있었는데, 앞부분은 배우지 못한 대중들을 놀라게 할 수 있는 학파들의 모호한 질문들을 던지는 데 충당되었던 반면, 후반부는 매끄러운 이야기나 혹은 재미있는 추측들을 담고 있어 사람들의 흥미를 돋우어 주었습니다. 하나님의 말씀에서는 아주 적은 수의 어구들만이 거론되었고, 그 말씀의 권위로 그들은 이러한 천박함에 그나마 면목을 세울 수 있었습니다. 그러나 우리 개혁자들이 기준을 세우자마자, 이러한 모든 엉터리 짓거리는 한순간에 우리 가운데서 사라졌습니다. 당신 측 설교자들이 비록 여전히 입을 열어 이전의 어리석음을 내뱉고 있기는 하지만, 우리가 쓴 책에서 어느 정도 도움을 받고 있고, 또 얼마간은 수치스러움과 사람들의 불평으로 인해 우리의 모범을 따를 수밖에 없었습니다. 그러므로 우리의 진행 방식을 이전의 방식, 혹은 여러분 가운데서 여전히 거론되고 있는 방식과 비교하는 사람은 누구나 당신이 우리를 매우 부당하게 대했다는 것을 알게 될 것입니다. 당신이 바울의 말을 조금만 더 인용했더라면, 당신이 우리에게 가한 비난이 확실히 당신 자신에게 적용될 만한 것이라는 것을 어린아이라도 쉽게 알아차렸을 것입니다. 왜냐하면 바울은 '헛된 철학'(골 2:8)이라는 말을 사람의 유전과 세상의 초등 학문으로 경건한 영혼을 노략하는 것이라고 해석하고 있기 때문입니다. 바로 이것으로 당신이 교회를 망쳐 버렸습니다.

심지어 당신 자신이 나중에는 스스로 우리의 무혐의를 입증했습니다. 왜냐하면 당신이 비난해야 마땅하다고 생각한 우리의 교리들 가운데, 교회의 덕성 함양에 본질적으로 필요하지 않은 지식을 단 하나도 당신이 제시하지 못했기 때문입니다.

당신은 먼저, 우리와의 논쟁에서 가장 주요하고 민감한 주제인 이신 칭의(以信稱義)를 언급했습니다. 이것은 해결하기 어려운 무익한 문제일까요? 그것에 대한 지식이 사라진 곳에서는 어디서나 그리스도의 영광이 빛을 잃고, 종교가 폐지되고, 교회가 퇴락하며, 구원의 소망이 완전히 무너지고 맙니다. 우리는 이 교리가 대단히 중요한 것임에도 불구하고 당신들이 사람들의 기억에서 불경하게도 지워 버렸다고 주장합니다. 우리 책들에는 이 사실을 밝히는 증거들과, 여전히 당신들의 모든 교회에서 이 교리에 대한 총체적인 무지가 만연하다는 증거들로 가득 차있어, 우리의 불평이 결코 잘못된 기초를 지닌 것이 아니라는 점을 밝혀 줍니다. 하지만 당신은 매우 악의적으로 우리에 대한 편견을 선동하면서, 우리가 모든 것을 신앙에 귀속시킴으로써 선행을 위한 어떤 여지도 남기지 않는다고 주장하고 있습니다.

나는 지금 이 문제를 상세하게 논하지는 않겠습니다. 그렇게 하면 엄청난 분량의 책이 될 것이기 때문입니다. 하지만 내가 제네바인들의 목회자로 있을 때 그들을 위해 작성했던 요리문답을 당신이 주의 깊게 들여다본다면, 당신은 금방 침묵하고 말 것입니다. 여기서 나는 우리가 그 주제에 대해 어떤 말을 하는지 당신에게 간략하게만 설명하겠습니다.

먼저, 우리는 사람에게 자기 자신을 먼저 살피되, 피상적으로 마지못해서 하는 것이 아니라 하나님의 재판소 앞에 자신의 양심을 내놓으라고, 그리고 자기의 죄악을 충분히 깨달았을 때 모든 죄인들에게 내려진 판결문의 엄정성을 깊이 새겨 보라고 말합니다. 그러면 그 사람은 자신의 비참한 신세에 아연실색하여, 하나님 앞에 엎드려 겸손하게 되고, 모든 자만감을 벗어 버리고, 지옥에 넘겨진 것처럼 신음하게 됩니다. 그때 우리는 우리 구원의 모든 부분이 그리스도 안에서 명백해진 것처럼, 유일한 안전의 포구가 하나님의 자비에 있다는 것을 보여 줍니다. 하나님이 보시기에 모든 인류는 잃어버린 죄인이기 때문에, 우리는 그리스도가 그들의 유일한 의로움이라고 주장합니다. 왜냐하면 그리스도는 순종을 통해 우리의 죄과를 도말하셨고, 자신의 희생을 통해 하나님의 진노를 가라앉히셨고, 자신의 피로써 우리의 더러움을 씻으셨고, 십자가로 우리의 저주를 지셨으며, 죽음으로써 우리를 대속하셨기 때문입니다. 우리는 이렇게 해서 인간이 그리스도 안에서 하나님 아버지와 화해를 이루었으며, 이것이 우리 자신의 어떤 공덕이나 선행이 아니라 아무런 이유가 없는 자비에 의한 것이라고 주장합니다. 우리가 믿음을 통해 그리스도를 받아들일 때, 말하자면 그와의 교제에 들어가게 될 때, 우리는 이것을 성서에 나와 있는 대로 믿음의 의로움이라고 칭합니다.

사돌레토, 여기 당신이 물어뜯고 흠 잡을 것이 뭐가 있습니까? 우리가 선행을 위한 여지를 남기지 않는다는 것입니까? 분명 우리는 사람이 의로워지는 데 있어서 그에게 지푸라기 하나만큼이라도 자격이 있다는 걸 부인합니다. 왜냐하면 성서가 모든 사람이 길을 잃었고, 모든 사람의 양심이 그 자신을 통렬히 고소한다고 외치고 있기 때문입니다. 동일한 성서가 모든 소망은 끊어졌고 오직 하나님의 선하심만이 남았고, 바로 이 하나님의 선하심으로 인해 우리 죄가 용서되고 우리에게 하나님의 의로움이 전가된다고 가르칩니다. 성서는 또한 그 두 가지가 다 우리에게 아무 값없이 주어진다고 선포하며, 마침내 사람이 아무런 공적 없이 의롭다 함을 입는다고 결론짓고 있습니다(롬 4:6). 하지만 당신은 만약 선행을 존중하지 않는다면, 의로움이라는 용어가 우리에게 도대체 어떤 개념을 지니는지 묻고 있습니다. 이에 대해 나는 만약 당신이 성서에 나오는 '의롭게 함'(justifying)이라는 용어의 참된 의미에 주목한다면 아무런 어려움도 없을 것이라고 답하는 바입니다. 그것은 인간 자신의 의로움을 칭하는 것이 아니고 하나님의 자비를 지칭하는 것입니다. 하나님의 자비는 죄인이 마땅히 벌을 받아야 함에도 불구하고 그를 의롭게 여기시고 그의 의롭지 못함을 탓하지 않으십니다. 말하건대, 우리의 의로움은 바울이 하나님께서 그리스도 안에서 우리를 자기와 화목하게 하셨다고 말하는 바로 그것입니다(고후 5:19). 그 방법에 대한 이야기가 뒤이어 나오는데, 우리의 죄를 우리에게 돌리지 않는 것입니다. 바울이 화목하게 하는 사역이 복음 안에 담겨 있다고 말할 때, 그는 우리가 오직 믿음으로만 그러한 복에 참여하는 자들이 된다는 것을 논증합니다. 하지만 당신은 믿음이 일반적인 용어로서, 더 넓은 의미를 지닌다고 말합니다. 이에 대해 나는 바울이 믿음이라는 말에 의롭게 하는 능력을 귀속시킬 때마다 그가 동시에 그 용어를 하나님의 은혜로 값없이 주시는 약속에 한정시키고 있으며, 선행과는 전혀 무관한 것으로 멀리 떼어 놓고 있다고 대답합니다. 그러므로 잘 알려진 바울의 주장대로, 믿음에 의한 것이라면 선행에 의한 것이 아니고, 이와 반대로 선행에 의한 것이라면 믿음에 의한 것이 아닙니다.

그러나 그의 은혜를 구실로 우리가 선을 행하지 않는다면, 그것은 그리스도를 모욕하는 일일 것입니다. 그분은 사람들이 선을 행하는 데 열심을 내어 하나님께 흡족한 사람들이 되도록 하기 위해 오셨습니다. 우리가 선을 행하고 그리스도를 통해 하나님께 받아들여질 수 있도록 하기 위해 그리스도께서 오셨다는 것을 증언하는 많은 유사한 성경 구절들도 같은 취지를 가지고 있습니다. 우리의 대적자들이 그 입에 담는 이러한 비방, 즉 우리가 값없이 주시는 의로움을 권함으로써 기독교인들의 삶에서 선을 행하려는 열망을 제거한다는 비방은 너무 엉터리 같아서 우리에게 커다란 관심거리가 되지도 못합니다. 우리는 선행이 칭의에서 어떤 역할을 한다는 것은 부인하지만, 의롭게 된 사람들의 삶에서는 선행이 충분한 권위를 지녀야 한다고 주장합니다. 의롭다 함을 입은 사람이 그리스도를 그 마음에 지니고 있다면, 그리고 동시에 그리스도께서는 성령이 없는 곳에는 계시지 않는다면, 값없이 주시는 의로움은 필연적으로 중생과 연결된다는 것이 명백합니다. 그러므로 만약 당신이 믿음과 선행이 얼마나 불가분의 것인지를 제대로 이해하고자 한다면, 사도 바울이 가르치고 있는 대로, 의로움(칭의)과 거룩함(성화)을 위해 우리에게 내어 주신 바 되신 그리스도를 바라보시오(고전 1:30). 그러므로 우리가 값없이 주어진 것이라고 주장하는 믿음의 의로움이 있는 곳이면 어디든지 그리스도 또한 있고, 그리스도가 있는 곳은 어디든지 그곳에는 영을 새로운 삶으로 거듭나게 하시는 거룩함의 영 또한 있습니다. 이와는 반대로, 완전함과 거룩함에 대한 열망이 살아 움직이지 않는 곳에는 그리스도의 영도 그리스도 자신도 존재하지 않습니다. 그리스도가 없는 곳에는 또한 의로움도 없고 믿음도 없는데, 왜냐하면 거룩하게 하시는 영이 없이는 믿음은 의롭게 하시는 그리스도를 붙들 수 없기 때문입니다.

그러므로 우리가 말하는 대로, 그리스도는 자신이 의롭게 하는 사람들을 은총의 삶으로 거듭나게 하시고, 그들을 죄의 지배로부터 구해 내어 의로움의 지배를 받도록 하시고, 그들을 하나님의 형상으로 변화시키며, 자신의 성령으로 그들을 훈련시켜서 자기 뜻에 순종하도록 하셨기 때문에, 우리의 교리로 인해 욕망의 고삐가 풀리게 되었다고 한탄할 수 있는 근거는 하나도 없습니다. 당신이 예로 드는 성서 구절들에는 우리의 교리와 불일치하는 의미가 하나도 없습니다. 하지만 만약 당신이 그 구절들을 왜곡해서 값없이 주시는 의로움을 비난하는 데 사용하고자 한다면, 당신의 논쟁이 얼마나 서투른 것이 될지 알아야 합니다. 바울은 또한 다른 곳에서(엡 1:4) 하나님께서 창세 이전에 그리스도 안에서 우리를 택하사 우리로 사랑을 통해 하나님 앞에 거룩하고 흠이 없게 하셨다고 말합니다. 그런데 누가 감히 그 선택이 값없이 주어진 것이 아니라고, 혹은 우리의 사랑이 그 선택의 동기라고 말합니까? 아무런 값없이 우리를 선택하신 목적이 우리가 하나님 앞에서 순전하고 깨끗한 삶을 살도록 하기 위한 것인 것과 마찬가지로, 값없이 주시는 칭의의 목적 또한 그러합니다. 바울이 제대로 밝히고 있는 대로(살전 4:7), 우리를 부르심은 부정하게 하시려는 것이 아니요 거룩하게 하시려는 것입니다. 우리는 사람들이 아무런 선행의 공로 없이 값없이 단번에 의롭게 될 뿐만 아니라, 이러한 값없이 주시는 칭의에 인간의 구원이 달려 있음을 끊임없이 주장합니다. 하나님께서 무조건적인 호의를 보이지 않으시면 인간의 어떤 행위도 하나님에게 받아들여질 수 없습니다. 그러므로 당신이 우리 구원의 가장 우선되고 주요한 동기가 사랑이라고 주장하는 것을 읽고 나는 놀라지 않을 수 없었습니다. 사돌레토여, 당신이 그런 말을 하리라고 누가 상상할 수나 있었겠습니까? 의심의 여지없이, 눈이 먼 자들도 어둠 속에서라도 하나님의 자비를 너무나 분명하게 감지한 나머지 감히 자신들의 사랑이 구원의 가장 주요한 근거라고 주장하지 못하고, 하나님의 빛을 아주 조금이라도 경험한 사람들은 자신들의 구원이 바로 하나님이 자신들을 택하셨다는 사실에 있다는 것을 깨닫습니다. 영원한 구원은 하늘 아버지의 유산이며, 오직 그 자녀들을 위해 예비된 것입니다. 더욱이, 성서에 한결같이 선포되어 있는 것, 즉 우리가 그를 먼저 사랑한 것이 아니라 그분이 자신의 뜻대로 우리를 은혜와 애정으로 용납하셨다는 사실 이외에 우리가 택함을 받게 된 다른 이유를 드는 사람이 누가 있겠습니까?

이 교리에 대한 당신의 무지가 당신으로 하여금 죄가 고해(penances)와 보속(satisfactions)을 통해 속해진다고 가르치는 오류를 범하게 만듭니다. 그렇게 된다면, 성서가 증언하는 대로 더 이상 죄를 위한 희생을 드릴 필요가 없도록 만드는 단 하나의 속죄양은 무슨 의미가 있습니까? 우리가 지니고 있는 하나님의 모든 말씀들을 살펴보십시오. 그리스도의 피만이 속죄와 화목과 정화를 얻는 것으로 한결같이 언급되고 있는데, 어떻게 감히 당신이 당신의 선행에 그토록 많은 영광을 돌릴 수 있습니까? 당신은 하나님의 교회에 이와 같은 신성 모독을 돌릴 아무런 근거도 갖고 있지 않습니다. 나는 고대 교회에 보속 행위들이 있었음을 인정합니다. 그러나 그것들로써 죄인들이 하나님께 속죄를 하거나 자신들의 죄 값을 치른 것이 아니라, 자신들이 고백한 회개가 가장된 것이 아니라는 것을 증거하고 자신들의 죄가 야기했던 수치의 기억을 지울 수 있었던 것입니다. 왜냐하면 보속 행위가 누구에게나 일률적으로 지시된 것이 아니라, 가증스러운 불의에 빠져들었던 사람들에게만 명해졌기 때문입니다.

성만찬의 경우, 당신은 우리가 우주의 주님과 (완전히 자유롭고 한계가 없는) 그의 신적이고 영적인 능력을 육체의 본성 안에 가두려고 한다고 비난합니다. 비방에 무슨 목적이 있습니까? 우리는 그리스도의 신적인 능력뿐만 아니라 그의 본질도 온 세계에 편만해 있어, 어떤 경계에 의해서도 제한되지 않는다고 항상 분명하게 증언해 왔지만, 그럼에도 당신은 우리가 그것을 육체적 본성 안에 제한시킨다고 비난하기를 주저하지 않습니다! 어떻게 그럴 수 있습니까? 우리도 당신과 마찬가지로 그분의 몸을 이 땅의 물질에 붙들어 매어 두고 싶지 않습니다. 당신이 진실성을 조금이라도 존중하는 사람이라면 확실히 당신은 이 두 가지 사이에, 즉 빵에서 그리스도의 몸의 공간적 임재 (local presence)를 제거하는 것과 그의 영적인 능력을 육체의 한계 속에 가두는 것 사이에 얼마나 커다란 차이가 있는지 모르지 않을 것입니다. 당신은 우리의 교리가 새로운 것이라고 비난해서는 안 되는데, 그것은 언제나 교회에 의해 승인된 사항이었기 때문입니다. 하지만 이 주제만으로도 한 권의 책에 해당할 정도이기 때문에, 우리 두 사람이 너무 고된 토론을 피할 수 있도록, 당신이 아우구스티누스의「다르다누스에게 보내는 서신」(Epistle to Dardanus)을 읽는 것이 좋겠습니다. 거기서 당신은 한분 그리스도가 어떻게 하늘과 땅을 자신의 신성의 광대함으로 가득 채우면서도 자신의 인성의 견지에서 도처로 널리 흩어지지 않을 수 있는지 이해하게 될 것입니다.

우리는 성만찬 때에 신자들에게 주어지는 살과 피를 나누는 교제를 큰 소리로 찬양합니다. 그리고 우리는 이 살이 참으로 음식이고, 이 피가 참으로 음료여서, 영혼은 상상적인 개념에 만족하지 않고 그것들을 참으로 누리고 있다는 것을 확실하게 밝힙니다. 그리스도의 임재를 통해 우리는 그에게 접목되며, 우리는 결코 이 그리스도의 임재를 성만찬에서 배제시키지 않고 어둠 속에 감추지도 않습니다. 비록 우리가 거기에는 공간적인 제한이 있어서는 안 되고, 그리스도의 영광스러운 몸이 이 땅의 물질로 격하되어서도 안 되고, 빵이 그리스도의 실체로 변한다는 허구도 있어서는 안 되고, 그 후에 그 빵을 그리스도로 숭배하는 일도 있어서는 안 된다고 주장하기는 하지만 말입니다. 우리는 이 거룩한 예식의 위엄과 목적을 우리가 구사할 수 있는 가장 고상한 용어로 설명하고, 우리가 거기서 얼마나 큰 유익을 얻는지 선언합니다. 당신은 이러한 것들을 대부분 간과하고 있습니다. 당신은 여기서 우리에게 주어지는 신적인 은택을 간과하고, 그와 같은 엄청난 혜택을 적법하게 사용하는 것 또한 간과하면서(이 것들은 특별히 강조되어야 할 주제들입니다), 당신은 사람들이 영적인 신비에 대한 아무런 이해도 없이 단지 눈에 보이는 표지만을 멍청하게 바라보는 것으로 충분하다고 간주하기 때문입니다. 당신이 말하는 화체설이라는 고약한 교리를 우리가 정죄하고, 사람들의 마음을 물질 안에 붙들어 두고 그리스도에게로 들어올리지 못하도록 하는 어리석은 숭배가 사악하고 불경한 것이라고 선언하는 데 있어서, 우리는 고대 교회의 동의가 없이는 아무것도 행하지 않았습니다. 그러나 당신은 당신이 탐닉해 있는 그 혐오스러운 미신들을 이 고대 교회의 그늘 아래 감추려고 헛되게 애쓰고 있습니다.

비밀 참회와 관련하여 우리는 사람들로 하여금 일년에 한번 자신의 모든 죄를 사제 앞에서 일일이 열거하도록 명하는 순결법(law of Innocent)을 부정하였습니다. 그것을 철폐해야만 하는 이유들을 모두 일일이 열거하는 것은 무척이나 지루한 일이 될 것입니다. 하지만 그 일이 사악한 일이었다는 것은 이전에 끊임없는 염려로 속을 끓였던 경건한 양심의 사람들도 그 끔찍한 고통에서 놓여난 후에야 하나님의 은혜에 대한 확신을 가지고 마침내 쉼을 얻기 시작했다는 사실만 봐도 명백합니다. 그동안 비밀 참회가 교회에 야기했던 수많은 해악들과 그로 말미암아 저주받을 만한 제도가 되었다는 사실은 말할 필요도 없습니다. 현재로서는, 그것이 그리스도께서 명하신 것도 아니고, 고대 교회가 행한 것도 아니었다는 것이 우리의 대답입니다. 우리는 소피스트들이 비밀 참회의 근거로 삼기 위해 왜곡하려 하였던 성서 구절들을 그들의 손에서 힘을 다해 빼앗았습니다. 그리고 현재 사용되고 있는 교회사 책들도 고대의 순수했던 시기에 그와 같은 것이 존재하지 않았다는 것을 보여주고 있습니다. 교부들의 증언도 같은 취지입니다. 그러므로 당신이 비밀 참회에 나타나는 겸손이 그리스도와 교회가 명하고 제정한 것이라고 말하는 것은 순전히 사기입니다. 거기에 어떤 겸손의 모양이 나타나기는 하지만, 겸손의 이름만 내거는 모든 종류의 비하 행위가 하나님의 칭찬을 받는다는 것은 진실과는 아주 동떨어진 것입니다. 따라서 바울은 오직 진정한 겸손은 하나님의 말씀에 일치하는 모양을 갖추고 있다고 가르칩니다(골 2:18).

성인들의 중보를 주장하는 것과 관련하여, 만약 당신이 말하는 바가 모든 믿는 자들의 구원이 달려 있는 그리스도의 나라의 완성을 위해 성인들이 끊임없이 기도한 다는 것이라면, 우리 가운데 그것에 의문에 달 사람은 아무도 없습니다. 따라서 이 부분에 당신이 너무 많은 힘을 쏟는 것은 헛수고일 뿐이지만, 그래도 분명 당신은 우리가 영혼이 육체와 함께 멸망하는 것으로 잘못 생각하고 있다고 독설을 퍼부을 기회를 놓치고 싶은 생각이 없습니다. 당신이 말하는 그러한 철학을 우리는 당신의 교황들과 추기경들에게 넘기는 바이며, 이것은 그들에 의해 수년간 아주 충실히 장려되었으며, 오늘날에도 멈추지 않고 장려되고 있습니다. 또한 당신의 연이은 소견도 그들에게 해당하는데, 즉 그들은 화려하게, 미래의 삶에 대한 어떠한 염려도 없이 살면서, 그리스도의 나라를 위해 그토록 열심히 일하는 우리를 가련한 사람들이라고 조롱합니다. 하지만 성인들의 중보와 관련해서 우리는 한 가지 사실만 강조할 뿐인데, 당신이 그 점을 생략하고 있는 것도 이상한 일은 아닙니다. 그것은 다름 아닌 헤아릴 수 없는 미신들이 폐기되어야 한다는 것입니다. 미신들의 위치가 너무 높이 올라가서 그리스도의 중보는 사람들의 사고에서 완전히 지워졌고, 사람들은 성인들을 신들로 생각하여 그들에게 간구하고 있고, 하나님 고유의 직무들이 성인들에게 분배되었으며, 그들에 대한 숭배가 우리 모두가 그토록 혐오하는 고대의 우상 숭배와 조금도 다를 바가 없게 되었습니다.

연옥에 관해서는, 고대 교회들이 기도에서 죽은 자들에 관해 얼마간 언급을 했다는 것을 우리도 알고 있습니다. 그러나 그것은 매우 드물게 그리고 차분하게 행해 졌으며, 단지 몇 마디의 말로 이루어진 것이었습니다. 간단히 말해 그것은 죽은 자들에 대해 느끼는 연모를 전하는 것 이상을 뜻하지 않았음이 명백한 그런 언급이었습니다. 그때는 아직 당신들의 연옥을 세울 건축가들이 태어나지 않았고, 이후에야 그들이 연옥을 이토록 크게 확장시키고 높이 쌓아 올려서 지금과 같이 당신네 왕국의 가장 튼튼한 기둥으로 만들었습니다. 당신 자신은 거기서부터 어떤 오류 덩어리가 출현했는지 알고 있고, 미신이 자동적으로 어떤 계략들을 고안해 내었는지 알고 있고, 모든 계층의 사람들을 착취하기 위해 탐욕이 얼마나 많은 협잡들을 만들어 내었는지 알고 있으며, 또한 그것이 경건에 얼마나 커다란 손상을 입혔는지 알고 있습니다. 그 결과 참된 예배가 얼마나 심각하게 부패하였는가 하는 것은 말할 것도 없으며, 그 최악의 결과는 확실히 하나님의 어떠한 명령도 없이 모든 사람들이 서로 경쟁적으로 죽은 자들의 도움을 구하면서, 다른 한편으로는 하나님께서 그렇게도 강력하게 명하신 합당한 직무인 사랑을 베푸는 일은 완전히 무시한 것입니다.

사돌레토여, 나는 당신이 그런 혐오스러운 것들에 교회의 이름을 새김으로써 모든 법과 정의에 반하여 교회를 욕되게 하는 것도, 그리고 마치 우리가 교회와 더불어 전쟁을 수행하려고 작정이라도 한 양 무지한 자들로 하여금 우리에 대해 편견을 갖도록 하는 것도 허용하지 않을 것입니다. 비록 우리가 고대에도 이미 얼마간 미신의 씨앗들이 뿌려져 복음의 순수성을 손상시켰다는 것을 인정하지만, 그럼에도 당신은 우리가 지금 맞붙어 싸우고 있는 그러한 불신앙의 괴물들이 나타난 것이, 혹은 적어도 그 정도로 커진 것이 그리 오래된 일이 아니라는 것을 알고 있습니다. 사실 당신들의 왕국을 공격하고, 무너뜨리고, 파괴하는 데 있어서, 우리는 하나님의 말씀의 힘뿐만 아니라 거룩한 교부들의 도움으로도 무장되어 있습니다.

내가 당신에게서 교회의 권위라는 무기를 — 당신은 이것을 항상 트로이 전쟁의 영웅 아이아스의 방패로 삼아 우리를 대적하고 있습니다 — 완전히 거두어들일 수 있다는 것을, 나는 당신이 거룩한 고대 교회와 얼마나 크게 다른가 하는 것을 보여주는 몇 가지 부가적인 예들을 통해 밝히려고 합니다. 우리는 당신이 목회를 무너뜨렸다고 고발합니다. 당신에게는 목회의 공허한 이름만 남아 있고 그 실체는 없습니다. 사람들을 목양하는 직무와 관련하여, 어린아이들조차도 주교들과 사제들이 말 못하는 조각상들이라는 것을 눈치 채고 있고, 주교들과 사제들이 훔치고 먹어 치우는 데만 열심이라는 것 또한 모든 계층의 사람들이 경험으로 알고 있습니다. 우리는 성만찬의 자리에 희생 제사가 대신 들어앉아, 그리스도의 죽음이 그 효력을 잃는다는 데 분개하고 있습니다. 우리는 미사에서 벌어지는 그 사악한 매매 행위를 큰 소리로 비난하며, 그리스도교인들이 주님의 만찬의 절반을 도둑맞았음을 한탄합니다. 우리는 성상들에 대한 불행한 숭배에 대해 통렬히 항의합니다. 우리는 성례들이 수많은 이교적인 사상들에 의해 손상을 입었다는 것을 밝힙니다. 우리는 어떻게 면죄부가 기어들어와서 그리스도의 십자가에 끔찍한 불명예를 남겼는지 선언합니다. 우리는 인간의 전통들에 의해 그리스도교인의 자유가 꺾이고 파괴된 것을 한탄합니다. 우리는 주님께서 우리에게 위탁하신 교회를 이러한 그리고 이와 유사한 유해물들로부터 깨끗하게 하기 위해 고심해 왔습니다. 만약 당신이 할 수 있다면, 우리가 감히 가톨릭교회의 신성한 제재를 어김으로써 교회에 입힌 손상에 대해 우리에게 훈계하시오. 지금은 그 진상이 너무나 널리 알려져서 당신이 그것을 부인함으로써 얻을 수 있는 것은 아무것도 없습니다. 다시 말해 이 모든 점들에서 고대 교회는 확실히 우리의 편이고, 우리가 반대하는 것 이상으로 당신을 반대하고 있습니다.

그러나 여기서 당신이 정상 참작을 통해 내뱉는 말은, 비록 당신네 교회의 관습들에 결함이 있지만, 그렇다고 해서 이것이 우리가 거룩한 교회 안에 분파를 만들어야 하는 이유는 되지 않는다는 단언입니다. 당신의 체제에 속한 사람들이 드러내 놓고 행하는 수많은 잔혹성, 탐욕, 방종, 오만, 무례, 욕망, 그리고 모든 종류의 사악함의 실례들 때문에 평범한 사람들의 마음이 당신에게서 멀리 떠나지 않는다는 것은 거의 불가능한 일입니다. 그렇지만 그런 행동들 가운데 어떤 것도 우리로 하여금 어떤 시도를 하도록 몰아붙이지는 못했습니다. 훨씬 더 강력한 필연성이 결국 우리가 나서도록 만들었습니다. 이 필연성이란 하나님의 진리의 빛이 꺼졌고, 하나님의 말씀이 파묻혔으며, 그리스도의 덕이 깊은 망각의 늪에 빠졌으며, 목회자의 직무가 파괴되었다는 것입니다. 그동안 불신앙이 너무 만연해져서 거의 모든 종교적인 교리가 순수함을 지키지 못하고 혼합되어졌고, 모든 의식들이 오류에 빠졌으며, 거룩한 예배가 지극히 작은 부분까지 미신에 의해 손상을 입지 않은 부분이 없습니다. 이런 악들을 상대로 싸우는 사람들이 교회를 상대로 전쟁을 선포하는 사람들입니까? 그들은 오히려 극심한 비탄에 빠진 교회를 돕고 있는 것이 아닌가요? 하지만 당신은 교회에 대한 존경심을 이유로 이러한 혐오스러운 것들을 제거하는 데 손을 대기를 삼가는 태도를 보임으로써 순종과 겸손을 인정받으려 합니다. 감히 하나님의 말씀을 경멸하고 인간적인 허식에 경의를 표하는 거짓된 순종이 그리스도교인과 도대체 무슨 관계가 있단 말입니까? 하나님의 위엄을 멸시하고 인간만을 존경심을 가지고 올려다보는 강퍅하고 무례한 겸손이 그리스도교인과 무슨 관계가 있는 것입니까? 순전히 악덕을 숨기기 위해 차용된 미덕이라는 공허한 이름에서 손을 떼시오. 사태의 본질을 드러내어 보이도록 합시다. 겸손을 우리의 것으로 삼아 가장 낮은 자들과 시작하고, 모든 계급에 속한 사람들에게 마땅한 존경을 표하고, 교회의 머리이신 그리스도에게 복종함으로 교회에 가장 높은 존경과 영예를 드립시다. 순종을 우리의 것으로 삼아 연장자들과 더 높은 지위의 사람들의 말을 따르도록 하고, 하나님의 말씀에 따라 모든 순종을 판단하도록 합시다. 요컨대, 우리의 교회를 하나님의 말씀을 겸손하고도 경건하게 공경하고 그 말씀의 권위에 순종하는 것을 최상의 관심사로 여기는 그런 교회로 삼읍시다.

당신의 교회만이 교회라고 떠벌리고 세상의 다른 모든 것들은 교회가 아니라고 부인하는 그 오만함은 도대체 무엇입니까! 사돌레토여, 우리는 참으로 당신이 맡고 있는 사람들이 그리스도의 교회라는 것을 부인하지는 않습니다. 그러나 우리는 로마 교황과 목회자의 직위를 움켜쥐고 있는 모든 거짓 주교들의 무리가 굶주린 늑대들이고, 지금껏 그들이 연구한 것은 오로지 그리스도의 왕국을 뿔뿔이 흩고 유린해서 파괴와 폐허로 채우는 것이었다고 주장합니다. 이런 비판을 가한 것이 우리가 처음은 아닙니다. 베르나르(Bernard)도 당시의 에우게니우스(Eugenius) 교황과 모든 주교들을 얼마나 준엄하게 탄핵했습니까! 하지만 지금에 비해 그때의 상황은 얼마나 더 견딜 만한 것이었습니까! 불법이 극에 달했고, 지금 저 음침한 고위 성직자들은 – 당신은 그들에게 교회의 존폐가 달렸다고 생각하지만, 우리는 그들에 의해 교회가 잔혹하게 찢겨져서 파괴되기 일보 직전까지 이르렀다고 말합니다 – 자신들의 악덕을 감당할 수 없을 뿐더러 그것에 대한 치유도 감당할 수 없습니다. 하나님께서 특별한 선하심으로 지켜 주지 않으셨다면, 교회는 완전히 파괴되고 말았을 것입니다. 로마 교황의 전횡이 난무하는 곳에서는 어디서나 당신은 이리저리 흩어지고 누더기처럼 찢겨진 교회의 흔적들조차 발견하기 어려워, 당신은 그곳에 교회가 반쯤 죽은 채로 누워 있다는 것조차 알아채기가 쉽지 않을 것입니다. 당신은 이것이 말도 안 된다고 생각해서는 안 됩니다. 왜냐하면 바울이 적그리스도가 다른 곳이 아닌 바로 하나님의 성소에 자리잡을 것이라고 말하고 있기 때문입니다(살후 2:4). 바로 이 경고가 우리로 하여금 교회의 이름으로 행해질 수 있는 속임수와 간계에 대항해서 경계하도록 해주지 않습니까?

당신은 그 사람들이 어떤 사람들이든 간에 "그들이 말하는 바를 행하라"(마 23:3)라고 기록되어 있다고 말합니다. 만일 그들이 모세의 자리에 앉아 있다면 확실히 그렇게 해야 합니다. 그러나 그들이 헛된 자리에 앉아 사람들을 어리석음에 취하도록 중독시킬 때에는 "바리새인들의 누룩을 주의하라"고 기록되어 있습니다(마 16:6). 사돌레토여, 우리가 하나님이 그 선하심으로 교회에게 부여하셨고 또 많은 금지 조항들로써 지켜 주신 교회의 권한을 강탈했다고 비난받을 수는 없습니다. 목회자들은 하나님께서 방자하고 무법적인 권한으로 교회를 통치하라고 보내신 자들이 아니라, 어겨서는 안 될 의무 규정에 묶여 있는 자들이기에, 교회 또한 그런 규정들에 따라 성직자로 임명받은 자들이 자신들의 소명에 충실하게 부응하는지 살피라는 지시를 받았습니다(살전 5:21; 요일 4:1). 우리는 그리스도의 말씀을 별로 중요하지 않은 것으로 생각하거나, 혹은 그분에게서 그토록 빛나는 직함을 받은 자들의 권위를 조금이라도 침해하는 것은 불경하다고 생각하거나 해야 합니다. 주님께서 복음을 전파하기 위해 보내신 자들에게 그렇게 막중한 권한을 부여하셨을 때, 주님이 그 백성들을 자기들 마음대로 다스리라고 압제자들을 세우신 것이라고 가정하는 실수를 범한 것은 바로 당신입니다. 당신의 실수가 여기에 있습니다. 즉 그들의 권한은 부여되기 전부터 이미 어떤 한계 안에 제한되어 있음을 고려하지 않았다는 점입니다. 우리가 교회의 목회자들이 말하는 것을 그리스도께서 직접 말씀하시는 것처럼 들어야 한다는 것은 인정하지만, 이때 그들은 하나님께서 그들에게 맡기신 직무를 수행하는 목회자들이어야 합니다. 그리고 우리는 이 직무가 그들 자신의 기쁨을 위해 성급하게 고안해 낸 것을 뻔뻔하게 끌어들이는 것이 되어서는 안 되고, 오히려 주님의 입에서 받은 신탁을 경건하고 신실하게 전하는 것이어야 한다고 주장합니다. 그리스도는 사도들에게 돌려져야 마땅한 존경을 이러한 경계 안에 제한하였습니다. 베드로 자신도 이 이상의 어떤 권한을 주장하지 않았고 다른 사람들에게 허용하지도 않아서, 믿는 자들 가운데서 말할 때에는 주님의 입에서 나오는 말씀을 말하는 것처럼 해야 한다고 했습니다(벧전 4:11). 참으로 바울은 자기가 받은 영적인 권세를 정당하게 자랑하지만(고후 13:10), 거기에는 다음과 같은 전제조건이 있습니다. 즉 그 권세는 오로지 성도들을 세우는 데 유용한 것이어야 하고, 우월함을 나타내려는 것이 되어서도 안 되고, 믿음을 예속시키는 데 사용되어서도 안 된다는 것입니다.

당신의 교황으로 하여금 베드로의 계승자임을 자랑하게 하십시오. 비록 그가 그 칭호를 유지한다고 하더라도, 그는 그 자신이 그리스도에게 충실하고 복음의 순수성에서 벗어나지 않는 한도 내에서 그리스도교 신자들의 복종을 받게 될 것입니다. 믿는 자들의 교회가 당신의 모든 권한을 규정하는 규칙으로 당신을 판단할 때 – 이 규칙은 주님께서 믿는 자들 가운데 친히 제정하신 것으로, 가르치는 직을 맡은 선지자는 회중들[2]에 의해 판단되어야 한다는 것입니다(고전 14:29). 교회는 주님께서 당신에게 정해주신 그 규칙 이외에 다른 것을 강요하는 것이 아닙니다. 누구라도 자기 자신을 이 규칙에서 제외시키고자 하는 자는 먼저 자신의 이름을 선지자들의 명부에서 지워야 할 것입니다.

이제 당신의 무지를 드러내는 아주 광범위한 분야가 펼쳐지는데, 논쟁 중인 종교적인 주제들에 대해 당신이 하는 일이라고는 믿는 자들로 하여금 자신들의 눈을 가리고 교사들에게 무조건적으로 복종하게끔 하는 일뿐이기 때문입니다. 하지만 오직 하나님 한분 이외에 다른 것을 의지하는 영혼은 모두 사탄의 노예가 되는 것이 확실하기 때문에, 그와 같은 신앙의 기초에 깊이 물든 자들은 얼마나 참혹할 것입니까? 따라서 사돌레토여, 치열한 양심의 분투를 경험해 보지 않은 사람들이 거의 항상 그러하듯, 나는 당신이 너무 나태한 신학을 하고 있음을 보게 됩니다. 그렇지 않다면 당신이 그리스도인을 그렇게 미끄럽고 가파른 터 위에 세워 두어서, 아주 살짝 건드리기만 해도 잠깐도 버티고 서 있지 못하도록 하지는 않았을 것입니다. 나에게 보내 주시오. 나는 백성 가운데 조금 못 배운 사람을 말하는 것이 아니라, 정말 아무것도 모르는 천한 사람을 말하는 것이며, 만약 그가 하나님의 양 떼에 속하도록 예정된 사람이라면, 그도 하나님께서 모든 경건한 자에게 명하신 전투를 위해 준비되어야 합니다. 무장한 적이 교전할 태세를 갖추고 가까이 있습니다. 이 적은 아주 능란하여 이 세상의 힘으로는 난공불락입니다. 즉각적으로 제압하지 않는다면, 그 가련한 사람은 어떤 수비대로도, 무슨 무기로도 방어될 수 없을 것입니다. 바울은 우리에게 그가 들고 싸울 수 있는 유일한 검은 하나님의 말씀이라고 일러 줍니다(엡 6:17). 그러므로 하나님의 말씀을 빼앗긴 영혼은 아무런 무장도 하지 않은 채 사탄에게 넘겨져 파멸에 이르는 것입니다. 그러면 지금 그리스도의 군사에게서 검을 빼앗는 것이 적의 가장 중요한 책략이 아닐까요? 그리고 그것을 강탈하는 방법으로, 그 자신이 의지하고 있는 것이 하나님의 말씀인지 혹은 인간의 말인지 의심하게 하는 것 이외에 어떤 것이 있겠습니까? 이 가련한 사람을 위해 당신은 무엇을 할 것입니까? 그에게 명하여, 주위에

---

2. 원문에서는 *consessu*로 되어 있다.

학식 있는 사람이 없나 둘러보고 그에게 기대어 안식을 얻으라고 할 것입니까? 하지만 적은 이 도피처에서 숨을 쉴 만한 여유조차 주지 않을 것입니다. 일단 사람에게 의지하도록 몰아붙이고 나면, 계속 압박하고 타격을 주어서 벼랑 아래로 밀치려 할 것입니다. 따라서 그는 쉽게 파멸되고 말든지, 아니면 사람을 의지하길 포기하고 곧바로 하나님을 바라보든지 해야 할 것입니다. 참으로 그리스도교 신앙은 인간의 증언에 기초하고 있는 것이 아니고, 의심스러운 견해를 그 버팀목으로 하는 것도 아니고, 인간의 권위에 기대고 있는 것도 아니며, 살아계신 하나님의 손길로 우리 심장에 새겨진 것이어서, 어떠한 오류가 그 위에 덧칠이 된다고 해도 결코 지워질 수 없는 것입니다. 오직 하나님만이 우리의 마음을 밝혀 그분의 진리를 인식할 수 있도록 해 주고, 하나님만이 그의 성령으로 진리를 우리의 마음에 인치시며, 진리를 확증하심으로써 우리의 양심을 굳게 하신다는 이 기초적인 원리를 품지 않는 사람에게는 그리스도에 관한 것이 아무것도 없는 것입니다. 이런 표현이 가능하다면, 이것이야말로 바울이 말하는 온전하고 굳건한 확신입니다. 이러한 확신은 전혀 의심의 여지를 남기지 않아, 인간적인 논쟁들 가운데서 어느 쪽을 지지해야 할지 망설이거나 흔들리지 않을 뿐 아니라, 온 세계가 대적한다고 할지라도 그 일관성을 지킵니다.

우리가 교회에 속하는 것이라고 여기는 분별력이 여기서 생기는데, 우리는 이 분별력을 손상되지 않은 채로 보존하기를 원합니다. 다양한 견해로 인해 아무리 세상이 혼란스럽고 우리가 어리벙벙해진다 하더라도, 신실한 영혼이 구원에 이르는 곧바른 길로 나아가지 못할 만큼 곤궁하지는 않습니다. 그렇다고 내가 진리와 거짓을 분별하는 데 있어 결코 오류를 범하지도 않고 현혹되지도 않는 통찰력 있는 신앙을 꿈꾸는 것은 아닙니다. 그리고 내가 온 인류 위에 있기라도 하듯이 아래로 내려다보면서, 그 누구의 판단도 기다리지 않고, 학식 있는 자들과 학식 없는 자들을 구별하지도 않는 오만함을 마음에 그리는 것도 아닙니다. 반대로 나는 경건하고 진실된 종교적인 심성을 지닌 사람들도 언제나 하나님의 모든 신비에 이르는 것은 아니고, 때때로 아주 명확한 문제들조차 이해하지 못한다는 것을 인정합니다. 확실히 하나님께서는 그렇게 하심으로써 그들을 겸손과 순종에 익숙하도록 하십니다. 또한 나는 그들이 교회라고 불려도 좋을 만큼 선한 사람들을 존중한다는 것과, 그리스도에 대한 참된 지식을 자신들에게 보여준 사람에게서 쉽게 떨어져 나갈 사람들이 아니라는 것을 인정합니다. 그래서 때때로 그들은 미약한 근거를 가지고 성급하게 이의를 제기하기보다는 오히려 자신들의 판단을 보류하려고 합니다. 나는 그들이 하나님의 말씀을 강조하는 한, 함정에 빠져 파괴의 길로 미혹되지 않을 것이라는 점만 분명히 하겠습니다. 하나님의 말씀의 진리에 대한 그들의 확신이 너무나 명확하고 분명해서, 사람들이나 천사들도 그 확신을 뒤집어엎지는 못할 것입니다. 더 학식 있는 자들을 우러러보고 그들의 고갯짓에 복종하는 그러한 경박한 단순무식은 — 당신은 이것이 무례하고 무식한 자들에게 어울린다고 말합니다 — 내다버리십시오! 어떤 종교적인 신념이 아무리 완강한 것이라고 하더라도 그것이 하나님이 아닌 다른 어떤 것에 기초한 것이라면 거기에 신앙이라는 이름을 부여하는 것은 부당하다고 할 때 과연 누가 동요하는 어떤 견해, 즉 사탄의 계교에 의해 쉽게 강탈될 수 있을 뿐만 아니라, 시대 분위기에 따라 흔들리다가 결국 사라져 버릴 것이라는 것 외에 다른 어떤 소망도 품을 수 없게 하는 그런 견해에 신앙이라는 이름을 부여해 줄 수 있겠습니까?

당신은 우리가 이러한 독재적인 멍에를 벗어 던지는 유일한 목적이 미래의 삶에 대한 모든 생각은 떨쳐 버리고 우리 스스로 얽매임 없는 방탕을 즐기고자 하는 것이라고 주장하고 있으나, 과연 그런지는 우리의 행동과 당신들의 행동을 비교한 후에 판단해 볼 일입니다. 우리는 참으로 많은 실수를 행합니다. 우리는 너무 자주 죄를 짓고 또 넘어집니다. 게다가 비록 진실은 허락한다 할지라도 겸손은 나로 하여금 우리가 모든 면에서 당신들을 얼마나 능가하고 있는지 자랑하도록 허용하지 않습니다. 물론 로마는 예외입니다. 저 유명한 소위 거룩함의 본거지 로마는 순수한 치리의 기반을 무너뜨리고 일체의 명예를 짓밟아 왔으며, 온갖 부정한 행위들로 흘러넘쳐 역사상 이보다 더 지독했던 적은 찾아보기 힘듭니다. 우리 목숨을 너무나 많은 위난과 위험 속으로 내몰 수밖에 없는 상황에서 우리는 로마의 예를 보고도 보다 엄격한 절제 속에 우리 자신을 묶어 두지 못했습니다. 우리는 고대의 교회법들에 의해 인가된 권징이 오늘날에도 유효해야 하고, 세심하게 또 충실하게 준수되어야 한다는 데 대해 조금도 이의가 없습니다. 아니 우리는 오히려 교회가 빠져든 참혹한 상황이 바로 쾌락과 방종으로 권징이 약화된 데서 기인한 것이라고 항상 주장해 왔습니다. 일체를 이루기 위해, 교회의 몸은 근육들처럼 권징을 통해 한데 묶여야 합니다. 하지만 당신네들은 권징을 어떻게 지키고 있고 또 어떻게 기대하고 있습니까? 감독들과 사제들이 의무를 다할 수 있도록 일종의 굴레와 같은 역할을 했던 고대 교회법들은 어디에 있습니까? 당신네 감독들은 어떻게 선출되고 있습니까? 어떤 검증 절차를 거칩니까? 어떤 심사를 하고 있습니까? 무엇이 고려되고 있습니까? 어떤 것을 경계하고 있습니까? 어떻게 그들은 그 직위에 앉게 됩니까? 어떤 절차에 따라? 어떤 의식을 좇아? 그들은 단지 목회자의 소임을 수행하겠다는 공적인 서약만을 하고 있는데, 이것은 명백하게 자신들의 다른 범죄들에 거짓 맹세를 더하는 것에 불과합니다. 그들은 교회의 직위를 차지하는 것을 어떠한 법률에 의해서도 제한되지 않는 권위를 취득하는 것으로 생각하기 때문에, 자기 멋대로 무엇이든 자유롭게 할 수 있다고 생각합니다. 그래서 당신네들 집단에서보다 해적과 강도들의 무리에서 명백하게 더 많은 공정함과 균형 잡힌 지배가 이루어지고 법이 더 많은 영향력을 지닙니다.

하지만 종말의 때에 어떤 한 사람이 우리의 주장을 변론하게 될 것이라고 하면서 당신이 우리를 피고인들로 하나님의 법정에 소환했기 때문에, 나는 아무런 주저함 없이 당신에게 그곳으로 와 나를 만나기를 청하는 바입니다. 우리 교리가 진리라는 우리의 확신도 그러하기에 하늘의 재판관 앞에서 아무런 두려움도 없으며, 우리는 우리의 교리가 바로 그분에게서 비롯되었다는 것을 믿어 의심치 않습니다. 하지만 우리의 교리는 당신을 즐겁게 하는 부질없는 것들, 명백하게 매우 부적절한 것들을 길게 논하지 않습니다. 당신이 하나님 면전에 나아와 내가 알지 못하는 어리석은 것을 고안하기를 꾀하고, 곧바로 실패할 수밖에 없는 부조리한 변론을 짜내는 것보다 더 적절치 못한 것이 무엇이겠습니까? 경건한 사람들은 그날이 거론될 때마다, 거기서 받는 인상이 너무 엄숙해서 한가롭게 즐기고 있을 수가 없습니다. 그렇기 때문에 부질없는 것들은 밀쳐두고, 인간이 항상 마음을 졸이며 기다려야만 하는 그 날에 대해 생각해 봅시다. 그리고 믿는 사람들에게는 열망하는 날이지만 사악하고 불경건하며 하나님을 멸시하는 자들에게는 공포의 날이라는 점을 기억합시다. 죽은 자들의 재조차도 그 무덤에서 듣게 될 나팔소리에 우리 귀를 기울입시다. 우리의 생각과 마음을 재판관에게로 향하게 합시다. 그분은 그 얼굴 광채만으로도 어둠 속에 숨어 있는 모든 것을 드러내시고, 인간 마음의 모든 비밀들을 밝히시며, 입김만으로도 모든 사악한 자들을 파하시는 분입니다. 이제 당신과 당신 무리를 위해 무슨 진중한 답변을 할지 생각해 보시기 바랍니다. 우리의 주장은 하나님의 진리에 의해 지지되기 때문에, 완벽한 변론을 하는 데 아무런 어려움도 없을 것입니다. 나는 우리 측 사람들에 대한 변론을 말하는 것이 아닙니다. 그들의 안전은 변론에 있는 것이 아니라, 겸손한 고백과 간절한 탄원에 있기 때문입니다. 그러나 우리의 사역이 관련되는 한, 우리 가운데 어느 누구라도 다음과 같이 변론하지 못할 사람은 없을 것입니다.

"오 주님, 세상에서 공평치 못한 비난에 시달리는 것을 견디는 것이 얼마나 힘들고 고통스러운 일인지 저는 실감한 바 있습니다. 그러나 그때 제가 당신의 법정에 호소할 때 지녔던 바로 그 확신으로, 저는 지금 당신 앞에 섰습니다. 당신의 판결에서는 항상 진리가 다스리기 때문입니다. 이 진리에 대한 확신에 힘입어, 저는 감히 제가 당신의 교회에서 이룬 것들을 시도할 수 있었고, 또 그 확신의 도움을 받아 그것들을 성취해 낼 수 있었습니다. 그들은 두 가지의 가장 흉악한 죄, 즉 이단과 분파의 죄를 제가 범했다고 고발하였습니다. 이단이라 함은 제가 감히 그들이 수용한 교의에 대항했다는 것입니다. 하지만 제가 무엇을 할 수 있었겠습니까? 당신의 말씀으로 밝혀진 것 이외에 우리의 영혼을 생명의 길로 인도할 수 있는 또 다른 진리의 빛은 없다는 사실을 당신의 입술을 통해 들었습니다. 당신의 위엄, 당신의 신성에 대한 예배, 그리고 당신을 믿는 신비에 관해 인간이 품게 되는 생각들은 모두 헛되다는 말씀도 들었습니다. 당신의 말씀 대신에 인간의 머리에서 나오는 교리들을 당신의 교회에 도입하는 것은 신성을 모독하는 주제넘은 일이라는 것도 들었습니다. 하지만 제 눈을 사람들에게 돌렸을 때, 저는 매우 다른 원칙들이 난무하고 있는 것을 보게 되었습니다. 신앙의 지도자들로 여겨지는 사람들이 당신의 말씀을 이해하지도 못하고, 또 거기에 크게 관심도 없었습니다. 그들은 단지 불행한 사람들을 괴상한 교리들로써 이리저리 휘둘렀으며, 제가 알지 못하는 어리석은 것들로써 그들을 미혹시켰습니다. 그 사람들에게 있어 당신의 말씀에 대한 최고의 존중은, 말씀을 근접할 수 없는 어떤 것으로 여겨 얼마간 떨어져서 숭배하고 또 그에 대한 일체의 연구를 삼가는 것이었습니다. 목회자들의 무기력한 우둔함과 사람들의 어리석음으로 인해, 어디에나 치명적인 오류, 거짓, 그리고 미신으로 가득 차 있었습니다. 그들이 당신을 유일한 하나님이라고 부르고 있기는 하지만, 그들은 당신께서 당신의 것이라고 주장하신 영광을 다른 것들에게 넘겨주었습니다. 그들은 스스로 많은 성인들과 더불어 상상해 낸 많은 신들을 예배의 대상으로 높였습니다. 실로 당신의 그리스도가 하나님으로 예배되고 구세주라는 이름을 얻기는 했지만, 그분은 자신이 존귀함을 받아야 할 곳에서 거의 영광을 받지 못한 채 있었습니다. 그분은 그 자신의 가치를 빼앗기고, 성인들의 무리 가운데서 가장 초라한 자 가운데 한 사람처럼 눈에 잘 띄지 않는 존재가 되어 있었습니다. 그가 십자가에서 희생을 치렀고, 그 희생으로 우리를 당신과 화해시킨 사실을 정당하게 고려하는 사람이 아무도 없었습니다. 그가 영원한 제사장이라는 생각도 하지 않았고, 그가 중보자가 되심에 대해서는 아무도 꿈도 꾸지 않았습니다. 그의 의로우심만을 신뢰한 사람이 아무도 없었습니다. 구원에 대한 확실한 소망, 즉 당신의 말씀에 의해 명해졌고 또한 거기에 기초하고 있는 구원에 대한 확실한 소망은 거의 사라져 버렸습니다. 참으로 당신의 말씀은 단지 하나의 계시로만 받아들여졌기에, 누구라도 당신의 선하심과 당신 아들의 의로움을 신뢰하고 구원에 대한 확실하고 명료한 소망을 품는 것은 어리석은 오만이었고, 그들이 말하는 대로 하나의 추측에 불과한 것이었습니다. 이런 불경스런 견해들이 아주 팽배해서, 당신이 당신의 말씀 속에서 우리에게 전해 주신 교리의 최상의 원칙들을 그들은 뿌리째 뽑아 버렸습니다. 세례와 성만찬의 참된 의미 또한 수많은 오류들로 인해 파괴되었습니다. 그리고 모두가 당신의 은혜를 심각하게 모독하면서 선행에 신뢰를 두고, 선행을 통해 당신의 은혜를 얻고, 의롭다 하심을 얻고, 자신들의 죄를 속죄하고, 당신께 사함을 받으려고 애쓰면서도(이 모든 것들은 그리스도의 십자가의 공로를 지우고 없애고 있습니다), 그들은 선행이 어디에 존재하는지에 대해 여전히 아주 무지하였습니다. 당신의 계명에 의한 의로움에 대해 전혀 가르침을 받지 못하기라도 한 듯, 그들은 당신의 은혜를 얻기 위해 아무런 소용도 없는 시시한 일들을 많이 만들어 내었고, 이런 일들을 너무 자랑스럽게 여긴 나머지 그들은 당신의 계명이 권고하는 참된 의로움의 기준을 상대적으로 거의 경멸하였습니다. 그래서 인간의 욕망이 주도권을 찬탈하여, 계명 안에 내포된 당신의 교훈에 대한 믿음을, 믿음이 아니라면 적어도 권위를 훼손시키기까지 하였습니다."

"오 주님, 당신께서는 제가 이런 것들을 인식할 수 있도록 당신의 영의 빛을 저에게 비춰 주셨습니다. 그것들이 얼마나 불경하고 해로운지를 제가 알 수 있었던 것도 당신께서 말씀의 횃불을 제 앞에 가져다주신 덕분입니다. 당신께서 제 영혼을 충동질해 주셔서, 저는 그것들에 대해 마땅한 혐오감을 지닐 수 있었습니다. 하지만 제 교리에 대해 설명하는 데 있어서, 제 양심을 좇아 선언하건대 당신께서 모든 종들을 위해 그어 놓은 한계선이라고 제가 알고 있는 것들을 벗어나는 것은 제 의도가 아니었음을 당신은 아십니다. 제가 당신의 입술을 통해 배운 것으로 확신한 것들은 무엇이나 교회에 충실하게 시행하고자 열망하였습니다. 확실히 제가 주된 목표로 삼았던 것, 그리고 제가 가장 열심히 애썼던 것은 당신의 선하심과 정의로움의 영광이 이전에 그것을 흐리게 했던 안개를 걷어내고 선명하게 빛을 발하는 것이며, 모든 겉치레는 치워 버리고 그리스도 당신의 덕과 축복이 충분히 드러나는 것입니다. 우리가 깊이 생각하고 묵상해야만 하는 것들을 불명료한 채로 내버려 두는 것은 불경건한 일이라고 생각했기 때문입니다. 저는 진리의 고결함은 그 어떤 말로도 표현할 수 없는 것이기 때문에, 진리가 사악하게 혹은 거짓되게 선포되어서는 안 된다고 생각하였습니다. 저는 저의 청중들의 구원이 달려 있는 논의 주제들에 관해 더욱 길게 논하는 것을 주저하지 않았습니다. 왜냐하면 성서가(요 17:3) "영생은 곧 유일하신 참 하나님과 그의 보내신 자 예수 그리스도를 아는 것이다"라고 선포하는 말씀은 결코 거짓일 수 없기 때문입니다."

"교회를 저버렸다는 비난은 그들이 저를 상대로 습관적으로 제기하는 비난인데, 저는 제 양심에 거리끼는 것이 전혀 없습니다. 참패를 당해 뿔뿔이 흩어져 행렬을 이탈하는 병사들을 보고, 지휘관의 깃발을 치켜들어 그들을 각자의 위치로 소환하는 사람을 탈영병으로 간주하지만 않는다면 말입니다. 오 주님, 이렇게 당신의 모든 종들이 뿔뿔이 흩어져, 도저히 명령을 들을 수 없고, 그들의 지도자를, 그들의 임무를, 그들의 군사적인 맹세를 거의 잊어버렸습니다. 이처럼 흩어진 그들을 한데 묶기 위해서 저는 아무런 관계도 없는 이상한 깃발이 아니라, 당신의 백성에 속하려면 반드시 좇아야 하는 당신의 고귀한 깃발을 들었던 것입니다."

"다른 사람들로 하여금 각자의 위치를 잘 지키도록 해야 함에도 불구하고 오히려 길을 잃도록 만든 자들이 저를 공박하였고, 제가 전혀 중단하려 하지 않자, 그들은 폭력으로 저에게 대항하였습니다. 그래서 비통한 소동이 일어났고, 다툼이 불타올라 분열로 이어졌습니다. 누가 비난받아야 하는지 결정할 이는 오 주님, 바로 당신이십니다. 저는 항상 말과 행동을 통해 제가 일치를 얼마나 갈구하는지 증언해 왔습니다. 그렇지만 제가 말하는 일치는 당신으로 시작해서 당신으로 귀결되는 교회의 일치였습니다. 당신께서 저희에게 평화와 일치를 권고하실 때 당신은 언제나 그것을 보존하는 유일한 끈이 당신 자신임을 보여 주셨습니다. 하지만 만약 제가 교회의 우두머리이고 신앙의 기둥들이라고 뽐내는 자들과 평화롭기를 바랐다면, 저는 당신의 진리를 부인하는 대가를 지불해야 했을 것입니다. 저는 그러한 저주스러운 타협에 무릎 꿇는 일보다 더 참기 힘든 일은 없다고 생각했습니다. 왜냐하면 그리스도 자신께서 친히, 천지는 없어지겠으나 내 말은 없어지지 아니하리라(마 24:35)고 선포하셨기 때문입니다. 제가 소위 교회 지도자들과 싸우고 있다고 해서 저는 제가 당신의 교회에 반대한다고 생각지는 않았습니다. 왜냐하면 당신께서는 당신의 아들과 사도들을 통해, 교회 안에 제가 결코 동의해서는 안 되는 자들이 일어날 것임을 예고해 주셨기 때문입니다. 그리스도께서는 이방인들이 아니라 목회자로 자처하는 자들에 대해서 그들이 노략질하는 이리요 거짓 선지자들이라고 예고하시면서, 그들을 조심하라고 저희에게 경고해 주셨습니다(마 7:15). 그리스도께서 주의하라고 명하신 곳에 제가 힘을 보태야 했을까요? 그리고 사도들은 교회 안에서 목회자라는 이름 아래 자신들을 감추고 있는 자들보다 더 유해한 교회의 적들은 없을 것이라고 선포하였습니다(행 20:29; 벧후 2:1; 요일 2:18). 왜 제가 사도들이 적으로 간주하라고 경고한 그런 사람들에게서 분리되어 나오는 일을 주저해야 합니까? 저는 당신의 선지자들이 그 당시의 사제들과 선지자들을 상대로 비록 그들이 이스라엘 백성들 사이에서 명백한 교회의 지도자들이었음에도 불구하고 비슷한 싸움을 벌인 예들을 알고 있습니다. 당신의 선지자들이 쇠퇴의 나락으로 떨어진 종교를 회복시키고자 했을 때 극도의 폭력을 동반한 저항을 받았음에도 불구하고 그 일을 중단하지 않았다고 해서, 분파주의자들로 간주되지는 않았습니다. 비록 그들이 사악한 사제들에 의해 사형선고를 받았고, 성인이라고 말할 수 없음은 물론이고 사람들 가운데 있을 만한 자들이 못 된다고 간주되었지만, 그들은 여전히 교회의 일치 안에 있었습니다. 이들의 예를 통해 확신을 얻어, 저 또한 계속 밀고 나갔습니다. 비록 교회를 버린 자라는 비난을 받고 협박을 당하였지만, 목회자의 신분으로 어떤 불경한 폭정에 의한 것보다 더 당신의 교회를 황폐하게 만든 그런 자들에게 단호하고 대담하게 대항하는 일에서 저는 조금도 물러서지 않았습니다. 당신의 진리가 화합의 띠가 되는 교회의 일치를 위해 제가 불태운 열정이 얼마나 강력한 것인지는 제 양심이 말해 줍니다. 뒤따른 소동들은 저로 인해 야기된 것이 아니기 때문에, 그 책임을 제게 돌릴 수 있는 아무런 근거도 없습니다."

"오 주님, 당신이 알고 있고 또 사람들에게 입증된 사실대로, 제가 요구한 것은 모든 논쟁이 당신의 말씀에 의해 판결되어야 한다는 것과, 그래서 양측이 다 당신의 나라를 세우기 위해 한 마음으로 결속해야 한다는 것이었습니다. 그리고 만약 제가 불필요한 교란을 일으키는 주범이라고 밝혀진다면, 제가 제 목숨을 희생시키고 교회에 평화를 회복시키는 것도 마다하지 않겠다는 것이었습니다. 그런데 우리의 대적자들은 무엇을 했습니까? 그들은 미친 사람들처럼 곧바로 격렬하게 불, 검, 그리고 교수대를 사용하는 데로 나아가지 않았습니까? 그들은 자신들의 유일한 안전이 무력과 잔혹한 행위에 있다고 결론짓지 않았습니까? 그들은 모든 계층의 사람들에게 똑같은 광포함을 부추기지 않았습니까? 그들은 모든 화해의 수단들에 대해 콧방귀를 뀌지 않았습니까? 그래서 일찍이 평화적으로 해결되었을 문제가 그와 같은 다툼으로 비화되는 일이 생기고 만 것입니다. 하지만 비록 엄청난 혼란 가운데서 사람들의 판단이 다양하다고 하더라도, 당신의 법정에 서 있는 지금 저는 아무런 두려움도 없습니다. 당신의 법정에서는 진리를 겸비한 공평함이 결백한 자 편에 서서 판결할 것이 분명하기 때문입니다."

사돌레토여, 이것이 우리의 변론입니다. 당신이 우리 입장을 악화시키기 위해 고안해내고자 하였던 그러한 허구는 우리가 주장하는 바가 아닙니다. 우리의 변론이 완전하게 참됨은 지금도 선한 사람들에게는 알려져 있는 바이고, 그날에는 모든 피조물에게 분명해질 것입니다.

우리의 설교를 통해 교훈을 받아 우리의 주장을 지지하는 사람들은 자신들을 위해 무슨 말을 해야 할지 몰라 당황하지 않을 것입니다. 왜냐하면 그들 각자가 모두 다음과 같이 변론할 준비가 되어 있을 것이기 때문입니다.

"오 주님, 저는 어린 시절부터 배워 왔던 대로 항상 기독교 신앙을 고백했습니다. 하지만 처음에 저는 제 신앙이 그 당시 모든 곳에 널리 퍼져 있다는 것 이외에 다른 근거를 갖지 못했습니다. 등불과 같이 당신의 모든 백성들을 비추어야 하는 당신의 말씀이 제거되었거나, 적어도 우리들에게 가려져 있었습니다. 그리고 누구라도 더 강한 빛을 갈망하지 못하도록 하기 위해 저들은 모든 사람들의 마음속에 하나의 관념을 심어놓았는데, 그것은 그 감춰진 천국의 지혜에 관한 연구는 소수의 사람들에게 위임되었고 다른 사람들은 그들에게서 신탁을 구하는 것이 더 낫다는 것으로, 대중에게는 자신들을 낮추어 교회에 복종하게 해주는 것 이상의 지식은 적절하지 못하다는 것입니다. 그런데 제가 배운 기초지식은 당신의 신성에 어울리는 적법한 예배를 드릴 수 있도록 저를 제대로 훈련시킬 수도 없는 것이었고, 제가 구원에 대한 확실한 소망을 갖도록 길을 닦아 주지도 못했으며, 그리스도인의 삶의 의무를 행하도록 저를 바르게 훈련시키지도 못하는 그런 것이었습니다. 실로 당신만을 하나님으로 예배하라고 배웠지만, 예배하는 참된 방법은 전혀 배우지 못했기 때문에, 저는 처음부터 넘어질 수밖에 없었습니다. 제가 배웠던 바대로, 저는 당신의 아들의 죽음을 통해 영원한 죽음에 처할 수밖에 없던 데서 구속함을 받았다고 믿었습니다. 그렇지만 저는 그 구속함의 효력이 제게 미치지 못할 것이라고 생각했습니다. 저는 장차 부활이 있을 것을 예상했지만, 그것을 아주 무시무시한 사건이라고 여겨 그것에 대해 생각하는 것은 싫어하였습니다. 그리고 이것은 단지 제가 개인적으로 이러한 기분에 지배당했기 때문일 뿐만 아니라, 그 당시 그리스도교 교사들이 사람들에게 획일적으로 전해 준 교리 때문이기도 했습니다. 그들은 사실 인간을 향한 당신의 관대함을 가르쳤지만, 그 관대함을 받을 만하다는 것을 입증하는 사람들에게만 그것을 한정시켰습니다. 더욱이 그들은 이 자격을 행위의 의로움에 두어, 행위를 통해 자기 자신을 당신과 화해시킨 사람만이 당신의 은혜를 받을 수 있었습니다. 그러면서 그들은 우리가 참담한 죄인들이라는 사실, 우리가 종종 육체의 연약함 때문에 타락한다는 사실, 그래서 당신의 자비가 우리 모두에게 구원의 공통의 피난처가 되어야 한다는 사실을 숨기지는 않았으나, 그들이 그 구원을 얻는 방법이라고 가르쳐 준 것은 당신께 우리가 저지른 범죄에 대한 보상을 하라는 것이었습니다. 그들이 명령한 보상은 먼저, 우리의 모든 죄를 사제에게 고백한 후에 용서와 죄사함을 탄원하라는 것이고, 둘째, 선행으로써 우리의 잘못된 행동들을 당신의 기억에서 지우라는 것입니다. 마지막으로, 여전히 부족한 것을 보완하기 위해서, 희생 제사와 종교적 속죄를 더하라는 것입니다. 그리고 당신은 엄격한 재판관이고 불법을 단호하게 벌하시는 분이기 때문에, 그들은 당신의 임재가 얼마나 무시무시할 것인지를 설명하였습니다. 그래서 그들은 우리로 하여금 성인들에게 먼저 피신하여, 그들의 중재를 통해 당신이 우리에게 자비로움을 베푸시도록 탄원하라고 명하였습니다.

하지만 제가 이 모든 것들을 행했을 때, 비록 이따금 얼마간 마음의 평정을 얻기도 했지만, 여전히 양심의 참된 평화와는 거리가 멀었습니다. 제가 제 자신에게로 낮아질 때나 혹은 제 마음을 당신께 들어올릴 때나 그때마다 극심한 공포감이 저를 사로잡았습니다. 이 공포는 어떤 고행과 보상으로도 결코 치유할 수 없는 그런 것이었습니다. 그리고 제 자신을 더욱 면밀히 돌아보면 볼수록, 제 양심이 더욱 예리한 가시에 찔려서, 제게 남은 유일한 위안은 아무것도 염두에 두지 않음으로써 스스로를 속이는 것뿐이었습니다. 더 나은 것이 아무것도 제시되지 않았기 때문에, 저는 제가 시작했던 길을 계속 추구하였습니다. 그때 매우 다른 형태의 교리가 출현하였는데, 그것은 우리를 기독교적인 신앙에서 떠나게 하는 것이 아니라 그 원천으로 되돌리는, 말하자면 불순물을 제거하고 그 본래의 순결함으로 회복시키는 것이었습니다. 그 새로움에 기분이 상하여 저는 내키지 않는 마음으로 귀를 기울였고, 고백하건대 처음에는 격렬하게 저항하였습니다. 사람들이 일단 자기가 시작한 일은 이러한 확고부동함과 **뻔뻔함**으로 계속 밀고나가는 것이 자연스러운 일이므로, 제가 저의 모든 생이 무지와 오류에 놓여 있었다고 고백하는 것은 엄청나게 어려운 일이었습니다. 특별히 제가 새로 나타난 교사들에게 반대하게 된 것은 그들이 교회에 대한 경외심을 떨어뜨린다고 생각했기 때문입니다. 하지만 일단 제 귀를 열고 가르침을 받고 보니, 교회의 위엄을 떨어뜨릴 것이라는 저의 염려가 아무런 근거가 없다는 것을 알게 되었습니다. 그들은 제게 교회로부터 분리되는 것과, 교회가 젖어 들어 있는 잘못들을 고치려고 애쓰는 것 사이에 얼마나 큰 차이가 있는지 일깨워 주었습니다. 그들은 교회에 대해 품위 있게 말하였고, 일치를 신장시키고자 하는 최대한의 열망을 보여 주었습니다. 그리고 그들이 교회라는 용어에 대해 쓸데없이 흠 찾기를 한 것으로 여겨지지 않도록 하기 위해, 그들은 적그리스도들이 목회자들 대신에 교회를 관장하는 것이 전혀 새로운 것이 아니라는 것을 보여주었습니다. 이와 관련하여, 그들은 적지 않은 예들을 제시하여, 자신들이 원하는 것은 다름이 아니라 교회를 세우는 것(edification)임을 나타내었습니다. 그리고 그런 점에서 그들은 우리가 성인들의 목록에 포함시키는 그리스도의 많은 종들과 공통점을 가졌습니다. 그리스도의 대리자, 베드로의 후계자, 그리고 교회의 머리로 존경받고 있던 로마 교황을 보다 자유롭게 비판하면서 그들은 다음과 같은 이유로 양해를 구하였습니다. 그런 칭호들은 귀신 놀음의 공허한 것으로, 그것들로 인해 경건한 자들의 눈이 멀어 그것들을 감히 조사하고 실체를 가려낼 수 없도록 되어서는 안 된다는 것이었습니다. 교황이 그렇게 높임을 받았던 것은 세상이 깊은 잠에 빠진 것처럼 무지와 나태함에 빠져 있을 때였습니다. 확실히 그 누구도 하나님의 말씀에 의해 교회의 머리로 임명되지 않았고, 교회의 적법한 행동을 통해 임명 받지도 않았습니다. 자기 마음대로 자기 스스로 선임한 것입니다. 더욱이 우리가 그리스도의 나라를 우리 가운데 안전하게 이루고자 한다면, 교황이 하나님의 백성들을 상대로 자행한 폭정을 더 이상 참아서는 안 되었습니다.

그리고 그들은 자신들의 모든 견해를 확증하기 위해 아주 강력한 논거를 지니고 있었습니다. 먼저, 그들은 그 당시 교황의 수위권을 확립하기 위해 보통 예증으로 제시되었던 모든 것들을 깨끗이 버렸습니다. 그들은 이러한 모든 버팀목들을 제거해 버린 다음 하나님의 말씀으로써 교황을 그의 높은 자리에서 끌어내렸습니다. 가능한 한 그들은 배운 자들과 배우지 못한 자들 모두가, 교회의 참된 질서가 무너졌다는 것을, 교회 치리의 근거가 되는 열쇠의 권한이 심각하게 왜곡되었다는 것을, 기독교인의 자유가 와해되었다는 것을, 간단히 말해 교황의 지상권이 확립되었을 때 그리스도의 나라가 무너졌다는 것을 분명하고도 뚜렷하게 알 수 있도록 해 주었습니다. 더욱이 그들은 제 양심을 찔러, 마치 이런 것들이 제 관심사가 아닌 것처럼 제가 이것들을 묵인하지는 못할 것이라고 말했으며, 당신께서는 자발적인 죄를 보호하는 분과는 거리가 멀고, 단지 무지 때문에 미혹된 사람이 범한 죄일지라도 아무런 처벌을 받지 않는 것은 아니라고 말하였습니다. 그들은 당신의 아들을 증거로 들어 이를 입증하였습니다. "만일 소경이 소경을 인도하면 둘이 다 구덩이에 빠지리라"(마 15:14). 저는 이제 진지하게 주목할 준비가 되었고, 마침내 저는 마치 빛이 갑자기 제게 비춰진 것처럼, 제가 얼마나 극심한 오류로 가득 찬 똥 더미에 빠져 있었는지, 그리고 제가 거기서 얼마나 많은 오염과 더러움에 물들어 있었는지 마침내 알게 되었습니다. 제가 빠져 있던 비참한 신세에 엄청나게 놀랐고, 그리고 영원한 죽음을 위협했던 것들에 더욱 놀라서, 저는 신음과 눈물로 제 과거의 삶을 회개하고 당신께서 주시는 생명을 받아들이는 일을 제 의무로 알고 최우선 과제로 삼았습니다. 그리고 오 주님, 지금 저와 같은 가없은 사람에게 남은 것은 항변이 아니라, 지독하게 당신의 말씀을 저버렸던 제 행실대로 저를 심판하시지 말라고 당신께 진심으로 탄원하는 것뿐입니다. 당신의 놀라운 선하심 가운데 당신께서는 마침내 그러한 악행에서 저를 구해 주셨습니다."

이제, 사돌레토여, 부디 이 변론을 당신이 당신 측 교인의 입에 부친 변론과 비교해 보십시오. 그 두 가지 중에 어떤 것을 택해야 할지 당신이 주저한다면 그것은 이상한 일일 것입니다. 당신 대리인의 변론은 전적으로 그가 조상들에게서 물려받은 종교를 충실하게 고수해 왔는가 여부에 달려 있기에 그의 구원은 위태롭게 한 가닥 실에 매달려 있는 형국입니다. 유대인, 터키인, 그리고 사라센 사람들도 똑같은 근거를 대며 하나님의 심판을 피하려 들 것입니다. 인간의 권위를 입증하기 위해서가 아니라 헛되고 거짓된 모든 육체를 정죄하고 하나님의 진리만을 옹호하기 위해 개설될 재판정에서, 이와 같은 무익한 변명은 치워 버리시오.

하지만 내가 사소한 것들에 관해 당신과 다투고자 했다면, 내가 무슨 그림을 그렸겠습니까? 나는 당신 측의 교황, 추기경, 혹은 어떤 고위 성직자에 관해 말하는 것이 아니고(대단한 재간 없이도 그들 대부분이 어떤 빛깔로 표현될지 당신이 잘 알겠지만), 당신 측의 박사들, 심지어 그 가운데 가장 최상급 박사에 관해 말하는 것입니다. 그에 대한 유죄 평결은 확실히 의심스러운 억측을 증거로 제시할 필요도 없고, 거짓된 죄과를 고안해 낼 필요도 없을 것입니다. 확실하고 정당한 것만으로도 그에게 충분히 무거운 짐이 지워질 것입니다. 하지만 내가 비난하는 당신의 행동을 모방하는 것처럼 보이고 싶지는 않기 때문에, 나는 이런 식으로 변론하기를 사양합니다. 나는 단지 그 사람들에게 자기 자신을 한번 돌아보아, 자신들이 그리스도인들을, 하나님의 말씀 이외에 다른 음식은 먹을 수 없는 그리스도인들을 얼마나 충실하게 먹이고 있는지 숙고해 보라고 권고할 뿐입니다. 그리고 그들이 지금 대단한 박수갈채를 받으면서, 그것도 대부분 호의적인 환호 속에서 자신들의 역할을 하고 있다고 해서 그들이 지나치게 우쭐해 하지 않도록 하기 위해, 그들이 아직 결말에 이르지는 않았다는 것을 기억하게 합시다. 확실히, 종국에는 그들이 아무런 처벌도 받지 않고 허풍을 떨면서 자신들의 계략으로 쉽게 믿는 사람들을 꾈 수 있는 무대를 갖지 못하겠고, 오직 하나님의 판결에 따라 좌지우지될 것입니다. 하나님의 심판은 대중적인 휩쓸림이 아니라 그 자신의 불변의 정의로 통제되는 것이며, 하나님은 각 사람의 행위를 심문할 뿐만 아니라 그 마음의 숨겨진 진실과 죄악까지도 감찰하시는 분입니다. 나는 감히 예외 없이 모든 사람이 그렇다고 말하지는 않겠습니다. 그렇지만 그들 가운데 몇 사람이나 우리와 대적하여 싸우면서, 자신들이 하나님보다는 오히려 사람들을 섬기고 있다는 사실을 의식하고 있습니까?

당신의 편지에서 당신은 처음부터 끝까지 우리를 가차 없이 다루면서 신랄한 독설을 퍼붓고 있습니다. 그러나 당신의 악담들이 결코 우리 마음을 상하게 하지 못했으며, 또 이미 부분적으로 이에 대한 답을 듣기는 했지만, 그래도 나는 여전히 무엇이 당신으로 하여금 탐욕을 이유로 우리를 비난할 생각을 하도록 만들었는지 묻고 싶습니다. 당신은 우리 개혁자들이 처음부터 자신들이 이익과 돈과는 정반대의 길로 들어서고 있다는 것을 알아채지 못할 만큼 우둔하다고 생각합니까? 그리고 그들이 당신의 탐욕을 비난할 때, 자신들이 심지어 어린 아이들에게까지 우스꽝스러운 사람들이 되지 않으려면, 스스로 절제와 검약의 의무를 져야만 한다는 것을 알지 못했겠습니까? 그들이 탐욕을 교정하는 방법은 목회자들을 과도한 재산에서 해방시켜 그들로 하여금 교회에 더욱 마음을 쏟도록 하는 것이라고 했을 때, 그들은 자발적으로 부로 인도하는 길의 문을 자신들에게는 닫아 버린 것이 아니었겠습니까? 이제 도대체 그들이 열망하는 어떤 부가 있다는 것입니까? 무엇입니까? 부와 명예에 이르는 지름길은 애초에 제시된 조건에 따라 당신과 거래를 하는 것이 아니었겠습니까? 당신들의 교황은 그때 많은 사람들에게 침묵의 대가로 과연 얼마나 지불하려고 했던가요? 지금은 도대체 얼마를 지불하려고 합니까? 만약 개혁자들이 조금이라도 탐욕을 따라 움직였다면, 왜 그들은 자신들의 부를 늘리려는 모든 기대를 끊어 버리고, 별 어려움 없이 단숨에 자신들을 부유하게 하기보다 영원히 초라해지는 길을 택했겠습니까? 그런데 야망이 그들을 사로잡았다니요, 참으로 어이가 없군요! 당신이 대체 어떤 근거를 가지고 이런 암시를 하는지 모르겠습니다. 왜냐하면 이 개혁운동에 처음 참여한 사람들은 온 세상의 경멸을 받는 것 이외에 아무것도 기대할 수 없었고, 이후에 이 운동을 계속 고수한 사람들은 여기저기서 끊임없는 모욕과 욕설을 당할 줄 알면서도 기꺼이 자신들을 거기에 내맡긴 사람들이기 때문입니다. 그런데 이런 사기와 악의가 정말이지 어디에 있단 말입니까? 그와 같은 어떠한 혐의도 우리에게 해당하지 않습니다. 오히려 이런 일들을 매일 자행하고 있는 당신네 소위 거룩한 무리들에게나 그런 말을 하시오.

서둘러 결론을 맺어야 하기에, 나는 당신의 또 다른 중상모략, 즉 우리가 전적으로 우리 자신만의 판단에 의존해서는 온 교회에서 존경을 받을 만하다고 생각되는 사람을 한 사람도 발견하지 못할 것이라는 당신의 중상에 대해서는 지나칠 수밖에 없습니다. 이것이 중상모략임을 나는 이미 충분히 설명했습니다. 비록 우리가 하나님의 말씀만이 우리의 판단 영역 너머에 있고, 교부들과 교회 회의들은 말씀의 규범과 일치하는 한도 내에서만 권위를 지닌다고 주장하지만, 우리는 여전히 교회 회의들과 교부들에게 그리스도 아래에서 그들에게 합당한 지위와 영광을 돌립니다.

그러나 모든 비난들 가운데 가장 심각한 비난은 우리가 그리스도의 신부를 분할시키려 했다는 것입니다. 이것이 사실이라면, 당신과 온 세계가 우리를 가망이 없는 자들로 여기는 것도 당연합니다. 하지만 교회를 그리스도께 순결한 신부로 드리기를 열망하는 우리로 인해 그리스도의 신부가 분열되고 있다는 것을 당신이 증명할 수 없다면, 나는 이 비난을 받아들이지 않을 것입니다. 우리는 그리스도를 위해 그 신부를 아무런 흠 없이 보존하려는 거룩한 열정으로 고무된 사람들이고, 비열한 유혹자들에 의해 그녀가 더럽혀지는 것을 보고 부부의 정절을 상기시키는 사람들이며, 그녀의 순결함을 무너뜨릴 덫을 놓는 자들로 간파되는 모든 간부(姦夫)들에 대항해서 망설임 없이 전쟁을 수행하는 사람들입니다. 이것 외에 우리가 무엇을 했습니까? 당신의 당파가 야릇한 교리들로써 그리스도의 신부의 순결을 범하지 않았던가요? 당신 측의 수많은 미신들로 그녀가 폭력적으로 순결을 잃지 않았던가요? 최고로 지독한 간통인 성상 숭배로 인해 그녀가 더럽혀지지 않았던가요? 참으로 우리는 당신이 그리스도의 거룩한 침실을 모욕하도록 내버려두지 않았다는 바로 그 이유로, 그분의 신부를 갈기갈기 찢어놓았다는 말을 듣고 있습니다! 그러나 당신이 우리를 부당하게 힐난하는 그 찢어놓음이 당신들 가운데서 뚜렷하게 목격되며, 단지 교회만이 아니라 그리스도 그분까지 찢김을 당하여 참혹하게 난도질당한 채 목격되고 있습니다. 어떻게 교회가 그 신랑을 안전하게 지키지 못하면서 그를 신봉할 수 있습니까? 그분의 정의와 거룩함과 지혜의 영광이 다른 곳으로 옮겨졌는데 그리스도의 안전이 어디에 있겠습니까?

우리가 투쟁의 불꽃을 지피기 전에는 모두가 평온하고 완벽한 평화를 누렸던 것 같습니다! 그렇습니다. 목회자들 사이에, 그리고 일반인들 사이에 무지함과 나태함이 생겨나서, 종교에 관해서 거의 어떠한 논쟁도 일어나지 않았습니다. 하지만 학교에서는 소피스트들이 얼마나 왕성하게 떠들어 대었습니까? 따라서 그때의 평화는 다른 이유가 아니라 그리스도께서 침묵한 데서 비롯된 것이기 때문에, 그 평화의 왕국이 전혀 명예로운 것으로 인정받을 수 없는 것입니다. 복음의 회복과 관련해서, 이전에 모든 것이 평온하던 곳에 커다란 논쟁들이 생겨났다는 점을 인정합니다. 하지만 그것을 우리 개혁자들의 탓으로 돌리는 것은 부당합니다. 개혁자들은 그 모든 진행 과정 동안에 종교가 복원되고, 내분으로 뿔뿔이 흩어졌던 교회가 참된 일치로 함께 모이게 되기만을 열망하였습니다. 그리고 예전 일들을 들출 필요 없이 교회의 평화를 얻기 위해 개혁자들이 최근에 수용하기를 거부한 것이 무엇이 있습니까? 그러나 그들의 모든 노력은 당신의 반대에 의해 헛수고가 되고 말았습니다. 개혁자들은 평화를 갈구하고, 그 평화와 더불어 그리스도의 나라가 융성하겠지만, 반면에 당신은 그리스도에게 얻은바 된 모든 것이 당신에게는 잃은 바가 된다고 생각하므로, 당신이 격렬하게 저항하는 것도 이상한 일은 아닙니다. 그리고 당신은 개혁자들이 수개월 동안에 그리스도의 영광을 위해 성취한 모든 것을 한 순간에 전복시킬 수 있는 책략들을 지니고 있습니다. 나는 많은 말로써 당신을 질리게 하지는 않겠습니다. 왜냐하면 한 마디 말로도 문제를 깨끗하게 해결할 수 있기 때문입니다. 우리 개혁자들은 자신들의 교리에 대한 근거를 개진하고자 하였습니다. 만약 논쟁에서 진다면, 그들은 굴복하기를 마다하지 않을 것입니다. 그런데 교회가 완전한 평화와 진리의 빛을 누리지 못하는 것이 누구의 잘못 때문입니까? 지금 가서, 교회를 평온하게 내버려 두지 않고 난동을 부린 죄로 우리를 고소하시오!

그러나 우리의 주장에 대해 편견을 갖게 하는 데 도움이 되는 것이라면 어떤 것이라도 빠뜨리면 안 되므로, 근래 몇 년간 많은 분파들이 생겨나자, 당신은 평소 하던 그대로 우리에게 그 책임을 뒤집어씌우고 있습니다. 거기에 무슨 공정함이 있고, 심지어 그럴듯한 이유라도 있는가 보시오! 만약 우리가 그러한 이유로 미움을 받을 만하다면, 오래전에 그리스도교인이라는 이름 또한 불경건한 자들로부터 그러한 미움을 받을 만하였을 것입니다. 그러므로 이 주제에 관해 우리를 괴롭히기를 그치든지, 혹은 세상에서 수많은 소동을 야기하는 그리스도교가 인간의 기억에서 사라져야 한다고 공개적으로 선포하든지 하시오! 사탄이 그리스도의 사역을 방해하기 위해 모든 방법을 동원해서 애를 써도 우리의 주장에 조금도 해를 입히지 못할 것이 틀림없습니다. 여태껏 생겨난 모든 분파들에게 어느 측이 헌신적으로 대항하였는지를 묻는 것이 보다 적절할 것입니다. 당신들이 나태하고 깊이 잠들어 있는 동안 오직 우리만이 모든 짐을 짊어졌다는 것은 명백합니다.

사돌레토여, 주님이 당신과 당신의 당파로 하여금 교회 일치의 유일한 참된 끈은 그리스도 주님이시라는 것을 마침내 깨닫게 해주시기를 바랍니다. 주님은 우리를 하나님 아버지와 화해시키셨고, 우리를 현재의 절망적인 상태에서 구해내어 자신의 몸의 교제 속으로 불러 모으실 것입니다. 그리하여 그의 한 말씀과 성령을 통해 우리는 하나의 마음과 하나의 영으로 결합될 것입니다.

1539년 9월 1일 스트라스부르

PART III
CONTROVERSIAL
JEAN CALVIN

성만찬에서 그리스도의 살과 피에
진정으로 참여하는 것이 무엇인지에 대한
건전한 교리의 분명한 해설

서문

칼뱅과 베스트팔 사이에서 논쟁이 있은 지 일이 년 후에, 그 논쟁의 파동이 채 가시지 않은 물속을 다시 휘젓고 누비는 또 다른 사람이 나타났는데, 헤슈시오스(Tilemannus Heshusius Vesalius)였다. 불링거가 하이델베르크에서 교사로 있을 때 연루되었던 논쟁에 관해 최초로 칼뱅의 주의를 환기시켰고, 그 이후 마그데부르크에 거주하던 헤슈시오스가 펴낸 「성찬에서 그리스도 몸의 임재에 관하여」(De praesentia corporis Christi in coena Domini contra sacramentarios) 사본을 칼뱅에게 보냈던 것 같다. 불링거 자신은 이런 하찮은 일에 귀중한 시간을 허비하는 것이 내키지 않는다고 했고, 칼뱅 역시 처음에는 도전에 응할 생각이 없었던 듯하다. 그렇지만 "돌마저도 격분시킬 만큼 너무 지나친 모욕을 당하자" 갑작스럽게 생각을 바꾸어, 그는 이 격렬하고 민첩한 새로운 상대와 교전을 하게 되었다. 이렇게 해서 1561년 「분명한 해설」(Dilucida Explicatio)이 세상에 나오게 되었다. 이번에는 이 책이 헤슈시오스를 자극해서 칼뱅과 그 무리들을 반대하는 「변호」(Defensio)를 쓰게 하였다. 하지만 이런 진전된 논쟁은 이 책의 범위를 넘어서는 것이다.

(C.R. IX, xli 이하 참조.)

성만찬에서 그리스도의 살과 피에 진정으로 참여하는 것이 무엇인지에 대한 건전한 교리의 분명한 해설

─틸레만 헤슈시오스의 흐려진 눈을 밝히기 위해

나는 하나님의 섭리에 따라 내게 주어진 이 상황, 저 성마르고 부정직하고 격노한 사람들이 마치 작당이라도 한 듯이 나를 향해 집중적으로 적의를 드러내고 있는 이 상황을 꾹 참고 받아들이고자 한다. 실로 저들은 살아 있는 자들에게는 비난을 퍼붓고 죽은 자들의 이름에는 흠집을 내면서, 다른 많은 훌륭한 사람들을 함부로 다루고 있다. 하지만 저들이 내게 더 맹렬하게 비난을 퍼붓는 유일한 이유는 저들의 주인 노릇하고 있는 사탄이 내가 하는 일들이 그리스도의 교회에 더 도움이 된다고 간주하면 할수록 저들을 부추겨 나를 더욱더 극렬하게 공격하도록 자극하기 때문이다. 이전의 궤변꾼들에 대해서는 아무 말 않겠다. 그들의 비방은 이미 쇠퇴해 아무런 힘도 없기 때문이다. 스타필루스(Staphylus)라는 이름의 끔찍한 변절자가 최근 나타나서 한마디 선전 포고도 없이 다짜고짜, 자신의 배반 행위, 나쁜 품행, 사악한 기질을 언급한 다른 모든 사람들에게보다 나에게 더 심한 비방의 말을 쏟아 내고 있다. 다른 한편에서는 니콜라스 르 콕(Nicolas Le Coq)이라는 자가 나를 향해 날카로운 소리를 질러 대기 시작했다. 그리고는 마침내 다른 소굴에서 틸레만 헤슈시오스가 등장하였다. 그에 관해서라면 나 자신의 의견을 피력하기보다 나는 독자에게 사실들과 그의 저술들을 보고 판단하기를 권한다.

오, 필리프 멜란히톤이여! 하나님의 품 안에서 그리스도와 함께 살고 있는 당신에게 호소하니, 우리가 복된 안식에 동참하게 될 때까지 거기서 우리를 기다려 주시오. 당신은 일에 지치고 슬픔으로 마음이 짓눌릴 때마다 당신 머리를 스스럼없이 제 품에 묻고 "이 품 안에서 죽을 수 있다면 좋겠다!"고 말하지 않았던가요. 그 이후로 저는 수없이 우리가 함께 살 수 있기를 소망해 왔습니다. 확실히 당신은 저보다 논쟁을 위한 준비가 더 잘 되어 있었고, 시샘을 두려워하지 않고 그릇된 비난들을 아무것도 아닌 것처럼 이겨 낼 만큼 더 강했습니다. 그래서 저들이 당신의 유약함이라고 칭하는 온화함으로 당신은 더 뻔뻔하게 모욕을 일삼는 저 많은 사람들의 사악함까지도 저지하였던 것입니다. 사실 스타필루스의 으르렁거림에 대해서는 당신이 따끔하게 꾸짖었지만, 르 콕에 대해서는 당신이 제게 보낸 편지에서 사적으로 불만을 표하면서도 그와 그를 좋아하는 사람들의 오만함을 제지하는 일은 간과했습니다. 저는 당신이 써보냈던 문구를 잊지 않고 있습니다. 당신이 이렇게 썼습니다. "나는 당신이 당신의 대적자들의 글을 읽고 그들이 어떤 자들인지, 그리고 그들이 염두에 두고 있는 청중이 누구인지 판단하는 일에 놀라울 정도로 신중해야 한다고 생각하오."

나는 이 글에 답하면서 내가 썼던 내용을 기억하고 있고, 그대로를 여기 인용하고자 한다. "당신은 우리 대적자들의 목적이 대중 앞에서 자신들을 과시하려는 것이라는 점을 정확히 그리고 세심하게 저에게 상기시켜 줍니다. 하지만 제가 바라고 믿는 바대로 저들의 기대가 참혹히 깨어지거나, 혹은 저들이 온 세상의 환호를 얻게 된다 해도, 우리는 우리의 전쟁을 감찰하시는 하늘의 장군에게 온 힘을 다해 귀를 기울여야 하지 않겠습니까? 호의로써 우리를 고무시키고 또 친히 모범을 보임으로써 우리에게 열정적으로 행동하는 법을 가르쳐 주는 거룩한 천사의 군대가 우리를 나태하게 머뭇거리면서 나아가도록 내버려 두겠습니까? 거룩한 교부들은 어떻습니까? 그들이 아무런 격려도 해주지 못하겠습니까? 더욱이 세상에 있는 하나님의 교회는 어떻습니까? 하나님의 교회가 기도로 우리를 도우고 또한 우리의 행함을 통해 고무를 받는다는 것을 알진대, 교회의 도움이 우리에게 아무런 영향도 미치지 못하겠습니까? 이곳은 허가받은 제 무대고, 온 세상이 제게 야유하더라도 저는 결코 낙담하지 않을 것입니다. 저는 저들의 어리석은 환호를 받고 싶은 생각이 없으니, 저들로 어두컴컴한 데서 짧은 동안 값싼 영광[1]을 누리라고 내버려 두시지요. 저는 세상이 환호하고 싫어하는 것이 무엇인지 모르지만, 제게 있어서 주님께서 명하신 법칙을 따르는 것보다 더 중요한 것은 없습니다. 그리고 저는 이처럼 분명한 태도를 취하는 것이 결국에는 분별력 있고 경건한 사람들에게, 쓸데없이 벌벌 떨면서 불확실하고 어정쩡하게 가르치는 것보다 더 받아들일 만한 것이 되리라는 것을 추호도 의심하지 않습니다. 당신께 부탁하오니, 당신이 하나님과 교회에 빚지고 있다고 여기는 빚을 가능한 빨리 갚아 주

---

1. 원문에는 *mustacea gloriola fruantur*라고 되어 있다.

십시오. 그렇다고 강요하는 것은 아닙니다. 그렇게 되면 악의를 품은 자들이 당신에게 달려들 것이고 제 마음도 편할 수 없다고 믿기 때문입니다. 아니, 당신을 향한 저의 사랑과 존경 때문에, 저는 가능하기만 하다면 기꺼이 당신의 짐의 일부를 제 어깨에 질 것입니다. 하지만 제 조언이 아니더라도, 당신을 우러러 보는 모든 경건한 사람들의 의심을 서둘러 제거하지 않는다면 그 빚이 결코 변제될 수 없을 것이라는 점을 당신 자신이 잘 알고 있습니다. 저는 이 때늦은 수탉*의 울음소리가 당신을 깨우지 못한다면 모든 사람들이 당신을 향해 게으름뱅이라고 소리치는 것도 무리가 아니라는 말을 덧붙이고 싶습니다."

내가 이렇게 말한 것은 멜란히톤의 약속에 근거하고 있는 것으로, 그는 나에게 다음과 같은 약속을 한 바가 있다. "수탉이 이스터 강가에서[2] 나를 상대로 엄청나게 떠벌이는[3] 책을 찍어 내는 소리가 들리는데, 나는 이 책이 출간되면 간단하고 명료하게 답하기로 작정하였소. 나는 내가 하나님과 교회를 위해 이 일을 해야 할 의무가 있다고 생각하며, 노년의 내게는 추방이나 다른 위험에 대한 일체의 두려움도 없소." 아무런 꾸밈없는 단호한 말로 이렇게 말하고 있지만, 다른 편지에서 그는 천성적으로 온화한 기질로 인해 자신이 평화와 평온을 원했노라고 고백한 바가 있다. "최근 편지에서 당신이 내게 빵의 숭배에[4] 대한 논쟁을 재개하는 사람들의 무지한 비방을 제지할 것을 촉구하고 있기 때문에, 나는 그런 일을 하는 사람들의 일부는 주로 나에 대한 증오감 때문에 선동되어, 그 일이 나를 억누를 수 있는 그럴 듯한 기회라고 생각하고 그런 일을 벌인다는 점을 말해야겠소." 평온한 것을 좋아하는 그의 천성은 또한 다른 문제들에 관해 자유롭게 말하는 것을 막았는데, 그런 문제들에 대한 논의는 섬세한 성향에 어울리지 않는 불쾌한 것이거나 자칫 부당한 해석에 빠질 수 있기 때문이다. 하지만 이 덕스러운 사람이 우리를 상대로 사납게 날뛰기를 그치지 않는 자들의 끈질긴 작태에 얼마나 노했는가 하는 것은 다른 구절에서 아주 명백하다. 그는 세르베트의 신성 모독에 대한 나의 논박을 기뻐하면서, 이제 교회가 내게 감사를 빚지

---

2. 원문에는 ἀλεκτρυόνα ἐν ὄχθη Ἴστρου ποταμοῦ로 되어 있다.

3. 원문에는 στηλιτευτικὸν으로 되어 있다.

4. 원문에는 περὶ τῆς ἀρτολατρείας로 되어 있다.

---

* 니콜라스 르 콕을 비유적으로 일컫는다.

게 되었고 이는 영원히 그럴 것이고 자신은 나의 판단에 전적으로 동감을 표한다고 밝힌 다음에, 이 일이 지극히 중요한 일이고, 꼭 알려져야 하는 필수적인 것이라고 덧붙이고 있다. 그런 다음 그들의 어리석은 행동들에 대해 말하면서 이런 익살스러운 말을 덧붙였다. "이 모든 것은 빵에 대한 신적인 숭배(Artolatria)에 불과하다."[5] 보름스에서 내게 편지하면서, 그는 동료로 보냄을 받은 작센의 자기 친구들이 우리 교회를 비난한 다음 떠났다고 개탄하면서 이렇게 덧붙이고 있다. "이제 저들은 자기 땅에서 자신들의 승리를 마치 카드모스의 승리(Cadmean victory: 희생이 큰 쓰라린 승리)인 양 자축하겠지." 다른 편지에서 그들의 광기와 열광에 지친 그는 나와 함께하고 싶은 소망을 감추지 않고 있다.

지난번 언급한 것들이 스타필루스에게는 전혀 대수롭지 않은 것인지, 그는 로마의 적그리스도를 위해 자신의 뻔뻔한 혀를 놀리고, 교황의 폭정을 확립한다는 공공연한 목적을 위해 강자의 방식을 좇아 하늘과 땅을 뒤죽박죽으로 만들고 있다. 신앙에서 철저하게 변절해 아무런 수치심도 남아 있지 않은 이 악당의 잘못을 반박하느라 많은 시간을 쓰고 싶지 않다. 그는 그렇게 중요한 인물이 아니다. 그의 주장의 총합과 본질의 토대가 되고 있는 전제는 그가 모든 경건을 불경하게 모독하고 있다는 것을 분명하게 드러내고 있다. 우리가 고백하는 전체 교리에 그는 의심의 눈초리를 보내면서 악평하였는데, 이 악평은 로마 교회의 암흑이 일소되고 영원한 진리가 빛을 발한 이래로 또한 많은 오류들이 나타났고 그것들이 복음의 부흥에서 기인된 것이라는 하찮은 토대 위에 근거하고 있다. 그래서 그는 마치 자신이 그리스도와 그 사도들을 상대로 싸우고 있는 것이 아니라 우리를 상대로 하고 있는 체하고 있다. 그리스도의 거룩하고 구원하는 교리가 그 빛을 발할 때는 사탄이 결코 사람들의 몸과 마음을 그렇게까지 뒤흔들면서 자유롭게 활보한 적이 없다. 그러니 그리스도가 이전에 온전했던 사람들을 미치광이로 만들기 위해 오셨다고 모략해서 비난하도록 그를 내버려 두라. 복음 선포가 처음 이루어진 직후 엄청나게 많은 오류들이 세상에 홍수처럼 밀려들어왔다. 교황에게 고용된 연설자인 스타필루스로 하여금 그것들이 그 원천인 복음에서 흘러왔다고 계속 지껄이도록 하라. 확실히 이러한 보잘것없는 비방이 죄를 범한 나약

---

5. 원문에는 πρὸς τὴν ἀρτολατρείαν으로 되어 있다.

한 영혼들에게는 어떤 효력이 있을지 모르나, 바울의 훈계를 새기고 있는 사람들의 가슴에는 아무 영향도 미치지 못할 것이다. "너희 중에 편당이 있어야 너희 중에 옳다 인정함을 받는 자들이 나타나게 되리라"(고전 11:19). 이에 대해 스타필루스 자신이 뚜렷한 증거가 된다. 불신에 대한 당연한 보응인 그의 사나운 격정은 모든 경건한 자들을 하나님에 대한 신실한 경외심 안에 굳게 서도록 한다. 대체로 이 비열하고 방자한 자의 목표는 거룩한 교리에 대한 경외심을 온통 파괴해 버리는 것이다. 실로 그가 진력해서 노린 바는 단지 종교를 비방하는 것뿐 아니라 그것에 대한 모든 관심과 열심을 내쫓아버리는 것이다. 따라서 그의 부당행위는 단지 그 자체의 결함 때문에 실패할 뿐 아니라, 모든 선한 사람들의 혐오를 받게 된다. 그 와중에 그가 우리를 짓누르기 위해 사용했던 그릇되고 심술궂은 비난이 그 자신에게 되돌려지고 있다. 많은 사악한 오류들이 지난 40년간 나타났는데, 하나가 사라지면 다른 하나가 그 뒤를 이어 나타나는 식이었다. 이렇게 된 이유는 사탄이 오랫동안 자신이 세상을 매혹시킬 수 있었던 수단이었던 사기 협잡들이 복음의 빛으로 인해 타도되었다고 판단하고, 그리스도의 교리를 전복시키기 위해, 혹은 그 과정을 방해하기 위해 자신의 모든 노력을 쏟고 온갖 책략, 즉 자신의 모든 악마적인 힘을 다 동원하였기 때문이다. 따라서 하나님의 진리가 사탄의 거짓말에 의해 이토록 거센 습격을 받았다는 사실 자체가 하나님의 진리에 대한 강력한 증거이다. 불경건한 교의들이 갑자기 그렇게도 많이 등장했다는 사실이 우리의 교리에 이처럼 확실성을 가져다주는데, 스타필루스가 그것을 모욕함으로써 무엇을 얻을 것이며, 변덕스러운 사람들이 아니라면 그 누가 선과 악의 모든 구별을 기꺼이 무너뜨리고자 하겠는가?

그가 우리 마음을 어지럽히기 위해 지껄여 댄 많은 오류들이 루터 이전에는 눈에 띄지 않았는지 묻고 싶다. 그 스스로가 초기부터 교회를 괴롭혔던 많은 오류들을 일일이 열거하고 있다. 만약 사도들이 그 당시 급작스럽게 출몰한 모든 분파들을 초래했다는 비난을 받았다면, 그들은 아무런 항변도 하지 않았겠는가? 그들에게 용인된 것은 무엇이나 우리에게도 유효할 것이다. 그렇지만 스타필루스의 비난을 처리하는 수월한 방법은 사탄이 이전에 복음의 빛을 가리려고 애써 만들어 냈던 헛된 망상들이 이제는 상당부분 억제되었다고 응수하는 것이다. 확실히 그 중 십분의 일도 나타나고 있지 않다. 스타필루스는 자기 자신을 팔려고 선전했기 때문에, 누구라도 교황

보다 그에게 더 많은 돈을 지불하려 했다면, 그는 복음이 공표될 때마다 거기서 수많은 오류가 비롯된다는 이유로 그리스도를 그렇게 강퍅하게 비난하려 하지 않았을까? 그리스도가 처음 오셨을 때보다 더 사악하고 불경건한 도그마로 세상이 어지럽던 때는 없었다. 하지만 하나님의 영원한 진리이신 그리스도는 우리의 변호 없이도 스스로의 혐의를 풀 것이다. 무가치한 비난에 대해서는 다음과 같이 말하는 것으로 충분한 대답이 될 것이다: 사탄이 자기 수하들을 이용해 순전한 교리를 파괴하는 데 사용한 누룩에 대한 책임을 하나님의 종들에게 전가시키는 것은 아무런 근거도 없으며, 따라서 그런 경우에 올바른 판단을 하기 위해서는 항상 오류가 발생한 근원에 주의를 기울일 필요가 있다.

　　루터가 로마 교회 도당을 자극하기 시작하자마자 많은 기괴한 사람들과 견해들이 급작스레 출현하였다. 뮌스터주의자들, 재세례파, 아담파, 스테블주의자들, 안식일주의자들, 비밀엄수파가 루터와 무슨 연관이 있기에, 그들이 루터의 제자들로 간주되어야 하는가? 루터가 그들을 지지한 적이 있던가? 루터가 정말이지 터무니없는 그들의 허구에 찬성을 표했던가? 오히려 그 전염병이 더 멀리 퍼지지 않도록 하기 위해 그가 얼마나 격렬하게 그들을 반대했던가? 루터는 그것들이 얼마나 해악을 끼칠지 곧바로 알아챌 만한 그런 분별력을 갖고 있었다. 그런데도 이 돼지 같은 자는 모든 로마 가톨릭 성직자들이 아무런 행동도 취하지 않는 중에 우리가 애써서 패주시킨 오류들이 우리에게서 비롯된 것들이라고 계속 꿀꿀거릴 것인가? 아무리 그가 뻔뻔함으로 무장을 했다고 하더라도 그와 같은 경멸한 비난은 어린아이들에게조차도 먹히지 않을 것이다. 어린아이들이라도 우리가 격렬하게 반대하는 오류들을 이유로 우리를 비난하는 것이 얼마나 거짓되고 부당한 것인가를 곧바로 알아챌 것이다. 루터나 우리 중 누구도 그런 자들을 조금도 지지하지 않았다는 것은 누구나 알고 있는 주지의 사실이기 때문에, 광신적인 영에 사로잡혀 불경하고 혐오스런 오류를 유포시킨 자들의 불신앙을 이유로 우리가 비난을 받아야 한다고 말하는 것은 부활은 지나갔고 더 이상의 모든 소망은 끝났다고 가르친 후메내오(Hymenaeus)[5a]와 빌레도(Philetus)의 불경(딤후 2:17) 때문에 바울이 비난을 받아야 한다는 것과 마찬가지로 정당하지 못한 비난이다.

5a. 원문에는 허모게네(Hermogenes)라고 나오는데, 이 사람은 딤후 1:15에서 부겔로(Phygellus)와 더불어 바울에게 책망을 받은 인물이다.

더욱이 우리의 모든 가르침에 불명예를 가져다주는 오류들이란 대체 무엇인가? 나는 그가 얼마나 뻔뻔하게 다른 사람들에 대해 거짓말을 하는 사람이고, 자신이 지어낸 분파를 내 탓으로 돌리고 있는지에 대해 언급할 필요도 느끼지 못한다. 그는 그리스도의 몸 그 자체가 아니라 오직 그리스도의 몸의 효능만이 성만찬에 실재한다고 믿는 사람들을 에너지스트(Energist)라고 부른다. 그렇지만 그는 나와 필리프 멜란히톤을 한패라고 하면서, 두 가지 주장을 펼치기 위해 베스트팔을 배격하는 내 저작에 의지하고 있다. 내 저작은 성만찬에서 우리의 영혼은 우리를 위해 십자가에 달리신 바로 그 그리스도의 몸에 의해 양육된다는 내용과, 실로 그분의 몸의 본질로부터 영적인 생명이 우리에게로 전해지는 것이라는 내용을 담고 있다. 내가 그리스도의 몸이 성령의 신비한 능력을 통해 우리에게 음식으로 주어진다고 가르칠 때, 성만찬이 육체의 교통이라는 것을 부인했는가? 그가 자신의 후원자들을 기쁘게 하기 위해 자신의 입을 얼마나 비열하게 놀리는지 보라.

그가 내게 치욕을 주기 위해 고안해 낸 또 다른 기괴한 용어가 있다. 그는 나를 두 개의 성례주의자(bisacramental)라고 부른다. 하지만 만약 그가 내가 두 가지 성례만이 그리스도가 제정한 것이라고 주장한다는 이유로 나를 비난하고자 한다면, 그는 무엇보다 먼저 자신이 성례를 로마 가톨릭주의자들이 말하는 것처럼 일곱 성례(septeplex)로 만들었다는 사실을 인정해야 할 것이다. 가톨릭주의자들은 일곱 성례를 강요하고 있다. 나는 그리스도께서 두 가지 이외에 다른 것을 우리에게 명하신 기록을 보지 못했다. 스타필루스는 이 두 가지 이외의 다른 것들이 그리스도에게서 나왔다는 것을 입증해야 할 것이고, 그렇지 않으면 우리가 진리를 믿고 말할 수 있도록 내버려 두어야 할 것이다. 그는 자신의 과장된 주장들로써, 하나님의 아들의 확실하고 분명한 권위에 근거하고 있는 우리를 이단으로 만들 수 있으리라 기대해서는 안 된다. 그는 루터, 멜란히톤, 나, 그리고 다른 많은 사람들을 새로운 마니교도들로 치부하면서, 나중에는 그 목록을 더 늘려서 칼뱅주의자들은 마니교도이자 마르시온주의자들이라고 되풀이하고 있다. 이와 같은 비난들을 길의 돌처럼 집어들어 지나가는 무고한 사람의 머리에 던지는 것은 참으로 손쉬운 일이다. 그렇지만 그 자신이 우리를 마니교도에 비유하는 이유라고 제시하고 있는 것들은 부분적으로는 남색자에게서, 또 부분적으로는 냉소적인 어릿광대에게서 빌려온 것들이다. 그가 터무니없이 날조해 대는 데 열중해 있는데 내가 혐의를 벗기 위해 애쓰는 것이 무슨 소용이 있는가? 그렇지만 나는 그의 최종적인 도전을 받아들이겠다. 다시 말해 예정론에 대한 내 논문으로 논박을 하기로 결정했다는 것이다. 이런 식으로 해서, 이 사나운 덩굴식물이 만들어 낸 엉겅퀴[6]가 어떤 것인지 곧 드러나게 될 것이다.

이제 나는 사악한 부리로 나를 아욱스부르크 신앙고백의 훼손자라고 선포하는 저 수탉[7]에 대해 말하고자 한다. 이 자는 우리가 성만찬에서 그리스도의 살과 피의 실체에 참여한다는 것을 부인한다고 주장하고 있다. 하지만 내 저작들에서 수없이 밝히고 있듯이, 내가 실체라는 용어를 거부한다는 것은 전연 사실과 다르다. 나는 단지 성령의 불가해한 작용을 통해 영적인 생명이 그리스도의 몸의 실체로부터 우리에게 불어넣어진다는 것을 분명하게 밝히고 있다. 그리고 비록 공간적인 합성이라는 거대한 허구는 내던져 버렸지만, 나는 또한 우리가 그리스도의 살과 피를 실체적으로 먹고 산다는 것을 언제나 인정하고 있다. 그렇다면 무엇인가? 수탉이 나를 향해 볏을 세우려고 한다고 해서, 모두가 겁에 질려서 판단을 내릴 수도 없단 말인가? 우스꽝스러운 사람이 되지 않기 위해, 나는 저런 글에 대해 긴 반박문을 쓰는 것은 사양한다. 그 글은 저 자의 어리석은 뻔뻔함이 자신의 도취를 반증하는 것 못지않게 글쓴 이의 바보스러움을 반증해 주고 있다. 확실히 저자가 그 글을 쓸 때 제정신이 아니었던 것이 분명하다.

그렇다면 틸레만 헤슈시오스를 상대로는 내가 무엇을 할 것인가? 엄청난 미사여구를 동원하고 있는 이 자는 자신의 비난에 저항하는 무엇이나 자신의 입으로 납작하게 할 자신에 차 있다. 나는 또한 이 자를 잘 아는 사람들이 또 다른 종류의 확신이 그를 우쭐하게 만들고 있다고 말하는 것도 들었다. 이 자가 역설과 부조리한 견해들을 개진함으로써 명성을 얻겠다고 특별히 결심했다는 것이다. 이 자가 완전히 광기에 사로잡힌 것을 보니, 이것은 이 자의 무절제한 성품이 그를 그렇게 몰아간 데서 비롯되었거나, 아니면 교리를 온건하게 풀어서는 자신이 환호를 받을 여지가 없다고 생각한 데서 기인했을 것이다. 이 자의 책은 그가 무모할 정도로 뻔뻔하고 철면피일 뿐 아

---

6. 원문에는 *staphyli*라고 나오는데, 이것은 스타필루스의 이름을 가지고 익살을 부린 것이다.

7. 원문에는 수탉 혹은 올빼미(*ad Gallum, vel Bubonem*)라고 되어 있는데, 니콜라스 르 콕(Nicolas Le Coq)에게 지칭하기에 적절한 라틴어 표현이다. 여기서도 계속해서 언어적인 유희가 이루어지고 있다.

니라, 확실히 몹시 거친 기질의 사람이라는 것을 입증해 준다. 독자들에게 예를 들기 위해, 나는 단지 서문에서 몇 가지만 언급하려고 한다. 키케로는 자기 시대의 어리석은 호언장담꾼들이 상을 얻고자 하는 생각에서 고대연설에서 훔쳐온 그럴듯한 서두를 마치 자신들의 것인 양 이용한다고 지적했는데, 이 자도 바로 이와 똑같은 일을 저지르고 있다. 이 교묘한 저자는 독자들의 마음을 사로잡기 위해, 자신의 선생인 멜란히톤의 적절하고 우아한 문구들을 끌어모아, 스스로 만족감을 얻고 권위를 부여받고자 하였던 것이다. 이것은 마치 원숭이가 고관의 옷을 입거나 당나귀가 사자의 털을 뒤집어쓰려고 하는 것과 같다. 그는 항상 산해진미와 호사스러운 보안을 누리며 지내왔는데도, 자신이 거쳐온 엄청난 위험들에 대해 열변을 토한다. 엄청난 재산을 집에 쌓아 놓았고, 언제나 좋은 값에 자신의 노동력을 팔았으며, 자신의 수입을 스스로 소비하는데도 불구하고, 그는 자신이 얼마나 노고를 많이 겪었는지에 대해 늘어놓는다. 사실 그는 침착하지 못한 행동으로 인해, 자신이 조용한 은신처로 삼고자 했던 많은 장소들에서 계속 내쫓겼다. 이런 식으로 고슬러, 로스토크, 하이델베르크, 그리고 브레멘에서 쫓겨나, 나중에는 마그데부르크로 밀려갔다. 진리에 대한 끈질긴 고집 때문에 그가 이렇게 계속적으로 거처를 옮길 수밖에 없었다면 이와 같은 추방이 가치가 있었을 것이다. 그렇지만 만족할 줄 모르는 야망으로 가득 차, 다툼과 분쟁에 빠져 있는 사람이 그 난폭한 기질로 자기 스스로를 어느 곳에서도 용납할 수 없는 사람으로 만들고 있으면서, 다른 사람들 때문에 자신이 부당하게 괴롭힘을 당하고 있다고 불평할 근거는 없다. 오히려 그 자신의 무례함으로 올바른 지각을 지닌 사람들의 감정을 심각하게 손상시켰기 때문이다. 그런 와중에도 그는 자신의 수차례의 거주지 이전으로 손실을 입지 않도록 충분히 신경을 썼다. 실로 부유함이 그를 더욱 기고만장하게 만들었다.

다음에 그는 대대적인 만행이 임박해 보인다며 슬퍼하고 있다. 마치 자기 자신과 동료들에게서 비롯되는 것보다 더 엄청나거나 더 위협적인 만행이 있어, 그것을 두려워하기라도 하는 듯하다. 증거를 찾아 더 멀리 나갈 것도 없이, 그가 마땅히 거룩한 자로 기억해야 할 자신의 스승인 필리프 멜란히톤을 얼마나 격렬하게 모욕하고 상처를 입히는지 독자들이 생각해 보기 바란다. 그는 실상 자신의 스승의 이름조차 언급하지 않는데, 그럼 그는 교회에 지대한 영향을 미치고 많은 가르침을 준 우리 교리의 지지자들이자 뛰어난 신학자들이라는 말로 도대체 누구를 가리키는가? 이 문제를 추측에 내맡겨 두지 않으려는 듯, 그는 무례한 별명으로 필리프를 지칭해 손가락으로 가리키듯 했으며, 심지어 책을 쓰면서는 필리프를 비방할 자료를 찾기 위해 애를 썼던 것처럼 보인다. 자신의 스승에게 불신앙과 신성 모독의 혐의를 씌우는 일에 그가 얼마나 신중한 태도를 보여 주고 있는가! 그는 필리프가 양측을 만족시키기 위해 모호한 용어들을 채택하고, 테라메네스(Theramenes)[8]의 기교로 분쟁을 해결하려고 시도하는 속임수를 썼다고 고발하는 데 주저하지 않는다. 그런 다음 그는 필리프에게 교회를 밝혀 주는 신앙고백을 절멸시키는 범죄에 연루되었다는 더욱 무거운 혐의를 씌운다. 이것이 학자가 자기 지식을 빚지고 있는 스승에게, 또한 전체 교회에서 높은 존경을 받을 만한 인물에게 돌린 지극한 감사의 내용이라니 놀라울 뿐이다.

내가 치밀하게 논의에 혼란을 끌어들였다고 그가 비난하는데, 그런 비난을 할 만한 어떤 근거가 있는지는 논의 자체가 밝혀 줄 것이다. 그렇지만 우리가 성만찬 신비의 종교적인 의의와 실제적인 가치에 대해 설명하는 내용에 대해 그가 에피쿠로스주의 도그마라 칭하는데, 이것이 난봉꾼의 중상 비방이 아니고 무엇인가? 오히려 그 자신의 습관이 되어 있는 에피쿠로스주의를 스스로 찾아보라고 하라. 확실히 우리의 검약한 생활과 교회를 위한 성실한 수고, 위험 가운데서도 견고하게 지켜 내는 지조, 우리 직무를 이행하는 데 있어서의 근면성, 그리스도의 나라를 선포하는 일에서의 지칠 줄 모르는 열정, 그리고 경건의 교리를 주장하는 성실성, 간단히 말해 거룩한 생활에 대해 묵상한 것에 대한 진지한 실행은 우리에게서 하나님에 대한 불경한 모독보다 거리가 먼 것이 없다는 것을 증언해 줄 것이다. 이 트라소*의 양심이 그를 이렇게 비난하지 않는다면 좋으련만! 의도했던 것보다 나는 이 자에 대해 너무 많은 말을 했다.

그러므로 그에게서 주의를 돌려, 나는 논쟁이 되고 있는 사안에 대해 간략히 논의하고자 한다. 그와 더 자세한 논의를 하는 것은 불필요하기 때문이다. 비록 그가 과시적인 모습을 보이고 있지만, 베스트팔과 그 패거리들의 어리석음과 경솔함을 휘

---

8. 혁명의 시기(기원전 411년)에 신중하게 온건한 태도를 보여 Cothurnus(양쪽 발에 다 맞는 무대용 부츠)라는 별명을 얻은 아테네인. 혹은 우리 식으로 말해 회색분자라 할 수 있다.

---

* Thraso: 그리스 신화에 등장하는 아마존 여전사로 "자신감"이라는 의미를 지니고 있다. 여기에서는 헤슈시오스의 허풍을 의인화 시킨 것이다.

두르는 것 이외에 자신의 호언장담으로 더 하고 있는 것은 아무것도 없기 때문이다. 그는 거드름을 피우면서 하나님의 전능하심에 대해, 그분의 말씀에 암묵적인 신뢰를 두는 데 대해, 그리고 인간이성을 복종시키는 데 대해 장광설을 늘어놓는다. 그는 마치 자기보다 나은 자들에게서 – 내가 믿기로 나 자신도 거기 속해 있다 – 배우기라도 한 듯하다. 그의 유치하고 끈질긴 자기 미화를 보면, 그가 자기 자신을 멜란히톤과 루터의 장점을 결합한 인물로 여기고 있다는 데는 의심의 여지가 없다. 한 사람에게서 본질적인 내용들을 부적절하게 빌려 오면서, 다른 사람의 열정에 지지 않을 좀 더 나은 방책은 지니지 못한 채 그는 과장된 말로 그것을 대체하고 있다. 그러나 우리는 하나님의 무한한 능력에 대해 어떠한 다툼도 없다. 그리고 나의 모든 저작들은 내가 성만찬의 신비를 인간의 이성으로 측량하지 않고 경이로움으로 우러러본다는 것을 선포하고 있다. 오늘날 진리를 정직하게 옹호하기 위해 열정적으로 싸우는 모든 사람들은 자신들의 회합에 기꺼이 나를 받아들일 것이다. 나는 성만찬의 신비를 다루면서, 하나님의 말씀에 영광을 돌리기를 거부하지 않는다는 사실을 입증하였다. 따라서 헤슈시오스가 나에게 그런 혐의를 두고 소리 지를 때, 그는 자신의 악의와 배은망덕과 더불어 중범죄를 모든 선한 사람들로 하여금 목도하도록 만들 뿐이다. 만약 그를 모호하고 쓸데없는 싸움들에서 끌어내 주제에 대한 진지한 토론의 장으로 끌어들일 수 있다면, 몇 마디 말로도 족할 것이다.

그가 영주들의 나태함이 종교회의를 소집해서 논쟁 거리들을 해결하는 것을 막는 장애물이라고 주장할 때, 나는 그 자신이야말로, 그리고 그와 닮은 광포한 사람들이야말로 조화롭게 진행되는 모든 시도들을 방해하는 일이 없기를 바랄 뿐이다. 조금 더 나아가 그가 우리의 토론에 아무런 유익이 없다고 말할 때 그는 자신들이 장애물이라는 사실을 분명히 드러낸다. 자신들의 열정을 불태울 준비가 되어 있는 200여 명의 자기 동료들이 참석하여, 오랫동안 자신들에게 일반적이었던 관습에 따라, 우리가 가톨릭주의자들보다 더 나쁘고 더 밉살스럽다고 선포하는 경우를 제외하고, 도대체 어떤 종교 회의가 그의 마음에 흡족할 것인가? 저들이 바라는 유일한 신앙고백은 일체의 탐구를 거부하고, 자신들에게서 비롯되었을 어떠한 허구에 대해서도 끈질기게 방어하는 것이다. 비록 사탄이 가공할 방법으로 저들의 정신을 빼앗았다고 하더라도, 저들로 하여금 우리의 교리를 그토록 집요하게 비난하게 만드는 것은 과오라기보다는 오만이라는 것이 명백하다.

그 자신이 교회의 옹호자인 척하면서, 그가 허울 좋은 가면으로 순진한 사람들을 속이기 위해 바르게 가르치는 사람들의 공통적인 특징을 자기 자신도 갖추고 있는 척하고 있는데, 나는 과연 누가 그에게 이 직책을 맡을 권한을 부여했는지 알고 싶다. 그는 항상 "우리는 가르친다, 이것이 우리의 견해이다, 우리는 말한다, 우리는 주장한다"고 외치고 있다. 베스트팔이 뒤죽박죽 주워 모은 잡동사니*를 읽어 보면, 헤슈시오스와 베스트팔 사이에 상당한 불일치가 있음을 알게 될 것이다. 예를 멀리서 찾을 것 없이, 베스트팔은 대담하게도 그리스도의 몸을 우리가 이(teeth)로 씹는다고 주장하며, 그라티아누스(Gratianus)의 책에 실려 있는 베렝가르 드 투르(Berengarius)의 철회를 인용함으로써 이것을 확증하고 있다. 그리스도의 몸을 입으로 먹기는 하지만 우리의 이가 그 몸을 건드리지는 않는다고 주장하는 헤슈시오스에게 이것은 마음에 들지 않았기 때문에, 그는 게걸스럽게 먹는 이러한 방식을 강하게 반대하고 있다. 그런데도 그는 마치 자기 진영의 대표이기라도 한 것처럼, "우리는 주장한다"는 자신의 말을 되풀이하고 있다. 예나의 이 대단한 아들은 마치 내 표현에 모호성이나 불명료성이 있기라도 한 것처럼, 계속해서 나에게 난해하고, 궤변적이고, 심지어 사기를 치고 있다고 비난한다. 성만찬 때에 그리스도의 살과 피가 실체적으로 우리에게 제공되고 제시된다고 내가 말할 때, 동시에 나는 그 방식에 대해서도 설명하는데, 즉 그리스도의 살이 우리에게 생명을 줄 수 있는 것은 그리스도께서 그 성령의 불가해한 능력을 통해 자신의 진정한 생명을 자신의 실체적인 몸으로부터 우리에게 옮겨 주시기 때문이고, 이렇게 해서 그분은 우리 안에 살고 우리는 그분의 생명을 나누어 가질 수 있게 된다는 것이다. 나는 내 주장을 펼치면서 대중적인 용어를 사용하면서도 학식 있는 자들의 귀를 만족시켰는데, 이와 같은 분명한 진술에 궤변이 있다는 헤슈시오스의 말에 그 누가 승복하겠는가? 만약 그가 사안을 흐리고 있는 쓸데없는 비방을 중지하기만 한다면, 전체적인 문제가 즉시 해결될 것이다.

헤슈시오스가 자신의 호언장담을 다 소진하고 나면, 전체적인 문제는 다음 사실 여하에 달렸다. 그리스도의 몸을 우리가 입으로 먹는다는 것을 부인하는 자는 성만

찬에서 그리스도의 몸의 실체를 제거하는 것인가? 나는 우리가 입으로 그리스도의 몸을 먹지 않는 한, 우리가 그리스도의 실체적인 몸에 참예한 것이 아니라고 주장하는 자들에게 바싹 접근하여 싸우고 있다. 그의 표현대로 하면, 살과 피의 실체는 반드시 입으로 취해져야 한다는 것이다. 하지만 나는 일체의 모호함 없이 상호 교통의 방식을 다음과 같은 말로 규정한다. 그리스도께서는 한없고 놀라운 능력으로 우리를 자기 자신의 참된 생명과 연합시키시고, 자기 고난의 열매를 우리에게 적용시켜 주실 뿐만 아니라 자신의 은혜를 우리에게 소통해 주심으로써 그것이 참으로 우리의 것이 되게 하시며, 이에 따라 머리와 지체가 연합하여 한 몸을 이루는 것처럼 우리를 자신과 결합시키신다. 나는 이러한 연합을 단지 신적인 본질에만 제한하지 않고, 살과 피에 속하는 것이라고 주장하는데, 이렇게 주장하는 근거는 단순히 "내 영"이라 말씀하지 않고 "내 살"이 실로 음식이라고 하셨고, "나의 신성"이 아니라 "내 피"가 음료라고 말씀하셨기 때문이다.

나는 이러한 살과 피의 교통이 단지 공통된 인간 본질과 관련된 것으로 해석하지 않는다. 그리스도께서는 인간이 되심으로써 형제애적 교제를 통해 우리를 자신과 함께 하나님의 자녀가 되게 하셨다. 나는 그분이 입으신 우리 것과 같은 이 육체가 우리에게 생명력을 주는 것으로, 우리에게 영적인 생명의 재료가 된다는 것을 분명하게 주장하는 바이다. 나는 아우구스티누스의 다음과 같은 진술을 기꺼이 받아들인다: 하와가 아담의 갈비뼈로 만들어진 것처럼, 생명의 기원과 시작은 그리스도 쪽에서 우리에게로 흘러나왔다. 그리고 비록 내가 표지와 표지가 가리키는 실체를 구별하지만, 나는 공허하고 그림자와 같은 상징이 있을 뿐이라고 가르치지 않고, 빵은 그것이 상징하는 그리스도의 살과 피를 나누는 교제에 대한 확실한 보증이라는 것을 분명하게 선포한다. 그리스도께서는 화가도 아니고, 배우도 아니며, 눈을 속이는 공허한 이미지를 제시하는 아르키메데스 같은 분도 아니다. 그분은 외적인 상징을 통해 자신이 약속하는 것을 참으로 그리고 실제로 이행하시는 분이다. 그러므로 나는 우리가 떼는 빵이 참으로 그리스도의 몸을 나누는 교제가 된다고 결론 내린다. 그렇지만 그리스도와 그 지체들과의 이러한 연결은 그분의 불가해한 능력에 달린 일이므로, 나는 내 지력의 범위를 뛰어넘는다고 인정할 수밖에 없는 이 신비에 내가 경탄하게 되는 것을 부끄럽게 여기지 않는다.

여기서 우리의 트라소는 야단법석을 떨면서, "이것이 내 몸이다"라는 하나님의 분명한 음성을 왜곡하여 사람들로 하여금 하나님의 아들이 인간이라는 것 또한 부인하게 만드는 것은 신성 모독적인 무례한 일일 뿐 아니라 뻔뻔한 짓이라고 부르짖는다. 하지만 나는 그 자신이 바로 이 신성 모독적인 무례를 범하고 있고, 그가 이 혐의를 피한다 하더라도 자기 식으로 신인동형설에 빠져 있다고 응수할 것이다. 그는 우리가 아무리 어리석은 짓을 많이 해도 성만찬 제정의 말씀의 한 음절도 바꾸지 못할 것이라고 주장한다. 성경이 분명하게 발, 손, 눈, 귀, 왕좌, 발판을 하나님 것으로 돌리고 있기 때문에, 당연히 그분이 육체를 지닌 분이라는 결론이 나온다. 미리암의 노래에서 그분을 전쟁에 능하신 분으로 언급하고 있기 때문에(출 15:3),[8a] 어떤 적당한 해설로써 이 엄격한 표현을 부드럽게 하려는 것은 정당한 일이 아닐 것이다. 헤슈시오스로 하여금 원한다면 무대 신발을 잡아당겨 신게 하라.[9] 그의 무례함은 강력하고 타당한 논증에 의해 더욱 제지되어야 할 것이다. 언약궤는 명백히 만군의 주라고 불리고 있는데, 더불어 선지자는 힘주어 "영광의 왕이 뉘시뇨 여호와께서 곧 만군의 왕이시로다"(시 24:8)라고 외치고 있다.

우리는 여기서 이 악당이 사악하게 지껄이는 것처럼, 선지자가 일견 터무니없어 보이는 것을 제대로 숙고해 보지도 않고 불쑥 내뱉었다고 말하는 것이 아니다. 선지자가 말하는 것을 존중해서 받아들이고 나면, 자연히 사물과 실체의 불가분의 관련성으로 인해 하나님의 이름이 하나의 상징으로 바뀐다는 해석이 불가피해진다. 실로 바로 이것이 모든 성례에 있어 일반적인 규칙이며, 단지 인간의 이성이 우리로 하여금 그것을 받아들일 수밖에 없도록 해줄 뿐만 아니라, 신앙심과 성서의 한결같은 어법 또한 우리에게 그것을 지시하고 있다. 모든 성례에서 하나님의 성령이 선지자들과 사도들을 통해 이러한 특별한 표현형식을 취한다는 것을 모를 만큼 무지하거나 어리석은 사람은 없다. 이것을 반박하는 자는 누구든지 기본으로 다시 돌아가야 할 것이다. 야곱은 사다리에 앉아 있는 만군의 주를 보았다. 모세는 불타는 덤불과 호렙 산의 불꽃에서 그분을 보았다. 만약 문자 그대로의 뜻을 보유하고 있다면, 어떻게 보이지 않는 하나님이 보일 수 있었겠는가? 헤슈시오스는 검토를 거부하고, 우리 눈을 닫고 하나님이 가시적이면서 동시에 비가시적이라는 것을 인정하는 것 이외에 다른 어떤 방책도 우리에게 제시하지 않는다. 하지만 분명하면서도 신앙적이고, 사실상 필수적인 해설은 자연히 이것이다. 하나님의 모습을 그대로 볼 수는 없지만, 그분은 믿는 자들의 능력에 맞추어 자신의 임재의 분명한 표지들을 보여주신다.

따라서 하나님의 이름이 환유(換喩, metonymy)[10]로 상징물에 적용될 때도 신적 본질의 임재가 부인되는 것이 결코 아니다. 그 상징을 통해 하나님은 단지 비유적으로뿐 아니라 실체적으로 자신을 드러내신다. 비둘기가 성령이라 일컬어진다. 이것이 그리스도께서 하나님은 영이라고 선포하실 때(마 3:16; 요 4:24)와 같이 엄밀하게 받아들여지는가? 확실히 명백한 차이가 있음이 분명하다. 비록 성령이 그때 참으로 그리고 본질적으로 임재했다고 하더라도, 그분은 가시적인 상징을 통해 자신의 능력과 본질의 임재를 보여주었다. 우리가 상징적인 몸을 고안해 내었다고 헤슈시오스가 우리를 비난하는 것이 얼마나 사악한가 하는 것은 다음 사실에서 분명하다. 정직한 사람이라면 아무도 상징적인 성령이 그리스도의 세례 때 나타났다고 추론하지는 않는데, 그것은 그곳에서 성령이 확실히 비둘기라는 외양 혹은 상징으로 나타났기 때문이다. 따라서 비록 환유를 통해 빵이라고 표현하기는 하지만, 성만찬에서 우리는 십자가에 달리신 바로 그 몸을 먹는 것이라고 선언한다. 따라서 그것은 자신의 희생을 통해 우리를 하나님과 화해시킨 그리스도의 실제적인 몸이라고 상징적으로 말할 수 있다. 비록 그 표현에 있어서는, 빵은 몸의 표지 혹은 비유 혹은 상징이다. 빵은 몸을 상징한다, 혹은 빵은 몸에 대한 은유적인 혹은 환유적인 혹은 제유(提喩)적인 표현이다 같이 다양할 수 있지만, 이것들은 그 본질상 완벽하게 일치하는 것이고, 따라서 베스트팔과 헤슈시오스는 쓸데없는 소동을 벌이면서[11] 시간을 낭비하고 있는 것이다.

조금 더 나아가 이 곡마 타는 사람은 표현에서는 다양할지라도 모두가 똑같은 정서를 소유하고 있지만, 오직 나만이 모호한 말로써 순진한 사람들을 속이고 있다고 주장한다. 그가 모호성을 제거해서 내 속임수를 밝히겠다고 하는데, 도대체 그 모호

---

10. 원문에는 metonymicως라는 기이한 용어로 나와 있다.

11. "애기부들에서 매듭을 찾는다"(look for a knot in a bulrush)는 문자적인 번역만으로도 거기에 없는 것을 찾으면서 쓸데없는 곤란을 자초한다는 익숙한 라틴 속담이 말하는 바를 충분히 표현해 준다.

성이 무엇인가? 아마도 그의 수사학은 내 견해에서 주장되고 있는 함의들을 분명하게 해 줄 새로운 종류의 통찰력을 제공할 수 있나 보다. 그러면서 그는 우리 모두에게 빵이 부재하는(absent) 몸의 표지라고 가르친다는 혐의를 덮어씌우는 말도 되지 않는 일을 자행한다. 내가 오래전에 분명히 두 종류의 부재에 대해 내 독자들에게 언급했는데도, 마치 그런 일이 없었던 양 그런 말을 한다. 그리스도의 몸이 장소의 관점에서는 실제로 부재하지만, 우리는 그 몸에 영적으로 참예한다는 것을 그들이 알아야 한다. 거리를 이유로 하는 모든 장애물은 그분의 신적인 능력에 의해 극복되는 것이다. 그러므로 결국 논쟁점은 임재에 대한 것이나 실제적인 먹음에 대한 것이 아니라, 이 두 가지가 어떻게 이해되어야 하는가이다. 우리는 공간적인 임재도, 헤슈시오스가 터무니없이 지껄여대는 게걸스러운 혹은 야만적인 먹음도 인정하지 않는다. 그는 그리스도가 인성의 측면에서 이 땅에 살과 피의 실체를 지니고 임재하기 때문에, 단지 믿는 자들이 그리스도를 신앙으로 먹을 뿐 아니라, 악한 자들도 육체 그대로를 신앙 없이 입으로 먹는다고 말한다.

여기에 내포된 불합리성을 지금 언급하지 않고, 나는 참된 시금석, 즉 분명한 하나님의 말씀이 어디 있느냐고 묻는다. 확신하건대, 이 야만주의에서는 그것을 발견할 수 없다. 그가 칼뱅주의자들의 입을 막기에 충분하다고 생각하고 내놓는 해석이 무엇인지 보자. 칼뱅주의자들의 해석은 그들이 보기에 너무나 어리석어 입을 열어 항변할 수밖에 없는 그런 것이라고 말한다. 그는 자기 자신과 자기편의 교회들이 화체설의 오류를 범하지 않았다고 변호하면서, 우리가 자신들에게 그런 혐의를 두고 있다고 잘못 생각하고 있다. 비록 저들이 가톨릭주의자들과 많은 것들을 공유하고 있지만, 우리는 그렇다고 그들을 아무런 구분 없이 혼동하지는 않는다. 사실 오래전에 나는 가톨릭주의자들이 훨씬 더 점잖고 침착하다고 밝힌 바 있다. 그 자신은 뭐라 말하는가? 성만찬 제정의 말씀이 자연의 이치와 다르게 조합되었기 때문에, 문자적 의미[12] 대로라면 빵이 바로 몸이라고 주장하는 것은 옳다. 따라서 제정의 말씀이 실제와 일치하기 위해서는, 자연의 이치와는 반대로 주장되어야만 한다.

이후 그는 자신들이 몸이 빵 속에 혹은 빵과 함께 있다고 주장할 때 나타나는 상

---

12. 원문에는 τὸ ῥητόν으로 되어 있다.

이한 표현 방식들에 대해 변명을 늘어놓는다. 그렇지만 빵이 하나의 표지라고 말하는 방법 이외에, 그는 어떤 식으로 몸이 빵 속에 있다는 것을 다른 사람에게 설득할 수 있을 것인가? 또한 빵이 바로 그리스도라고 한다면, 그는 어떤 식으로 빵을 숭배하는 것은 아니라는 것을 사람들에게 확신시킬 수 있겠는가? 그는 몸이 빵 안에 혹은 빵 아래 있다는 표현은 적절하지 못한 표현이라고 말하면서, 그 이유는 빵과 그리스도의 결합에서 "실체적"(substantial)이라는 단어가 진정으로 중요하기 때문이라고 밝힌다. 그는 몸이 빵 안에 있고, 따라서 빵이 숭배되어야 한다는 추론을 반박하지만 헛수고일 뿐이다. 이러한 추론은 바로 그 자신의 머리에서 나온 창작물이다. 우리가 항상 사용해 온 논법도 이것이다: 만약 그리스도가 빵 안에 있다면, 그분은 빵 속에서 숭배를 받아야 한다. 더욱이 우리는 빵이 참으로 그리고 확실히 그리스도라면 마땅히 숭배를 받아야 한다고 주장해야 할 것이다.

그는 그 결합이 위격적인 것이 아니라고 말함으로써 어려움에서 벗어난다고 생각한다. 하지만 과연 어느 누가 수백 혹은 수천의 헤슈시오스에게 예배를 저들이 바라는 일체의 제한 사항들과 결합시킬 권한을 부여하겠는가? 확실히, 지각이 있는 사람이라면 단 한 사람도 그런 바보 같은 지껄임, 즉 빵이 참으로 그리고 당연히 그리스도지만 예배의 대상이 되지는 않는데 그것은 그 둘이 위격적으로 하나인 것은 아니기 때문이라는 억지 주장에 설복되지는 않을 것이다. 한 사물이 실체적으로 다른 한 사물이라고 단언될 때는 이 두 사물이 마땅히 동일한 것이라는 반론이 즉각 제기될 것이다. 그리스도의 말씀은 빵에 무슨 일이 일어난다고 가르치지 않는다. 하지만 만약 우리가 헤슈시오스와 그 추종자들을 믿기로 한다면, 그들은 빵이 그리스도의 몸이고, 따라서 그리스도 그 자신이라고 분명하게 주장한다. 사실 저들은 그리스도의 인성에 대해 올바르게 말하기보다 빵에 대해 더 많은 것을 단언한다. 하지만 그리스도의 거룩한 육체보다 빵에 더 많은 영광을 돌리는 것은 얼마나 기괴한 일인가! 이 육체에 대해서는, 저들이 빵의 경우에 그것이 당연히 그리스도라고 주장하는 것처럼 단언할 수 없다. 그는 자신이 공통의 본질[13]을 꾸며내고 있다는 것을 부인하겠지만, 나는 언제라도 만약 빵이 바로 몸이라면 빵은 몸과 똑같은 것이라는 사실을 그가 시인

---

13. 원문에는 μετουσίαν로 되어 있다.

하도록 만들 수 있다. 그는 이레나이우스의 생각에 동감을 표하여, 성만찬에는 두 가지 다른 것이 있는데, 땅에 속한 것과 하늘에 속한 것으로, 그것은 빵과 육체라고 보았다. 그렇지만 나는 이것이 어떻게 허구적인 동일시 – 말로 표현되지는 않았지만 사실상 분명하게 단언되어 있다 – 와 조화될 수 있는지 알지 못한다. 우리가 저것이 이것이고 이것이 저것이라고 말할 수 있을 때, 그 사물들은 똑같은 것이 틀림없기 때문이다.

똑같은 추론이 공간적 임재(local enclosing)에도 적용된다. 그리스도는 공간의 제약을 받는 분이 아니고 동시에 여러 곳에 존재할 수 있다고 말하면서 헤슈시오스는 이 공간적 임재를 부인하는 시늉을 하고 있다. 그러면서도 이런 혐의를 벗기 위해 그는 빵이 당연히, 참으로, 그리고 실제로 몸일 뿐만 아니라 명확하게 몸이라고 말하고 있다. 이런 기괴한 모순들이 실제로 무엇을 의미하는지 의아하다고 응수하면, 그는 이성이 신앙에 유해하다는 아이아스(트로이 전쟁의 영웅)의 방패로 나에게 맞설 것이다. 그와 그 동료들은[14] 이 방패를 사용하는 데 익숙하다. 만약 그가 이성적인 동물이기라도 하다면 나는 이것을 기꺼이 받아들일 것이다.

세 종류의 이성을 구별해서 고려해야 하지만, 그는 이 모두를 싸잡아 취급해 버린다. 우리 안에 자연스럽게 심겨진 이성이 있는데, 이것에 대한 비난은 하나님을 모욕하는 것이 된다. 하지만 이 이성은 한계가 있어, 그 한계를 벗어날 때는 즉시 길을 잃게 된다. 아담의 타락이 이에 대한 슬픈 증거이다. 또한 특별히 타락한 본성에서 보이는 다른 종류의 손상된 이성이 있는데, 이것은 죽을 수밖에 없는 인간이 신성한 것들을 경외함으로 받아들이는 대신에 자기 자신이 그것들을 자의적으로 판단하려고 할 때 분명하게 드러난다. 이 이성은 일종의 달콤한 망상증으로서 정신의 도취이며, 신앙의 순종과는 영원히 불일치한다. 왜냐하면 우리가 하나님에게 지혜로운 사람이 되기 위해서는 먼저 우리 자신이 어리석은 자가 되어야 하기 때문이다. 따라서 하늘의 신비에 관해 말할 때 이 이성은 반드시 물러서야 하는데, 그것은 이 이성이 어리석을 뿐이고 교만을 수반할 때는 광기로 변하기 때문이다. 세 번째 종류의 이성이 있는

---

14. 원문에 *boni illi Luperci sodales*로 되어 있는데, Lupercal 축제에서 공연한 두 사람의 선택된 경주자들을 일컫는다.*

---

* Lupercal은 '암컷 늑대'라는 뜻으로 로마를 세운 로물루스와 레무스 형제가 암컷 늑대의 젖을 먹고 자랐다는 전설에서 유래된 이름이다.

데, 하나님의 성령과 성서가 승인하는 것이다. 그렇지만 헤슈시오스는 이런 차이들을 무시하고 인간 이성이라는 허울 아래 자신의 열광적인 몽상에 반대되는 모든 것을 가차 없이 정죄하고 있다.

그는 우리가 하나님의 말씀보다 이성에 더 경의를 표하고 있다고 비난하고 있다. 하지만 우리가 하나님의 말씀에서 유래되지 않거나 거기에 근거하지 않은 어떤 이성도 제시하지 않는다면 어찌되는가? 우리가 하나님의 신비에 대해 불경스럽게 철학화하고, 우리의 감각으로 하늘나라를 측량하고, 성령의 계시를 육체의 판단에 종속시키며, 모든 것을 우리 자신의 지혜에 따라 판단한다는 것을 그로 하여금 증명하게 하라. 사실은 이와 전혀 다르다. 불멸하는 영혼이 죽을 수밖에 없는 육체에게서 생명을 얻을 수밖에 없다는 것보다 인간 이성에 더 위배되는 것이 도대체 무엇인가? 이것이 우리가 주장하는 바이다. 그리스도의 육체가 하늘로부터 우리 속으로 생동하는 힘을 불어넣고 있다는 것보다 세상의 지혜와 맞지 않은 것이 어디 있는가? 부패하기 쉽고 퇴색하는 빵이 영적인 생명의 분명한 보증이 된다는 것보다 우리 지각에 더 생소한 것이 어디 있는가? 하나님의 아들이 육체는 하늘에 있지만 우리 안에 내주하신다는 것보다, 그리고 아버지께서 아들에게 주신 모든 것이 우리의 것이 되고, 따라서 아들의 육체가 부여받은 영생이 우리의 것이 된다는 것보다 더 철학과 동떨어진 것이 어디 있는가? 우리는 이 모든 것들을 증거하지만, 헤슈시오스는 자신의 광기 어린 몽상 외에는 아무것도 말하는 바가 없다: 불신자들도 그리스도의 육체를 먹지만, 이것은 생동하게 하는 능력은 없다. 철학과 관계없는 이성이 있다는 것을 헤슈시오스가 믿지 않으려 한다면 그는 다음과 같은 짤막한 삼단논법에서 교훈을 얻어야 할 것이다.

표지와 그 표지가 가리키는 것 사이의 유비를 주목하지 않는 자는 발굽이 갈라지지 않은 부정한 동물이다.

빵이 참으로 그리고 진정으로 그리스도의 몸이라고 단언하는 자는 표지와 그 표지가 가리키는 것 사이의 유비를 무너뜨린다.

그러므로 빵이 진정으로 육체라고 단언하는 자는 발굽이 갈라지지 않은 부정한 동물이다.

이 삼단논법을 통해, 세상에 철학이 없다 할지라도 그 자신이 부정한 동물임을 그는 깨달아야 한다. 이성에 대해 이처럼 무차별적으로 정죄하는 그의 목적은 의심할 바 없이 그 자신의 어두움 속에서 방종을 누리려는 것이고, 이에 따라 그는 이런 추론을 할 수 있을 것이다: 십자가의 고난과 살아 있고 실제적인 그리스도의 몸이 가져다주는 유익들에 관해 말할 때, 여기서 언급되는 몸은 결코 상징적인 것이나, 표상적인 것이나, 은유적인 것으로 이해될 수 없기 때문에, 이것이 내 몸이요 이것이 내 피라는 그리스도의 말씀은 상징적으로나 환유적으로 이해되어서는 안 되고 실체적으로 이해되어야만 한다. 초등학교 학생도 상징이라는 단어가 빵에는 적용되고 몸에는 적용되지 않는다고 생각하지 않을 것이고, 환유가 말씀의 맥락에만 해당되고 몸의 실체에는 해당되지 않는다고 보지는 않을 것이다. 그는 여기서 마치 올림픽 우승자라도 되는 양 의기양양해 하면서 우리로 하여금 이 논증에 우리의 지력을 전부 쏟으라고 명하고 있지만, 이 논증이 너무나 터무니없어서, 나는 장난으로라도 이것을 논박할 생각이 전혀 없다. 그는 우리가 자신에게 등을 돌리고 자신을 자극하여 더 앞으로 나아가도록 한다고 말하지만, 그의 진행과정이 무심결에 자신의 명백한 모순을 드러낸다. 그는 믿음으로 그리스도가 전적으로 우리의 것이 되기 때문에 그리스도 몸의 실체가 주어진다는 것을 우리가 알고 있다고 인정한다. 이 수소가 자기 뿔로 허공을 들이받을 뿐이기에 우리가 조심할 필요가 없다는 것은 좋은 일이다. 우리가 비유적인 몸에 대한 그의 비방을 폭로하는 것이 우리가 등을 돌리는 것인지 묻고 싶다. 마치 건망증에 빠져 있기라도 했던 양 그는 제 정신을 차리고 부재에 대한 새로운 비난을 제기한다. 즉시 떠나버리는 사람에게 논을 주는 것이 효과가 없는 것처럼 우리가 말하는 분배는 효과가 없다고 말하고 있다. 어떻게 그는 감히 성령의 비길 데 없는 능력을 생명 없는 것들에 견줄 수 있으며, 논의 수확물을 거두는 것을 하나님의 아들과의 연합 – 이것은 우리로 하여금 그리스도의 몸과 피로부터 생명을 얻도록 해 준다 – 과 동등한 것으로 말하는 것인가? 분명 이 점에서 그는 너무 시골뜨기 같이 행동하고 있다. 우리가 부재한다고 말할 때 그것은 특정한 장소나 실제적 목격 여부와 관련해서만 이야기되는 것임을 분명히 안다면, 나는 우리가 실체 자체가 없는 양 그리스도의 말씀을 해석한다고 말하는 것은 잘못이라고 덧붙이고 싶다. 비록 그리스도가 그의 육체를 우리 눈에 보이도록 드러내지도 않고, 천상의 영광에서 내려와 장소를 바꾸지도 않지만, 이 거리가 그리스도와 우리가 참으로 연합하는 데 걸림돌이 된다고는 믿지 않는다.

그가 주장하는 임재가 어떤 종류인지를 살펴보자. 일견 그의 견해는 건전하고 그럴 듯하게 보일지도 모른다. 그는 교부들이 가르친 것처럼 그리스도가 속성의 교류에 의해 모든 곳에 존재하며, 따라서 모든 곳에 편재하는 것은 그리스도의 몸이 아니라는 것을 인정한다. 그는 편재는 신성의 연합이라는 측면에서 구체적으로 전 위격에 속한 것으로 생각해야 한다는 사실 또한 인정한다. 이것은 바로 우리가 가르치는 바이기에, 그가 적당히 얼버무림으로써 우리의 호의를 얻기에는 역량 부족인 듯하다. 그는 그리스도의 몸이 하늘 위의 특정한 장소에 있으면서 어떻게 그리스도께서 편재하면서 아버지와 동일한 능력으로 통치하시는지 이해하는 것은 불가능하다고 덧붙이고 있는데, 우리가 이 점을 수용하는 데는 아무런 어려움이 없다. 내가 바로 이 교리를 수호하기 위해 그의 무리들에 의해 얼마나 맹렬하게 공격을 받았는가 하는 것은 참으로 온 세상이 아는 바이다. 보다 명확한 형태로 이것을 표현하기 위해 나는 온전하신 그리스도는 모든 곳에 존재하지만 전적으로 그런 것은 아니라는[15] 스콜라학자들의 진부한 표현을 차용하였다. 달리 말해 그리스도는 중보자로서 완전한 존재이고 하늘과 땅에 충만한 분이지만, 육신으로서의 그분은 심판 때까지 자신의 인성의 거처로 택한 하늘에 계신다. 그러면 도대체 무엇이 우리로 하여금 이 분명한 구별을 수용하지 못하게 하고, 서로 일치하지 못하게 하는가? 그것은 다름 아니라 헤슈시오스가 자신이 말한 바를 즉각 변개하여, 그리스도가 땅에 임재할 것이라고 약속했을 때 인성을 배제한 것은 아니라고 주장하기 때문이다. 곧바로 그는 그리스도가 여러 곳에 흩어져 있는 그의 교회와 함께 계시는데, 단지 그의 신성으로만이 아니라 그의 인성으로도 함께하시는 것이라고 말한다. 세 번째 구절에서 그는 더욱 분명하게 그리스도가 인성의 측면에서도 자신이 원하는 다른 장소에 존재할 수 있다고 주장하는 것이 불합리한 것이 아니라고 말한다. 그는 자신이 육체적 공리 – 한 몸이 다른 장소에 동시에 존재할 수 없다 – 라고 부르는 것을 격렬하게 거부한다. 그가 그리스도의 몸은 무한한 것이고 기괴한 편재성을 지닌다고 주장한다는 사실보다 더 분명한 것이 어디

---

15. 원문에는 *totus Christus ubique sed non totum*으로 되어 있다.

있겠는가? 바로 얼마 전 그는 몸이 하늘의 특정한 장소에 있다고 인정해 놓고서 지금은 그것이 다른 장소들에 있다고 말하고 있다. 이것은 그리스도의 몸을 분할하는 것이고 마음을 들어올리기를 거부하는 것이다.

헤슈시오스는 스데반이 예수를 보기 위해 하늘 위로 옮겨지지 않았다며 이의를 제기한다. 마치 내가 이 어려운 문제를 반복적으로 처리하지 않기라도 한 것처럼 말이다. 그리스도와 같은 식탁에 친근하게 앉았던 두 제자가 그를 알아보지 못한 것은 그리스도가 변모했기 때문이 아니라 그들의 눈이 열리지 않았기 때문인 것처럼, 스데반에게는 하늘조차 꿰뚫어 볼 수 있는 눈이 주어졌던 것이다. 확실히 그가 하늘로 눈을 들어 하나님의 영광을 본 것은 누가가 언급한 바와 같이 까닭이 있었다. 스데반 자신이 하늘이 열리고 하나님 보좌 우편에 서 계신 예수를 보았다고 선언한 데도 그 까닭이 있다. 나는 이것이 헤슈시오스가 그리스도를 땅으로 끌어내리려고 애쓰는 것이 얼마나 터무니없는지를 분명하게 보여 준다고 생각한다. 똑같은 약삭빠름으로 그는 그리스도가 바울에게 나타났을 때 그분이 땅에 있었다고 추론한다. 마치 우리가 바울 스스로가 장엄하게 선언하고 있는바(고후 12:2) 셋째 하늘에 올라간 이야기를 듣지도 못한 양 말이다. 헤슈시오스는 이에 대해 뭐라 말하는가? 그는 바울이 하나님의 아들이 올라가 계신 하늘 위로 올라갈 수 없었다고 말한다. 나는 그 자신을 입증하면서 감히 바울의 말을 거짓말이라고 비난하는 저런 자는 심한 모욕을 받아 마땅하다는 말 이외에 달리 덧붙일 말이 없다.[16] 그렇지만 그리스도가 분명히 빵 안에 자신의 몸을, 포도주 안에 자신의 피를 제공하기 때문에, 일체의 무모한 주장이나 호기심은 억제되어야 한다고 이야기된다. 나도 이 점을 인정하지만, 그렇다고 해서 우리가 태양의 빛을 가리기 위해 우리 눈을 감아야 하는 것은 아니다. 신비를 묵상할 가치가 있다면, 그리스도가 어떤 방법으로 우리에게 자신의 몸과 피를 먹고 마시도록 주실 수 있는지 생각하는 것이 보다 적절할 것이다. 만약 온전한 그리스도(the whole Christ)가 빵 안에 있고, 빵 자체가 그리스도라면, 우리는 몸이 그리스도라고 보다 확실하게 단언할 수 있을 것이다. 하지만 이 단언은 경건과 상식 모두를 움츠러들게 만든다. 그러나 만약 우리가 우리 마음을 들어 올리기를 거부하지 않는다면, 우리는 분명히 그리스도

---

16. 원문에서는 *sputis dignum esse*라는 더 강한 표현을 하고 있다.

의 살과 피를 먹을 뿐 아니라 온전한 그리스도를 먹고 살게 될 것이다. 실로 그리스도가 자신의 몸을 먹고 피를 마시라고 우리를 초청하실 때 그분이 하늘에서 내려오실 필요도 없고, 또 자신의 살과 피를 우리 입에 넣어 주기 위해 여러 공간에 나타나실 필요도 없다. 성령의 은밀한 능력을 통해 우리가 그분과 한 몸으로 연합될 때 그분과 우리 사이에 이루어지는 신성한 결속은 이러한 목적을 이루기에 충분하다. 따라서 나는 아우구스티누스에게 동의하여, 빵 안에서 우리는 십자가에 달리신 몸을 받는다고 말한다. 하지만 나는 육체의 입에 집어넣기 전에는 그것을 받은 것이 아니라는 헤슈시오스와 같은 사람들의 정신 착란적인 망상을 극도로 혐오한다. 바울이 말하는 성만찬의 교제(communion)는[17] 공간적인 임재를 필요로 하지 않는다. 우리가 그리스도와의 교제에로[17] 부름을 받았다고 바울이 가르칠 때(고전 1:9) 그가 실재하지 않는 어떤 존재를 말하고 있는 것이 아니거나 혹은 복음이 전파되는 곳 어디에나 공간적으로 그리스도가 임재한다고 말하는 것이 아니라면 말이다.

내가 교제[17]라는 단어를 우리가 그리스도의 은혜에 참예함으로써 그분과 나누게 되는 친교에 제한하고 있다고 그가 말할 때 이 수다쟁이의 부정직성은 참기 어려울 정도다. 하지만 이 점을 논의하기에 앞서, 그가 얼마나 교묘하게 우리를 피하고 있는지 살펴볼 필요가 있다. 바울이 희생제물을 먹는 자들은 제단에 참예하는 자들[17]이라고 말할 때(고전 9:13), 그는 각자가 제단에서 나오는 것의 일부를 받는다는 것을 그 이유로 들고 있다. 헤슈시오스는 이것에 근거하여 내 해석이 틀렸다고 결론짓고 있다. 하지만 그 자신의 불온한 머리에서 나온 이 얼마나 엉터리 같은 날조물인가! 내가 말하는바 우리의 교제는 그리스도의 죽음의 열매만 나누는 것이 아니라, 우리 구원을 위해 내어주신 그분의 몸도 함께 나누는 것이다. 그렇지만 마치 이 해석이 다른 해석과 다르기라도 한 양, 그는 이 해석이 성만찬에서 그리스도의 임재를 배제한다는 핑계로 이 또한 거부한다. 여기서 그가 상상하는 임재가 어떤 것인지 독자들은 세심한 주의를 기울여야 한다. 그가 거기에 너무 지나치게 집착함으로써, 만약 그리스도의 몸을 유다가 먹었다고 그가 주장하도록 내버려 둔다면, 그는 세례 요한이 그리스도와 나누었던 교제를 아무것도 아닌 것으로 만들어 버린다. 나는 이 귀하신 박사님께 이

---

17. 원문에는 κοινωνία, εἰς κοινωίαν, κοινωνίας, κοινωνοὺς로 되어 있다.

렇게 묻고 싶다. "만약 그들이 희생 제물을 찢어 나누는 제단 관계자들이라면, 각 사람에게 그분의 일부분을 나눠 주면서 그분을 찢고 있다는 비난에 대해 어떻게 결백을 주장할 것인가?" 만약 그가 자신이 뜻하는 것은 그게 아니라고 답한다면, 그 자신의 표현을 수정하게 하라. 그는 확실히 자신의 모든 변명이 구비되어 있는 요새에서 내몰렸다. 공간의 측면에서는 부재하는 어떤 것이 성령의 능력을 통해 임재한다고 내가 한결같이 주장하기 때문에, 그는 내가 부재하는 어떤 것을 요구할 권리 이외에는 아무것도 성만찬에 남기지 않는다고 주장할 수 없게 된 것이다. 게다가 그가 말하는 바 그리스도가 입으로 삼켜진다는 것과 같은 야만적인 먹음에 내가 동의를 표하지 않는 한, 그는 항상 자신의 달랠 길 없는 격분으로 욕설을 해 댈 것이다. 사실 그는 자신이 임재 방식에 관해 묻는다는 것을 말로는 부인하지만, 무례하고도 오만하게 그는 자신이 날조한 기괴한 도그마, 즉 그리스도의 몸이 육체적으로 입으로 먹힌다는 주장을 펼치고 있다. 이것은 바로 그가 하는 말들이다. 다른 구절에서 그는 이렇게 말한다. "우리는 우리가 믿음으로 그리스도 몸의 참예자가 될 뿐 아니라, 또한 입으로 그리스도를 본질적으로 혹은 육체적으로 우리 안에 받아들인다고 단언하며, 이렇게 해서 우리는 바울과 복음서 저자들의 말을 우리가 믿는다는 것을 증명한다."

하지만 우리 또한 성만찬에서 그리스도의 임재를 부인하는 모든 사람들의 생각을 거부한다. 그럼 그가 우리를 상대로 다투면서 피력하는 임재는 과연 어떤 것인가? 그것은 분명 그 자신을 비롯해 그와 유사한 열광적인 사람들의 몽상에서 비롯된 어떤 것이다. 바울과 복음서 저자들의 이름으로 그따위 조악한 망상을 포장하다니 얼마나 뻔뻔한 짓인가! 그리스도의 몸을 우리가 입을 통해 육체적으로 그리고 체내에 취한다는 이러한 증언들을 그는 어떻게 입증할 것인가? 그는 다른 곳에서는 그리스도의 몸이 이로 씹히거나 입천장에 닿지 않는다는 것을 인정하였다. 감히 그리스도의 몸이 위에서 흡수된다고까지 말하면서, 그는 어째서 입천장이나 목구멍에 닿는 것은 그렇게 꺼리는가? "체내에"(internally)[18]라는 표현으로 그가 의미하는 것은 무엇인가? 입을 통과한 다음에는 그리스도의 몸이 어디로 가는가? 내가 잘못 알고 있는 것이 아니라면, 입에서 내장이나 창자로 옮겨간다. 만약 그가 우리가 모욕적인 용어를 사용함

---

18. 원문에는 *intra nos*로 되어 있다.

으로써 그를 중상 비방하고 있다고 말한다면, 나는 입으로 삼킨 것이 육체적으로 체내에 취해진다고 말하는 것과 그것이 내장이나 창자로 간다고 말하는 것 사이에 무슨 차이가 있는지 알고 싶다. 그러므로 독자들이 이해하고 또 잘 기억해야 될 것은, 헤슈시오스가 성만찬에서 그리스도의 임재를 부인한다는 혐의를 내게 씌울 때마다 그가 나를 비난하면서 내세우는 유일한 레퍼토리는 내게는 말도 안 되는 부조리한 어떤 것으로 여겨지는 것인데, 그리스도가 입으로 삼켜져서 육체적으로 위로 간다는 것이다. 나의 명쾌함이 그와 그 동료들을 격분시킨 것을 감추기라도 하려는 양, 그는 내가 모호한 표현을 사용하고 있다고 불평한다. 도대체 내게 어떤 모호함이 있는지 그가 입증할 수 있을 것인가? 그도 내가 참으로 그리고 실질적으로 그리스도의 살을 먹고 그 피를 마신다고 주장하고 있다는 사실을 인정한다. 그러면서도 그는 내가 의미하는 바를 검토해 보면, 내가 하늘에서 내려오는 공덕, 열매, 효험, 힘, 능력을 받는데 대해 이야기하고 있다고 말한다. 그가 힘과 능력을 공덕과 열매와 혼동할 때, 그의 유해한 어리석음이 추론되는 게 아니라 훤히 보인다. 공덕이 하늘에서 내려온다고 말하는 것이 흔한 일인가? 만약 그가 조금이라도 정직하다면, 내가 다음과 같이 말하거나 쓰고 있다고 인용했을 것이다. "우리가 그리스도의 몸과 실질적인 교제를 하기 위해 장소를 옮길 필요는 전혀 없다. 왜냐하면 성령의 비밀스러운 능력을 통해 그분께서 하늘로부터 자신의 생명을 우리 안에 불어넣어 주시기 때문이다. 공간적 거리가 결코 그리스도가 우리 안에 거하는 것을 방해하지 못하고, 우리가 그분과 하나가 되는 것을 막지 못한다. 왜냐하면 성령의 효험이 모든 자연적인 장애물들을 극복하기 때문이다."

좀 더 나아가 그가 "그리스도 자신이 우리 것이 될 때까지 그분의 은총이 우리 것이 되지 못 한다"는 내 말을 인용하면서 얼마나 수치스럽게 모순되는 말을 하는지 살펴보자. 그는 내가 가르치는 성만찬의 교제에 대해 '공덕'이라는 단어를 써서 모호하게 설명하고 있다. 그는 그리스도의 몸이 하늘에 있다면 그분은 성만찬에 임재하지 않는 것이고 우리는 단지 그 상징들만을 받을 뿐이라고 주장한다. 마치 성만찬이 하나님을 진정으로 예배하는 자들에게 거룩한 행위가 아니거나, 그들로 하여금 세상을 초월하게 해 주는 일종의 매개체가 아니기라도 한 것인 양 말하고 있다. 헤슈시오스에게 이것은 무엇인가? 그는 땅에 멈춰 서 있을 뿐 아니라 진창에 넙죽 엎드리기 위해

뭐든 하고 있지 않은가? 바울은 세례 때 우리가 그리스도로 옷 입는다고 가르친다(갈 3:27). 만약 그리스도가 하늘에 머물러 계신다면 이 일이 일어날 수 없다는 것을 헤슈시오스는 얼마나 설득력 있게 주장할 것인가! 바울이 이렇게 말했을 때, 그는 그리스도가 하늘에서 내려와야 한다고 결코 생각하지 않았다. 왜냐하면 바울은 그분이 우리와 다른 방식으로 연합된다는 것과, 물이 우리 육신을 깨끗하게 하는 것만큼 그분의 피가 우리 영혼을 깨끗하게 하기 위해 임재한다는 것을 알고 있었기 때문이다. 만약 헤슈시오스가 "먹음"과 "옷 입음" 사이에는 차이가 있다고 대꾸한다면, 나는 우리가 옷 입는 것은 우리가 음식을 먹는 것 못지않게 필수적인 일이라고 대답할 것이다. 실로 그가 공간적인 임재 외에는 아무것도 인정하지 않는다는 사실 한 가지만으로도 이 자의 어리석음과 악의가 입증된다. 비록 그가 그것이 물질적이라는 것을 부인하고, 심지어 핵심을 흐리는 말을 해대지만, 그는 빵이 있는 곳 어디에나 그리스도의 몸을 배치시키고 따라서 그리스도의 몸이 한 번에 여러 장소에 있다고 주장한다. 그 자신이 그런 주장을 하는 데 망설이지 않는데, 왜 그가 말하는 임재가 공간적이라고 불려져서는 안 되는가?

그것에 해당하는 상징으로써 우리가 실체의 현현을 배제하기라도 하는 듯이, 그는 우리가 성만찬을 상징적으로 받으면 참으로 몸을 받는 것이 아니라고 반론을 펼치는데, 이것도 비슷한 경우이다. 그는 결국 이중적인 먹음, 즉 영적인 섭취와 육체적인 섭취가 함께 주장되지 않는다면 그것은 단순한 사기에 불과하다고 말한다. 그가 영적인 먹음을 언급하는 구절들을 얼마나 엉터리로 왜곡하고 있는지 말할 필요도 없다. 아이들도 그 자가 얼마나 자신을 우스꽝스럽게 만드는지 알 수 있을 정도이다. 구성원들이 서로 일치할 때 분열을 획책하는 것이 사악한 일이라는 것은 아이들도 아는 기본인데, 이 문제와 관련하여 그 자신이 이런 큰 실수를 범하고 있다는 비난을 어떻게 벗어날 것인가? 만약 영적이지 않은 먹음이 있다면, 성만찬의 신비에서 성령의 활동은 없다는 결론이 나오기 때문이다. 그렇게 된다면 그리스도의 몸은 상할 수 있고 부패할 수 있는 음식처럼 되어 버릴 것이고, 영원한 구원에 대한 열망도 성령에 의해 성취될 수 없게 될 것이다. 이런 말로도 그가 취하는 완고한 태도를 압도하지 못한다면, 나는 성만찬 실행과는 별개로 영적인 먹음 – 그에 따르면 이는 육체적인 먹음과 반대되는 것이다 – 외에 다른 먹음은 없는 것인지 묻고 싶다. 그는 신앙 외에는 다른 아무것도 없다고 분명하게 주장하고 있고, 이 신앙에 의해서 우리는 그리스도의 죽음의 혜택을 우리 것으로 만드는 것이다. 그러면 우리가 그리스도의 살 중의 살이고 뼈 중의 뼈라는 바울의 선언은 어떻게 되는가? 이것이 위대한 신비(엡 5:30, 32)라는 외침은 어떻게 되는가? 만약 공덕을 쌓는 것 이외에 신자들이 할 수 있는 것이라고는 성만찬을 현재적으로 거행하는 것밖에 없다면, 빵이 입과 목으로 들어오는 특정한 순간을 제외하고는 머리가 언제나 지체로부터 분리될 것이다. 우리는 그리스도와의 교제[19]는 성만찬의 결과인 것 못지않게 복음의 결과라는 바울의 증언(고전 1장)을 덧붙일 수 있다. 조금 전에 우리는 헤슈시오스가 이 교제에 대해 허풍을 떠는 것을 보았지만, 바울이 성만찬에 관해 확언하는 것은 이미 그가 복음의 가르침이라고 주장한 바 있다. 만약 우리가 이 헛소리꾼에게 귀를 기울인다면, 우리 구주께서 자신과 아버지가 하나인 것처럼 제자들과 자신도 하나가 될 것이라고 약속하신 귀한 말씀은 어떻게 될 것인가? 그리스도께서 여기서 항구적인 연합을 말하고 있다는 데는 전혀 의심의 여지가 없다.

헤슈시오스 자신이 교부들의 모방자로 자처하는 것은 참을 수 없이 몰염치한 짓이다. 그는 요한복음 15장에 대한 키릴로스의 글에서 한 구절을 인용하는데, 이때 그는 키릴루스가 거기서 성만찬에서 우리에게 주어지는 그리스도와의 관계는 우리가 육체의 측면에서 그분과 연합됨을 입증한다는 사실을 분명히 주장하지 않기라도 한 양 말하고 있다. 키릴루스는 아리우스주의자들과 논쟁을 벌였는데, 아리우스주의자들은 "아버지께서 내 안에 내가 아버지 안에 있는 것같이 저희도 하나가 되게 하옵소서"(요 17:21)라는 그리스도의 말씀을 인용하면서 그 구절을 그리스도가 실체와 본질에 있어서 아버지와 하나가 아니라 단지 뜻을 같이한다는 점에서 하나라는 주장을 할 구실로 사용했던 자들이었다. 이 헛소리를 격퇴시키기 위해 키릴루스는 우리가 그리스도와 본질적으로 하나라고 답하고, 이 사실을 증명하기 위해 신비적인 축복 기도의 능력을 그 증거로 제시한다. 만일 키릴루스가 순간적인 교통만을 주장하고 있는 것이라면, 이보다 더 부적절한 것이 어디 있겠는가? 헤슈시오스가 이렇게 자신의 후안무치를 무심코 드러내는 것은 놀랄 일이 아닌데, 그 이유는 그가 뻔뻔하게도 아우구스티누스가 자기편이라고 주장하고 있지만, 세상 모든 사람들이 알고 있는 것처럼

---

19. 원문에는 *Christi* κοινωνία로 되어 있다.

아우구스티누스는 그와 정반대 입장이기 때문이다. 헤슈시오스는 아우구스티누스가 살을 먹는 두 가지 방식이 있다는 것을 분명하게 인정하고 있다(*Serm. 2 de verb. Dom.*)고 말하면서, 유다와 다른 위선자들도 그리스도의 참된 살을 먹었다고 확언한다. 하지만 만일 형용사 '참된'(true)이 삽입된 것으로 판명된다면, 헤슈시오스는 위조의 혐의를 어떻게 벗을 수 있을 것인가? 내가 한마디도 보태지 않아도, 그 구절을 독자들이 읽어 보면 헤슈시오스가 '참된 살'이라고 위조했다는 것을 알게 될 것이다.

헤슈시오스는 거기에 이중적 먹음이 언급되어 있다고 말할 것이다. 마치 우리 저술들에는 어디에도 그런 구별이 나타나지 않고 있다는 듯이 말이다. 아우구스티누스는 거기서 '살'(flesh)이라는 용어와 '살의 성례'(sacrament of flesh)라는 용어를 차별 없이 동일한 의미로 사용하고 있다. 그는 다른 구절들에서도 이렇게 하고 있다. 설명이 필요하다면 아우구스티누스 자신보다 더 분명하게 해석해 줄 사람은 없을 것이다. 아우구스티누스는 성례와 실체의 유사성에서 성례의 이름이 나온다고 말한다(*Ep. 23 ad Bonif.*). 이런 이유로 그리스도 몸의 성례는 어떤 의미에서 그리스도의 몸이다. 그는 바로 이 유사성 때문에 빵이 간접적으로 그리스도의 몸이라 불리는 것을 좀 더 분명하게 증언할 수 있었지 않겠는가? 그는 다른 곳에서 그리스도의 몸이 땅에 떨어진다고 말하는데, 이것은 그가 그리스도의 몸을 먹는다고 말할 때 의미하는 바와 같은 의미이다(*Hom. 26 in Joann.*). 여기서 우리가 앞에서 말했던 유사성을 적용하지 않는다면, 이보다 더 불합리한 일이 어디 있는가? 이 거룩한 저술가를 그리스도의 몸이 위장에 흡수된다고 주장하는 자로 묘사하는 것은 그에 대한 비방이 아닌가! 아우구스티누스가 이중적인 먹음이라는 말로 의미하는 바에 대해서는 내가 오래전에 분명하게 밝혔는데, 다시 말해 일부의 사람들은 성례의 효력을 받지만 다른 사람들은 오직 가시적인 성례만을 받을 뿐이라는 것이다. 하나는 내적으로 받는 것이고 다른 하나는 외적으로 받는 것이다. 하나는 마음으로 먹는 것이고 다른 하나는 이로 씹는 것이다. 그리고 아우구스티누스는 결론적으로 성만찬 석에 놓여진 성체를 받고 어떤 사람들은 멸망으로 다른 사람들은 생명으로 나아가지만, 성만찬이 상징적으로 나타내는 그 실체는 그에 참예하는 모든 사람들에게 생명을 준다고 말한다. 이 문제에 관해 분명하게 다루고 있는 다른 문장에서도 그는 사악한 자들이 그리스도의 몸을 단지 성례전적으로만 먹는 것이 아니고 실제 그 몸을 먹는 것이라고 생각하는 자들에 대해 분명하게 반박하고 있다. 이 거룩한 저술가에게 우리가 완전히 동의함을 보여 주기 위해, 우리는 신앙으로 그분과 연합된 사람들은 그분의 지체가 되고, 그분의 몸을 참으로 혹은 실제적으로 먹으며, 그 반면에 가시적인 표징만을 받는 사람들은 단지 성례전적으로 먹을 뿐이라는 점을 밝히는 바이다. 아우구스티누스도 종종 이와 같은 방식으로 자신의 견해를 밝히고 있다(*De civit. Dei*, 21, ch. 25; *Contra Faust.* bk. 13, ch. 13; 그리고 *in Joann. ev. Tract.* 25-27).

헤슈시오스가 우리로 하여금 그리도 자주 반복할 수밖에 없도록 끈질기게 몰아 부치는 아우구스티누스의 문장을 꺼내 보자. 아우구스티누스는 다른 제자들은 주님의 빵을 먹은 반면 유다는 주님을 대적해서 주님의 빵을 먹었다고 말한다(*in Joann. ev. Tract.* 59). 이 경건한 선생이 3중적인 구분을 하지 않는다는 것은 확실하다. 그런데 왜 그 사람만을 언급하는가? 교부들 가운데 어느 누구도 성만찬을 거행하고 난 후에 우리에게 남는 것 이외에 다른 어떤 것을 성만찬에서 우리가 받는다고 가르치지 않았다.

헤슈시오스는 그렇다면 성만찬이 우리에게 무용하다고 외칠 것이다. 그의 말은 이렇다. "그리스도뿐만 아니라 모든 선지자들이 우리에게 신앙으로 그리스도의 살을 먹으라고 권고하고 있다면, 왜 그리스도는 새로운 계명으로 우리에게 성만찬에서 자신의 몸을 먹으라고 명하시고 심지어 우리에게 빵을 주기까지 하시는가? 그렇다면 그리스도는 성만찬에서 전혀 새로운 것을 명하고 있지 않는 것인가?" 이번에는 내가 그에게 묻겠다. "하나님께서는 오래 전에 할례와 희생 제사와 모든 종교 의식들을 명하셨는데, 왜 또 세례를 제정하셨는가?" 그 자가 답하지 않아도, 그 답은 아주 간단하다. "하나님께서는 말씀을 통해서 주시지 않는 것을 가시적인 표지들을 통해 주시는 것이 아니고, 단지 다른 방법으로 주시는 것인데, 이는 우리의 연약함으로 인해 우리가 다양한 도움의 방편들을 필요로 하기 때문이다." 그는 이렇게 묻는다. "만약 그 전체가 육체적인 것이 아니라면, '이 잔은 내 피로 세운 새 언약이다'라는 표현은 타당하지 않은 게 아닌가?" 이 질문에 대해 우리 모두는 오래전에 이렇게 답하였다. "성만찬과 관계없이 복음을 통해 우리에게 주어진 것이 성만찬을 통해 우리에게 보증되는 것이며, 따라서 그리스도와의 교제는 성만찬에 의해서 못지않게 복음에 의해서도 우리에게 진정으로 베풀어진다는 것이다." 그는 옛 언약 아래에서와 마찬가지로 성만찬에서도 단지 상징들만 제시되고 있다면, 어째서 "새 언약"의 성찬이라 불릴 수 있는지 묻는다. 먼저, 나는 이러한 어리석은 반문에 대항해서 독자들이 내가 내 저술들에서 밝힌 분명한 진술들을 상기하기 바란다. 그러면 독자들은 새로운 성례들과 고대 교회의 성례들 사이에 어떤 구별이 지어져야 하는지 알게 될 뿐 아니라, 헤슈시오스가 도적질[20]을 하고 있다는 것을 간파하게 될 것이다. 그는 고대인들에게는 상징들을 제외한 아무것도 주어지지 않았다는 그 자신의 무지한 생각 이외에 모든 것을 훔치고 있다. 그는 마치 하나님께서 공허한 상징들로 교부들을 미혹시키기라도 한 것인 양, 혹은 고대인들이 우리와 똑같은 영적인 음식을 먹었고 똑같은 영적인 음료를 마셨다고 바울이 가르칠 때(고전 10:3) 그의 교리가 무익한 것이기라도 한 양 말하고 있다. 헤슈시오스는 마침내 이렇게 결론을 내린다. "그리스도의 피가 성만찬에서 실체적으로 주어지지 않는다면 포도주에 '새 언약'이라는 이름을 부여하는 것은 거룩한 성서에 상반되는 말도 안 되는 짓이다. 따라서 두 종류의 먹음이 있어야만 하는데, 하나는 영적이고 은유적인 것으로 교부들에게도 공통으로 해당되는 것이고, 다른 하나는 육체적인 것으로 우리에게 해당한다." 이것은 어린아이들조차 웃을 추론일 뿐이다. 영적인 것을 은유적인 것이라 얕잡아 칭하다니 이 얼마나 불경한 일인가! 이 자는 마치 성령의 신비하고 불가해한 힘을 문법학자들에게 맡기려는 것 같지 않은가.

그로 하여금 충분한 답을 듣지 못했다고 불평하지 않도록 하기 위해, 다시 한번 반복해서 말하고자 한다. "하나님께서는 항상 참되시기 때문에, 그분께서 고대 백성들에게 독생자 안에서 생명과 구원을 약속하시면서 사용하신 상징들은 거짓된 것이 아니었지만, 지금 그분은 그때 마치 멀리 있는 것처럼 보여주신 것들을 그리스도 안에서 우리에게 분명하게 제시해 주신다." 그러므로 세례와 성만찬은 율법적인 의식들보다 우리 앞에 그리스도를 보다 충분하고 분명하게 제시할 뿐 아니라, 그분을 현존하시는 분으로 드러낸다. 따라서 바울은 우리가 이제 그림자 대신에 몸을 가진다고 가르치는데(골 2:17), 이것은 단지 그리스도께서 일전에 명백하게 자신을 드러내셨기 때문만이 아니라, 또한 세례와 성만찬이 확실한 서약과도 같이 우리에게 그분의 임재를 확증하기 때문이다. 그러므로 우리의 성례들과 고대 사람들의 성례 사이에는 커다란

---

20. 원문에는 ἐπ᾿αὐτοφώρῳ로 되어 있다.

차이가 있다. 그렇지만 이것이 그리스도의 임재하심에서 우리가 기대할 수 있는 대로 그리스도가 오늘날 더욱 충분하고, 분명하고, 완전하게 보여 주시는 것들의 실체를 그들에게서 빼앗는 것은 결코 아니다.

그가 저리도 끈질기게 해대는 진술, 즉 자격 없는 자들이 그리스도를 먹는다는 진술에 대해 나는 반박할 가치도 없는 것으로 여기고 내버려 두려 한다. 다만 그가 그 진술을 자신의 주장에 대한 주요한 방어선으로 여긴다는 데 대해서는 예외이다. 그는 이것을 중대한 문제라 칭하면서, 경건하고 학식 있는 사람들이 함께 토론하기에 적절한 것이라고 말한다. 내가 이 말을 인정한다면, 지금까지 그가 속한 무리들에게서 그 문제에 관한 침착한 논의를 얻는 것이 불가능했던 것은 무엇 때문인가? 토론이 허용된다면, 의견을 조정하는 데 아무런 어려움도 없을 것이다. 헤슈시오스의 주장은 첫째, 바울이 축성된 빵(the blessed bread)과 일반적인 빵(common bread)을 관사뿐 아니라 지시 대명사로 구별한다는 것이다. 마치 거룩하고 영적인 축연을 우리와 그리스도의 연합의 증거와 상징이라고 부르는 사람들이 똑같은 구별을 충분히 하지 않기라도 한 듯이 말이다. 그의 두 번째 주장은 바울이 자격이 없는 자들이 빵을 먹고 잔을 마시면 그리스도의 몸과 피에 대해 죄를 범하는 것이라고 말하면서, 그들이 그리스도의 살을 먹는다는 사실을 보다 분명하게 단언하고 있다는 것이다. 하지만 내가 묻고 싶은 것은 바울이 제공된 몸에 대해 죄를 범하는 것이라 말하는가 아니면 받은 몸에 대해 죄를 범하는 것이라 말하는가 하는 것이다. 받는 데 대해서는 한마디도 없다. 나는 자격이 없는 자들이 자신들에게 제공되는 헤아릴 수 없는 은혜를 거부하기 때문에, 저들이 상징에 참예하는 것은 그리스도의 몸을 욕보이는 것이라는 점은 인정한다. 이것은 헤슈시오스의 반론, 즉 바울이 모든 사악한 자들에게 존재하는 일반적인 죄에 대해 말하고 있는 것이 아니라 사악한 자들이 그 몸을 실제로 취함으로써 한층 무거운 심판을 초래한다고 가르친다는 반론을 물리친다. 그리스도의 몸이 음식으로 제공될 때 불경건한 오만과 경멸하는 마음으로 그것을 거부하는 자들이 그리스도의 몸을 모욕하고 있는 것은 사실이다. 우리가 주장하는 바는 성만찬에서 그리스도가 자신의 몸을 신자들에게뿐 아니라 유기된 자들에게도 내어 주시지만, 합당치 않게 그것을 받음으로써 성례를 모욕하는 자들은 그 성체의 본질을 바꾸지도 못하고, 약속의 효력도 일절 손상시키지 못한다는 것이다. 그렇지만 비록 그리스도가 그 모습 그대로 있고 그 약속을 지킨다고 하더라도, 주어진 것이 모든 사람들에 의해 무차별적으로 받아들여지는 것은 아니다.

헤슈시오스는 바울이 경미한 죄에 관해 말하는 것이 아니라고 부연해 말한다. 사도가 사악한 자들은 비록 성만찬에 가까이 오지는 않는다고 할지라도 하나님의 아들을 못 박고, 그를 공개적으로 욕보이고, 그의 거룩한 피를 자신들의 발로 짓밟는다고 말할 때(히 6:6; 10:29), 이 사도가 비난하고 있는 죄는 결코 사소한 죄가 아니다. 저들은 그리스도를 먹지 않고도 이 모든 일들을 자행할 수 있다. 영원한 진리가 사람들을 그리스도의 몸과 피라는 선물에 참여하도록 초대하는데도 불구하고 저들이 그 선물을 거부하는 것은 그리스도의 몸과 피에 대해 죄를 범하는 것이라고 내가 말할 때, 독자들은 헤슈시오스가 어리석게 지껄이는 것처럼 내가 과연 빛을 싫어하여 어둠에 싸여 놀랍도록 왜곡하고 변개시키고 있는 것인지 생각해 보라. 그런데도 그는 이러한 궤변이 그들이 자신들에 대한 심판을 먹고 마신다는 바울의 말씀에 의해 거미줄과도 같이 제거된다고 대꾸한다. 마치 율법 아래의 불신자들이 부도덕을 범했거나 타락했을 때는 유월절 양을 먹음으로써 심판을 먹지 않는 것처럼 말이다. 그리고 늘 그렇듯 헤슈시오스는 그리스도의 몸이 사악한 자들에 의해서 취해진다는 것을 자신이 명확하게 했다고 떠벌인다. 군중 속의 많은 사람들이 그리스도를 에워싸고 밀었지만 그에게 손도 대지 못했다는 아우구스티누스의 견해는 얼마나 정확한가! 그런데도 그는 사악한 자들이 주님의 몸을 분별하지 않는다는 것보다 더 명확한 것은 아무것도 없다고 외치면서, 그리스도의 몸이 자격 없는 자들에 의해 취해진다는 것을 부인하는 자들로 인해 확실한 진리에 암흑이 거세게 그리고 의도적으로 드리워지고 있다고 고집스레 주장한다. 만약 내가 그리스도의 몸이 자격 없는 자들에게도 주어진다는 것을 부인한다면, 그는 이에 대해 할 말이 있을 것이다. 하지만 악한 자들은 자신들에게 주어진 것을 불경하게 거부하고 있고, 이것은 세상의 죄를 속하고 사람들을 하나님과 화해시키신 희생자를 무시하는 것이므로, 마땅히 불경하고 야만적인 모욕을 범했다는 정죄를 받는 것이다.

독자들은 헤슈시오스가 얼마나 급작스럽게 격앙되었는지 주목하기 바란다. 그는 최근에 이 주제가 경건하고 학식 있는 사람들 사이에 상호 논의하기에 적절한 것이라고 말하다가, 이제는 감히 의심하거나 의문을 품는 모든 사람들을 상대로 불같이 화를 낸다. 마찬가지로 그는 우리가 빵이 상징하는 실체가 목회자에 의해 주어지는 것이 아니라 그리스도에 의해 주어지고 실현된다고 주장하는 것에 대해서 화를 내고 있다. 그렇다면 왜 아우구스티누스나 크리소스토무스에게는 화를 내지 않는가? 전자는 인간이 그것을 주재하지만 신적인 방식으로, 그리고 땅에서이지만 하늘의 방식으로 이루어진다고 가르치고, 후자는 지금 그리스도는 준비되셨고, 자신이 앉은 식탁을 펼치신 그분이 이제 그것을 성별하신다고 말한다. 그리스도의 몸과 피는 주님의 식탁을 축성하도록 지명된 사람에 의해 만들어지는 것이 아니고, 우리를 위해 십자가에 달리신 그리스도에 의해 이루어지는 것이다. 나는 헤슈시오스가 덧붙이고 있는 것에는 아무런 관심도 없다. 그는 자격 없는 자들이란 그리스도에게서 완전히 떨어진 자들은 아니라 해도 연약하고 신앙이 없는 자들을 의미한다고 주장하는 것은 광신적이고 궤변적인 변조라고 말한다. 그에게 답해 줄 사람이 있기를 바란다. 하지만 이 왜곡을 일삼는 자는 내 가르침으로 인해 소심한 양심들이 죽임을 당하고 절망에 내몰리고 있다면서 나에게 신성 모독과 가장 참혹한 반역의 죄를 뒤집어씌우려고 나를 기괴한 주장으로 끌어들인다.

그는 칼뱅주의자들이 어떤 신앙으로 - 대단한 혹은 시시한 - 성만찬에 접근하는지 묻는다. 「기독교 강요」에 나오는 내용으로 답하는 것이 좋을 것이다. 거기서 나는 어디에서도 발견할 수 없는 완벽을 요구하는 자들, 이러한 엄격함을 요구함으로써 연약한 자들뿐 아니라 온전한 자격을 갖춘 자들까지도 성만찬에 참여하지 못하도록 방해하는 자들의 오류를 분명하게 반박하였다. 어린아이들까지도 그런 어리석은 비방을 반박하는 법을 우리가 일반적으로 사용하는 형식을 통해 충분히 교육을 받았다. 그러므로 그가 주제에서 비껴 나가 떠들썩하게 늘어놓는 소리들은 헛된 것이다. 여기서 그 자신이 수행하고 있는 것들에 대해 우쭐해하지 않도록 하기 위해서, 중간에 이 내용을 삽입하는 것이 좋겠다. 그는 죄의 용서와 하나님의 법정 앞에서의 유죄, 이 두 가지가 완전히 상반된다고 말한다. 신자들이 하나님의 노를 일으키더라도 그분의 관대함으로 인해 은혜를 얻는다는 사실을 배우지 못한 사람들은 알지 못하는 것처럼 말이다. 우리 모두는 에서의 자리에 야곱을 바꾸어 놓은 리브가의 술책을 비난하고, 하나님 앞에서 그런 행위는 엄한 벌을 받아 마땅하다고 믿고 있다. 하지만 하나님은 너무나 자비롭게도 그것을 용서하셨고, 그로 인해 야곱이 축복을 쟁취하였다. 내친 김에 그가 그리스도는 자신의 성령에서 결코 분리될 수 없다는 나의 반박을 얼마나 교묘하게 불합리한 것으로 취급하는지 살펴볼 만하다. 그는 바울의 말이 분명하기 때문에 자신은 그 말에 동의한다고 대답한다. 그는 장님이 본다고 말하면서 우리가 기적에 놀라기를 바라는 것인가? 바울의 말에 그런 것은 전혀 나타나 있지 않다는 것이 분명 충분히 밝혀졌다. 그는 그리스도가 다양한 방식으로 그의 피조물들에게 임재하신다고 말함으로써 문제를 해결하려고 애쓴다. 하지만 맨 먼저 설명되어야 하는 것은 그리스도가 어떻게 믿지 않는 자들과 함께하고, 어떻게 그들의 영혼에 영적인 음식이 되고, 요컨대 세상의 생명과 구원이 되시는가 하는 것이다. 그가 바울의 말에 너무나 집요하게 집착하기 때문에, 나는 사악한 자들이 어떻게 자신들을 위해 십자가에 달리지 않은 그리스도의 살을 먹을 수 있는지, 그리고 자신들의 죄를 사하기 위해 흘려지지 않은 그리스도의 피를 마실 수 있는지 알고 싶다. 나는 그리스도가 자신의 성만찬이 남용될 때 엄격한 심판관으로 임하신다는 데 대해서는 그와 의견을 같이 한다. 한편으로는 우리가 먹는 분이고, 다른 한편으로는 심판관이다. 나중에 그가 성령이 사울 안에 거하셨다고 말할 때, 우리는 그를 기본으로 돌려보내, 택함 받은 자들과 하나님의 자녀들에게만 합당한 성화와 유기된 자들에게도 적합한 일반적인 능력을 식별하는 법을 배우도록 해야 할 것이다. 그러므로 살아 있는 빵이자 십자가에 달리신 희생 제물이신 그리스도가 자신의 성령을 결여한 채로 인간의 몸에 들어오실 수는 없다는 내 원칙에 이런 쓸데없는 소리들이 조금도 영향을 미치지 않는다.

　　나는 헤슈시오스의 뻔뻔함, 완고함, 성마름뿐만 아니라 그의 무지에 대해서도 충분한 증거가 제시되었다고 생각한다. 이런 증거는 인격적이고 건전한 판단을 하는 사람들에게 거슬리는 것일 뿐 아니라, 그 자신이 속해 있는 무리들로 하여금 너무도 부적격인 이 투사를 부끄럽게 여기도록 만든다. 하지만 그가 자신의 도그마를 확증하는 시늉을 하기 때문에, 그가 개진하는 것에 대해 간략하게 논함으로써, 그의 뻔뻔한 오만이 순진무구한 사람들을 기만하지 못하도록 하는 것이 좋을 것 같다. 나는 하나님의 다함없는 능력에 대해 장황하게 늘어놓는 것이 얼마나 부적절한 것인지 다른 데서 한 번 이상 밝힌 바 있다. 왜냐하면 문제가 되는 것은 하나님이 무엇을 할 수 있는가가 아니라, 성만찬을 제정하신 이가 우리에게 그분의 몸과 어떤 교통을 한다고 믿도록 가르치셨는가 하는 것이기 때문이다. 그는 바울과 복음서 기자들의 말을 들면서 요점을 언급하는데, 마치 그는 우리의 목적이 그리스도의 성찬식을 파괴하는 것이라도 되는 듯, 터무니없는 비방들을 해 대면서 수다를 늘어놓을 뿐이다. 우리는 그동안 바울과 세 복음서 기자들이 가르치는 것을 그들의 말이 의미하는 바가 그에 맞는 진지함과 겸손으로 나타나는 한 존중하는 마음으로 받아들인다는 것을 신실하면서도 순수하고 솔직하게 선포해 왔다. 헤슈시오스는 그들이 모두 똑같은 말을 하고 있어 거의 한 음절의 차이도 발견할 수 없다고 말한다. 마치 그들은 너무나 완벽하게 일치하고 있어, 그 표현에 있어서 의문을 제기할 만한 어떠한 불일치도 없는 것처럼 말이다. 그들 중 두 사람은 그 잔을 새 언약의 피(the blood of the new covenant)라고 부르고, 다른 두 사람은 피로 맺은 새 언약(a new covenant in the blood)이라 부른다. 여기에 과연 한 음절의 차이도 없는 것인가? 네 사람이 똑같은 단어와 거의 똑같은 음절들을 차용하고 있다손 치더라도, 우리가 헤슈시오스가 주장하는 바대로 그 말에 상징적인 것은 아무것도 없다는 것을 곧바로 인정해야 하는가? 성서는 하나님의 귀, 눈, 그리고 오른손에 대해 네 차례가 아니라 거의 천 번이나 언급한다. 만약 네 차례 반복된 표현이 모든 상징들을 배제시킨다면, 천 개에 달하는 구절들은 전혀 아무런 의미도 없는 것이거나 그 의미가 덜한 것인가? 이 문제는 그리스도 수난의 결과에 연관된 것이 아니라, 임재라는 단어가 장소에 국한되지 않는다는 전제 하에서 그분의 몸의 임재에 관한 것이다. 비록 내가 이것을 인정한다 할지라도, 나는 이 문제의 핵심이 "이것이 내 몸이다"는 말이 단어 그대로의 의미로 사용된 것인가 혹은 환유적으로 사용된 것인가 여부라는 점을 부인하며, 따라서 나는 헤슈시오스가 하나에서 다른 하나를 추론하는 것은 터무니없다고 주장한다. 그가 주장하는 대로 빵이 보여 주는 표지이기 때문에 그리스도의 몸이라고 불린다는 것을 인정해 주고 동시에 그것이 본질적인 그리고 육체적인 몸이라고 덧붙인다면, 우리에게 더 이상 논쟁을 벌일 근거가 뭐가 남겠는가?

그러므로 올바른 질문은 성만찬에서의 교통의 양식에 관련된 것이다. 만약 그가 제정의 말씀을 고집하려고 한다면, 반대할 생각은 없다. 우리는 그 말씀이 성례전적으로 이해될 것인지 혹은 실제적인 소비를 의미하는 것으로 이해될 것인지 살펴야 한다. 그리스도가 가리키는 몸에 대해서는 어떠한 반론도 없다. 나는 두 개의 몸을 지닌 그리스도를 상상할 수 없고, 따라서 일찍이 십자가에 달렸던 육체가 성만찬 때에 주어지는 것이라는 점을 앞에서 충분히 자주 선언하였다. 실로 "내가 주는 빵은 세상의 생명을 위한 내 살이다"(요 6:51)라는 구절을 내가 어떻게 해설하고 있는지는 내 주석서들을 보면 분명하게 나타나 있다.

나는 이렇게 해설한다. 두 종류의 주심(giving)이 있는데, 그리스도께서 일찍이 우리의 구원을 위해 내어주신 바로 그 몸을 그분께서 매일매일 우리에게 영의 양식으로 내어 주신다는 것이다. 따라서 그자가 상징적인 몸에 관해 말하는 모든 것은 저급한 익살꾼의 비방에 불과한 것이다. 그자의 상상에서 비롯된 망령과 더불어 싸우는 동안, 그가 독자들의 눈을 가리는 것을 보는 일은 참을 수 없다. 내가 오로지 결과와 효력에 관해서만 이야기하고 있다고 그자가 말할 때도 마찬가지로 그자는 쓸데없는 짓을 하고 있는 것이다. 어디에서나 나는 실제적인 성만찬을 주장하고, 다만 공간적 임재와 허구적인 육체의 무한성은 폐기시킨다. 하지만 이 완고한 해설자는 우리가 "잔이 내 피로 맺은 새 언약이다"는 바울의 말이 "피가 잔에 담겨 있다"는 말과 같은 뜻이라는 자신의 주장을 인정해 주지 않는 한 만족할 줄 모른다. 그렇게 인정해 준다고 하더라도, 그는 그 말씀의 정확하고 자연스러운 의미에 대해 자신이 그렇게도 끈질기게 주장했던 것을 철회하는 불명예를 감수해야 한다. 잔이 피의 언약이라고 불릴 때 그것은 상징적인 표현이 아니며, 그것은 그 잔이 피를 담고 있기 때문이라는 그의 말에 누가 설득될 것인가? 그렇지만 나는 내가 이러한 바보스러운 해설을 거부한다는 것을 숨기지 않는다. 그렇다고 해서 우리가 포도주로 구속받는다고 말하는 것은 아니며, 그리스도의 말씀이 잘못된 것이라는 것도 아니다. 믿음으로 그리스도의 피를 마시기 위해서 필요한 것은 그리스도가 땅으로 내려오는 것이 아니라 우리가 하늘로 올라가는 것이며, 아니 오히려 신자들이 그리스도의 피를 서로 나눌 수 있기 위해서는 그 피가 하늘에 머물러 있어야만 한다.

우리에게서 성례전적인 모든 표현 방식을 박탈하기 위해 헤슈시오스는 우리가 성만찬에서 우리에게 주어지는 것이 무엇인지를 유월절의 제정에서가 아니라 그리스도의 말씀에서 배워야 한다고 주장한다. 하지만 바보같이 그는 즉시 다른 방향으로 날아가, 할례가 언약이라는 말씀에서 적절한 표현을 찾고 있다. 그렇지만 성만찬의 말씀을 성례전적인 방식으로 해석해야 한다는 성서의 견고한 어법을 이리도 집요하게 거부하는 것보다 더 참을 수 없는 일이 어디 있겠는가? 그리스도는 바위셨고, 그분은 영적인 음식이셨다. 성령은 비둘기이다. 세례 때 물은 성령인 동시에 그리스도의 피이다(그렇지 않다면 그것은 영혼의 세례반이 되지 못할 것이다). 그리스도 자신이 우리의 유월절이다. 우리가 이러한 모든 구절들에 동의하고 있고, 헤슈시오스도 성례들에서 나타나는 표현의 형식이 이와 비슷하다는 것을 감히 부인하지 않는데, 왜 성만찬 문제가 제기될 때마다 그는 그런 강퍅한 반론을 내놓는가? 하지만 그는 그리스도의 말씀은 명백하다고 말한다. 다른 사람들에게는 무슨 엄청난 큰 불명료함이 있는가?

대체로 나는 그가 그리스도의 말씀이 자신의 정신착란적인 몽상을 지지한다고 우기려 용을 쓰면서 떠들어 대는 소리가 얼마나 공허한 것인지를 밝혀왔다고 생각한다. 그가 두말할 나위 없이 당연하다고 여기는 자신의 논거들이 지각 있는 사람들에게 거의 아무런 영향력도 행사하지 못할 것이기 때문이다. 그는 구약성서 아래서는 모든 것들이 상징과 표상으로 어렴풋이 보였지만, 신약 시대에는 상징들이 폐지되거나 혹은 성취되어 실체가 드러났다고 말한다. 그게 그렇다면, 그는 세례의 물이 참으로, 올바로, 실제로, 그리고 본질적으로 그리스도의 피라는 것을 거기서 유추할 수 있는가? 바울이 보다 정확하게 말하고 있는데(골 2:17), 그는 몸이 이제 예전의 상징들을 대체하고 있다고 가르치면서, 그 당시에 흐릿했던 것들이 표지들을 통해 완성되었다는 의미로 말하는 것이 아니라, 그리스도 그분 안에서 본질과 실체를 추구해야 한다고 주장한다. 따라서 조금 전, 신자들이 손으로 행해지지 않는 할례로 그리스도 안에서 할례를 받았다고 말하고 나서, 바울은 즉시 세례에서 행해지는 이러한 서약과 증언이 새로운 성례를 예전의 것과 부합하도록 만든다고 덧붙인다. 헤슈시오스는 자기 식대로 히브리서를 인용하여, 구약성서의 희생 제사가 참된 것(the true)[21]의 표상이었다고 말한다. 하지만 '참된'[21]이라는 단어는 세례와 성만찬에 적용되는 것이 아니라, 그리스도의 죽음과 부활에 해당되는 것이다. 나는 세례와 성만찬에서 그리스도는 율법적인 상징들에서와는 다르게 제공된다는 것을 이미 인정하였다. 하지만 만약 거기서 사도가 말하는 실체를 성례들보다 더 높은 곳에서 찾지 않는다면, 그것은 완전히 사라져 버릴 것이다. 그러므로 그리스도의 임재를 율법적인 그림자들과 대조할 때, 그것을 성만찬에 한정하는 것은 잘못이다. 왜냐하면 그것이 언급하는 것은 보다 상

---

21. 원문에는 ἀντίτυπα fuisse τῶν ἀληθινῶν, ἀληθινὰ로 되어 있다.

위의 현현에 대한 것이며, 거기에 우리의 구원이 달려있기 때문이다. 비록 내가 그리스도의 임재가 신약성서의 성례들을 언급하는 것으로 인정한다고 하더라도, 그래도 여전히 세례와 성만찬은 동일한 터 위에 서게 될 것이다. 따라서 헤슈시오스가 "복음의 성례들은 그리스도의 임재를 필요로 한다. 성만찬은 복음의 성례이다. 그러므로 성만찬은 그리스도의 임재를 필요로 한다"라고 논증할 때, 나는 이를 받아 이렇게 응답하는 바이다. "세례는 복음의 성례이다. 그러므로 세례는 그리스도의 임재를 필요로 한다."

만약 그가 자신의 마지막 피난처에 의지하여, 우리에게 세례에서는 이것이 나의 몸이라는 말씀이 주어지지 않았다고 말한다면, 이것은 구약성서와 신약성서의 구별에 전적으로 달려 있는 논점에는 맞지 않는 소리이다. 그러니 그로 하여금 어리석은 소리, 즉 만약 성만찬의 빵이 실재하지 않는 무엇인가의 상징이라면 그것은 구약성서의 상징이라는 주장을 그만두게 하라. 더욱이 독자들은 논쟁이 모든 종류의 부재와 관련된 것이 아니라, 단지 공간적인 부재와 연관된 것임을 기억해야 한다. 헤슈시오스는 그리스도께서 여러 곳에, 성만찬이 행해지는 곳 어디에나 임재하는 분이 아니고서는 우리에게 임재하실 수 없다고 생각할 것이다. 따라서 그가 임재를 그 효력과 대비시킬 때는 조리에 맞지 않은 이야기를 하고 있는 것 같다. 그 두 가지는 잘 조화를 이루고 있다. 비록 그리스도가 장소의 견지에서는 우리에게서 멀지만, 그럼에도 그는 그 성령의 한없는 능력으로 임재하시고, 따라서 그분의 몸이 우리에게 생명을 주실 수 있는 것이다. 영적인 먹음과 관련해서는 우리가 구약성서 아래에 있던 사람들과 전혀 다르지 않으며, 그것은 생명을 불어넣는 양식이 한가지로 똑같고 그들도 우리만큼 받았기 때문이라고 그가 말할 때는 더 말이 되지 않는다. 그런데 그는 조금 전에 뭐라고 말했던가? 신약성서에서 제공된 것은 흐릿한 그림자가 아니라 실체 그 자체, 참된 의로움, 빛, 생명, 그리고 참된 대제사장이고, 이 언약이 확립되고 하나님의 노가 풀리는 것은 실제 피에 의한 것이지 상징적인 피에 의한 것이 아니라고 말하지 않았던가. 영적이지만 정확한 실체, 참된 의로움, 빛과 생명이라는 말은 무엇을 의미하는가? 이제 그는 이 모든 것이 선조들에게도 공통된 것들이었다고 주장하는데, 만약 그것들이 신약성서에만 고유한 것이라면 이것은 너무나 조리에 맞지 않는다.

하지만 내가 독자들을 가르치는 것보다 내 적대자를 논박하는 데 더 열중해 있는 것으로 보이지 않기 위해, 나는 그가 선조들이 먹는 방식에 있어서 우리와 똑같다고 함으로써 모든 것을 뒤집어엎고 있다는 것을 간략하게만 상기시켜야 하겠다. 비록 선조들이 우리와 마찬가지로 그리스도에 대해 알았지만, 그 계시의 정도는 결코 동일하지 않았다. 그렇지 않다면, "너희 눈은 봄으로 복이 있도다"(마 13:16)라는 외침과 "모든 선지자와 및 율법의 예언한 것이 요한까지니"(마 11:13), "은혜와 진리는 예수 그리스도로 말미암아 온 것이라"(요 1:17)는 말씀의 근거가 아무것도 없게 될 것이다. 만약 그가 이것이 바로 자신이 이해하는 바라고 답한다면, 나는 영적인 먹음이 어디서 온 것이냐고 묻고 싶다. 그것이 신앙에서 온 것이라는 점을 그가 인정한다면, 신앙과 관계된 교리에 명백한 차이가 있다. 여기서 문제는 개개인들의 신앙의 분량이 아니라 율법 아래에서의 약속의 성격과 관련된 것이다. 그렇다면 우리가 신앙의 빛이 고대 사람들에게서보다 지금 더 크고 빛난다고 말한다는 이유로 이 자가 우리를 상대로 험담을 불러일으키고 있는데, 누가 이 으르렁거리는 작자를 꾹 참을 수 있겠는가? 그는 "인자가 올 때에 세상에서 믿음을 보겠느냐"(눅 18:8) 라는 우리 구주의 한탄을 인용함으로써 반론을 제기하고 있다. 이것을 구실로 자신의 불신앙에 대한 용서를 구하려는 것이 아니라면 그가 무슨 목적으로 이 구절을 인용하는가? 그건 그렇다 치자. 그리스도는 천 명의 헤슈시오스에게서도 믿음을 보지 못할 것이고, 그의 무리 전체에서도 보지 못할 것이다. 세례 요한이 모든 선지자들보다 더 크지만, 복음을 전하는 자들 중에 지극히 작은 자라도 요한보다 크지 않은가?(눅 7:28) 갈라디아 사람들의 믿음은 작을 뿐 아니라 거의 질식사했지만, 바울은 선지자들을 어린아이들로 비유하면서, 갈라디아인들과 신자들은 모두 성장했기 때문에 더 이상 교사를 필요로 하지 않는다(갈 3:25)고 말한다. 이는 그들이 인간적인 측면에서가 아니라 교리와 성례전의 측면에서 성장했다는 것이다. 복음에서 도움을 얻는 것과는 너무 동떨어진 나머지, 헤슈시오스는 실크와 금으로 치장한 원숭이와 같이 그 무지함에서 모든 수도사들을 능가한다.

그리스도의 몸을 먹는 것과 관련해서는, 내가 고린도전서 10장을 강해하면서 밝힌 바 있는 선조들의 경우보다 우리의 입장이 얼마나 더 나은가. 게다가 나는 육체적인 먹음을 꿈꾸는 자들과는 크게 다르다. 의심의 여지없이 생명은 아직 존재하지 않는 육체의 본질에서 비롯될 수 있고, 그래서 지금 우리가 소유하고 있는 것과 같은 영적인 먹음이 있게 되었다. 하지만 사실상 이상적인 성만찬에 대한 약속(pledge)은 선조들에게 주어졌다. 따라서 아우구스티누스가 말하는 바, 저들이 지니고 있는 표지들은 그 실체에서가 아니라 가시적인 형태에서 우리 것과 달랐다는 것은 정말이지 옳다는 결론이 나온다. 나는 상징의 방식이 다르고 은혜의 정도가 달랐다고 덧붙이는데, 이것은 그리스도의 성만찬이 이제 더 충실하고 더 풍부하며 또한 실질적인 모습으로 제시되고 있기 때문이다.

헤슈시오스는 자신과 나의 논쟁이 실체가 아니라 약속과 연관되어 있다고 말하는데, 바라건대 독자들은 그가 의미하는 바가 무엇인지 이해하기 바란다. 그는 선조들이 우리와 동일한 정도로 영적인 먹음에 참여한 자들이었다고 선포하는데, 나는 그것이 섭리의 성격과 방식에 비례했다고 주장한다. 그렇지만 약속의 개입으로 말미암아 그리스도의 부재가 허용하는 범위만큼 그들의 신앙이 상징을 통해 확증을 받았다는 것은 분명하다. 우리는 약속들이 그리스도의 임재를 어떻게 드러내고 있는지에 대해서 다른 곳에서 설명하였는데, 그리스도께서 실제로 공간적으로 임재하지는 않지만, 약속들이 우리 앞에 그리스도의 죽음과 부활을 가시적으로 제시하는데, 거기에 구원의 완전한 충만함이 있다. 헤슈시오스는 내가 믿음과 영적인 먹음을 구별한데 대해 인정하지 않는데, 이것은 그 스스로에게도 모순이다. 우리가 그를 믿으려 해도, 그의 주장은 순전히 궤변에 불과하다. 그래서 그 가운데 하나도 비판과 심사 없이는 그냥 지나갈 수 없다. 바울이 믿음으로 그리스도가 우리 마음에 거한다거나, 우리가 그분의 몸에 접붙임을 받는다거나, 우리가 그분과 함께 십자가에 못 박히고 장사된다고 말할 때, 요컨대 우리가 그분의 뼈 중의 뼈요, 살 중의 살이어서, 그분의 생명이 우리의 것이라고 말하고 있는 데 비추어 볼 때, 그것은 순전히 궤변일 수밖에 없다. 이런 것들이 믿음의 열매요 효력이고 따라서 믿음과는 다른 것이라는 것을 보지 못하는 사람은 누구나 눈먼 자보다 더 심하다. 우리가 믿음으로 그리스도와 생명을 나누는 교제를 할 수 있는 말할 수 없는 은혜를 얻는다는 것을 부인하는 것 또한 분별없는 짓이다. 하지만 그는 신자들이 성만찬에서 받는 것을 성만찬 밖에서도 누린다는 것을 인정하지 않으면 자신이 무슨 혼란을 일으키게 될지 아무 관심도 없는 것이다. 하지만 그는 먹음은 보증하는 것과는 구별되어야 한다고 말한다. 이는 확실히 그렇다. 세례 때에 일어나는 보증이 영적인 씻김과 다른 것과 마찬가지이다. 세례 바깥에서 우리는 그리스도의 피로 깨끗하게 되어 성령에 의해 중생되지 않는가? 우리의 연약함을 돕기 위해 가시적인 증거가 더해져서, 상징되는 실체를 더욱 잘 확증하고, 그뿐 아니라 더 많은 진리와 충만함을 부여해 주어, 우리가 다른 어떤 외적인 행위 없이도 복음에 대한 믿음으로 그것을 받는다는 것은 사실이다.

여기서 그는 자신의 사악하고 심술궂은 기질을 드러내어 내게 비난을 가하는데, 내가 요리문답에서 성만찬의 시행이 불필요한 것이 아니며, 그 이유는 비록 복음에 대한 믿음을 통해 그리스도가 이미 우리 것이 되어 우리 안에 거하고 계시지만 성만찬에서 우리가 보다 충만하게 그리스도를 받기 때문이라고 가르치고 있다는 이유로 나를 비난한다. 우리가 헤슈시오스의 말을 그대로 받아들인다면, 이 가르침은 터무니없을 뿐 아니라 복음의 전체 사역을 모욕하는 것이다. 그렇다면 그로 하여금 그리스도가 자궁 안의 태아와 같이 우리 안에 형상을 이루셨다고 말했다는 이유로 바울을 신성 모독으로 고소하라고 하라. 바울이 갈라디아인들에게 한 말은 잘 알려져 있다. "나의 자녀들아 너희 속에 그리스도의 형상이 이루기까지 다시 너희를 위하여 해산하는 수고를 하노니"(갈 4:19). 이것은 바울이 다른 곳에서 말하는 것과 다르지 않다. "우리가 온전한 사람을 이루어 그리스도의 장성한 분량이 충만한 데까지 이르리니"(엡 4:13). 이를 입증하기 위해 많은 말이 필요치 않다. 만약 그리스도가 믿음으로 우리 안에 거하신다면, 우리의 믿음이 성장함에 따라 그분이 어떤 식으로든 우리 안에서 자란다는 것은 확실한 일이다. 헤슈시오스는 이의를 제기하며, 그럼 세례를 받자마자 성만찬에 참예하지 못한 채 죽어 버린 유아는 어떻게 되는가라고 묻는다. 그는 마치 내가 하나님에게 어떤 법률이나 의무를 부과하면서 그분이 원하실 때는 성만찬의 도움 없이도 일하신다는 것을 부인하고 있기라도 한 것처럼 군다. 나는 아우구스티누스와 뜻을 같이 하여, 가시적인 표지가 없이도 비가시적인 성화가 있을 수 있고, 이것은 참된 성화가 없이 가시적인 표지만 있을 수도 있는 것과 마찬가지라고 생각한다. 세례 요한은 한 번도 성만찬에 참여하지 못하였지만, 분명한 것은 이 사실이 그로 하여금 그리스도를 소유하지 못하게 막지는 못하였다는 것이다. 내가 가르치는 모든 것은 우리가 점진적으로 그리스도와 교제에 이르게 된다는 것이고, 따라서 그리스도가 복음과 세례에 성만찬을 덧붙인 것은 아무런 이유가 없는 것이 아니다. 그러므로 비록 하나님께서 단지 나이가 어린 것이 아니라 신앙적으로 아직 어린아이인 사람들을 갑자기 세상에서 데려가실지라도, 바울이 다른 곳에서(롬 8:11) 선포하는 대로, 성령의 불꽃이 그들에게 생명을 주어 그들 안에 있는 모든 죽을 수밖에 없는 것들을 삼키기에 충분하다. 하지만 헤슈시오스의 눈에는 바울이 단지 하찮은 권위자로 보일 뿐이어서, 터무니없고 불경건한 교리를 가르친다고 바울을 비난하고 있다. 그는 나를 비난하면서 실상은 바울을 비난하고 있는데, 그가 불경건하다고 비난하는 내 주장이 바울의 말로 가르쳐진다고 해서 거기에 무슨 차이가 있겠는가? 그러므로 내가 가르치는 것은 본래 그대로 남는데, 그것은 그리스도와의 교제가 우리에게 각기 다른 정도로 베풀어지며, 단지 성만찬 때만이 아니라 그와 별개로도 베풀어진다는 것이다.

비록 나는 우리 교리가 초대 교회의 승인을 받아 분명하게 인정받았다는 것이 온 세상에 잘 알려져 있다고 생각하지만, 헤슈시오스는 다시금 의문을 제기하면서, 특정한 고대의 작가들이 우리에게 반대하고 자신의 의견에 찬성했다고 소개하고 있다. 사실 지금까지 나는 이 문제를 의도적으로 다루지 않았는데, 그것은 이미 끝난 일을 다루고 싶지 않았기 때문이다. 이 일은 오이콜람파디우스에 의해 처음으로 정확하고 능숙하게 행해졌다. 그는 공간적인 임재와 같은 허구가 고대 교회에 알려진 바 없다는 것을 분명하게 밝혔다. 불링거가 그를 계승했는데, 불링거는 그에 필적할 만한 능숙함으로 이 임무를 수행하였다. 이 모든 것이 베르밀리(Pietro Martire Vermigli)에 의해 완성되어, 그는 더 이상 미진한 것을 남기지 않았다. 베스트팔이 끈질기게 내게 강요하는 한도 내에서, 나는 건전하고 공평한 독자들에게 나 자신이 고대 교회와 뜻을 같이 함을 밝혔다고 믿는다. 실로 내가 말한 것들은 다투기 좋아하는 자들의 입까지도 막았음에 틀림없다. 하지만 내가 그들을 논박하는 근거들이 아무리 견고한 것이라고 할지라도 그것은 귀머거리에게 말하는 것과 같은 것이며, 따라서 나는 아주 간략하게 언급하여, 독자들로 하여금 최근의 이 모방자가 베스트팔만큼이나 무익하고 어리석다는 것을 알도록 하는 데 만족할 것이다. 그가 다마스케노스의 요안네스(John of Damascus)과 테오필락트(Theophylact)의 권위를 이용하는 것을 부끄럽게 여기면서도, 그가 그들을 교회의 저술가들로 적지 않게 거론한다는 것은 의아한 일이다. 건전하고 냉철한 독자들은 다마스쿠스 사람의 신학 전체에서보다, 크리소스토무스의 미완의 작품으로 잘못 전해지고 있는 한 권의 마태복음 주석서에서 더 많은 학식과 경건을 발견할 것이다. 저자가 정확히 누구였든 그는 그리스도의 몸이 오직 목회자에 의해서 우리에게 주어진다고 분명하게 말한다. 나는 이에 대해 간략하게 언급함으로써, 누구라도 헤슈시오스가 다마스쿠스 사람의 지지를 정중히 사양했다고 생각하지 못하도록 하는 것이 적절하다고 생각한다. 그가 또한 알렉산드리아의 클레멘스와 오리게네스를 거부한다는 것을 내가 인정하는 동안에도, 내 독자들은 헤슈시오스가 자신의 목적에 맞도록 저자들이 써놓은 것은 무엇이든지 마음대로 고대의 것에서 선택할 수 있다는 사실을 기억해야 한다. 그는 이그나티우스에게서 시작하고 있다. 나는 그의 저술들이 현존하여, 그의 이름이 세르베트와 헤슈시오스와 같은 협잡꾼들에 의해 그리도 자주 기만의 수단으로 사용되는 것을 막을 수 있었으면 좋겠다. 수사들 중 한 사람조차도 진짜라고 인정할 수 없는 서신을 인용하는 것이 도대체 무슨 공정함인가? 이러한 어리석은 출판물을 읽어 본 사람들은 그것이 사순절, 성유, 촛불, 금식, 그리고 축제일들에 대해서만 이야기하고 있다는 것을 안다. 이런 것들은 이그나티우스 시대 훨씬 이후에 미신과 무지의 영향 아래 슬그머니 잠입해 들어온 것이다. 그렇다면 이 허구적인 이그나티우스는 무엇인가? 그는 일부 사람들이 성체(Eucharist)가 우리를 위해 희생하신 그리스도의 몸이라는 것을 부인하기 때문에 성만찬과 성체 봉헌을 거부한다고 말한다. 그렇지만 그와 같은 이단들과 우리들, 그리스도가 우리에게 자신의 몸을 먹으라고 내어 주신다는 것을 알고 경외심으로 성체를 대하는 우리들 사이에 어떤 유사점이나 공통점이 있을 수 있는가? 그는 성체가 몸이라 칭해졌다고 답변할 것이다. 그렇지만 우리가 분명한 빛에 대해 눈을 감아 버리지 않는 한 그것은 맞지 않는 말이다. 성체라는 이름은 감사의 행동이나 전체적인 성례에서 유래된 것이다. 마음에 맞는 대로 받아들이라. 분명히 그 문자적인 의미는 강제될 수 없는 것이다.

똑같은 비난을 반복해서 처리하는 일이 없도록, 우리가 일상적인 표현 양식에 대해서는 아무런 불화가 없다는 사실을 분명히 이해시키도록 하자. 고대 저술가들은 축성된 빵을 그리스도의 몸이라고 부르고 있다. 그러면 왜 그들은 하나님의 독생자 — 지혜를 배우기 위해 우리는 그분의 입술에 매달려야 한다 — 를 모방하지 않는가? 이것은 빵이 문자적으로 몸이기에 우리는 육체적으로 그 몸을 먹는다고 하는 야만적인 허구와 얼마나 다른가. 똑같은 열의로 헤슈시오스는 우리를 메살리안*이나 광신자들

---

* Messalians: 360년 경 메소포타미아에서 발생하여 9세기까지 동방에 잔존했던 이단분파로 '기도하는 자들' 혹은 '광신자들'이라 불리었다.

과 동류로 취급하는데, 그들은 성만찬에 무관심하여 그것을 시행하는 것이 유익하다는 것도 해롭다는 것도 모두 부인한 자들이다. 그는 마치 내가 술 취해 떠드는 자들처럼 날뜀으로써 세상을 교란시키는 무리들보다 이 신비의 유용성에 대해 더욱 고상한 말로 처음부터 말하지 않았던 듯이 말하고 있다. 실로 그들은 성만찬이 제정된 목적과 신자들이 거기서 얻는 유익에 대해 완벽하게 침묵을 지켰다. 많은 경건한 사람들이 질책을 통해 그들로 하여금 나의 저술들에서 인용하도록 강제하고, 그리하여 그들이 가장 중요한 것을 숨기고 있다는 비난에서 벗어날 수 있도록 해 줄 때까지 침묵을 지켰다. 하지만 그는 우리를 슈벵크펠트(Schwenkfeld)와 한패로 제시하는 데 망설이지 않는다. 이리를 두려워하는 겁 많은 개처럼 왜 당신은 죄 없는 손님들만 공격하는가? 슈엔크펠디우스(Schuencfeldius)가 자신의 독으로 독일을 감염시키고 있을 때, 우리는 그에게 담대하게 저항하였으며, 그래서 그의 극심한 증오를 샀다. 하지만 지금 만약 헤슈시오스가 신뢰를 받게 된다면, 그를 키운 것은 바로 우리였다. 그가 우리를 네스토리오스의 불경건한 망상에 연루시킬 때, 참으로 사악한 비방자가 바로 자기 자신을 반박하고 있다고 말하는 것 이외에 내가 어떤 답을 해 줄 수 있겠는가?

헤슈시오스는 다음에 순교자 유스티노스(Justin Martyr)에게로 내려간다. 나는 유스티노스의 권위가 크다는 것에 기꺼이 동의를 표한다. 하지만 유스티노스가 우리의 주장에 어떤 해악을 끼치고 있는가? 그는 성만찬의 빵이 일상적인 빵이 아니라고 말한다. 이것은 그가 세례를 받고 복음을 받아들인 사람들을 제외하고는 아무도 성만찬에 참예할 수 없다고 이전에 해설한 바가 있기 때문이다. 그 이후에 그는 더 나아가 이렇게 말한다: 그리스도가 육체로 이루어졌기 때문에, 우리는 그분이 기도로 축복하신 음식은 그리스도 자신의 살과 피이고, 이 음식으로 우리의 살과 피도 변형을 통해 양분을 얻는다는 가르침을 받는다. 헤슈시오스는 성만찬에서의 신비적인 축성을 그리스도의 성육신과 비교하는 것만으로 승리를 위해 충분한 것으로 여긴다. 마치 유스티노스가 전자가 기적적으로 후자와 동일하다고 주장한 듯이 말이다. 하지만 유스티노스가 말한 것은 그리스도가 한때 우리와 똑같이 취하셨던 육체가 우리에게 매일 음식으로 주어진다는 사실이다. 이러한 견해를 확증하는 데 있어서 그는 그리스도의 말씀을 인용하는 것으로 만족하고, 이러한 유익이 오직 참된 경건에 입문한 그리스도의 제자들에게만 주어질 뿐이라고 주장한다.

나는 이레나이우스가 유스티노스의 짤막한 진술을 더 명쾌하게 해설하고 있다고 헤슈시오스에게 말하는 바이다. 나는 이레나이우스의 말을 전부 인용하지는 않겠지만, 관련된 것 중에 그 어떤 것도 빠트리는 일은 없을 것이다. 그는 육체가 부패하지 않을 수 있다는 것을 부인한 이단자들을 통렬히 비난한다. 만약 육체가 썩을 수밖에 없다면 주님께서 자신의 피로써 우리를 구속하지 않은 것이 되고, 성만찬의 잔도 그분의 피를 나누는 것이 아니고, 우리가 떼는 빵도 그분의 몸을 나누는 것이 아니라고 그는 말한다. 피는 오직 정맥과 다른 인간 물질들에서 나오는 것이고, 그런 피로 하나님의 아들이 참으로 우리를 구속하신 것이다. 그리고 우리는 그의 지체들로서 피조물들을 공급받아 살아가고, 그분 자신은 우리에게 피조물들을 베풀어 주셔서, 자신의 뜻대로 태양이 떠오르게도 하시고 비가 내리게도 하신다. 그렇기 때문에 그분은 피조 물질인 이 잔이 우리 몸을 살찌울 자신의 몸이라고 선포하신 것이다. 따라서 하나님의 말씀이 포도주와 빵 위에 선포될 때, 거기에 그리스도의 몸과 피의 성찬이 이루어지는 것이다. 그로써 우리 육신이 양분을 얻고 훈육을 받는다. 육체가 그리스도의 살과 피로 양육되고 그분의 지체가 되는 점을 고려해 볼 때, 어떻게 육체가 영원한 생명이신 하나님의 선물이 될 수 있다는 것을 부인할 수 있는가? 사도의 말대로, 우리는 그분의 몸과 그분의 뼈의 지체들이다.

독자들은 이레나이우스의 의도에 주목하기 바란다. 그는 우리가 그리스도를 육체적으로 먹는지 그렇지 않은지에 대해 논하고 있는 것이 아니다. 그는 단지 그분의 살과 피가 우리에게 음식물과 음료가 되어, 우리의 살과 피에 영적인 생명을 불어넣어 주는 것이라고 주장할 따름이다. 문제를 제대로 푸는 데 있어 문맥에 주의를 기울이는 것보다 더 나은 방법은 없다. 영적인 교통 없이 그리스도의 몸을 나누는 교제란 없다. 영적인 교통은 영속적인 것이며 또한 우리에게 성만찬 시행과는 상관없이 별개로 주어졌다. 헤슈시오스는 우리가 그리스도의 몸을 받는 유일한 방법은 육체적으로 그리고 체 내에 받는 것이라고 주장한다. 신자들이 본질적으로 그리스도와 결합된다는 교리보다 그에게 더 참을 수 없는 것은 아무것도 없다. 책 전체를 관통하여 그가 주장하는 기본 논제는 이런 것이기 때문이다: 영적인 먹음이란 단지 신앙에 불과하다; 빵이 입으로 들어오는 바로 그 순간에 육체적인 먹음이 더해지지 않는다면 성만찬은 공허한 쇼가 되고 말 것이다. 그는 이러한 주장을 수없이 반복한다. 하지만 이레나이우스는 무엇이라고 말하는가? 우리가 성만찬 때에 누리는 교제에 대해 그는 바울과 다르게 생각하지도 않고 말하지도 않는다는 것이 확실한데, 바울은 신자들은 사나 죽으나 그리스도의 지체, 그분의 살 중의 살이고 뼈 중의 뼈(엡 5:30)라고 말하고 있다. 그의 어리석음을 극복하기 위해 나는 아주 평이한 어조로 말해야 한다. 그는 이레나이우스의 말에서, 그리스도의 몸이 영적인 방식으로뿐 아니라 입을 통해 육체적으로도 취해진다는 것을 입증하기를 원하고, 그리스도께서 요한복음 6장에서 말씀하시고 바울이 에베소서 5장에서 언급하는 영적인 먹음만을 인정하는 것은 이단적이라는 것을 증명하기를 원한다. 그에 따르면 육체적인 먹음을 빵과 분리시킬 수 없기 때문이다. 이레나이우스는 뭐라고 답하고 있는가? 우리가 거룩한 성만찬에서 빵과 포도주로 양육을 받는다는 것과, 바울이 선포하는 대로, 우리가 그리스도의 지체라고 대답한다. 따라서 헤슈시오스가 논쟁 전체의 핵심이라고 떠들어 대던 육체적인 먹음과 영적인 먹음 사이의 그런 구별에는 한계가 있는 것이다. 이것은 궤변이라고 그가 말한들 누가 그를 믿어 줄 것인가? 이레나이우스는 두 가지 명제를 단언한다: 이것은 내 몸이다; 우리는 그리스도의 지체이고, 그 정도와 질에 있어서 동일하다. 그런데도 우리의 주장을 비난하는 이 자는 이 두 가지가 분리되지 않는다면 모든 경건이 파괴되고 하나님이 부인된다고 소리친다. 사실상 그는 성만찬에서 우리에게 주어지는 것은 우리로 하여금 그리스도와 한 몸이 되게 하는 것일 뿐이라고 생각하는 에피쿠로스주의자들을 분명하게 연상시킨다.

우리의 견해는 테르툴리아누스, 힐라리우스, 그리고 이레나이우스가 비슷하게 단언하는 것 – 우리의 육체는 영생에 대한 소망 가운데서 그리스도의 육체에 의해 자양분을 얻는다 – 때문에 손상을 입지는 않는다. 이들은 헤슈시오스가 궁리해 내는 것과 같은 그런 논리에 기대지는 않기 때문이다. 반대로 그들은 우리가 그리스도와 나누는 영속적인 연합에 대해 언급하면서 그것이 신앙의 효력이라고 가르침으로써 모든 모호함을 제거한다. 이에 반해 헤슈시오스에 따르면 육체적인 먹음이 성만찬에 한정되고, 땅이 하늘에서 먼 것처럼 육체적인 먹음은 영적인 먹음과 다른 것이다. 힐라리우스는 이렇게 말한다(lib. 8, De Trinitate): 살과 피의 실체에 관해서라면, 모호함이 남을 여지가 전혀 없다. 왜냐하면 이제, 우리 주님 자신과 우리의 신앙 모두가 그것들이 참된 살이요 참된 음료라고 선언하고 있으며, 우리가 받아먹은 그것들은 우리를 그리스도 안에, 그리스도를 우리 안에 있게 해 주기 때문이다. 이것이 사실 아니가? 이제 주님은 자신의 살을 통해 우리 안에 있고, 우리는 주님 안에 있다. 게다가 우리가 주님과 함께 있다는 것은 하나님 안에 있다는 것이다. 우리가 살과 피를 나누는 성례를 통해 주님 안에 있다는 것을 그분 자신이 다음과 같은 말씀으로 선포하신다. "조금 있으면 세상은 다시 나를 보지 못할 것이로되 너희는 나를 보리니 이는 내가 살아 있고 너희도 살아 있겠음이라. 그 날에는 내가 아버지 안에, 너희가 내 안에, 내가 너희 안에 있는 것을 너희가 알리라"(요 14:19 이하). 만약 주님이 뜻의 일치만 이해되기를 바라셨다면, 왜 주님은 연합을 이루는 데 있어 어떤 단계와 순서를 말씀했겠는가? 주님은 자신의 신성으로 인해 하나님 안에 있고, 우리는 주님의 육체적인 탄생으로 인해 주님 안에 있고, 반면에 주님은 성례의 신비에 의해 우리 안에 있기 때문이다. 따라서 중보자를 통한 완전한 연합이 가르쳐진다: 우리가 주님 안에 거하고 있고, 아버지 안에 거하셨고 또 거하시는 주님이 우리 안에 거하심으로, 우리는 아버지와의 합일로 나아간다. 주님은 출생 때부터 본질적으로 하나님 안에 있었고 우리는 자연히 주님 안에 있고, 주님 또한 당연히 우리 안에 거하시기 때문이다. 우리 가운데 이와 같은 당연한 일치가 있다는 것을 주님 자신이 이렇게 선포하신다. "내 살을 먹고 내 피를 마시는 자는 내 안에 거하고 나도 그의 안에 거하나니"(요 6:56). 그들 안에 주님 자신이 거하지 않는다면 그 누구도 주님 안에 거하지 못할 것이다. 주님은 오직 주님 자신의 몸을 받아들인 사람들의 육체(assumed flesh)만을 그 안에 품고 있기 때문이다. 조금 후에 힐라리우스는 이렇게 말한다. 본래 육체적인 우리가 그리스도의 몸을 통해 우리 안에 영속적인 생명을 소유한다는 바로 이 사실이 우리 삶의 근거이다. 비록 우리가 자연적으로 그리스도에게 연합된다고 그가 반복적으로 말하고 있지만, 이 짤막한 문장으로 미루어 볼 때 그의 유일한 목적은 우리가 그리스도와 하나이기 때문에 그리스도의 생명이 우리 안에 거한다는 것을 입증하려는 것이라는 사실이 명백하다.

이레나이우스는 자신이 말하고 있는 영속적인 연합은 영적인 것이라는 점을 분명하게 밝히고 있다. 그는 이렇게 말한다(Bk. 4, ch.34): 우리의 견해는 성만찬과 부합되며, 성만찬은 우리의 견해를 확증해 준다. 왜냐하면 우리는 육과 영의 친교와 연합을 일관되게 선포하면서, 그분의 것들을 그분께 드리기 때문이다. 세상의 빵이 하나님에 의해 구별되면 더 이상 평범한 빵이 아니라 두 가지, 즉 세상에 속한 것과 하늘에 속한 것으로 이루어진 성체가 되는 것처럼, 우리의 몸도 성체를 받으면 더 이상 썩어지는 것이 아니라 부활의 희망을 갖게 된다. 다섯 번째 책에서 이레나이우스는 우리가 그리스도의 지체라는 것과, 우리 안에 거하시는 그분의 성령으로 인해 우리가 그분의 몸에 연합된다는 것을 보다 상세하게 설명하고 있다. 헤슈시오스가 우리를 뻔뻔하기 짝이 없다고 비난하는 이유는 단지 우리가 이런 진술들이 우리의 가르침과 반대되지 않고 완벽하게 일치한다고 말하고 있기 때문이다.

보다 해박한 해설은 키릴루스가 제공해 줄 것이다. 그는 자신의 세 번째 책에서 요한복음 6장에 실려 있는 우리 주님의 가르침을 설명하면서, 성만찬을 통해 그리스도의 몸이 우리에게 생명을 주시고, 우리가 거기에 참예함으로써 썩지 않는 것으로 되돌아가도록 인도되는 것 이외에, 성만찬에서 다른 먹음이란 없다고 고백한다. 자신의 네 번째 책(13장)에서 그는 이렇게 말한다: 우리 주님께서는 모든 사람의 생명을 위해 자신의 몸을 내어주셨고, 또한 그것을 통해 다시금 우리에게 생명을 불어넣으신다. 주님이 이 일을 어떻게 하시는지에 대해 내 능력껏 간략히 설명해 보겠다. 그것은 생명을 주시는 하나님의 아들이 육체 안에 거하셨을 때, 그리고 하나의 통일체로 계셨을 때, 말하자면 연합을 통해 말로 표현할 수 없는 통일체에 합일되어 계셨을 때, 그분은 그 육체 자체를 생기 있게 만드셨고, 따라서 이 육체에 참여하는 사람들을 생동하게 해주신다. 그는 이러한 일이 성만찬 안에서와 성만찬 밖에서 모두 일어난다고 주장하는데, "우리에게 생명을 불어넣는다"는 것이 무엇을 의미하는지 헤슈시오스에게 설명하게 해 보라. 책 17장에서 키릴루스는 이렇게 말한다: 누군가가 녹인 밀랍에 밀랍을 부으면, 그 둘은 틀림없이 서로 섞이게 되는 것처럼, 만약 누군가가 주님의 살과 피를 받으면 그는 틀림없이 그분과 하나가 되고, 그렇게 해서 그는 그리스도 안에 그리스도는 그 안에 있게 된다. 24장에서 키릴루스는 그리스도의 육체는 성령의 능력을 통해 생동하게 되는데, 우리 안에는 하나님의 성령이 거하시기 때문에 결국 그리스도가 우리 안에 계시는 것이라고 분명하게 주장한다.

이와 같은 거룩한 저술가들을 상대로 공허하고 우스꽝스러운 승리를 만끽한 후에, 헤슈시오스는 차마 감추지 못하고 알렉산드리아의 클레멘스에 대해서는 자신이 손을 든다고 무례하게 너스레를 떠는데, 이는 그가 클레멘스의 권위에 압도당했기 때문이다. 그는 또한 마치 자신이 우리의 옹호자나 대표자인 양 빈번히 활동하면서, 우리가 개진한 모든 것들을 자신의 능력이 닿는 한 최대로 향상시키고 확대시켰다고 떠벌여 댄다. 그는 우리가 제안한 것들에 설득력이 있는지 여부도 알 수 있다는 등등의 말을 지껄인다. 그가 이렇게 허풍을 떠는 사람이라면 그는 연약한 자일 뿐 아니라 전적으로 무기력하고 실패할 수밖에 없는 존재이다. 하지만 만약 그가 자신의 능력을 전적으로 싸움과 독설에 쏟는 대신에 바르게 판단하는 데 사용한다면, 그가 열을 올리는 무절제한 행동들이 상당히 줄어들 것이다. 유비(allegory)는 그리스도의 말씀에 의해 정죄된다고 내가 단언하는 한, 확실히 그는 내가 유비적인 먹음을 주장한다고 비난하지는 못할 것이다. 하지만 집요한 야망 때문에 싸움을 일삼고 결국 겸양과 신앙을 모두 악용하는 그런 경솔한 자들에게는 하늘이 일격을 가하는 것이 마땅할 것이다.

헤슈시오스가 오리게네스는 너무도 신랄하게 비판하여 신뢰할 만한 저술가 반열에 올려놓지도 않으면서 테르툴리아누스는 그처럼 배격하지 않는다는 것이 의아하다. "이것은 내 몸이다"라는 그리스도의 제정의 말씀을 그 타당하고 본래적인 의미가 아닌 다른 의미로 해석하려 드는 사람들을 상대로 그들이 신성 모독적인 타락의 죄를 범하고 있다고 주장하면서 테르툴리아누스가 얼마나 맹렬한 분노를 드러내는지 우리는 알고 있다. 하지만 그 자신이 테르툴리아누스에 의해 비난을 받는다고 느낄 때 그는 테르툴리아누스를 폭력적으로 누르려 하지 않고 오히려 도망쳐서 피하려고 한다. 테르툴리아누스는 이렇게 말한다: 그리스도는 "이것은 내 몸, 다시 말해 내 몸의 상징이다"라고 말씀하심으로써 그 자신의 몸을 제자들이 받아 나눈 빵으로 만드셨다. 만약 그것이 실제적인 몸이 아니었다면 그것은 상징이 아니었을 것이다. 왜냐하면 유령과 같이 공허한 것은 상징을 받을 수 없기 때문이다. 혹은 빵이 몸의 실체를 결여하고 있기 때문에 그분이 빵을 자신의 몸으로 만드셨다면, 그분은 우리에게 빵을 제공했어야만 한다. 하지만 빵이 십자가에 달렸다고 주장하는 것은 마르시온의 허구에 공헌하는 것이다. 테르툴리아누스는 빵이 그리스도의 육체의 참된 실체였다는 것을 증명한다. 왜냐하면 빵은 참된 실체의 상징이 되지 않고서는 상징이 될 수가 없기 때문이다. 헤슈시오스는 이러한 표현 방식에 만족하지 않았다. 왜냐하면 그것이 위험해 보였기 때문이다. 하지만 마치 잊어버리기라도 한 듯이 그는 거기에 다른 속임수가 없다는 조건 하에 그것을 인정한다. 속임수라는 말로써 그가 의미하는 바는 빵을 부재하는 육체의 표지 혹은 상징이라고 부르는 것이다. 독자들은 기억하기 바란다. 그 자신이 통상적으로 하던 방식으로 부재라는 단어를 그가 그럴싸하게 꾸며대는 일은 하지 않을 것이며, 일찍이 내가 그에게 상기시켰던 대로, 비록 그리스도가 장소와 실제적인 목격의 견지에서는 부재하지만, 그래도 여전히 신자들은 그분의 육체의 현존하는 실체를 참으로 누리고 거기서 자양분을 얻는 것이다.

하지만 그가 온갖 트집들을 잡아 대더라도 우리에게서 테르툴리아누스의 지지를 빼앗아 가지는 못할 것이다. 테르툴리아누스가 빵이 몸이 되었다고 말할 때, 그 의미는 오직 그 문맥에서 파악될 수 있기 때문이다. 포도주에서 피를 성별한다는 것은 피를 포도주에 첨가한다는 표현과 같은 뜻이 될 수 없으며, 그것은 다음의 문장에 부합된다. 그리스도가 자신의 피로 인 치신 언약을 말씀하실 때 자신의 육체의 실체를 확증하신 것인데, 그것은 진짜 육체에 속하지 않는다면 피가 될 수 없기 때문이라고 그가 말하는 문장이다. 십자가 위에서 수행된 인치심이 그리스도로 하여금 자신의 백성들과 영원한 언약에 들어가게 해주는 성별과 비견된다는 것은 그 누구도 의심할 수 없다. 테르툴리아누스가 우리 육체가 그리스도의 몸과 피를 먹고, 그래서 하나님을 먹고 사는 것이라고, 다른 말로 해서 신성에 참여하게 된다고 말하고 있는데, 헤슈시오스는 이 구절에 대해서는 아무런 언급도 하지 않고 있다. 요점은 우리 육체를 부활의 희망으로부터 배제시키는 것은 터무니없고 불경건한 것인데, 그것은 그리스도께서 영생의 상징들로써 육체를 고귀하게 해주셨기 때문이다. 따라서 그는 세례뿐만 아니라 기름부음, 십자가 형상, 그리고 손을 얹는 것까지도 같은 부류에 놓는다. 하지만 너무나 어리석게도, 헤슈시오스는 우리가 오직 믿음만으로 그리스도의 육체에 참예하는 자가 되는 것이 아니라는 것을 입증하기 위해, 주기도문에 대한 테르툴리아누스의 글에서 한 문장을 인용하고 있다. 그 글에서 테르툴리아누스는 이렇게 말한다: 일용할 양식을 위한 기도는 영적으로 이해될 수 있는데, 이것은 그리스도가 우리의 빵이기 때문이고, 그리스도가 우리의 생명이기 때문이고, 그분이 하늘에서 내려오신 살아계신 하나님의 말씀이기 때문이며, 그분의 몸이 빵 안에 있다고 믿어지기 때문이다. 여기서 헤슈시오스는 우리가 그리스도에게서는 영원함을 그리고 그분의 몸에서는 개별성을 구한다고 결론짓는다. 만약 이중 게임을 하는 것이 그의 의도였다면 우리의 주장을 더욱 지지할 수도 있지 않았겠는지 묻고 싶다. 그가 고대를 계승하고 있다고 뽐내었던 근거가 이런 것이다.

이와 유사한 능란함으로 헤슈시오스는 키프리아누스를 자신의 후원자로 내세우고 있다. 키프리아누스는 그리스도의 예배에 부름을 받아 자신들의 피를 흘릴 수밖에 없게 되는 신자들에게 그리스도의 피가 거부되지는 않을 것이라고 주장한다. 이것으로 그는 그리스도의 몸이 빵의 상징으로 주어진 것처럼 그리스도의 피가 잔으로 우리에게 주어진다는 것 이외에 달리 무엇을 입증할 수 있는가? 또 다른 구절에서 아쿠아리 분파*와 논쟁하면서 그는 만약 그리스도의 피를 나타내 줄 포도주가 잔에 들어 있지 않다면 결코 그 잔 속에 생명을 주는 그리스도의 피가 있는 것으로 간주될 수 없다고 말하는데, 여기서 그는 우리의 교리를 확증하고 있는 셈이다. 포도주가 피를 표시한다고 할 때, 포도주가 피의 표지 혹은 상징이라는 것 이외에 무슨 뜻이 있는가? 곧바로 그는 똑같은 말을 반복하여, 물만으로는 그리스도의 피를 표현하거나 가리킬 수 없다고 말한다. 하지만 그는 동시에 마치 이 경건한 순교자 ― 이 순교자는 신비스러운 잔이 그리스도의 피를 나타내기 위해서는 오직 물로만 섞여야 하는지 여부를 묻는 질문에 사로잡혀 있다 ― 의 머리 속에 공간적 둘러싸임(local enclosing)이라는 개념이 들어 있기나 했던 듯이, 피가 잔 안에 있다고 말하고 있다.

헤슈시오스가 인용하고 있는 또 다른 구절은 이것이다. "누구든지 자격이 없이 먹거나 마시는 자는 주님의 몸과 피에 죄를 범하는 것이라"고 기록되어 있는데, 어떻게 저들은 감히 불경한 자들에게 성만찬을 베풀어, 그리스도의 거룩한 몸을 더럽히는가? 내 생각도 다르지 않고, 다르게 말하지도 않을 것이다. 하지만 도대체 무슨 논리로 이 유능한 사람은 이 말씀으로부터 그리스도의 몸이 자격 없는 자들에게 주어지고 있다는 결론을 내릴 수 있게 되었는가? 누구나 '베푼다'(giving)는 단어가 성만찬에 해당한다는 것을 안다. 키프리아누스는 분별없이 모두를 받아들이는 것은 거룩한 몸을 모독하는 것이라고 주장한다. 우리의 트라소의 입장에서는 환호를 지를 만한 호기이다. 다른 구절에서 키프리아누스는 경건치 못한 손으로 성만찬에 끼어드는 사악한 자들이 그리스도의 몸을 침탈하고 있다고 말하고 있으며, 주님의 몸을 더러워진 손으로 곧바로 받거나 혹은 오염된 입술로 주님의 피를 마시지 못한다고 해서 사제들에게 몹시 성을 내는 신성 모독적인 사람들을 신랄하게 비난하고 있다. 마치 이전에는

---

* Aquarii : 고대에 유행했던 분파로서 성만찬 때에 물로 포도주를 대신했다. 테오도시우스 1세는 382년 칙령에서 이들을 마니교의 한 분파로 규정하였다.

이런 식으로 말하는 것이 초기 작가들에게 일반적이었다는 사실이 알려지지 않았다는 듯이, 혹은 이미 수년 전에 똑같은 구절과 그와 유사한 다른 구절을 암브로시우스에게서 인용한 바 있는 내가 그와 같은 표현에 어떤 반감을 가지고 있기라도 한 듯이 난리이다. 헤슈시오스는 자신이 몰두하고 있는 일에 불합리함이 있다는 것을 보지 못한다. 키프리아누스도 그들이 그리스도의 살과 피에 폭력을 가한다고 말하고 있기 때문에, 그리스도 자신이 사악한 자들의 방종과 폭력에 노출되어 있다는 결론이 나올 것이다.

에우세비오스는 알렉산드리아의 디오니시오스가 오랫동안 주님의 살과 피에 참예하면서 거룩한 음식을 받아 왔던 사람에게 새로운 세례를 줌으로써 입회시키는 것이 부적합하다고 말한 구절을 인용한다. 이것에 대해 헤슈시오스는 이단에 의해 세례를 받은 사람이 그리스도의 몸을 받아 왔다면 그것은 분명 믿음과 회개 없이 먹은 것이라고 주장하면서, 그것은 분별없음이나 실수와 진정한 불경건 사이에 아무런 차이가 없는 것과 마찬가지라고 하였다. 그는 자신이 고대 저술가들을 대단한 찬사의 말들로 꾸밈으로써 많은 것을 얻을 수 있으리라 생각했지만, 그것은 억지일 뿐이며 자기 자신을 더욱 우스꽝스럽게 만들었을 뿐이다. 그는 시끄러운 입으로 그들에 대한 찬사를 내뿜지만, 그런 다음 요점에 이르러서는 결국 그들에게서 아무런 지지도 받지 못한다. 그는 아타나시우스가 불후의 칭송을 받을 만한 거룩한 저술가라고 말한다. 누가 그것을 부인하는가? 그런데 그것이 어쨌단 말인가? 그리스도가 자신의 몸으로써 대제사장이셨고, 똑같은 것으로 우리에게 신비를 전해 주셨다고 말하는 것은, 다시 말하면 이것은 내 몸이다, 이것은 옛 언약이 아니라 새 언약의 피라고 말씀하신 것은, 그가 성만찬에서 참된 살과 피에 대해 말하고 있음이 분명하다는 것을 말해준다. 우리는 너를 위해 주는 몸이라는 말씀과 죄의 구속을 위해 흘리는 피라는 말씀을 분리시키는 것은 불가능하다고 주장한다. 그것을 분리시키는 것은 용서할 수 없는 폭력이다. 우리가 피를 실제적인 것이 아니라고 생각한다는 것인가? 아타나시우스는 여기서 우리를 위해 그리스도의 살과 피를 통해 하나의 신비가 성별되었다고 제대로 가르치고 있다. 우리의 견해를 설명하는 데 이보다 더 적합한 말은 아무것도 없을 것이다. 그리스도가 진짜 살과 진짜 피를 지니지 않았었다면(여기서 관련된 유일한 핵심), 우리의 구원이 기초하고 있는 성만찬의 성별 의식이 헛될 것이다.

나는 이미 얼마나 터무니없이 그가 우리를 대적해 힐라리우스를 내세우고 있는지 밝힌 바 있다. 힐라리우스는 생명을 주시는 그리스도의 개입을 분명하게 다루고 있다. 그것은 외부적인 성만찬의 거행을 필요로 하지 않고 신자들에게 영속적인 활력을 지속시킨다. 헤슈시오스는 자신이 이것을 반박하는 것은 아니라고 말한다. 그렇다면 대체 무엇 때문에 그는 우리를 상대로 그 점에 대해 아무런 관계도 없는 말들을 비틀어 왜곡하는 것인가? 더욱이 터무니없는 것은 우리가 논박을 당하는 것이 단 한 가지 표현, 즉 우리가 하나의 신비를 통해 그리스도의 몸을 받는다고 말한 것 때문이라는 점이다. '하나의 신비를 통해'(under a mystery)라는 말이 '성례전적으로'(sacramentally)라는 말과 정확히 같은 의미가 아니기라도 하단 말인가. 이 말은 우리 교리의 확증을 위해 가장 적절하게 말해진 것이다. 하지만 누구라도 그가 그저 어리석은 행동으로 실수를 범하고 있다고 생각하지 말아야 한다. 그는 더할 수 없는 악의를 품고, 우리의 말에 따르면 성만찬에서 오직 신성만이 우리에게 주어진다고 덧붙여 말한다. 이것을 근거로 그는 이 한 구절이야말로 모두의 판단에 있어 논쟁을 해결하기에 충분하다고 말한다.

그는 에피파니오스(Epiphanios)를 인용하면서 똑같은 방식으로 자신을 무심코 드러낸다. 이 작가는 인간이 어떻게 하나님의 형상으로 창조되었는지에 대해 논하면서 이렇게 말한다: 만약 그것을 몸에 대해 말하는 것으로 이해한다면, 가시적이고 손으로 만질 수 있는 것과 비가시적이고 불가해한 성령 사이에 상응하는 유사성이 있을 수 없는 것이 되지만, 반면에 만약 그것을 영혼에 대해 말하는 것으로 이해한다면 거기에는 커다란 차이가 있게 된다. 왜냐하면 많은 약점과 결점을 면할 수 없는 영혼이 그 안에 신성을 담을 수는 없는 일이기 때문이다. 따라서 에피파니오스는 불가해한 하나님께서 자신의 형상을 따라 사람들에게 부여하시는 것들을 그 자신이 정확하게 수행하신다고 결론을 내린다. 이후에 그는 다음과 같이 덧붙인다. "얼마나 많은 것들이 그 닮은 것으로부터 유추되는가! 우리는 우리 구주께서 어떻게 손으로 그 잔을 취하여, 복음서에 기록되어 있는 대로, 그분이 성만찬 자리에서 어떻게 일어나서 잔을 들어 감사를 드린 후에 이것은 내 것이라고 말씀하셨는지 알고 있다. 하지만 우리는 그것이 물질적인 형태나 비가시적인 신성이나 신체의 부분과 동일하거나 유사하지 않다는 것을 안다. 왜냐하면 그것은 둥글고 그 감각을 느끼기 어렵기 때문이다. 그분은 이것이 내 것이라고 은혜로 말하고자 하셨고, 그의 말씀을 믿지 않는 자는 아무도 없다. 그분 자신이 말씀하신 것에 대해 그분이 진실하시다는 것을 믿지 않는 사람은 은혜에서도 믿음에서도 떨어져 나간 자이다." 독자들이여, 이 진술의 정황에 주의를 기울이시라. 에피파니오스는 비록 똑같지는 않지만 하나님의 형상이 참으로 인간 속에서 빛나고 있으며, 이와 같이 빵도 참으로 몸이라고 불려지는 것이라고 주장한다. 그러므로 빵이 참으로 물질적으로 몸이라고 하는 헤슈시오스의 망상보다 더 이 작가의 생각과 일치하지 않는 것은 아무것도 없다는 것이 명백하다. 헤슈시오스는 만약 성만찬의 빵이 몸이 아니라면 왜 에피파니오스는 성만찬의 말씀들에 대한 믿음을 주장하는지 묻는다. 그것은 우리가 썩어질 음식이 영생의 보증이라고 이해하는 것은 오직 믿음에 의한 것이기 때문이다. 바울은 음식물은 몸을 위하고 몸은 음식물을 위하나, 하나님은 이 둘을 다 폐하시리라(고전 6:13)고 말한다. 빵과 포도주에서 우리는 영적인 양분을 구해, 은총의 부활에 대한 소망으로 우리의 영혼을 소생시키고자 한다. 우리는 그리스도에게로 우리가 연합되고, 그분이 우리 안에 거하면서 우리와 하나가 되기를 구한다. 하지만 에피파니오스는 성만찬의 열매나 효력에 대해서는 다루지 않고, 몸의 본질에 대해서만 다루고 있다. 그의 결론을 읽고 이것이 얼마나 맞는지 독자들은 판단해 보라. 성찬식에 대해 말하기 전에 그는 그 상징이 모세와 더불어 시작되었고, 요한에 의해 활짝 열렸지만, 그 선물은 그리스도 안에서 완성되었다고 말한다. 그러므로 그들 모두가 본성을 따른 것이 아니라 형상을 따른 것을 소유하고 있다. 그들은 형상을 따른 것을 지니고 있지만, 그들이 하나님과 동등한 정도로 그것을 지니는 것은 아니다. 하나님은 불가해한 분이시고, 모든 영 위의 영이시며, 모든 빛 위의 빛이시기 때문이다. 그는 사물들에 한계를 정하지만, 그것들을 포기하지는 않는다. 나는 헤슈시오스가 그리스도의 몸을 믿음 없이도 먹을 수 있다고 주장하면서, 그리고 우리가 믿음을 요구한다는 이유로 우리를 신랄하게 비난하면서 어떻게 감히 믿음에 대해 언급하고 있는지 그저 놀라울 뿐이다.

그는 바실레이오스가 자기편이라고 떠들어 댄다. 바실레이오스가 더러운 영혼을 지닌 채 감히 그리스도의 몸에 손을 대는 사람들에게 세속적이고 불경한 용어들을 적용하고 있다는 것이 그 이유이다. 초기 작가들은 종종 그리스도의 몸이 땅에 떨어져서 먹어 치움을 당한다고 이야기하는데, 그들은 물체의 이름을 그 상징에게로 이동시키는 데 결코 주저하지 않았기 때문에 그렇게 말할 수 있었다.

나는 암브로시우스가 이와 똑같은 식으로 말한 적이 있고, 이것은 어떤 의미에서 그리스도의 제정의 말씀에 대한 그의 해석에서 명백하다고 앞서 밝혔다. 그는 이렇게 말한다. 우리를 위해 주신 살과 피를 먹음으로써 그 사건을 기념할 때, 그리스도의 죽으심을 통해 우리가 구속받았다는 것을 나타내는 것이다. 곧바로 그는 이렇게 말한다. 그러므로 언약은 피로 세워졌는데, 왜냐하면 피는 하나님의 은혜의 증거이고, 그 은혜의 표상으로 우리는 신비로운 피의 잔을 받는 것이기 때문이다. 뒤이어 그는 무엇이 그리스도의 몸에 죄를 범하는 것이고, 그리스도의 죽으심에 대한 벌을 받을 것인가 묻는다. 따라서 그는 경건한 마음으로 성만찬에 나아올 것을 우리에게 명하면서, 경외심이 그리스도의 몸을 받고자 하는 사람이 마땅히 지녀야 할 자세라는 것을 상기시킨다. 우리가 신비 가운데 마시는 피는 바로 주님의 피라는 사실을 깨달아야 한다. 마치 우리가 이 구절에서 우리 교리의 표현을 빌려오기라도 한 것처럼 이 구절이 우리를 지지하고 있음에도 불구하고, 헤슈시오스는 이 구절을 우리에게 대적하는 근거로 제시할 만큼 부끄러움을 모른다.

심지어 헤슈시오스는 시(詩)를 가지고 우리를 대적한다. 나지안주스의 그레고리오스(Gregory of Nazianzus)가 시적인 표현을 빌려, 사제들이 위대한 하나님의 핏덩어리를 들고 다닌다고 말하고 있다는 것을 근거로, 헤슈시오스는 빵이 바로 그리스도의 몸이라고 감히 유추한다. 내 대답은 단순하며, 나는 제정신을 지닌 사람이라면 누구나 이에 동의하리라 확신한다: 그레고리오스는 아우구스티누스가 빵을 제자들에게 나누어 주는 그리스도에 대해 말하면서 그분이 자신의 손에 자기 자신을 쥐었다고 아주 스스럼없이 말했던 것 이상을 말하려 한 것이 아니라는 것이다. 바로 이 표현이 어려움을 완전히 해결해 준다. 그는 이렇게 말한다(Serm. de Pasch.): 피, 수난, 하나님의 죽음이라는 말을 들을 때 불경하게 미혹되지 말고, 생명을 바란다면 확신을 가지고 살을 먹고 피를 마시라. 그렇지만 헤슈시오스는 그의 이런 말들을 맞지 않는 의미로 터무니없이 왜곡시킨다. 그는 거기서 성만찬의 신비에 대해 말하는 것이 아니라, 우리 구주의 성육신과 죽음에 대해 말하고 있기 때문이다. 비록 그레고리오스가 먹고 마신다는 표현을 하면서 믿음을 권고하고 있고 이것이 성만찬을 암시하고 있다는 것을 내가 부인하지 않지만 말이다.

히에로니무스에 관해서는 많이 언급할 것이 없다. 헤슈시오스는 히에로니무스가 빵이 그리스도의 몸이라고 말하고 있는 한 구절을 인용하고 있다. 나는 히에로니무스를 더욱 환영하는 바이다. 왜냐하면 그는 헬리오도루스(Heliodorus)에게 보내는 글에서 성직자가 그리스도의 몸을 만든다고 말하고 있기 때문이다. 또 다른 곳에서 그는 성직자가 그리스도의 피를 사람들에게 분배한다고 말하기도 한다(in Malach. ch. 1). 한 가지 의문은 그가 무슨 뜻으로 이렇게 말하고 있는가 하는 것이다. 만일 우리가 '신비 안에서'라는 구절을 첨가한다면, '신비 안에서'(in a mystery)와 '육체적으로'(corporeally)라는 말이 정반대라는 것이 분명하므로, 논쟁이 끝나지 않고 계속될 것인가? 히에로니무스는 궤변적인 트집 잡기로 무엇을 얻을 수 있는가라고 이의 제기를 함으로써 모든 의혹을 제거하고 있다. 나는 다른 구절에서 히에로니무스가 악한 자들이 그리스도의 몸을 합당하지 않게 먹는다고 말하고 있다는 것을 인정하지만, 그가 덧붙이고 있는 대로, 그들은 그렇게 함으로써 그리스도의 몸을 오염시키고 있다. 여기에는 이의제기를 할 만한 것이 아무것도 없다. 만약 헤슈시오스가 그리스도를 불경건한 자들의 방종에 내맡겨서 그들로 하여금 그리스도의 순전하고 거룩한 육체를 오염시키도록 하지 않는다면 말이다. 히에로니무스는 불경하게 다루어지는 곳에서 그리스도의 몸은 오염된 빵일 뿐이라고 분명하게 설명한다. 또 다른 구절에서 히에로니무스는 더욱 명백하게 말하고 있는데, 사악한 자들이 그리스도의 육체를 먹고 그 피를 마신다는 사실을 분명하게 부인하고 있다. 그는 악한 자들이 그리스도의 유일회적인 희생은 내팽개치고 그 살은 먹지 않으면서 많은 희생제물을 바쳐 그것들의 살을 먹고 있지만, 믿는 자들에게 양식이 되는 것은 그리스도의 살이다라고 말한다(in Hos. ch.9). 왜 헤슈시오스는 이 문제에 대한 설명이 이처럼 분명하게 제시되었는데도 유치하게 트집을 잡고 있는가?

그의 모든 궤변적인 헛소리의 요지는 아래의 삼단 논법으로 정리될 수 있다.

1. 그리스도의 몸이라고 불리는 것은 무엇이든지 그 본질과 실제에 있어 그의 몸이다.

2. 이레나이우스, 테르툴리아누스, 키프리아누스, 유스티노스, 암브로시오스, 히에로니무스, 아우구스티누스를 포함한 여러 사람들이 거룩한 성만찬의 빵을 그리스도의 몸이라 부른다.

3. 그러므로, 성만찬의 **빵**은 본질적으로 그리고 실제적으로 그리스도의 몸이다.

헤슈시오스가 이렇게 뻔뻔하게 말하고 있는데, 히에로니무스의 상이점은 헤슈시오스의 꿈을 완벽히 산산조각 내어 버려, 그로 하여금 자신의 말을 정반대로 수정할 수밖에 없도록 만들고 있는데, 나는 이러한 히에로니무스의 상이점에 대한 헤슈시오스의 대답을 듣고 싶다. 그는 이렇게 말한다(*Ep. ad Eph.*, ch. 1). 그리스도의 살과 피는 이중적인 의미로 받아들여진다. 그리스도 자신이 내 살은 참된 양식이라고 말할 때와 같은 영적이고 신적인 의미, 또는 십자가에 못 박힌 육체와 군병들의 창에 의해 흘린 피가 그것이다. 나는 히에로니무스가 이중적인 의미의 육체를 염두에 두었다고 생각하지 않는다. 오히려 나는 그가 육체적인 먹음이라는 허구가 날조되지 않도록, 영적인 의미, 즉 다른 양태의 교통 방식을 가리키고 있다고 믿는다.

헤슈시오스가 크리소스토무스에게서 끌어온 구절에 대해서 간략하게 살펴보자. 이 경건한 교사는 우리에게 믿음을 가지고 접근하고, 그래서 베풀어진 그리스도의 몸을 받을 뿐 아니라 순전한 마음으로 그것을 만지라고 요구하고 있다. 이 유능한 주석가는 일부 사람들이 믿음이 없이 부정한 마음으로 그리스도의 몸을 받고 있음을 암시하고 있다. 크리소스토무스는 실제적인 몸을 육체적으로 받는 것을 암시하고 있지만, 몸이라는 단어를 사용함으로써 성찬 의식의 위엄을 높이고 있는 것 같지는 않다. 그가 다른 곳에서 자신의 뜻을 밝히면서 동시에 바울의 생각을 분명하게 드러내고 있다면 어떠한가? 그는 주의 살과 피를 범하는 것이 무엇인지 묻고 있다(*Hom. 27 in 1 Cor.*). 피가 흘려졌기 때문에, 그는 단지 희생이 아니라 살인이 개입되었다고 말한다. 그의 대적자들이 피를 마시기 위해서가 아니라 피를 흘리기 위해서 그분을 찌른 것과 마찬가지로, 합당하지 않게 성만찬에 참여하는 자는 아무런 유익을 얻을 수 없다. 확실히 눈 먼 자라도 크리소스토무스가 사악한 자들이 그 피를 마시지 않고 흘리기만 하는 죄를 범하고 있다고 주장하고 있다는 것을 알 수 있을 것이다. 매우 어리석게도 헤슈시오스는 크리소스토무스가 영혼의 영적인 먹음에 관해 말한 것을 위와 내장에 갖다 붙이고 있다. 크리소스토무스의 말은 이렇다: 몸이 우리 앞에 놓여 있는데, 이 몸은 우리가 만질 수 있을 뿐 아니라 먹고 배부를 수도 있는 몸이다. 헤슈시오스는 이 말이 몸이 내장에 들어갔다는 말과 똑같은 말이라고 주장한다.

아우구스티누스를 옹호자 혹은 증인으로 끌어들이면서, 헤슈시오스는 뻔뻔함의 극치에 도달하고 있다. 이 성자는 우리에게 빵 안에서 십자가에 달린 것을 받으라고 말한다. 헤슈시오스에 따르면, 이 말보다 더 분명한 것은 없다. 우리가 그것을 받는 양식에 대해 합의하기만 한다면 그것은 의심의 여지없이 그렇다. 그가 「야누아리우스에게 보내는 편지」(Epistle to Januarius)에서 사람들이 성만찬 상에 나가기 전에 금식해야 하고, 그래서 그리스도의 몸이 다른 어떤 음식물보다 먼저, 우리가 덧붙이자면 '신비 가운데', 혹은 '성례전적으로' 입 안에 들어가야 한다는 교회의 법령이 승인되어야 한다고 말할 때, 일체의 다툼이 그칠 것이다. 하지만 헤슈시오스는 어이없게도 모호한 용어에 사로잡혀, 논쟁의 핵심을 보지 못한다. 사도의 말씀에 대한 설교에서 이중적인 먹음, 즉 영적인 것과 성례전적인 것에 대해 말하면서, 그는 성만찬에 참여하는 사악한 자들이 그리스도의 살을 먹는다고 분명하게 공표하고 있다. 그렇다. 하지만 그가 다른 곳에서 가르치고 있는 대로 그것은 성례전적인 먹음이다. 만약 이런 구절들이 우리의 주장을 분명하게 논박하는 것이 아니라면, 헤슈시오스로 하여금 자신은 한낮에 해가 빛난다는 것마저 부인할 것이라고 말하게 하라. 나는 베스트팔에게 답변하면서 내가 그와 그의 동료들의 중상 모략적인 비난을 완전히 처리했다고 믿으며, 아무리 싸우기 좋아하는 자라도 정직의 흔적이라도 지닌 자라면 헤슈시오스의 불쾌한 언동을 흉내 내어 조소 거리가 되기보다는 침묵을 지킬 것이라고 확신하고 있다. 헤슈시오스는 아우구스티누스가 그리스도의 몸이 빵 속에 그 피가 잔에 주어져, 사제들의 손을 통해 배분되고, 믿음에 의해서뿐만 아니라 입을 통해서도, 그리고 경건한 자들뿐 아니라 사악한 자들에 의해서도 취해진다고 말하고 있다고 해서, 마치 그가 성만찬에서 그리스도 몸이 실제적으로 임재한다고 주장하고 있는 양 말하고 있다. 아우구스티누스가 어떤 의미에서 몸이라는 단어를 사용하고 있는지에 대해 분명한 정의를 내리지 않는 한 헤슈시오스가 기만적인 행동을 하고 있는 것이라고 나는 답하고 싶다. 그렇지만 아우구스티누스 그 자신보다 더 나은 해설자를 과연 어디서 찾을 수 있을 것인가? 같은 구절들에서 성만찬 혹은 몸의 성례전이라는 용어를 뒤섞어 사용하면서, 아우구스티누스는 자신이 의미하는 바를 한 문장에서 분명하게 밝히고 있다. 거기서 그는 성례전들은 유사성이라는 측면에서 그것들이 상징하는 사물들의 이름을 받게 되고, 따라서 몸의 성례전도 어떤 의미에서 몸이라고 말하고 있다(*Ep. 23 ad Bonif.*). 그러므로 헤슈시오스가 종종 모호한 표현을 내밀곤 하지만, 아우구스티누스가 그렇게 말하면서 자기 주관을 잃은 것이 아니고 단지 그가 다른 사람들에게 권고하는 규칙을 따르고 있는 것이라고 대꾸하는 것은 어렵지 않을 것이다(*Contra Adimant.*). 똑같은 취지로 그는 다른 곳에서(*in Ps. 3*) 몸의 표지(sign)를 상징(figure)이라고 부르고 있다. 또한 그는 다른 곳에서는(*in Ps. 33*) 그리스도가 어떤 의미에서 자신의 손 안에 임했다고 말한다. 아니라면 나로 침묵하게 하고, 아우구스티누스로 하여금 중상 비방에 대해 해명하게 하라. 그가 사물의 이름을 그것을 나타내는 외적인 상징에 갖다 붙이는 것은 유사성 때문이고, 따라서 빵을 그리스도의 몸이라고 부르는 것도 그 때문이다. 헤슈시오스가 내세우는 것처럼 엄격한 의미에서 혹은 실질적으로 그렇다는 것이 아니라 그것은 일정 정도 말하는 방식인 것이다.

　이 경건한 저술가가 임재에 관해 취한 입장은 「다르다누스에게 보내는 편지」(*Epistle to Dardanus*)에 아주 명백하게 나타나 있다. 여기서 그는 그리스도가 자신의 육체에 불멸성을 주었지만 그 본성을 파괴하지는 않았다고 말하고 있다. 우리는 이 본성과 관련해서 그리스도가 도처에 편만하다고 생각하지는 않을 것이다. 왜냐하면 우리는 몸의 실체를 파괴할 정도로 인간의 신성을 고양시키는 것을 경계해야 하기 때문이다. 하나님 안에 있는 것이라고 해서 하나님처럼 모든 장소에 존재하는 것은 아닌 것이다. 결국 그는 하나님의 독생자인 동시에 인간의 아들이신 그분은 하나님과 마찬가지로 어느 곳에서나 온전히 현존하시고, 하나님의 전, 즉 교회에서는 말하자면 살아 계신 하나님이고, 동시에 참된 몸의 방식을 따라서는 하늘의 특정한 한 장소에 계신다고 결론을 내리고 있다. 다음 구절도 같은 의미이다(*in Joann. ev. Tract. 50*): 우리는 위엄 가운데 임하시는 그리스도를 항상 경험하지만, 육체 가운데서 그분이 실지 말씀하신 바는 "너희들이 항상 나를 보는 것은 아니다"는 것이다. 이 경건한 저술가가 자신이 공간적 임재에 얼마나 반대하고 있는지 선포하고 있는 비슷한 구절들은 생략하겠다. 몇몇 구절들은 헤슈시오스가 그리스도의 육체가 사악한 자들에 의해 먹힌다는 자신의 주장을 얼마나 맹랑한 말들로 가증스럽게 늘어놓는지를 밝혀주고 있다. 먼저, 그는 성례의 효력을 가시적인 성례와 대비시키고 있다. 그는 내적으로 먹는 것과 외적으로 먹는 것을 대조시키고, 가슴으로 먹는 것과 이로 씹어 먹는 것을 대비시키고 있다. 영적인 먹음과 다른 어떤 육체의 비가시적인 먹음이 있다면, 거기에는 3중적인 구분이 필요할 것이다. 잠시 후에 그는 똑같은 대조를 반복하고 있다(*in Joann. ev. Tract.* 26): 그 자신이 그리스도 안에 거하지 않고, 그리스도도 그 안에 거하지 않는 자는, 비록 몸의 성례를 육체적으로 그리고 가시적으로 이로 씹는다 할지라도 그분의 살이나 피를 영적으로 취할 수 없다. 아우구스티누스가 헤슈시오스의 꾸며낸 이야기를 인정했더라면, 그는 "비록 누군가가 그 몸을 육체적으로 먹을지라도"라고 말했을 것이다. 그렇지만 이 경건한 선생은 일관성이 있는 사람이기에, 자신이 나중에 가르치는 것과 다른 것은 여기서 아무것도 말하지 않고 있다. 그는 나중에(*in Joann. ev. Tract.* 59) 다른 제자들은 빵을 주님으로 여기고 먹었지만,[22] 유다는 주님에 대적해서 주님의 빵을 먹었다고 가르친다. 이것은 다른 구절에 의해서도 잘 확인된다. 거기서 그는 다시금 그리스도의 육체를 '성례전적으로' 그리고 '참으로' 먹는 것에 반하는 것들에 반대한다. 따라서 사악한 자들은 참으로 먹는 것이 아니라는 말이 된다. 요컨대 그가 성례전적이라는 표현으로 이해하는 바를 보다 충분하게 나타내 보여주는 것은 그가 상징들 안에서 선과 악이 소통한다고 선포할 때이다(*Contra Faustum*, Bk. 13, ch. 16). 그는 다른 곳에서(*Serm. 2 de verb. Apost.*) 이렇게 말한다: 만약 성례에서 가시적으로 취해진 것이 실제로 영적으로 섭취된 것이라면, 그때 그리스도의 살과 피는 모두에게 생명이 될 것이다. 만약 헤슈시오스가 사악한 자들이 영적으로 먹지 않는다는 데 대해 이의를 제기한다면, 나는 아우구스티누스가 오직 믿는 자들만이 참예하는 것이라 여기는 실제(reality)라는 말로 무엇을 뜻하고 있는지 묻고 싶다. 더욱이 만약 아우구스티누스가 그리스도의 몸을 사악한 자들이 실체적으로 먹는다고 생각했다면, 그는 그것을 가시적인 것으로 표현했어야 했다. 왜냐하면 가시적인 섭취 이외의 그 어떠한 것도 사악한 자들에게 귀속되지 않기 때문이다. 헤슈시오스가 짐짓 그런 척하고 있는 대로, 정말로 아우구스티누스의 한 마디가 다른 교부들의 장황설보다 자신의 판단에 더욱 중요한 것이라면, 이런 놀랄 만한 구절들이 그에게 아무런 인상도 남기지 못한다면 그는 얼간이보다 더한 지경이라는 것은 초등학교 학생이라도 알 수 있을 것이다. 그리고 확실히 이런 어릿광대와 관계를 맺고 있는 나 자신을 볼 때, 내가 그의 쓸데없는 생각들을 논하느라 내

---

22. 원문에서는 바로 동격으로 *panem Dominum*이라 쓰고 있다.

시간을 허비하고 있는 것이 정말이지 너무나 수치스럽다는 생각에 마음이 좋지 않다.

이 부분을 끝내고, 그는 다시 도망쳐, 우리를 주제에서 벗어나게 만들려 한다. 의심의 여지없이 그가 작은 꽃들로 화관을 만들듯이 악담들을 모으러 이리저리 다니는 동안, 그는 자기 자신을 매우 현란한 웅변가처럼 여기는 듯하다. 하지만 쓸데없는 그의 다변을 들을 때 나는 쓸모없는 행상인의 떠드는 소리를 듣는 것 같다. 그는 주제넘게도 우리에게서 이단의 명확하고 특별한 특징들을 찾아내려고 한다. 우리가 우리 실수를 변호할 수 없을 때 그것을 속이는 말로써 슬쩍 덮고 있다는 것이다. 하지만 우리가 핵심에 다다랐을 때, 그는 어떤 속임수라도 발견했는가, 아니면 어떤 핑계, 거짓, 트집, 계략이라도 간파했는가? 나는 그가 자제하려 들지 않는 그리스어 용어 문제는 생략하고자 하지만, 그는 명사 대신에 형용사를 씀으로써 자신의 무지를 드러내고 있다. 그는 내가 메타포와 알레고리를 부인하고 환유(metonymy)에 의존한다고 주장하지만 그의 속임수는 아직 명확하지 않다. 그 다음에 그는 내가 그리스도의 몸을 먹는 것이 믿음으로 그분의 은혜를 받아들이는 것 이외에 아무것도 아니라고 주장하는 사람들의 정서를 부인한다고 말한다. 이런 구별이 빛보다는 연기를 만들어 낸다[23]는 것은 사실이 아니다. 그것은 주제를 적절하고 의미 있게 개진하는 것이다. 내 논지는 그리스도의 몸을 영적으로 먹는 것이 믿는 것보다 더 나은 어떤 것이라는 것인데, 그는 이것을 망상이라 부른다. 그가 너무나 명백하고 분명한 것을 이해하지 못하고 있는 까닭에, 그가 정신적으로 눈멀었다고 말하는 것 이외에, 이 건방진 단언에 대해 내가 무슨 대답을 하겠는가? 내가 살과 피 자리에 공적과 은혜를 대체시키고 있다고 그가 서술할 때, 그리고 조금 후에 내가 성만찬에서 신성 이외의 다른 어떤 현존도 인정하지 않는다고 덧붙일 때, 내가 한마디도 덧붙이지 않더라도 내가 쓴 글들이 그 뻔뻔한 중상모략을 반박하고 있다. 다른 많은 구절들을 언급하지 않더라도, 나의 요리문답에서 성찬식 전반에 관해 상세하게 다룬 다음에 기술한 아래의 구절이 떠오른다.[24]

목 사: 성만찬에서 우리는 당신이 말하는 은혜의 상징만을 가집니까, 아니면 우리 앞에 진열되어 있는 것은 실체 그 자체입니까?

---

23. 원문에서는 *fumum pro luce affert*로 되어 있다.
24. 이 책에 나오는 "제네바 교회 교리문답", p. 177을 참고하라.

어린이: 우리 주 예수 그리스도는 진리 그 자체이기 때문에, 그분이 거기서 우리에게 약속하시는 것들을 그분께서 약속과 동시에 이행해 주시고, 상징에 실체를 덧입혀주신다는 데는 의심의 여지가 없습니다. 그러므로 저는 말씀과 표지가 증거하고 있듯이, 그분이 우리를 자신의 본체에 참여하는 자로 만드시고, 이로써 우리가 그분과 한 생명으로 연결된다는 것을 의심하지 않습니다.

목　사: 하지만 그리스도의 몸이 하늘에 있고 우리는 여전히 이 땅 위에서 순례자로 있는데, 어떻게 이런 일이 있을 수 있습니까?

어린이: 그분은 성령의 불가사의하고 신비로운 능력으로 이 일을 이루십니다. 왜냐하면 공간적으로 떨어져 있는 것들을 연합시키는 것이 그분에게는 어려운 일이 아니기 때문입니다.

더욱이 나는 「기독교 강요」(Bk. IV, ch. 17, para. 7)에서 이렇게 말하고 있다. "성만찬의 방식을 설명하면서 우리는 그리스도의 영에 참여하는 자들이라고 가르치면서, 살과 피에 대해 언급된 것들은 모두 생략하는 그런 자들에게 나는 동의하지 않는다. 그들은 '내 살은 참으로 음식이다'와 같은 언급들이 아무런 목적도 없이 이루어진 것인 양 한다." 뒤이어서 나는 이 주제에 대해 길게 설명하였고, 이전에도 이에 대해 언급했었다.

「기독교 강요」 제2권에서 나는 오지안데르(Osiander)가 내게 그릇된 비난을 하는 데 대해 그의 허구성을 명쾌하고 주의 깊게 논박했다고 생각한다. 오지안데르는 의로움이 그리스도의 신성에 의해 우리에게 주어지는 것이라고 생각하였다. 나는 그와 반대로 구원과 생명은 그리스도의 육체로부터 얻게 되는 것으로, 그 육체 안에서 그리스도는 스스로 의롭게 되시며, 또한 세례와 성만찬을 거룩하게 만드신다고 밝혔다. 본질적인 의(義)에 대한 그의 망상을 내가 얼마나 완전하게 깨부수었는지 또한 거기서 확인할 수 있을 것이다.

헤슈시오스는 자기 스승 멜란히톤에게 한 것과 똑같은 응대를 내게 했다. 법률은 거짓된 증인들을 수치스럽게 만들고, 중상 모략자들에게는 가혹한 처벌을 내리도록 규정하고 있다. 공적인 기록을 훼손시키는 것도 범죄이거늘, 심지어 한 구절에서 세 가지 죄, 즉 심한 비방, 거짓된 증언, 기록된 문서의 변조를 범하는 이런 사악한 자는 더 엄격한 처벌을 받아야 한다. 자신도 똑같이 되갚음을 받으리라는 두려움이 없는 것이 아닐진대, 왜 이 자는 내가 알지도 못하는 극악한 욕설을 내게 해대는 데 그토록 열심인가? 나는 참된 것을 주장하고 있고, 이 자는 결코 그것을 원하지 않는다. 나는 비록 그리스도가 육체의 견지에서는 이 땅에 계시지 않는다고 할지라도 성만찬에서 우리는 그분의 살과 피를 참으로 먹으며, 성령의 신비한 능력에 힘입어 우리는 그분의 살과 피의 현존을 경험한다고 말하는 바이다. 나는 장소 사이에 간격이 있다는 사실이 일찍이 십자가에 달리신 육체가 우리에게 음식으로 주어지는 것을 막을 수 있는 어떠한 장애도 되지 않는다고 말한다. 헤슈시오스는 내가 오로지 신성만의 임재를 생각하는 것처럼 상상하고 있는데, 이것은 사실과 전혀 다른 것이다. 하지만 논쟁이 되는 것은 단지 장소에 대한 것이다. 왜냐하면 나는 그리스도가 빵에 포함되어, 삼켜지고, 위장으로 전달된다는 것을 인정하지 않을 것이고, 그는 내가 모호한 표현으로 논리를 전개하고 있다고 주장할 것이기 때문이다. 또한 그가 한번도 경험해본 적 없는 경건에 대한 일종의 열망을 지닌 체하기 위해 그는 바른 말의 모양[25]을 지키라는 바울의 권고(딤후 1:13)를 들고 나온다. 마치 빵이 참으로 그리고 육체적으로 그리스도의 몸이다, 우리 입으로 바로 그 몸을 육체적으로 먹음으로써 그것이 우리 몸 안에 들어온다는 등의 기괴한 가르침이 바울의 가르침과 참으로 유사한 어떤 것을 담고 있기라도 한 것인 양 말하고 있다. 이 그럴듯한 바울 모방자는 아주 짤막한 글에서 성서의 약 60구절을 너무나도 터무니없이 그릇 해석하고 있어, 바울이 말하고 있는 생명력 있는 진술의 미세한 한 조각도 그에게는 해당되지 않는다는 사실이 명확할 정도이다.

헛되게도 그는 더욱더 불쾌한 언동을 하는데, 그는 작센의 교회들을 우리와 대립시키고, 또 우리가 자기를 부당하게 비난하고 있다고 불평하기까지 한다. 명백한 많은 것들은 생략하고, 나는 그와 그의 무리들이 수년 동안 작센의 두 눈, 비텐베르크 학파와 라이프치히 학파의 시선을 잡아끌기 위해 노력하고 있지 않았는지 알고 싶을 뿐이다. 이 두 불빛이 꺼졌는데, 왜 그가 작센이라는 공허한 이름을 뽐내야 하는지 묻고 싶다. 비난에 대해서라면, 내 대답은 그리스도의 육체의 광대함과 편재를 주장하는 사람들, 그리고 그분이 동시에 여러 장소에 계신다고 주장하는 사람들을 마르시온과

---

25. 원문에는 ὑποτύπωσιν로 되어 있다.

가버나움파(Capernaumites)와 비교한 데 대해 유감을 표할 아무런 이유가 없다. 그가 다음의 두 문장, 즉 빵이 부재하는 몸의 상징이라는 문장과, 몸이 참으로 본질적으로 현존하고 빵 속에 주어진다는 문장을 비교할 때, 두 극단 사이에 중간 위치가 있다고 하면서, 몸이 외적인 상징에 의해 실제로 주어지지만 공간적인 장소를 점하는 것은 아니라고 답하기는 쉽다. 이것이 그가 우리가 에피쿠로스주의자이고 방심하고 있다고 소리치는 이유이다. 그렇지만 그가 정당하지 않은 소음을 질러대면 댈수록, 그는 자신의 기질, 느낌, 태도를 더욱 명백히 들추어낼 뿐이다. 만약 하나님이 이 시대에 어떤 사람을 규모가 크고 위험이 많은 경기에 내세우셨다면, 많은 사람들이 그가 바로 나라는 것을 알 것이다. 그리고 우리가 아직 도살당할 양 같았을 때, 이 복음의 기백 없는 박사는 마치 우리의 고요함을 질투하기라도 했던 양, 사방에서 우리를 압박하는 두려운 것들을 조소하면서 기뻐 날뛴다. 그렇지만 아마도 앞을 내다볼 줄 아는 이 인간은 호사를 누릴 수 있는 자산들을 생애 전반을 위해 세심하게 축적하면서, 하루 벌어 하루 살면서 걱정 없이 비천한 수입에 만족하는 우리를 비웃는다. 똑같은 뻔뻔함으로 그는 자기가 잠자고 있거나 혹은 맘껏 즐기고 있을 때 나 혼자서 오류를 범한 자들에게 저항했는데도 그 사람들과 나 사이에 기묘한 협정이라도 있었던 양 꾸며낸다. 중상 모략하는 데 그가 얼마나 극도로 열중하고 있는지 분명하게 보여 주기라도 하듯이, 내가 프랑크푸르트에서 사용한 이름으로 잘 알려져 있는 벨시우스(Velsius)라는 이름에 대해 듣고는, 그는 펠시우스(Felsius)라는 이름으로 바꾸어 부르면서, 헛소리로 지껄이며 하이델베르크를 돌아다니는 그 사람과 나를 자기 마음대로 한패로 만들려 한다. 그 자신은 그와 같은 전투사와 감히 교전하지도 못하면서 말이다. 그는 우리의 교리를 그 열매로 평가한다고 하면서, 그것이 성만찬에 대한 모독을 야기한다고 말하고 있다. 그와 그의 패거리들이 똑같은 경의를 품고 성만찬에 나아오면 좋으련만! 성만찬을 거행하는 데 가치를 부여하지 않는다는 비난에 대해서는, 나의 「기독교 강요」가 어렵지 않게 반박하고 있다. 나는 다음 구절을 인용하는 바이다. "우리가 이 성례에 관해 지금까지 말한 바는 그것이 일 년에 한 번, 현재의 관습처럼 그렇게 형식적으로 베풀어지도록 제정된 것이 아니라, 모든 그리스도인들 사이에서 자주 행해지도록 제정된 것이라는 사실을 여실히 보여준다." 그 효력에 대해 언급한 다음, 나는 이어서 이렇게 말한다. "사도행전에서 누가는 믿는 자들이 가르침과, 교제와, 떡을 떼는 일을 계속했다고 말하면서, 이것이 사도적인 교회의 관습이었다고 말하고 있다. 말씀, 기도, 성만찬이 없이는 교회의 회합이 있을 수 없다는 것이 원칙이 되었다." 이러한 원칙의 개악과 변조에 대해 초기 저자들의 글을 인용하여 엄격하게 질책한 다음 나는 이렇게 말한다. "사람들로 하여금 일년에 한 차례 성만찬에 참여하도록 요구하는 이러한 관습은 확실히 사탄의 고안물이다." 다시 말해 "이런 관습은 아주 잘못된 것이다. 주님의 식탁은 적어도 일주일에 한 차례 거룩한 모임에서 베풀어져야 한다. 그 누구도 강요되어서는 안 되지만, 모두가 권고와 촉구를 받아야 하고 참석하지 못하는 게으름에 대해서는 훈계를 받아야 한다. 따라서 내가 일년에 하루만 베풀고 그 나머지 모든 날에는 사람들로 하여금 무관심하게 만드는 관습을 강요하는 것은 사탄의 짓이라고 처음에 비난한 것은 아무런 이유도 없이 그런 것이 아니다." 그럼에도 불구하고 이 개는 내가 감미로운 위로를 제공해 주는 힘줄을 끊어 버리고, 믿는 자들이 그들 안에 그리스도가 거한다는 것을 깨닫지 못하도록 방해한다고 계속해서 나에게 짖어 댈 것인가? 이 주제에 대해 그가 어떤 것이든 올바른 견해를 지닌 게 있다면 그것은 나에게서 훔친 것일 게다. 하지만 그가 덧붙인 증거는 그의 비난의 광란적인 성격을 보여 주는 것으로 생각된다. 왜냐하면 그는 자신이 혐오한 바로 그것을 지금 신앙의 원리라고 붙잡고 있으면서, 만약 그리스도의 육체가 동시에 여러 장소에 있을 수 없다면 그리스도의 위격 안에서 신적인 본성과 인간적인 본성의 위격적인 연합은 존재할 수 없다고 말하고 있기 때문이다. 따라서 자기 자신과 모순되는 것 이외에는 다른 어떤 신앙도 지니지 못했다는 것을 그는 어떻게 이보다 더 명확하게 입증할 수 있을 것인가? 경솔함과 변덕스러움이 지력의 무절제, 혹은 각양각색의 잔을 권하는 것이다.

우리의 반론을 반박하는 일에 그가 얼마나 날카롭고, 충실하며, 기민한지 독자들이 분명히 알 수 있도록 만들려면 좀 더 지루함을 견뎌야 할 것이다. 사기꾼들처럼 순전한 사람들의 마음을 미혹시킨 다음, 그는 우리의 반론 가운데 가장 그럴싸한 것은 참된 물질적인 육체는 본질적으로 동시에 여러 장소에 있을 수 없고, 그리스도는 참된 물질적인 육체를 입고 하늘에 올라가 하나님 우편이라는 특정한 장소에 앉아 계시다가 세상을 심판하러 오실 것이며, 따라서 하늘의 특정한 공간에 있는 그리스도의 육체는 그 본질상 성만찬에 임할 수 없다는 것이라고 말한다. 게다가 그는 내가 그만큼 확신을 나타내는 일에 대해서 아무런 논증이 없다고 덧붙인다. 먼저, 내가 하나님 아버지의 오른편을 좁은 공간으로 한정하고 있다고 말하면서 그가 얼마나 야비하게 거짓말하고 있는가 하는 것은 내가 저술한 책들의 몇몇 구절들에서 입증되고 있다. 하지만 이것을 그가 하는 대로 내버려 두자. 이 문제를 물질적인 육체라는 견지에서 말하는 것보다 더 무익한 것이 무엇이 있겠는가? 이 일이 있기 전에 나는 이 문제에 있어 내가 물질적인 논쟁에 아무런 관심도 없고, 철학자들의 의견을 주장하지도 않으며, 오직 성서의 증언만을 묵묵히 따른다는 것을 여러 차례 선포한 바 있다. 그리스도의 육체가 유한하고, 그 자체의 부피와 위치를 지닌다는 것은 성서에서 볼 때 명백하다. 기하학은 우리에게 이것을 가르쳐 주지 않았지만, 우리는 성령이 사도들을 통해 우리에게 가르치신 것들이 박탈당하는 것을 두고 보지만은 않을 것이다. 헤슈시오스는 어리석게도 그리고 모순되는 것이 명백한데도, 그리스도가 두 본성으로 하나님 우편에 앉아 있다고 주장하면서 우리를 반대하고 있다. 우리는 그리스도가 온전하신 중재자로서, 하늘과 땅을 채우신다는 것을 부인하지 않는다. 나는 온전한(whole)이라고 말하는 것이지, 완전히(wholly)라고 말하는 것이 아니다.[26] 이것을 그분의 육체에 적용하는 것은 불합리할 것이기 때문이다. 두 본성의 위격적인 연합은 신성의 광대하심을 육체에 전달한다는 것과 동일한 것이 아니다. 왜냐하면 두 본성의 특질들은 위격의 통일성과 완벽히 조화를 이루기 때문이다. 그 자는 하나님 아버지 오른편에 앉는다는 것은 바울의 증언에 따르면 영원하고 신적인 위엄과 동일한 능력으로 이해되는 것이라고 응답한다. 나는 뭐라 말할 것인가? 12년도 더 된 일이지만 바울의 그 구절에 대한 나의 해설이 출판되어 널리 퍼졌다(*Comm. in Eph.* 1:20). "이 구절은 하나님의 오른편이라는 말이 무엇을 의미하는지, 즉 장소가 아니라 하나님이 그리스도에게 하늘과 땅을 통치하도록 부여해 주신 능력을 의미한다는 것을 분명히 보여준다. 하나님의 오른손이 하늘과 땅에 충만하므로, 따라서 그리스도의 통치와 미덕도 만방에 널리 퍼졌다. 따라서 그리스도가 하나님의 오른편에 앉아 있다고 해서 그분이 오직 하늘에만 있다고 증명하려고 하는 것은 잘못이다. 그리스도의 인성이 하늘에만 있고 땅에는 없다는 것은 정말이지 사실이지만, 다른 증거는 없다. 바로 뒤이어 나오는 '하늘에'

---

26. 원문에는 *totus non totum*으로 되어 있다.

(in heavenly places)라는 말이 하나님의 오른편을 하늘에만 국한하는 것을 의미하지는 않는다."

　　그는 뻔뻔하게 계속 자신의 주장을 밀고 나가면서, 같은 서신서에 있는 또 다른 구절을 들어, 그것이 내 주장과 반대되는 것인 양 떠벌이고 있다. 하지만 내가 쓴 해설서가 대중들의 손에 들려 있다. 나는 여기서 그 해설서의 핵심을 잠시 언급하겠다 (앞의 책, ad 4.10). '채운다'(fill)는 것이 종종 '수행한다'(perform)는 것을 의미하기 때문에, 여기서는 그런 의미로 받아들일 수 있다. 그리스도가 하늘로 올라가심으로 아버지께서 그에게 주신 통치권을 소유하게 되어, 모든 만물을 다스릴 수 있는 능력을 받게 되었다는 것이다. 하지만 나는 외관상으로는 상반되지만 실제로는 조화되는 그 두 가지가 함께 연합될 때 그 의미가 좀 더 분명해질 것이라고 생각한다. 우리가 그리스도의 승천에 대해서 들을 때, 즉시 우리에게 떠오르는 생각은 그가 우리에게서 멀어졌다는 사실이다. 그리고 그의 육체와 인성의 측면에서는 사실 그렇다. 그렇지만 바울은 그리스도의 육체적인 임재의 측면은 철회되었지만, 그가 여전히 자신의 성령으로 만물을 채우신다는 사실을 우리에게 상기시키고 있다. 하늘과 땅을 모두 포괄하는 하나님의 오른손이 나타나는 곳마다 그리스도의 영적인 임재가 나타나며, 베드로가 선포한 대로 비록 그의 몸은 하늘에 있지만 그리스도 자신이 한없는 능력으로 임하신다 (행 3:21). 그리스도의 육체가 신성과 같이 무한한지 누군가 묻는다면, 그는 그렇지 않다고 답할 것이다. 왜냐하면 그리스도의 육체, 즉 그의 인성은 본질적으로 돌, 씨앗, 그리고 식물에는 없기 때문이다. 이 구절이 의미하는 바는 그리스도의 몸, 즉 그의 인성만을 고려할 때 그것은 무한하지 않지만, 위격적인 연합의 측면에서는 무한하다는 것인가? 그러나 고대 저술가들은 그리스도의 육체가 생동하기 위해서 자신의 신적인 영으로부터 차용한다고 말할 때, 이 무한함에 대해서는 한마디도 언급하지 않는다. 왜냐하면 이처럼 기괴한 것은 한 번도 생각해 본 적이 없기 때문이다. 헤슈시오스는 이 점이 자신이 설명할 수 없는 어려움이라는 것을 인정하면서도, 이와는 아주 다른 것들을 제시함으로써 모면하고 있다. 어떻게 하나님의 단순한 본질이 세 위격으로 구성되는지, 어떻게 창조자와 피조물이 한 분 안에 있는지, 어떻게 수천 년 전에 무로 돌아간 죽은 자들이 다시 살아날 것인지 그는 이해할 수 없다고 말한다. 그렇지만 그리스도 안에서 두 본성이 위격적으로 연합되고 나뉠 수 없다는 것으로 그에게는 충분하다. 로고스[27]의 위격이 그리스도의 몸 바깥에 있다는 것은 경건한 생각일 수 없다.

내가 이 모든 것을 기꺼이 허용한다고 하더라도, 나는 성만찬에서의 난해함이 똑같은 것이라는 추론을 그가 어디서 끌어온 것인지 의아하다. 성서에 그런 대로 정통한 사람이 성례적인 연합이 무엇이고 그것이 어디에 존재하는지 모른단 말인가? 더욱이 편재 없이는 공간적 임재가 있을 수 없기 때문에, 그는 그리스도의 몸이 성령의 능력에 의해 경건한 자들에게 임한다는 나의 선포를 공격한다. 이때 그는 정확한 용어를 사용하지 않고 있다. 그는 오히려 이것이 확실히 사실이라는 것을 인정하고, 그리스도의 인성이 그 신성 못지않게 모든 곳, 혹은 여러 장소에 있다고 주장한다. 여기서 나는 묻고 싶다. 믿는 자들에게 그리스도가 거하는 것은 영속적인 것인데, 왜 그는 그분이 성만찬 의식 바깥에 육체적으로 거한다는 것을 부인하는가? 만약 그리스도의 육체를 그분의 신성으로부터 분리하는 것이 불법적이라면 신성이 거하는 곳에는 어디나 육체 또한 물질적으로 거한다는 것이 내게는 분명한 추론이 될 것처럼 여겨진다. 그리스도의 신성은 언제나, 죽음 가운데 있든 생명 가운데 있든 믿는 자들에게 거하며, 따라서 육체 또한 그러하다. 헤슈시오스로 하여금 가능하다면 이러한 추론을 고려하도록 하면, 내가 나머지를 수월하게 설명할 수 있을 것이다.

다시 한번 반복하겠다. 그리스도의 신적인 위엄과 본질이 하늘과 땅을 가득 채우고, 이것은 그분의 육체에까지 확장된다. 따라서 성만찬 의식을 행하는 것과 무관하게, 그리스도의 육체는 본질적으로 믿는 자들 가운데 거한다. 왜냐하면 그들은 그분의 신성을 소유하고 있기 때문이다. 그리스도의 두 본성에 동일한 속성을 부여하지 않는 사람들은 그리스도의 나뉠 수 없는 위격을 분리시키는 것이라는 점을 그로 하여금 크게 외치게 하라. 이것이 확립되어 버리면, 육체의 본질은 더 이상 단순히 신앙의 능력 안에서와 마찬가지로 빵 속에서도 발견되지 않는다는 결론이 나올 것이다. 나는 그가 키릴루스에게 동의한다고 밝히고 있다는 점을 덧붙이고 싶다. 그런데도 키릴루스는 그리스도의 살과 피를 먹고 마심으로 우리가 그분과 하나가 된다고 주장하고 있는 반면, 헤슈시오스는 사악한 자들은 아무리 육체적으로 그분과 섞이게 되더라도 결코 그리스도와 하나가 될 수 없다고 한결같이 주장하고 있다. 그는 바울의 두

---

27. 원문에는 λόγου로 되어 있다.

구절을 연결시켜, 자신이 주장하는 그리스도의 임재가 결코 이루어지지 않는 게 아니라고 결론을 내리고 있다. 뒤이어 한층 더 우스꽝스러운 어리석음을 보이고 있다. 바울이 그리스도가 자신 안에서 말씀하신다고 주장하는 구절에서 그는 그리스도가 오로지 자신의 신성으로만, 육체를 배제한 채 말씀하신다고 우리가 상상하면 그분이 분리된다고 추론하고 있다. 이것을 인정한다면, 나는 당연히 바울이 성만찬의 빵을 받았을 때 못지않게 그가 글을 쓰고 있을 때 그리스도가 그에게 육체적으로 임하셨다고 추론할 수 있지 않겠는가?

그러므로 나는 내가 원했던 모든 것을 이루었으니, 우리가 외적인 표지에 의해서가 아니라 복음에 대한 순전한 믿음을 통해 그리스도 육체에 실제적으로 참여하게 된 것이다. 그는 육체가 하늘에 있다는 우리의 가르침이 성만찬과 모든 신적인 행위로부터 육체를 배제시키게 될 것이라고 반대하는데, 그의 이러한 터무니없는 반대는 쉽게 물리칠 수 있다. 공간적인 부재(local absence)가 육체의 신비적이고 불가해한 작용을 배제하는 것은 아니기 때문이다. 만약 육체가 빵 속에 들어 있는 것이 아니라면 그것을 특정한 한 장소에 위치시키는 것은 다른 장소에 존재할 가능성의 배제를 뜻한다고 헤슈시오스가 상상할 때 그는 아주 터무니없는 망상에 사로잡혀 있는 것이다. 그는 성령이 아들 없이는 존재하지 않고, 따라서 육체 없이는 존재하지 않는다고 말한다. 하지만 나는 아들이 성령 없이는 존재할 수 없고, 따라서 그리스도의 죽은 육체가 결코 유기된 자들의 위에 들어갈 수 없다고 응수하는 바이다. 이 사실에서 독자들은 누가 부조리한지 판단해 보라. 이 땅의 물질 아래에 그리스도의 몸을 끌어다 붙이기 위해서 그는 모든 믿는 자들의 몸에 억지로 무한성을 부여하고 있다. 그리고 그는 만일 개개인이 각자 자신의 부피와 위치를 가진다면, 부활하신 그리스도에게 가장 가까이 앉은 사람들이 가장 행복한 사람들일 것이라고 말하면서 우리에게 자신의 기지를 뽐내고 있다. 우리는 그리스도의 응답에 만족하면서, 하늘에 계신 아버지께서 우리 각자에게 알맞은 위치를 부여해 주실 그날을 기다린다. 그러면서 우리는 헤슈시오스가 다시금 끄집어내는 세르베트의 헛소리를 통렬히 비난한다.

그의 결론은 이것이다. 만약 하나님의 한없는 지혜와 능력이 물질적인 법칙에 의해 제한받지 않는다면, 만약 하나님 우편이라는 것이 하늘에 있는 어떤 작은 장소를 뜻하는 것이 아니라 아버지의 영광을 의미하는 것이라면, 만약 그리스도의 인성이 로고스[28]와 연합됨으로써 빼어난 특질들을 소유함과 더불어 신적인 본질에 속하는 특질들도 지니고 있다면, 그리고 만약 그리스도가 성령의 견지에서뿐만 아니라 그가 하나님이자 인간이라는 점에서 믿는 자들의 마음속에 거한다면, 그리스도가 승천하심으로써 성만찬에서의 그의 임재가 확보되고 분명하게 확립된다는 것이다. 이에 대해 나는 이렇게 답하는 바이다. 만약 우리의 논쟁이 철학적인 것이 아니고, 우리가 그리스도를 물질적인 법칙에 종속시키지 않고 성서의 구절에서 그리스도 육체의 본성과 특질을 드러내 보여준다면, 헤슈시오스가 자신의 입맛에 맞는 그릇된 원리들을 끌어 모으는 것은 쓸데없는 일이 될 것이다. 또한 나는 이렇게 주장한다. 만약 내가 분명하게 밝혔던 것처럼, 하나님 우편에 관해 그가 나를 반대해 제시한 것들이 내 책에서 차용해 온 것들이라는 점이 명백하다면, 그가 사악한 중상 비방자라는 것이 입증될 것이다. 헤슈시오스가 어떤 특질들은 그리스도의 육체와 신성에 공통적이라고 말할 때, 나는 그것을 입증하라고 그에게 요구하는 바이다. 그는 이제껏 한 번도 그런 적이 없다. 마지막으로 나는 이렇게 결론을 내린다. 만약 그리스도가 인성과 신성의 견지에서 자연적으로 혹은 실제적으로 믿는 자들 안에 거한다면, 성만찬에서 상징이 없이도 믿음으로 받게 되는 것 이외의 다른 먹음은 없다. 마지막에 그는 조잡한 방식으로 이렇게 말한다. 그리스도의 떠나심을 둘러싼 우리의 반론들은 쉽게 해결되는데, 그것은 우리의 반론들이 위격의 부재에 대한 것이 아니라 단지 부재의 방식에 대한 것으로 이해되어야만 하기 때문이라고, 다시 말해 우리가 그리스도를 가시적으로가 아니라 비가시적으로 제시하고 있기 때문이라는 것이다. 이러한 해결책이란 너무나 진부한 것이어서, 교황청의 늙은 여자들에게조차 알려진 바이다. 거기다가 이 해결책은 헤슈시오스 자신이 초대 교부들 가운데 최고이고 가장 믿을 만하다고 인정한 아우구스티누스에게서 벗어난 것이다. 그 구절을 해설하면서 아우구스티누스는 이렇게 말한다(in Joann. ev. Tract. 50). 그분의 위엄, 그분의 섭리, 그리고 형용할 수 없고 볼 수 없는 그분의 은혜의 관점에서, "내가 항상 너와 함께 하리라"는 그분의 말씀이 성취된다. 그러나 말씀이 육체를 입었다는 점에서, 동정녀에게 태어난 존재라는 점에서, 그리고 유대인들이 이해한 그분은 십자가에 달리고 무덤에 장사 지낸 바 되었다가 부

---

28. 원문에는 λόγῳ로 되어 있다.

활하신 존재라는 점에서 "내가 항상 너와 함께 할 수는 없다." 왜 그런가? 그분이 40일 동안 육체로 제자들과 친밀하게 교제한 후, 제자들은 그를 볼 수는 있었지만 뒤따를 수는 없었다. 그분이 하늘로 올라가셨고 이곳에 더 이상 머물지 않았기 때문이다. 그런 다음 그분은 아버지 우편에 앉으셨지만 여기도 계신다. 왜냐하면 그분의 위엄이 사라지지 않고 여전히 임재하고 있기 때문이다. 혹은 이렇게 말할 수도 있다. 그의 위엄의 현존이라는 측면에서 우리는 언제나 그리스도와 함께한다. 그의 육체의 임재라는 점에서는 "내가 항상 너와 함께 하지는 못할 것이다"(마 26:11)라고 제자들에게 말씀하신 것이 사실이다.

더욱이 헤슈시오스는 다소 조심스럽게 내가 "육체는 아무 유익이 없다"(요 6:63)는 그리스도의 말씀으로부터 그리스도의 육체를 먹는 것을 무익한 것으로 만들려 한다고 말하고 있다. 내가 말하지 않아도 내 주석이 이것에 대해 밝혀 준다. 나는 거기서 분명하게 밝혔다. 그리스도의 육체가 십자가에 달렸기 때문에 그것이 유익하기는 하지만 그것을 먹는 것은 우리에게 아무 유익이 없다고 말하는 것은 정확하지 않다. 오히려 우리는 이렇게 말해야 한다. 십자가에 달린 그 육체로부터 유익을 얻기 위해 그것을 먹을 필요가 있다. 아우구스티누스는 '홀로'(alone), '그 자체로'(by itself)라는 단어를 보완해야 한다고 생각한다. 왜냐하면 그것이 성령과 결합되어야만 하기 때문이다. 그리스도는 단지 먹는 방식과 관련이 있기 때문에 이것은 사실에 부합된다. 따라서 그는 마치 그분의 육체에서 아무것도 얻을 수 없는 것인 양 모든 종류의 유용성을 배제하는 것은 아니다. 단지 그가 주장하는 것은 성령과 분리되는 한 그것이 아무 유익이 없다는 것이다. 그러면 영적으로 되는 것 이외에, 어떻게 육체가 생명을 주는 능력을 가지게 되는가? 육체의 세상적 본성에 머무는 사람은 누구나 거기서 죽은 것 이외에 아무것도 발견하지 못할 것이다. 하지만 눈을 들어 육체에 스며 있는 성령의 능력을 바라보는 사람은 유효한 원인 없이는 생명을 주는 일이 불가능하다는 것을 믿음의 효력과 경험을 통해 배우게 될 것이다. 독자들은 원한다면 거기서 더 많은 것을 발견할 수 있을 것이다. 왜 이 트라소가 칼뱅주의자들에게 하나님의 아들의 육체가 유익한지 아닌지 답하라고 요구하는지 보라. 왜 너는 너 자신에게 요구하여 너의 우둔함을 깨우치지 않는가?

그에 따르면 우리의 세 번째 위법 행위는 이것이다. 모든 성례 고유의 속성은 무엇인가를 증거하는 표지이자 보증이 되고 말 것이고, 따라서 성만찬에서 주어지는 것은 그리스도의 몸이 아니라, 단지 그의 부재하는 몸에 대한 상징일 뿐일 것이라는 것이다. 카이사르는 동방에서 얻은 신속한 승리를 뽐내며 "보았노라, 이겼노라"(Vidi Vici)라고 말했다고 한다. 하지만 우리의 트라소는 자신의 눈을 가림으로써 얻은 승리를 자랑하고 있다. 「취리히합의」에서[29] 두세 차례 명백하게 언급되어 있듯이, 주님이 우리에게 은혜를 주셨다는 증언과 보증이 사실이기 때문에, 의심의 여지없이 그분은 성례가 우리 눈에 보여주는 것을 본질적으로 시행하시고, 따라서 우리는 그 성례들에서 그리스도를 소유하게 되며, 그분이 주시는 은사와 더불어 영적으로 그분을 받는다. 실로 그분은 확실하게 우리 모두에게 공통으로 주어지며, 이것은 믿는 자들뿐 아니라 믿지 않는 자들에게도 마찬가지이다. 헤슈시오스가 자신이 궁리해 낸 허위들을 마치 우리의 저작물들에서 뽑아낸 것처럼 행세하는데, 그와 우리의 견해 차이는 실체와 그에 대한 공허하고 벌거벗은 상징의 차이만큼이나 크다. 그러므로 그가 부당하게 우리에게 돌리는 어리석은 강변은 오로지 그 자신에게만 속하는 것이기 때문에, 나는 그가 잘못된 주장을 하고 있다고 분명하게 밝히는 바이다. 그리고 그가 육체의 부재에 관해 말하는 내용은 서툰 구두장이[30]인 그가 자기 머리로 조잡하게 꿰어 맞춘[30] 것이기 때문에, 최선의 방책은 그 자신의 박약한 재담을 들려 그를 자기 신발[30]에게 보내버리는 것이라고 말하는 바이다. 일찍이 이중적인 부재에 관해 언급한 것들을 독자들이 기억하기를 바란다. 장소와 시각(視覺)의 견지에서 부재한 것들이 그렇다고 해서 아주 멀리 있는 것은 아니라는 것이 여기서 분명해질 것이다. 이 두 종류의 부재에 관해 헤슈시오스는 무지와 악의로 인해 잘못 혼동하고 있다. 동시에 베드로가 세례를 선한 양심에 대한 응답[31]이라고 말하는 구절(벧전 3:21)에서 그가 얼마나 놀랍도록 그리스도의 임재를 끌어내는가 하는 것도 지켜볼 만한 가치가 있는 일이다. 그 구절에서 사도는 세례의 외적인 상징과 그 실체를 분명하게 구별하고 있고, 이것은 우리의 세례가 고대의 모습과 유사하다는 것을 말하고 있는 것이다. 세례는 육체의 더러움을 제하여 버리는 것이 아니라 그리스도의 부활에 의해 선한 양심을 시험하는 것이다.

---

29. 「취리히합의」 항목 8 참고.
30. 원문에는 *assuat, sutor, calceos*로 되어 있다.
31. 원문에는 ἐπερώτησιν로 되어 있다.

우리에 대한 그의 네 번째 반대가 뒤따른다. 우리에게 있어 신약성서의 성례들인 세례와 성만찬은 똑같은 성격을 지니고, 서로 완벽하게 일치한다는 것이다. 따라서 세례에서 물이 하나의 메타포로 사용될 때 이외에는 성령이라 불리지 않는 것처럼, 성만찬에서 빵도 비유적으로 혹은 칼뱅 식으로 말하자면 환유적으로 사용되는 경우 이외에는 그리스도의 몸이라고 불릴 수 없다는 것이다. 우리의 논의법을 간략하게 소개하고자 한다. 독자들은 헤슈시오스가 실체 없는 그림자 싸움을 위한 재료를 제공해 줄 수 있는 표현들을 다시금 날조해 낸 것을 주시하기 바란다. 그래서 그가 내세우는 "완벽한 일치"는 그 자신의 것일 뿐이고, 우리는 그와 아무런 관련이 없다. 따라서 나는 순진한 사람들을 미혹시키는 것을 그가 중단하기만 한다면 그가 그 자신의 자장가로 그림자 싸움[32]을 하는 것은 쉽게 허용할 수 있다.

나는 이제 우리의 논의로 돌아왔다. 우리가 세례에서 그리스도로 옷 입고 그의 피로 씻음을 받는다고 성서가 분명하게 밝히고 있으므로(갈 3:27), 우리는 그분이 세례에서보다 성만찬에서 더 임재하신다고 말해야 할 아무런 이유가 없다고 말한다. 따라서 유사성은 그 둘이 신약성서의 성례라는 데 있지 않고, 세례가 성만찬에서만큼 그리스도의 임재를 요한다는 사실에 놓여 있다. 여기에는 또 다른 이유가 있다. 그들이 구약성서에서 나온 것들은 무엇이나 과감하게 거부하였기 때문에 우리는 세례에는 이렇게 둘러 대고 회피할 여지가 전혀 없다는 것을 밝혔다. 그들이 율법 아래에는 오직 그림자만 있었다고 반대했을 때, 그들이 핑계를 대며 벗어나려고 했다는 것은 명백하다. 그 구별에 대해 우리가 알지 못했던 것도 아니고, 그것이 우리의 가르침에 의해 손상된 것도 아니지만, 우리는 성서가 계속적으로 말하고 있는 것으로부터 성례적인 표현형식의 힘이 무엇인지를 밝혀야 할 필요가 있다. 하지만 율법에 대해 설명하지 않고 남겨두는 것 이외에, 그리고 이러한 새로운 마니교도들에게 세례와 성만찬이 신약성서의 성례들이기에 거기서 유비를 목격하게 된다는 것을 보여 주는 것 이외에 다른 방법으로는 그들의 완고함을 극복할 수 없었기에, 우리는 세례가 재생과 회복의 씻음이라 불리고 이것은 그리스도가 빵을 자신의 몸이라고 부른 것과 같은 의미라는 것을 분명하게 밝혔다. 나는 「베스트팔에게 보내는 마지막 권고」에서 독자들이 읽

---

32. 원문에는 σκιομαχεῖν로 되어 있다.

게 될 내용을 다 말하지는 않겠다. 여기서는 헤슈시오스가 치워버리는 반론들이 무엇인지 지적하는 것으로 충분하기 때문이다. 하지만 내가 빼먹지 않아야 할 것은, 비록 그가 마그데부르크의 반대자들에 대항하는 23번째 조항에서 읽었고, 그 내용이 그자신의 교묘함을 반박하기에 충분하고도 남음이 있었지만. 마치 거기에 아무것도 씌어져 있지 않은 양 그가 그것을 마치 돼지가 코로 휘젓듯이 마구 뒤집고 있다는 사실이다.

그는 우리를 상대로 다섯 번째 반론을 제기하고 있다. 그에 따르면 우리가 이것은 내 몸이라는 구절을 비유적인 화법으로 받아들이고 있는데, 이는 마치 할례가 언약이고 양은 유월절이고, 바위는 그리스도라는 구절을 비유, 은유, 환유가 아니고서는 설명할 수 없는 것과 마찬가지라는 것이다. 아마도 이것이 그의 가까운 동료들에게는 수긍할 만한 잡담거리가 될 수 있겠지만, 상식을 지니고 있는 경건한 모든 사람들은 그를 거짓말쟁이로 간주할 수밖에 없다. 왜냐하면 우리 저작들에는 이런 헛소리가 전혀 없기 때문이다. 우리가 말하는 바는 성례를 고찰해 보면 분명하고 특별한 화법이 성서의 일관된 용례에 따라 사용된다는 것이다. 여기서 우리는 어떤 핑계를 대거나 비유의 도움을 받아 도피하는 것이 아니며, 우리는 너무 악한 나머지 해를 가리려 하는 사람들을 제외한 모든 사람들에게 익숙한 것을 제시할 뿐이다. 나는 우리의 원칙이 다음과 같다고 말하는 바이다. 성서에는 모든 성례에 공통되는 표현의 방식이 있고, 비록 각각의 성례가 다른 것들과 구별되는 독특한 무엇인가를 지니고 있지만, 모든 성례에는 환유가 작용하고 있어, 본체의 이름을 표지에 돌리고 있다는 것이다. 이제 헤슈시오스가 답할 차례이다. 그는 바위가 그리스도라는 말에 비유법이 있다는 것을 인정하는 것은 쉽지 않다고 말한다. 더욱이 그는 이 사실을 인정하라고 우리에게 강요하고 있다. 여기서 독자들은 그의 말도 되지 않는 억지를 목격하게 될 것이다. 도대체 바위가 비유적으로 그리스도라고 불렸다는 것을 그가 어떻게 부인할 수 있다는 것인가? 그리스도가 엄밀히 말해 광야에서 물이 나온 돌덩이가 아니라는 사실을 우리에게 인정하는 것이 그의 큰 관대함이라도 되는 것인가? 그는 더 나아가, 이에 따라 신앙의 모든 조항들을 비유적으로 설명하는 것을 거부한다. 그렇지만 문제는 성례들에 관한 것이다. 경건하고 신실한 독자들은 성서를 파헤쳐 연구해 보라. 그러면 우리가 성례에 관해 말하는 바가 언제나 타당하다는 것을 알게 될 것이다: 본체의 이름이 표지에 주어진다. 이것이 문법학자들이 소위 말하는 비유적 화법이다. 신학자들도 자연의 질서를 뒤집지는 않을 것이다. 도대체 무슨 타당성이 있어 헤슈시오스는 세례와 성만찬을 말하다가 모든 신앙 조항들로 논의를 옮겨가는가? 이에 대해서는 다른 사람들이 판단하도록 내버려 두는 바이다. 제멋대로 날뛰는 말처럼 그가 도를 넘어 설치고 있다는 것을 모두가 분명하게 알아야 한다. 개별적인 예들이 일반적인 규칙을 형성하는 것은 아니라는 그의 대답은 아무런 효과가 없다. 왜냐하면 우리는 하나의 예를 제시하고 있는 것이 아니고, 모든 성례에 공통되는 원칙에 주목하고 있기 때문이다. 이것을 뒤집어 보려는 그의 시도는 헛된 것이다.

그는 다른 난점에서 벗어나는 데서도 더 이상 성공하지 못하고 있다. 우리는 아우구스티누스가 말했듯이, 명백한 불합리가 발생할 때 거기에는 비유적인 표현이 있다고 말하는 바이다. 그는 이성의 판단에 따르면 하나님에게는 하나의 본질에 세 위격이 있다는 것보다 더 불합리한 것은 없으며, 그럼에도 불구하고 거기에 어떠한 비유적인 해결책도 필요치 않다고 답한다. 마치 우리의 육체적인 감각으로 불합리를 조율하려는 것이 우리의 의도 혹은 아우구스티누스의 의도였던 것처럼 말하고 있다. 오히려 우리는 인간 이성이 거부하는 것을 겸허하게 포용한다는 사실을 분명하게 밝히고자 한다. 우리는 경건과 신앙에 어긋나는 불합리들을 벗어나고자 할 뿐이다. "이것이 내 몸이다"라는 말에 문자적인 의미를 부여하는 것은 신앙의 유비에 맞지 않는다고 우리는 주장하며, 동시에 우리는 그것이 성서가 성례를 언급할 때마다 보여 주는 일반적인 용례와도 거리가 멀다고 주장한다. 헤슈시오스가 우리의 이런 의견이 신약성서에 의해 논박된다고 주장할 때, 이것은 성령이 환유적으로 비둘기라 불린다는 것을 그가 부인하는 경우만큼이나 부당하다. 그는 부당하고도 경솔하게, 마치 우리가 빵이 몸의 교제라는 바울의 설명을 거부하고 있기라도 하는 듯이, 바울이 모욕을 당하고 있다고 말한다. 그렇지만 이 교제를 우리의 작품들에서보다 더 분명하게 설명하고 있는 것은 어디에도 없다.

그가 제시한 수사학자들의 규칙은 그가 교양 과목의 기초조차 습득하지 못했다는 것을 보여 준다. 그의 어리석음을 모방함으로써 나 자신이 우스워지지 않기 위해서, 나는 신학자에게 어울리는 대답만을 하겠다. 비유적인 표현은 덜 명확하긴 하지만 그저 평범하게 말해진다면 설득력이 부족할 것을 더 우아하고 의미 심장한 표현이 되도록 해준다. 따라서 비유는 화법의 눈이라고 불리는데, 그것은 비유가 단순하고 일반적인 언어보다 문제를 더 쉽게 설명해 주기 때문이 아니라 그 우아함으로 청중들의 관심을 사로잡고 그 광택으로 사람들을 환기시키며 그 생생한 비유로 말한 바를 납득시켜 마음속에 효과적으로 파고들기 때문이다. 나는 헤슈시오스에게 우리 주님께서 요한복음 6장에서 말씀하신 것에 비유가 없었는지 묻고자 한다. 분명 그가 동의하든지 않든지 간에 그는 "네가 하나님의 아들의 살을 먹고 피를 마시지 않는다면"이라는 표현이 비유적으로 말해졌다고 고백할 수밖에 없을 것이다. 모든 사람들은 우리 주님이 뜻하신 바가 우리 영혼이 주님의 살과 피에 영적으로 참여함으로써 천국의 삶에까지 자라게 되는 것이라는 사실을 더욱 분명히 알게 된다. 그는 나를 상대로 한 떠들썩한 승리의 근거로 다음과 같은 사실을 제시한다. 내가 루터가 폭로한 다른 사람들의 더 엄청난 속임수를 보았을 때, 내가 교활하게 전혀 일관성이 없는 하나의 비유를 고안해 내었다는 것이다. 그는 실로 내가 가르치는 진실, 다시 말해 표지는 본체의 이름에 의해 표현되는 경향이 있다는 것을 인정한다. 하지만 그는 여기서 상이한 것들이 이상한 표현방식에 의해 연결된다고 주장한다. 그가 무슨 말을 하려는지 알지만, 그가 무슨 근거로 그것을 증명할 수 있다는 말인가? 그는 우리를 경멸할 뿐 아니라 우리의 해석을 거부하는 것만큼이나 확신을 가지고 브렌츠(Brenz)의 해석을 거부한다.

비록 그가 또 다른 피타고라스인 양, 자신의 주장[33]을 다른 사람들이 믿을 것이라고 스스로 확신하고 있기는 하지만, 그는 도대체 어떤 식으로 그리스도의 몸이 빵과 하나라고 주장하는 것인가? 그는 성령이 사도들의 머리 위에 임한 불꽃이자, 세례 요한에게 나타난 비둘기였던 것과 같은 방식으로 그렇다고 답한다. 그러면 그는 익숙하지 않은 방식으로 불의 혀와 비둘기가 성령이라고 말하는 것이다. 본체의 이름이 표지에 적용되어야 한다는 주장과, 표지는 엄밀히 말해 바로 그 본체라는 주장 중에 독자들이 어떤 것이 더 조리가 있는지 쉽게 판단하지 못하기라도 하는 양, 이 문제를 여기서 더 장황하게 논의할 필요가 있는가? 성령이 나타난 방식인 비둘기는 곧바로 사라졌다, 그렇지만 비둘기가 성령의 임재에 대한 분명한 상징이기 때문에 우리는 성령

---

33. 원문에는 αὐτόπιστον로 되어 있다.

의 이름이 비둘기에게 정당하게 적용된다고 말하는 것이다. 헤슈시오스에게 이것은 못마땅하다. 그는 이러한 환유가 왜곡의 여지가 있기는 하지만 적용될 수 있다는 견해를 부인한다. 그가 모든 종류의 부조리와 그렇게 사랑에 빠져 있어, 그것들을 마치 자식인 양 껴안고 있다는 사실이 놀라울 것도 없다. 그는 역설에 대한 맹목적인 애정에 도취되어, 오직 불합리만을 인정하고 있다. 나는 그가 인정하는 것, 즉 비둘기가 성령이라고 불리는 것과 같은 이유에서 성만찬의 빵이 그리스도의 몸이라 불린다는 주장을 받아들인다. 나는 비둘기가 성령이라 불린다는 것에 대해 모든 사람들이 즉각 동의를 표할 것이고 거기에 환유가 있다는 것을 인정하리라는 데 대해 추호도 의심하지 않는다. 자존심을 지키고자 그가 무지에 불과한 것을 자랑할 때, 그에게 합당한 것은 바울의 대답이다. 무지한 자는 무지한 대로 내버려 두라.

만약 그가 유베날리스(Juvenalis, c 60~140. 고대 로마의 풍자시인)가 "반복적으로 가열한 양배추가 가련한 교사들을 죽인다"*고 말한 것과 같은 그런 혐오를 느낀다면, 그는 왜 여섯 번째 반론에서 쓸데없는 반복뿐만 아니라 공허한 이야기를 함으로써 스스로에게 고통을 가하는 것인가? 우리가 그런 생각을 한 적이 없는데도, 그는 우리가 다음과 같은 주장을 하고 있다고 거짓말을 하고 있다. 성만찬에서 그리스도의 임재가 육체적이라면 사악한 자들도 믿는 자들과 마찬가지로 그리스도의 몸에 참여하는 자들이 될 것이다. 헤슈시오스가 끌어내는 이러한 추론을 나는 불합리한 것으로 거부한다. 따라서 그가 어떤 씨름을 하고 있는지가 명백하다. 그렇지만 그가 일찍이 이 항목에 대해 장황하게 말할 때는 잊어버리고 언급하지 않았던 메난드로스(Menandros)의 한 구절을 이번에는 빠뜨리지 않으려 했다는 것은 의심의 여지가 없다. 나는 그가 하나님의 광대하심에 대해 얼마나 말도 되지 않는 속임수를 쓰고 있고, 그럼으로써 그리스도를 그분의 성령으로부터 분리시켰는지 분명하게 밝혔다고 생각한다. 그는 하나님께서 만물을 충만하게 하시지만 성령으로 만물을 거룩하게 하시지는 않는다고 말한다. 하나님이 모든 곳에서 구속주로 일하시지는 않는다는 것이 그 근거이다. 그리스도의 경우는 다르다. 중보자로서의 그리스도는 결코 거룩하게 하는 성령이 없이는 나타나지 않으신다. 이런 이유 때문에 그가 계신 곳에는 어디나 생명이 있다. 따라서 우리의

---

* 로마인들은 끓인 양배추를 가장 맛없는 음식으로 여겼다. 따라서 이 문구는 어떤 주장을 계속 반복함으로써 사람들을 지루해서 죽을 지경에 이르도록 만드는 것을 비유적으로 일컫는다.

한계를 넘어서서 헛되이 방황하지 않도록,[34] 헤슈시오스로 하여금 세상의 구세주로 동정녀에게서 나신 그리스도가 중생케 하는 성령을 결여하고 있다는 것을 밝히도록 하자.

일곱 번째 반론에서 그는 내가 빵 안에 그리스도의 몸을 포도주에 그리스도의 피를 집어넣는 사람들은 어떤 핑계를 대더라도 하나로부터 다른 하나를 분리시키는 것을 피할 수 없다는 사실을 얼마나 진심을 다해 말했는지를 분명하게 하고 있다. 회피할 방법이 아무것도 없으므로, 그는 갑자기 욕설을 쏟아내면서 나를 에피쿠로스주의자라 부른다. 에피쿠로스 학파가 어떤 종류의 제자들을 배출했는지 살펴보는 것은 중요하지 않다. 에피쿠로스의 헛간은 담대히 자신의 생명을 희생하는 사람들, 그래서 자신들의 피로 성만찬 의식을 굳게 할 수 있는 사람들을 배출하지 않는다는 것은 확실하다. 600명의 순교자들이 내 가르침을 변호하려고 하나님 앞에 설 것이다. 똑같은 이유로 30만 명이 오늘날 위험에 처해 있다. 헤슈시오스와 그 도당들은 하나님의 재판정 앞에서 모든 천사들이 지켜보는 가운데, 경건한 수고와 돌봄과 분투로 자신들의 경건을 드러내는 하나님의 살아 있는 종들을 지독하게 괴롭힐 뿐 아니라 죽은 자들을 잔혹하게 비방함으로써 하나님께 바쳐진 무고한 피를 모독하는 이러한 신성 모독이 얼마나 용서받을 수 없는 일인지 언젠가 알게 될 것이다. 이것이 그의 비방에 대한 나의 간명한 답이다.

이 주제에 대해서 그에게 마지막으로 발언할 기회를 주자. 그는 빵 안에 있는 그리스도의 육체와 포도주 안에 있는 그의 피를 우리가 어떠한 분리도 없이 먹고 마시는 것이지만, 이것이 이루어지는 방식은 자신도 모른다고 말하고 있다. 다른 말로 하면, 그 자신이 아주 극명한 모순에 처해 있으면서도 그것을 설명하고자 하는 의지를 보이지 않는다. 그렇지만 나는 그를 좀 더 압박하고자 한다. 그리스도가 빵에 대해 이것이 나라고 말하지 않고 이것이 내 몸이라고 말했고, 포도주 안에 있는 피는 따로 제공하고 있기 때문에, 피는 몸과 분리될 수밖에 없다는 결론이 나온다. 공존(concomitance)의 교리를 사용해 포도주 안에 몸이 있고 빵 안에 피가 있다고 주장하는 것은 교황주의자들의 근거가 빈약한 궤변일 뿐이다. 그리스도께서 자신의 육체를 음

식으로 자신의 피를 음료로 주실 때 서로 다른 상징들을 사용하신 것은 아무런 이유가 없는 것이 아니다. 두 상징을 사용하여 동일한 것을 주신다면, 본질적으로 빵은 피고 포도주는 몸이다. 그리고 빵과 포도주는 각각 온전한 그리스도를 반복적으로 주는 것이 될 것이다. 그러나 만약 믿는 자들에게 영적인 음식과 음료를 따로따로 주는 것이 그리스도의 목적이었다면, 빵 안에 살이 있는 것도 아니고 포도주 안에 피가 있는 것도 아니며, 이러한 상징들을 통해 우리의 마음이 위로 들어올려져서, 그리스도의 살을 먹고 피를 마심으로써 충실한 자양분을 받아 누리고 그리스도는 분리시키지 않게 된다는 결론이 나온다. 이처럼 분명한 사실을 흐리기 위해 헤슈시오스는 순수한 신학에서 비롯된 가르침을 철학의 미명 아래 뻔뻔하게 비방하고 있지만, 그는 상식과 중용을 갖춘 사람들이 그 자신의 강퍅함과 오만함을 혐오하게 만드는 것 이외에 다른 어떤 것도 얻지 못한다.

빵의 숭배[35]에 관한 여덟 번째 반론은 정직하게 진술되어 있지 않으며, 헤슈시오스가 이 반론을 펼치는 방식도 매우 어리석다. 그는 빵이 숭배되는 것이 아니라고 주장한다. 왜냐하면 빵이 위격적 연합에 의한 그리스도의 몸은 아니기 때문이라는 것이다. 분명 멜란히톤은 이 구별을 알아차리지 못할 만큼 사물과 낱말에 대해 무지하지는 않았다. 그렇지만 만일 빵이 몸이라면 그 빵은 아무런 조건 없이 숭배되어야 한다는 사실을 알고 있었다. 사실 그의 오류가 빵의 숭배로 이끄는 것은 아니라는 헤슈시오스의 주장을 인정한다고 하더라도, 그리스도가 빵 안에서 혹은 빵 속에서 숭배된다는 사실을 그가 부인하지는 못하기 때문에 결국 그는 빵을 숭배[35]한다는 비난을 피할 수는 없다는 점을 나는 이미 밝혔다. 그리스도가 어디에 있든지 그분은 자신에 대한 경의와 예배를 적법하게 사취당할 수 없다는 것은 확실하다. 그분을 빵 안에 밀어 넣어 버리고 정작 그분을 예배하는 것은 거부하는 것보다 더 터무니없는 일이 어디에 있는가? 왜 그들은 빵 앞에 무릎을 꿇는가? 만일 이런 커다란 미신이 용인될 수 있다면, 예언자들이 이방인들을 향해 금과 은과 나무와 돌을 숭배하고 있다고 말했을 때 그들은 이방인들에게 큰 잘못을 행한 것이 되고 만다. 모든 이교도들은 자신들이 성상들에게 기원할 때 천상의 왕을 경배하는 것이라고 생각했다. 그것들에게는 위

---

35. 원문에는 περὶ τῆς ἀρτολατρείας, ἀρτολατρείας로 되어 있다.

격적인 연합이 없고 단지 닮은 점이 있을 뿐이다. 그리고 비록 그들이 하나님의 권능을 성상들에게 부여하기는 했지만, 그들은 감히 나무 조각이 본질적으로 하나님이라고 주장하지는 못할 것이다. 후안무치하게도 빵에 대해서 똑같은 식으로 주장하는 사람들이 빵을 숭배하는 자들이 아니라고 생각할 수 있는가?

그의 다음 문장은 그가 하나님의 무한한 본성을 얼마나 높이 생각하는지를 잘 보여 준다. 만약 그렇다면 나무와 돌 안에 하나님의 참된 본질이 있으니 그것들을 숭배하자고 그는 말한다. 비록 하나님이 하늘과 땅에 충만하시고 그의 본성이 모든 곳에 편만하지만, 경건은 헤슈시오스가 덧붙이는 잘못된 허구와 그의 불경스러운 언어에 의해 타격을 받는다. 그는 하나님의 성령이 엘리야에게 거했다고 말한다. 왜 엘리야의 추종자들은 그를 숭배하지 않았는가? 성서가 말하는 하나님의 임재의 모든 형태들과 헤슈시오스가 주장하는 이것 사이에 도대체 무슨 유사성이 있는가? 그는 자신이 벗어나지 못한 난점들을 뻔뻔하게 경멸할 자격이 없다.

그가 자신의 오류를 무너뜨리는 주장들을 소개하는 데 왜 그렇게 인색한지도 의문이다. 그는 마그데부르크의 반대자들이 59개 조항을 제안했다는 것을 모르지 않을 것이다. 그런데도 왜 그는 그것들에 대해 대부분 언급하지 않고 지나가 버렸는가? 그것은 바로 그가 창피를 당하지 않고서는 풀 수 없는 난제들을 언급하고 싶지 않았기 때문이며, 또한 다른 경우를 볼 때 못 본 체하는 것이 상책이라고 여겼기 때문이다.

생각했던 것보다 훨씬 논의가 길어졌지만, 나는 사악한 동시에 어리석은 한 사람의 자장가 같은 허튼 소리를 논박한 것을 후회하지 않는다. 사려 깊고 훌륭한 독자들이 내 수고로부터 내가 기대하는 유익을 얻기만 한다면 말이다. 내가 진저리나는 이 일을 감수한 것은 모두 그들을 위한 것이었으며, 그 중상비방자는 어떠한 대답도 들을 가치도 없는 사람이다. 무법적인 사람들이 도대체 무슨 권리로 우리의 가르침을 그다지도 폭력적으로 비난하는 것인지, 무슨 진리가 있어 그들이 우리에게 다의성을 띠고 현혹시킨다는 혐의를 씌우는지, 어떻게 정중한 체함으로써 그들이 우리에게 경멸의 말을 하는지 장차 온 세상이 좀 더 확실하게 알도록 하기 위해, 내 가르침에 대한 간략한 요약을 덧붙이는 것이 적절할 것 같다. 아마도 이 올바르고 참되고 또한 명료한 해설이 일부 사람들의 마음을 가라앉히는 효과는 있을 것이다. 하여튼 나는 이것이 하나님의 신실한 종들 모두를 충분히 만족시키리라는 것을 확신하고 있는데,

그 이유는 내 해설이 성만찬의 신비에 합당한 위엄과 존중을 하나도 빠트리지 않고 있기 때문이다. 헤슈시오스가 내 저작들에 대한 적의와 의심을 드러내려고 행사한 무가치한 비난들에 나는 아무 관심도 없고 또 그것을 반박하려고 애쓰지도 않을 것이다. 오히려 나는 그것을 기회로 받아들일 것이다. 왜냐하면 거기에는 그가 흠뻑 빠져 있는 악행과 적의, 그가 젖어든 우둔한 자만과 뻔뻔한 안하무인의 뚜렷한 실증이 있기 때문이다. 나는 이제 그가 나를 상대로 비평자의 소임을 주장할 권리를 지니고 있는지 묻지 않을 것이다. 내가 침묵하더라도 모든 지각 있고 사려 깊은 사람들이 비평자라는 지위를 빙자한 사나운 교수 집행인을 알아차릴 것이라는 걸로 나는 충분하다. 그는 너무나 부정하게 모든 것을 마구 뒤섞고, 부패시키고, 왜곡시키고, 혼동하고, 분할하고, 뒤엎는다. 그가 정직함이나 유순함과 같은 것을 조금이라도 지니고 있다면, 내가 그의 비방으로부터 나 자신을 해명할 것이다. 하지만 그는 마치 길들이지 않은 황소와 같아서, 나는 그가 방자하게 드러내는 오만함을 길들이는 일을 베자에게 맡기고자 한다.

일치를 얻기 위한 최선의 방법

다툼 없이 진리를 추구하는 것을 조건으로

어떠한 불신이나 의혹이 일치를 지연시키거나 방해할 수 없도록, 우리는 무엇보다도 먼저 우리가 일치하고 있는 점들을 분명하게 해야 한다. 그것들은 논쟁의 초기에는 대개 양측을 자극시켰던 점들이지만, 이제는 논란의 대상이 되지 않고 있기 때문이다. 가장 첨예한 대립을 낳았던 점은 한쪽 진영은 성령의 은혜가 외적인 요소들에 결부되어 있다고 주장하고, 다른 진영에서는 연극과 같은 공허하고 텅 빈 상징만 남아 있다고 주장한 것이었다. 이러한 다툼은 이제 중단되었는데, 그것은 우리 양측이 모두 다음 사항들을 인정하기 때문이다.

첫째, 성례는 사람들 앞에서 행하는 외적인 신앙고백의 표식일 뿐 아니라 하나님의 은혜의 증거이자 표지이며 우리 신앙을 보다 굳게 해 주는 약속의 보증이다.

따라서 성례의 시행에는 두 가지 측면이 있는데, 하나님 앞에서 우리의 양심을 확증하는 것과, 세상 앞에서 우리의 신앙심을 증거하는 것이다.

더욱이 하나님은 선하고 신실하신 분이기 때문에, 자신이 외적인 표지로 나타내 보이시는 것을 성령의 신비한 능력으로 실행하신다. 그렇기 때문에 하나님의 편에서 볼 때, 우리 앞에 베풀어진 것들은 결코 공허한 표지들이 아니고, 거기에는 실체와 효력이 함께 결부되어 있는 것이다.

다른 한편, 성령의 은혜와 능력은 외적인 표지들 안에 갇히는 것이 아니다. 왜냐하면 그것들은 모든 사람들에게 평등하게 혹은 무차별적으로 유익을 주는 것이 아니고, 그 효력이 동시에 나타나는 것도 아니며, 하나님은 성례들을 그 자신의 마음에 좋으신 대로 사용하시기 때문이다. 그래서 결국 성례들은 선택받은 자들은 구원에 이르도록 돕고 다른 사람들에게는 아무것도 베풀지 않아 결국 그들은 멸망에 이르게 될 뿐이다.

요컨대 성례는 믿음으로 받지 않으면 아무 유익이 없으며, 이 믿음 또한 성령의 특별한 선물로서, 세상적인 것들에 좌우되는 것이 아니라 동일한 성령의 거룩한 작용에 달린 것이다. 외적인 수단들은 오직 우리의 연약함을 채우기 위해 덧붙여진 것일 뿐이다.

특히 그리스도의 성찬과 관련하여, 빵과 포도주의 상징 아래 그리스도의 살과 피의 교제가 베풀어진다는 데 대해서는 의견의 일치가 이루어지고 있다. 그리스도가 한때 우리를 위해 십자가에 달리신 것을 우리가 단순히 상기하게 되는 데 그치는 것이 아니라, 이 거룩한 연합이 우리에게 확증되어 그의 죽음이 우리의 생명이 되는 것이다. 다른 말로 하면 우리가 그의 몸에 접붙여져 거기서 자양분을 얻는데, 이것은 우리 몸이 음식과 음료를 먹고 사는 것과 마찬가지이다.

또한 우리는 그리스도가 표지와 본체 사이의 유비가 요구하는 모든 것을 실제로 그리고 유효하게 충족시킨다는 데 대해서도 일치하고 있다. 따라서 성만찬에서 우리는 살과 피에 참으로 참여하게 된다는 것이다. 달리 말해, 빵과 포도주를 통해 우리는 우리를 그리스도의 살과 피에 참여하는 자들로 만들어 주는 증거를 받는다는 것이다.

아직까지 몇몇 항목들에 대해서는 우리가 어떻게 생각하고 있는지 혹은 어떻게 말하고 있는지 분명하지 않은 채로 남아 있다.

건전하고 올바른 판단력을 지니고 있고 생각이 잘 정리되어 차분한 사람이라면 유일한 논쟁점이 먹는 방식에 관한 것이라는 점을 인정할 것이다. 우리가 주장하는 바는 단순 명료하다. 그리스도가 자신이 지닌 유익을 우리에게 전달해 주기 위해 우리의 소유가 되었고, 그의 몸은 우리 죄를 사하기 위해 십자가 위에서 희생당하셨을 때 단번에 우리에게 주신 바 되었을 뿐 아니라 우리에게 매일의 양식으로 주어짐으로써 그가 우리 안에 거하는 동안 우리가 그의 모든 유익들에 참여하여 그것들을 누리게 된다는 것이다. 요컨대 우리는 그것이 우리를 생기있게 만들어 준다고 가르치는데, 그것은 우리가 빵의 실체로부터 활력을 얻는 것과 같은 방식으로 그분께서 우리 안에 자신의 생명을 불어넣으시기 때문이다. 우리 논쟁의 출발점이 여기에 있는데, 먹는 방식에 대한 다른 이해들이 제기된다는 것이다. 우리의 설명은 그리스도의 몸을 우리가 먹는 것은 그 몸이 영혼을 위한 영적인 자양분이기 때문이라는 것이다. 또한 우리는 성령의 불가해한 능력으로 그리스도가 자신의 생명을 우리 안에 불어넣어 주시되, 나무뿌리가 수액을 가지들에게 고루 전달시키는 것처럼, 혹은 생기가 머리에서부터 손발까지 퍼져나가는 것처럼 우리 모두에게 동일하게 주신다는 의미에서 그것을 자양분이라고 부른다. 이렇게 정의함에 있어서 어떠한 억지나, 애매함이나 모호함도 없다.

이러한 단순 명료한 사실에도 만족하지 못하는 사람들은 그리스도의 몸을 우리가 먹어 치운다고 주장한다. 하지만 이러한 주장은 성서적인 근거도 없고, 초대교회의 증거에도 부합되지 않는다. 제대로 된 판단력과 지식을 갖춘 사람들이 이런 새로운 고안물에 이다지도 강하게 집착하는 것이 놀라울 정도다. 우리는 그리스도의 육체가 참된 양식이고 그의 피가 참된 음료라는 성서의 가르침에 결코 문제를 제기하지 않는다. 왜냐하면 그것들을 우리가 참으로 받았고, 그것들은 온전한 삶을 위해 충분하기 때문이다. 우리는 또한 이 교통이 성만찬에서 우리에게 일어난다고 고백한다. 이 이상으로 밀어붙이는 자는 누구나 한계를 넘어서는 것이다.

더욱이, 실체적인 표현을 고집하는 것은 이성에 부합되지 않는데, 그 이유는 성서가 성례들에게는 특별한 표현방식을 부여하고 있기 때문이다. 따라서 "이것이 내 몸이다"와 "우리가 떼는 빵은 그리스도의 몸을 나누는 것이다"라는 표현들은 성례전적인 방식으로 설명되어야만 한다. 어떤 사람들은 여기에 위험의 소지가 있다고 의심의 눈초리를 보내지만, 그들의 걱정을 제거하는 것은 손쉬운 일이다. 표현방식이 성례전적이라고 말해질 때, 그들은 실체가 상징에 의해 대체된다고 생각한다. 하지만 그들은 상징이 공허한 망상으로 제시되는 것이 아니라 어떤 환유(metonymy)를 표시하기 위해 문법적으로 사용된 것이라는 것을 알아야 한다. 그리스도 자신이 '하나님의 아들'이라 불리는 것만큼 절대적으로 빵이 '그리스도의 몸'이라 불린다고 생각해서는 안 되기 때문이다. 따라서 '몸'이라는 단어는 비유적으로 빵에게 적용되지만, 그렇다고 비유적이라는 것이 그리스도가 우리 눈앞에 자신의 몸의 공허하고 텅 빈 형상만을 제시하고 있는 것인 양 인식되어서는 안 된다. 왜냐하면 실체가 비유에 의해 배제되는 것이 아니고, 단지 표지와 실체 사이에 차이가 있을 뿐이기 때문이다. 그렇다고 해서 이 사실이 그 둘의 연합과 양립할 수 없는 것은 아니다. 일치를 추구하기 위해서 마땅히 그리해야 하는 바대로 억지 비난을 치워 버리기만 한다면, 이 가르침에 곡해에 빠질 만한 것은 아무것도 없다는 것과, 이 가르침이 상식과 일반적인 용례 모두에 의해 항상 인정을 받아 왔다는 것을 알게 될 것이다.

무엇보다 먼저, 몸의 무한성(immensity)이라는 장애물을 제거할 필요가 있다. 만약 그것이 유한하고 하늘에 있다는 것을 분명히 하지 않는다면, 논쟁을 해결할 방도가 없을 것이다. 어떤 사람들은 몸이 신성과 연합되어 있기 때문에 몸이 어디에나 있다고 주장하지 않는 것은 불합리하다고 생각하는데, 이러한 생각은 쉽게 물리칠 수 있다. 비록 두 본성이 한 사람의 중보자를 이루지만, 각 본성의 특성은 구별된 채로 남아 있다. 왜냐하면 연합(union)은 합일(unity)과는 다르기 때문이다. 고대에는 이 문제에 관해 아무런 논쟁도 없었다. 중보자이자 우리의 머리이신 하나님의 아들 그리스도가 하늘의 영광으로 올라가셨기 때문에 그는 육체로는 공간적인 거리에 의해 우리와 떨어졌지만, 신적인 본성과 능력, 또한 영적인 은혜로는 여전히 하늘과 땅에 충만하다는 데 대해 보편적 합의가 있었기 때문이다.

여기에 동의한다면, 비록 다음과 같은 표현이 지닌 모호성 때문에 몇몇 사람들은 곤혹스러워 하겠지만 그것을 받아들이는 것이 합당할 것이다. 즉, 그리스도의 몸이 빵 아래 혹은 빵과 함께 우리에게 주어지는데, 그것은 그리스도의 육체와 썩어질 음식의 실체적인 연합이 아니고 성례전적인 결합이기 때문이다. 하나님께서 참으로 그리고 실제로 행해지는 것을 비유가 아니고서는 아무것도 보이지 않겠다고 약속하신 바로 그 약속에 근거해 볼 때 표지는 실체로부터 분리될 수 없다는 사실에 대해서 경건한 자들 사이에 아무런 논란이 없다.

더욱이 이중적인(twofold) 몸에 대해 논쟁을 벌이는 것은 헛된 일이다. 그리스도의 육체의 지위에 변화가 있었는데, 하늘 영광으로 올라가실 때 세상적이고 썩어 없어질 모든 것은 내어 버리셨다. 그러나 말씀이 이야기하는 바대로, 죄를 사하기 위해 십자가에 달리신 몸을 제외하고는 우리를 살리거나 혹은 음식으로 간주될 수 있는 다른 몸은 없다. 따라서 하나님의 아들이 아버지에게 희생으로 단번에 드린 바로 그 몸을 그분은 매일 성만찬에서 영적인 양식으로 우리에게 제공하신다. 최근에 내가 암시했듯이, 임재방식에 관해 우리가 주장하는 한 가지는 우리를 먹이기 위해 육체의 본질이 하늘에서 내려올 필요가 없다는 것이다. 성령의 능력은 능히 모든 장벽을 뛰어넘고 공간의 거리를 극복하기에 충분하다는 것이다. 우리는 이 임재 방식을 인간의 지성으로 이해하기가 어렵다는 것을 부인하지 않는다. 왜냐하면 육체는 본성상 영혼의 생명이 될 수 없고 하늘로부터 우리에게 그 능력을 행사할 수도 없기 때문이다. 그리스도의 살 중의 살, 뼈 중의 뼈로 만들어 주는 그 성만찬을 바울이 '커다란 신비'(엡 5:32)라고 부르는 것도 이유가 없는 것이 아니다. 따라서 성만찬에서 우리는 자연의 한계와 우리 감각의 범위를 초월하는 기적을 인정하게 된다. 그리스도의 생명은 우리 모두에게 주어진바 되었고, 그의 육체는 우리에게 음식으로 주어졌다. 하지만 우리는 주어진 설명에 부합되지 않는 모든 날조된 이야기들, 즉 몸이 편재한다는 주장, 빵의 상징 아래 몸이 비밀스럽게 결부되어 있다는 주장, 지상에 실체적으로 임재한다는 주장을 거부해야만 했다.

이러한 문제들이 정리되고 난 다음에도, '실체'(substance)라는 용어에 관해서는 여전히 의문이 제기된다. 이것을 해결할 수 있는 쉬운 방법은 마치 육체가 물질적인 음식이기라도 해서 입으로 들어가 위로 내려가는 것인 양 살을 먹는다고 엉뚱하게 상상하는 것을 물리치는 것인 듯하다. 이런 엉터리 같은 상상이 제거되면, 우리가 그리스도의 육체를 실제적으로 먹고 자란다는 것을 부인할 이유가 없다. 왜냐하면 우리는 믿음에 의해 참으로 그분과 한 몸으로 연합되어 그분과 하나가 되기 때문이다. 따라서 실체적인 활력이 머리에서 손발까지 흘러내리는 것처럼 우리는 실제적인 교통을 통해 그분과 연결되는 것이다. 그리하여 우리는 실제로 그리스도의 육체에 참여하는 자들이 되는 것이다. 여기서 어떤 육체적인 혼합이 일어나거나 그리스도의 육체가 하늘에서 내려와 우리에게 침투되거나 입으로 삼켜져서가 아니라, 빵과 포도주의 실체가 우리 몸에 자양분을 제공하는 것과 마찬가지로 그리스도의 육체가 그 능력과 효력으로 우리의 영혼을 생기 있게 하기 때문이다.

또 다른 논쟁점은 '영적으로'(spiritually)라는 용어와 관련된다. 많은 사람들이 이 용어를 싫어하는데, 그것은 그 용어가 헛된 것 혹은 가상적인 어떤 것을 표시한다고 생각하기 때문이다. 그래서 여기서 분명한 정의를 내리는 것이 우리에게 도움이 될 것이다. 영적이라는 것은 육체적인 먹음에 반대되는 것이다. 육체적인 먹음이라는 말로 사람들은 우리가 빵을 먹을 때처럼 그리스도의 바로 그 실체가 우리 안에 옮겨져 오는 것을 생각한다. 이에 반하여, 그리스도의 몸이 성만찬에서 영적으로 우리에게 주어진다고 말해야 한다. 왜냐하면 성령의 비밀한 능력이 공간적으로 떨어진 사물들을 서로 연합시키고, 따라서 하늘에 있는 그리스도의 육체로부터 생명이 우리에게 이를 수 있게 해주기 때문이다. 그리스도의 몸이 하늘에 머물고 있지만 그 실체로부터 생명이 흘러나와 이 세상의 나그네인 우리에게 온다는 것을 참으로 그리고 분명히 이해한다면, 생명을 주는 이 같은 능력은 실체로부터 나온 것이라고 말할 수 있을 것이다.

우리가 두 종류의 먹는 방식을 무지로 인해 혼동하고 있다고 어떤 사람들이 비난하는 데 대해, 우리는 성례전적 먹음에 대해 그들 스스로 꾸며낸 관념을 우리가 무지함으로 인해 빠트리고 있는 게 아니라고 말하는 바이다. 그들의 주장은 아무런 효력이나 은혜 없이 육체의 실체를 먹는다는 것이다. 이런 주장은 성서에서 나온 생각도 아니고 초대 교회의 지지를 받는 것도 아니다. 분명 성례의 실제와 본질은 그리스도의 유익을 부여하는 것일 뿐만 아니라 십자가에 죽으시고 부활하신 그리스도 자신이기도 하다. 따라서 한편으로는 그리스도에게서 성령의 은사나 능력을 배제시키고, 다른 한편으로는 그리스도를 영적인 선물이나 먹음의 열매와 연결시키는 그들은 능숙한 해설자들이 아니다. 왜냐하면 그분은 그 자신이 나누어질 수 없는 것만큼이나 성령으로부터 분리될 수 없기 때문이다. 바울의 말도 그들을 지지하지 않는다. "누구든지 주의 떡이나 잔을 합당치 않게 먹고 마시는 자는 주의 몸과 피를 범하는 죄가 있느니라"(고전 11:27). 받는 것이 죄라고 말하는 것이 아니다. 그리스도를 받는다는 이유로 누군가를 저주한다는 것은 어디에도 기록된 바가 없으며 이성에도 부합되지 않는다. 저주를 당하는 것은 그분을 거부하는 자들이다. 사악한 자들은 그리스도의 몸을 성례전적으로, 다시 말해 참으로 그리고 실제로가 아니라 단지 표지로서만 먹을 뿐이라는 조목에 합의하도록 하자.

이 정의는 성만찬에서 믿음으로 그리스도의 몸을 받는다는 것이 무엇인가라는 질문에 대한 답을 제공한다. 어떤 사람들은 '믿음'(faith)이라는 용어에 대해 의심을 지녀, 마치 그 용어가 실제와 효과를 뒤집기라도 하는 것처럼 생각한다. 하지만 우리는 그것을 아주 다른 식으로 생각해야 한다. 우리가 우리 마음을 이 세상 위로 들어올릴 때에만 그리스도와 연합될 수 있다. 따라서 그리스도와 우리의 연합의 끈은 믿음이다. 바로 이 믿음이 우리를 위로 끌어올려 하늘에 닻을 내리게 해주며, 그래서 우리는 우리 이성에 근거한 허구에 그리스도를 종속시키는 대신에 그분의 영광 안에서 그분을 찾게 된다.

이로써 내가 언급했던 논쟁, 즉 신자들만이 그리스도를 받는 것인지, 아니면 빵과 포도주의 상징을 받는 모든 사람이 예외 없이 그리스도를 받는 것인지를 해결해 줄 수 있는 최선의 방책이 제시된다. 내가 제시한 해결책은 올바르고 분명하다. 그리스도께서 자신의 몸과 피를 모든 사람들에게 제공하지만, 불신자들은 그의 축복에 이르는 문을 닫아걸어 주어진 것을 받지 못한다는 것이다. 그렇다고 해서 그들이 주어진 것을 거절할 때 그들이 그리스도의 은혜를 무효로 만들거나 성례의 효력을 손상시킨다고 추론해서는 안 된다. 그들의 배은망덕으로 인해 성만찬의 본질이 바뀌는 것도 아니고, 그리스도의 증거나 약속으로 간주되는 빵이 세속화되어 일반적인 빵과 전혀 다르지 않은 것이 되는 것도 아니다. 성만찬은 여전히 그리스도의 살과 피의 교통을 진정으로 증거하고 있다.

어떤 무익한 자의 중상 비방을 반박하는
짤막한 답변

서문

이 글이 겨냥하고 있는 변변찮은 자는 저 악명높은 카스텔리오(Castellio: 칼뱅은 Castallio, 헤페는 Castalio라고 쓰고 있고, 프랑스어로는 Chateillon과 Chatillon인데, 아마도 사보이에 있는 그의 고향 명칭에서 비롯된 듯하다)이다. 로마가톨릭에서 개종한 자로, 유능하고 언어학에 능통하며 관용의 옹호자인 이자의 이름이 너무나 신랄한 상황에 관련되고, 칼뱅과도 매우 복잡한 관계로 연루되어, 어느 측도 그 논쟁에 대해 절제와 침착함을 유지하기 힘들었다는 사실은 유감스러운 일이다.

이 두 사람의 최초의 접촉이 결국 그처럼 폭력적인 격론으로 이끌게 되리라고는 그 누구도 예감하지 못했다. 카스텔리오는 1540년에 스트라스부르에 있던 칼뱅을 방문한 손님이었으며, 그 다음해에 제네바에 있는 학교를 맡아 달라는 요청을 받아 갔다. 그렇지만 그는 자신이 외설적이고 음란한 노래(carmen lascivium et obscaenum)로 간주하였던 아가서에 대한 '불경한 해석'을 이유로 목사 안수를 받지 못하였고, 뿐만 아니라 다른 신학적인 이견들로 인해 결국 학교에서 물러나게 되었다. 그렇지만 그가 학교를 떠날 때 칼뱅은 그를 위해 우호적인 추천서를 써 주었다. 그는 바젤로 가서 그곳에서 여생을 보내면서 칼뱅과 제네바 교회를 공격하였으며, 이로 인해 유감스럽게도 그의 이름이 폭넓게 기억되고 있다.

여기서 그에 대한 비난과 변호 이야기를 전부 다 풀어서 이야기하자면 너무 장황하고 복잡한 일이다. 상당한 부분이 모호한 채 남아 있다. 특별히 세르베트의 죽음은 비록 확인할 수 없기는 하지만 이미 충분히 불타오른 상황을 더욱 악화시키는 데 상당히 중요한 역할을 했다. 양측이 서로를 몰아세우는 데 사용된 출판물들의 저자가 누구인지조차도 아직 얼마간 의문의 여지가 있으며, 이 익명성으로 인해 문제를 명료하게 하려는 시도들이 좌절되고 있다. *C.R.*은 다음과 같은 임시적인 결론에 도달한다. 세 편의 글이 계속해서 출판되어 칼뱅의 주목을 받았는데, 칼뱅의 예정론을 공격하고 있는 이 글들은 하나는 프랑스어로, 하나는 라틴어로 인쇄되었고, 나머지 하나는 라틴어로 손으로 씌어졌다. 칼뱅은 카스텔리오가 저자가 아닌지 의심하였다. 칼뱅은 먼저 나온 두 책자에 대해 즉각적으로 그리고 날카롭게 응수하여, 사안에 대해서 그리고 저자에 대해서 모두 비판하였다. 그리고 세 번째 저작물에 대해서는 그 다음해인 1558년에 좀 더 긴 글을 써서 응수하였다. 먼저 나온 작자미상의 두 책자와 칼뱅의 첫 번째 응답의 글은 유실되었다. 칼뱅의 세 번째 응답에 대해 카스텔리오가 응수하는 글을 썼는데, 카스텔리오는 나중에 베자의 통렬한 비방에 대응하는 글을 써서 이 글에 부록으로 덧붙였다. 여기 번역된 글은 칼뱅의 두 번째 답변의 글이다.

칼뱅의 예정론에 대한 카스텔리오의 비난의 특징은 그 답변서를 보면 분명하게 나타난다. 카스텔리오는 칼뱅이 하나님을 죄의 창조자로 만들고 있고 하나님의 의지를 둘로 나누고 있다고 비난하면서, 모든 사람이 본성상 하나님의 자녀이고 상속자이지만 구원은 믿음과 견인에 달려 있다고, 그리고 하나님의 예지는 인간 행동에 대한 결정까지 포함하지는 않는다고 주장한다(Schaff, *Creeds of Christendom* 참고).

비난과 반격이 놀랄 정도로 격렬해서, 오늘날 그러한 언쟁을 다루는 고상함의 법칙들뿐만 아니라 좋은 태도에도 거슬리는 것이었다. 하지만 지금보다 훨씬 더한 신랄함이 일반적으로 허용되었던 때가 그리 먼 과거가 아니며, 콜(Henry Cole) 목사가 백 년 전 번역하면서 원문의 독설을 과장했다는 것 역시 확실하다.(*C.R.* IX, xxvi 이하를 보라.)

어떤 무익한 자의 중상 비방을 반박하는 짤막한 답변

그 중상 비방의 글에서 이 자는 하나님의 영원한 예정의 교리를 모독하려 하였다.

    얼토당토 않는 어떤 인간이 쓴 우매한 글이 눈에 띄었는데, 이 자는 하나님께서 세상을 다스리기 때문에 그분의 비밀한 계획이 없이는 아무런 일도 일어나지 않는다는 원칙에 이의를 제기하면서, 어이없게도 자신이 하나님의 영광을 옹호하는 사람이라고 자처하고 있다. 이 가련한 자는 하나님의 정의를 그릇되게 내세움으로써 자신이 하나님의 능력을 뒤엎고 있다는 것을 알지 못한다. 이것은 마치 그가 하나님을 갈기갈기 찢으려고 하는 것과 매한가지다. 게다가 그는 자신의 글 서문에서 하나님이 악의 근원도 아니고 죄를 바라지도 않으신다고 교묘하고도 악의적인 방식으로 말함으로써 자신의 신성 모독을 그럴싸하게 꾸민다. 마치 우리가 하나님께 최고의 통치권을 돌릴 때 우리가 그분을 죄의 창조자라고 부르기라도 하는 것인 양 말이다!

    이 글에서 칼뱅이 비난받고 있는 것은 확실하다. 더욱 자세한 변론을 하지 않으면 안 될 정도로 이 무가치한 자가 칼뱅에게 신성 모독의 혐의를 씌웠지만 그가 이러한 신성 모독과 전혀 상관이 없다는 것은 자명한 사실이다. 이 자는 자신의 글 도처에서 죄를 거론할 때마다 하나님의 이름이 죄와 뒤섞여서는 안 된다고 주장하면서, 그것은 완벽한 정의와 공정성 이외에는 아무것도 하나님의 본성과 어울리는 것이 없기 때문이라고 말한다. 교회의 지도자로 높이 인정을 받고 있는 사람을 중상 비방하여, 그에게 하나님을 죄의 창조자로 만들고 있다는 혐의를 씌우는 것이야말로 얼마나 사악한 일인가!

    이 교회의 지도자는 하나님의 뜻이 아니면 아무것도 일어나지 않는다고 어디서나 가르친다. 그러나 동시에 그는 인간에 의해 악의적으로 행해진 일들이라도 하나님의 비밀스러운 계획에 의해 뒤바뀐다고 주장한다. 인간의 악덕이 하나님에게 영향을 미치지 못한다는 것이다. 그가 가르치는 바의 핵심은 하나님께서 경이롭게, 우리가 알 수 없는 방식들로 만물을 자신이 뜻하는 목적으로 이끄심으로, 하나님의 영원한 뜻이 만물의 첫 번째 동인(the first cause)이 되도록 하신다는 것이다. 그러나 왜 하나님은 우리가 생각하기에 그분의 본성과 전혀 어울리지 않는 것을 원하시는가 하는 문제에 관해, 그는 알 수 없다고 고백한다. 그러므로 그는 이것이 지나친 호기심으로 무례하게 탐구될 수 있는 문제가 아니라고 선언한다. 하나님의 판단은 지극히 심오하고(시 36편) 그분의 신비는 우리의 지각을 넘어서는 것이기 때문에, 그것에 대해 탐색하기보다는 공손하게 경배하는 것이 더 마땅하다. 그러나 이 지도자는 비록 하나님의 섭리의 이유가 숨겨져 있기는 하지만 우리는 항상 하나님의 정의에 대해 그분께 찬양을 드려야 한다는 원칙을 고수한다. 왜냐하면 하나님의 뜻이야말로 공정함의 최상의 규범이기 때문이다.

이러한 내용을 가르치는 사람을 상대로 하나님을 죄의 창조자로 만든다는 지독한 혐의를 씌우고자 하는 사람은 누구든지 무엇보다 우선적으로 입증해야 할 것이 있는데, 불경한 자들이 그리스도를 십자가에 못 박음으로써 하나님의 섭리와 손길이 정한 바를 행한 것이므로 하나님께서 범죄의 공범자이고 연루자라는 것을 입증해야만 한다. 그러나 "불경한 자들이 하나님의 섭리와 손길이 정한 바를 행했다"(행 2:23)는 말은 칼뱅의 말이 아니라 베드로의 말이며 전체 초대 교회의 증언이다.

그러므로 이런 어리석은 자들이 흠과 오점으로 성령의 순수하고 명료한 교리를 더럽히지 못하도록 하자. 또 그들이 순박한 사람들, 즉 죄라는 단어를 들으면 문제의 본질을 이해하지 못하고 끔찍한 벼랑으로부터 도망가 버리는 사람들을 미혹하지 못하도록 하자. 다윗은 적대자들의 폭력에 의해 부당하게 억압을 받고 있다고 불평한 후에도 하나님께서 이렇게 하셨다고 덧붙이고 있다(삼하 16:10). 강도에게 빼앗기고 마귀에게 고통을 당한 욥은 이런 일들까지도 하나님에게서 나왔다고 말한다. 만일 누구라도 그렇기 때문에 하나님이 죄의 창조자라고 결론을 내리려면, 하나님의 거룩한 선지자들과 논쟁을 벌여야 하고 심지어 성령과도 다투어야 할 것이다. 하지만 선지자들은 모든 일이 하나님에 의해 그렇게 명해졌기 때문에 그분이 뜻하고 명하는 것은 무엇이나 옳고 정당하다는 이 거룩한 사실을 주장하면서, 사탄과 모든 악한 자들을 숨겨진 고삐로 제어하시는 하나님을 주저함 없이 최상의 자리로 높였다.

이 짤막한 답변이 칼뱅의 견해를 부당하게 와전시키고 변형시키는 이 자의 비열함을 충분히 논박했을 것이다. 그러나 그것을 보다 충분히 밝히기 위하여, 이 자의 비난들을 좀 더 논할 필요가 있다. 왜냐하면 이 자는 하나님에게서 최고 통치권을 빼앗고 하나님의 섭리가 만물의 제일 동인이 된다는 견해를 뻔뻔하게도 질책하고자 하기 때문에, 나는 이 자가 제시하는 근거들을 간단히 언급하고자 한다.

이 자는 플라톤이 하나님을 악의 창조자라고 부르는 것을 인정하지 않은 점에서 옳았다고 단언한다. 하지만 플라톤이 생각한 것 혹은 말한 것을 이 무가치한 자는 결코 배운 적이 없다. 이 불경한 삼류 작가는 악이라는 용어로부터 너무 몸을 사린 나머지, 우리가 겪는 불운들이 하나님께로부터 기인한다는 것을 명백하게 부인한다. 이것은 하나님에게서 심판자의 직무를 빼앗는 것밖에 되지 않는 일이다. 그러나 칼뱅, 혹은 그 전에 루터나 부처, 심지어 훨씬 전의 아우구스티누스, 그리고 교회의 다른 경건한 선생들이 모두 하나님의 뜻이 세상에서 일어나는 모든 일들의 최고의 원인이 된다는 점을 선언하였지만, 그럼에도 그들에게 있어 하나님을 죄악과 연루시키려는 생각 따위는 추호도 없었다. 칼뱅은 언제나 궤변적인 스콜라 학자들이 제의하는 하나님의 절대적인 능력이라는 관념을 단호하게 거부하고 혐오한다고 밝히고 있다. 왜냐하면 하나님의 능력은 그분의 지혜와 정의로부터 분명히 분리될 수 없기 때문이다. 이것은 이 불결한 개의 뻔뻔함에 대한 충분한 반박이 된다. 이 자는 교회의 더할 나위 없는 신실한 교사들이 신성 모독적이고 끔찍하며 여태껏 언급된 적이 없는 말들을 하기라도 하는 것처럼 만들고 있는데, 그것들은 결국 그 자신이 만들어 낸 악의적이고 무익한 말들이다. 게다가 이 자는 하나님이 악의 근원이 아니라는 것을 증명하는데, 처음에는 자연법을 통해, 다음에는 하나님을 모든 선의 근원이라고 규정하는 거룩한 플라톤(그가 하는 표현대로)의 권위에 근거해서 증명한다. 해결책은 단순하다. 하나님 안에 존재한다고 모두가 인정하는 올바름의 이미지가 선악에 대한 자연적인 지식에 새겨져 있다. 그러므로 각자가 자연의 법칙에 따라 자신의 삶을 구체화하는 만큼 각자가 하나님의 본성을 나타내는 것이다. 하나님께서는 불법을 싫어하시는 것만큼 의로움을 기뻐하신다. 하지만 사람들이 그릇되게 행한 모든 것들을 그분이 어떻게 자신의 비밀스러운 판단으로 뒤집으시는가 하는 것은 우리가 밝힐 수 있는 것이 아니고, 우리는 단지 그분께서 무슨 일을 하시든지 간에 결코 자신의 공의를 벗어나지 않으신다는 것을 확신해야만 한다.

나는 두 번째 논쟁에 대해서도 비슷하게 답한다. 소위 이 대단한 하나님의 투사는 만약 하나님께서 죄의 창조자시라면 왜 하나님은 죄가 저질러지는 것을 금하시는 지, 또 왜 그분은 인간의 자유에 맡겨 두지 않으시는지를 우리에게 힐문한다. 우선, 하나님이 죄의 창조자라고 외치는 이 소리는 도대체 무엇인가? 이 자는 스스로 괴물들을 만들어 그것들과 더불어 싸우고 있다. 내가 (다른 방식으로) 응수한다면, 하나님의 전 능하심을 변호하기 위해 이 자는 과연 무슨 말을 할 수 있을 것인가? 하나님께서 어떤 일이 행해지지 않기를 원하신다면, 왜 그분은 그 일을 막지 않으시는가? 그리고 왜 인간들에게 그 일을 행하도록 자유를 주시는가? 그러나 이런 종류의 모순에서, 아우구스티누스의 말을 인용하는 것이 좋겠다. 그에 따르면, 하나님께서는 놀랍고도 신비한 방식으로, 부당한 일이 이루어지는 것을 정당하게 섭리하시기 때문에, 하나님은 부정을 싫어하시고 정직을 기뻐하신다는 법칙 안에 그분의 뜻이 참으로 잘 표현되어 있다. 바로 이러한 근거로부터, 그 법칙에 부가되어 있는 저주가 흘러나온다. 만약 하나님께서 자신의 본성과 반대되는 사악함을 싫어하지 않으신다면 그분께서는 그 사악함을 비난하지도 않았을 것이고 그것에 대한 처벌도 요구하지 않았을 것이다. 그러므로 이 무가치한 자가 하나님에게서 이 불명예를 제거하기 위해 끌어모은 모든 것은 전적으로 헛된 것이며, 단지 하나님이 선하시다는 것을 보여주겠다는 미심쩍은 목적을 위해 그 자신이 노심초사하며 애를 썼다는 것만 시사해 줄 뿐이다.

충분히 오랫동안 중상 비방을 해댄 후에, 이 자는 이처럼 위험한 시대에 처한 일부 사람들이 비록 하나님이 악의 원인이라고 감히 공개적으로 가르치지는 않지만 그와 똑같은 내용을 다른 형태로 말하고 있다고 주장한다. 이 자에 따르면, 그들은 아담이 하나님의 뜻에 따라 범죄하였고, 불경한 자들이 단순히 하나님의 허락에 의해서만 아니라 그분의 촉구하심을 따라 모든 악행을 범하는 것이라고 말한다. 여기서 이 뛰어난 웅변가는 경악하며 이렇게 소리친다: 오 가련한 사람아! 하나님께서 자신의 형상대로 아담을 창조하셨는데 어떻게 그분이 이런 것을 의도하실 수 있었겠는가? 내게 그것은 하나님의 감추어진 판단에 대한 정확한 논거를 제시해 주어, 죽을 수밖에 없는 인간으로 하여금 자신들이 찬미를 드려야 하는 하나님의 지혜를 정확하게 이해할 수 있게 해주는 것 같다. 아니다. 차라리 모세로 하여금 이러한 어리석은 지껄임에 개입하게 하여, 적확한 답변을 하게 하자. 그는 "오묘한 일은 우리 하나님 여호와께 속하였거니와 나타난 일은 우리에게 속하였다"(신 29:29)고 말하고 있다. 우리는 모세가 백성들에게 율법의 가르침에 만족하라고 명하면서 동시에, 하나님의 섭리는 그분 자신에게 속한 것이어서 경배할 대상이지 탐색할 대상은 아니라고 선언하고 있다는 것을 알고 있다.

이 자는 자신의 펜이 구부러지고 무뎌진 것을 알아채고서, 범죄가 단지 하나님의 뜻에 따라서만 아니라 그분의 충동하심에 따라 저질러진다고 말하는 사람들에 대항하여 자신의 펜대를 다시금 날카롭게 세운다. 그리고 여기서 그는 경건하고 존경할 만한 교사들을 상대로 아무런 제한도 없는 양 온갖 욕설을 해대면서 날뛰고 있다. 나는 이 자가 그들의 덕 가운데 백분의 일이라도 본받았으면 좋겠다. 먼저, 이 자는 교사들을 리버틴(libertines)이라고 부른다. 자신과 교사들 사이에 조금이라도 차이가 있는 게 보이면, 이 자는 완전한 무지로 인해 계속해서 근거없는 소리들을 해댈 것이다. 칼뱅이 리버틴을 논박하는 책을 써서 하나님의 정의를 강력하고 올바르게 옹호한 점에 비추어 볼 때, 이처럼 유익하고 경건한 작품을 상대로 턱없이 모자라는 응답을 해대는 이 뻔뻔함은 도대체 무엇인가? 이 자는 하나님이 사람들에게 죄를 짓도록 충동하신다면 그분은 마귀보다 더 악한 분이라고 주장한다. 이것을 용인해 버린다면, 그리스도의 종들에게 이 모든 치열한 논쟁이 도대체 뭐가 되는가? 그 주장의 근거가 무엇인지 생각해 보자. 사탄이 자신의 뜻대로 행하고 꾀한다고 해도 인간의 의지를 강요할 수는 없지만, 인간의 마음을 손에 붙들고 있는 하나님께서는 인간의 의지를 강제할 수 있다. 따라서 만약 그분이 인간의 의지를 강제하고자 하시면, 그분은 우리가 원하든 원치 않든 그렇게 하실 것이다. 여기서 이 자의 어리석음이 얼마나 어처구니없는지가 명백해진다.

건전한 정신을 소유한 사람이라면 누구나 모든 죄가 자발적인 죄라는 것에 동의한다. 인간이 비자발적으로 죄를 짓는다고 말할 사람은 아무도 없을 것이다. 하지만 아우구스티누스와 다른 경건한 저술가들을 좇아, 칼뱅은 하나님의 말씀에 근거해서, 인간이 자발적으로 죄를 지을 때조차도 하나님께서 사탄에게 미혹케 할 권세를 주사, 바울이 말하는 것처럼(살후 2:11) 유기된 자를 이리저리로 몰고 다니게 하시는 것이라고 가르친다. 그렇기 때문에 사탄 역시 하나님의 명령에 의해, 아합을 속이기 위해 거짓말하는 영이 되어 모든 선지자들의 입에 거하게 된 것이다(왕상 22:22). 나는 여기서 그 밖의 성서의 증거를 끌어모으지는 않겠다. 단지 이 짖어대는 자가 무고한 자들을 얼마나 터무니없게 호도하고 있는지 간략하게 보여 주기만 할 것이다. 이 자의 말에 따르면, 사람이 악을 행하지 않는다면 어떻게 그 사람이 악하다는 것을 우리가 알 수 있겠는가? 그렇기 때문에 하나님이 악을 행하시면 그분도 악하다. 이 자는 마치 우리가 하나님이 사탄에게 무엇을 인가해 주시든지 그분의 판단에 달린 것이라고 간주하면서 그분을 죄의 창조자라고 말하고 있는 게 틀림없다는 식으로 말하고 있고, 그리고 하나님께서는 오직 정당한 방식으로만 우리의 눈을 가리고 둔감하게 하시기 때문에 그분은 모든 죄악에서 멀리 떨어진 분이라는 것을 우리가 분명하게 증언하지 않는 양 말하고 있다. 이 자는 하나님과 사탄의 뜻하는 바가 결국 같은 것이 될 것이라고 말한다. 그렇지만 내가 앞에서 밝힌 바대로, 거기에는 커다란 차이가 있는데, 둘이 똑같은 것을 뜻하더라도 서로 다른 방식으로 뜻한다는 것이다. 사탄이 불경한 자들의 파멸을 갈구하지만, 그 파멸은 하나님에게서 기인한다는 것을 누가 부인할 수 있는가? 그러나 심판자의 동기는 순전히 잔혹한 기운만을 내뿜는 대적자의 동기와는 다른 것이다. 하나님께서는 예루살렘의 파멸을 바라셨고, 사탄 또한 그러했다. 하지만 나는 내말보다는 아우구스티누스의 말로써 이 매듭을 풀고 싶다. 「신앙편람」 (Enchiridion ad Laurentium) 101장에서 그는 하나님께서 선한 뜻으로 의지하신 바를 인간이 어떻게 악한 뜻으로 의지하는지에 대해, 아버지의 죽음을 바라는 악한 아들과 똑같은 것을 바라는 하나님을 예로 들어 명쾌하게 논하고 있고, 결국 하나님께서 자신의 종들의 선한 의지를 통해서보다는 인간의 불경건한 열망을 통해 종종 자신이 명하신 바를 어떻게 이루시는지를 밝히고 있다. 이처럼 그 뜻하는 바가 같더라도 목적이 다를 수 있는 것이라면, 이 하나님의 옹호자가 지독한 조소로써 그분의 위엄에 침을 뱉기보다는 저 깊은 심연에 잠겨 있었더라면 더 좋지 않았겠는가?

그러나 이 자는 감히 우리가 입으로 고백하는 정의를 마음속으로는 부인하고 있다고 우리를 비난한다. 그리고 고삐 매이지 않은 오만 방자함으로, 이 자는 목숨을 보전하고자 하는 강렬한 욕망을 이루기 위해 자신의 적대자들을 함부로 부정한다. 마치 권좌에 앉으신 심판자가 없기라도 한 양 이 자는 자기 자신에게 빠져들어 있다! 조롱할 셈으로 나는 이렇게 묻는다. 하나님의 정의가 경건하고 존엄하게 살고자 하는 열망으로 넘치는 사람의 마음속에서 발견될 만한가, 아니면 마음 가는 대로 방탕하게 사는 사람의 마음속에서 발견될 만한가? 이 대단한 비판자가 칼뱅과 그 동료들의 치리의 엄정함보다 더 싫어하는 것은 없기 때문이다. 그렇지만 얼마나 어리석고 무지한지 이 자는 아담으로 하여금 범죄하도록 뜻하신 자가 누구인가, 하나님인가 사탄인가 물으면서 상스러운 말을 해 댄다. 마치 경건하고 신실한 사람들은 그러한 대단한 신비를 농담 삼아 떠들어도 되는 것인 양, 아니면 제멋대로 물어뜯어도 되는 것인 양 말이다. 하지만 경건한 사람들은 아담이 하나님의 신비한 섭리 없이 죄를 범한 것이 아니라고 고백하면서, 그분의 섭리가 옳고 정당하다는 것을 결코 의심하지 않는다. 하지만 그 동기는 숨겨져 있기 때문에, 이들은 그것이 드러날 때까지 조용히 기다린다. 지금은 희미하고 어렴풋하게 보이는 하나님을 그 날에는 얼굴과 얼굴로 대면하게 될 것이다.

가장 선량한 사람들을 상대로 실컷 헛소리를 해대고 난 후에, 이 자는 그들의 혀를 잘라내어 불에 던져야 한다고 요구한다. 이 자가 칼뱅에게 내보이는 적대감이 모두 세르베트를 위한 것이고, 그래서 자신의 동료의 죽음을 슬퍼하면서 이 자는 교수형 집행자들보다 더 잔인하게 앙갚음할 수밖에 없는 것이라 해도 어쩔 것인가? 칼뱅이 아우구스티누스와 다른 경건한 교사들을 좇아 하나님께 귀속시킨 하나님의 이중 의지와 관련하여, 이 대단한 비판자는 자신이 그 유치한 말에 놀랐다고 말한다. 다른 사람의 유치한 말에 대해 법석을 떨 줄 아는 이 자를 누가 매우 학식이 있는 사람이라고 생각하지 않겠는가? 하지만 그렇게 부자연스럽게 가장하는 태도가 이 자가 허영 이외에는 다른 아무런 열망도 없이 지껄여 대는 자에 불과하다는 것을 분명하게 보여 준다. 이후에 이 자는 이러한 구별을 우리가 고안해 낸 것이라고 덧붙이면서, 우리가 그렇지 않았더라면 신성 모독이라는 비난을 피할 수 없었을 것이라고 말하고 있다. 사실 이 한마디 말로써 이 자의 극에 달한 광기가 드러난다. 이 자는 자신이 얼마나 자주 무고한 사람들에게 명백한 신성 모독이라는 혐의를 뒤집어씌웠는지 잊고 있다. 이 자가 마치 하나님께서 자기 자신의 본성을 포기하고 죄에 빠져 사는 양, 하나님을 죄의 창조자로 만들고, 그분이 죄를 바라시고 죄를 짓도록 강제하신다고 한 것은 의문의 여지가 없는 신성 모독이 아닌가? 뻔뻔스럽게도 이런 일들을 해놓고 나서, 이 자는 이제 마치 자기 자신이 한 일은 모두 잊어버린 것처럼, 우리가 스스로 신성 모독을 행하고 그 위에 덧칠을 해서 그것이 뚜렷이 드러나지 않도록 가리고 있다고 말한다.

논박을 위해 이 자가 무엇을 말하는지 살펴보는 것도 가치가 있는 일이다. 이 자는 내가 하나님께서 자신이 생각하는 것과 다른 말씀을 하시는 분으로 만들어, "나 여호와는 바꾸지 않는다"(말 3:6), "여호와는 변함이 없으시다"(약 1:17) 라는 성서의 증언과는 상반되게 내가 하나님을 변덕스러운 분으로 간주했다고 비난한다. 그렇지만 이 자는 이러한 비방에 연루되는 사람은 칼뱅과 그 동료들만이 아니라 모세 또한 관련된다는 것을 인식하지 못한다. 모세는 율법을 유대인들과 그 후손들에게 선포해 주었지만, 감춰진 섭리는 하나님께 맡겨 두고 있기 때문이다. 이러한 비방을 반박하는 것은 조금도 어려운 일이 아니다. 왜냐하면 하나님께서는 옳은 것을 명하시고 그래서 무엇이 자신을 기쁘게 하는지 밝히시는 분이지, 실로 어떤 다른 의도를 숨겨놓고 자신이 정죄하는 사람들의 사악함을 좋아하고 묵과하시는 분이 아니기 때문이다. 하지만 하나님은 자신의 정의를 놀라운 방식으로 행하사, 측량할 수 없는 지혜와 공평함을 통해, 악한 것들을 선한 목적으로 이끄시고 명하신다. 칼뱅은 하나님께서 본질적으로 악한 것을 바라신다는 것을 인정하지 않을 것이다. 다윗의 간음을 압살롬의 반역으로 벌하실 때와 같이, 인간의 범죄에 대해 하나님의 정의가 그 빛을 발한다. 그러므로 하나님은 아담에게 선악과를 먹지 말라고 명하시면서, 순종을 요구하고 시험하신다. 그러면서 그분은 무슨 일이 일어날지 알고 계셨을 뿐만 아니라 그렇게 되도록 정하셨다. 만약 이 말이 우리의 까다로운 검열관의 귀에 거슬린다면, 이 교리 탓이 아니라 이 자의 취향이 까탈스러워 그것을 싫어하는 탓이다. 이 자가 하나님의 의지는 오직 하나뿐이며, 그분은 이것을 선지자들과 그리스도를 통해 분명하게 하실 것이라고 선포하면서, 모든 사람들의 가슴에 말로써 무거운 철망치를 휘둘러대려고 할 때, 아우구스티누스는 이러한 공격을 자신의 권위로써 담대하게 격퇴하고 있다. 아우구스티누스는 이러한 것들이 하나님께서 자신이 바라는 것들을 이루시는, 그것도 아주 지혜롭게 성취하시는 놀라운 사역이라고 말한다. 그에 따르면 천사와 인간 피조물들이 범죄하여, 하나님께서 뜻하신 바가 아니라 그 피조물들이 뜻한 바가 행해졌을 때, 하나님께서는 심지어 창조자가 원하지 않은 것을 행한 바로 그 피조물의 의지를 통해서까지도 자신의 뜻을 이루셨다. 그분은 자신이 정당하게 형벌에 처하기로 예정한 자들을 벌하기 위해, 그리고 은혜로 예정한 자들의 구원을 위해, 악한 행위들까지도 사용하시는 지고선으로서 그렇게 하신 것이다. 그들에 대해서 말하자면 그들은 하나님이 뜻하지 않은 일을 행했고, 하나님의 전능하심을 생각할 때 그들은 결코 그것을 극복할 수 없었다. 이 점에서 그들은 하나님의 뜻에 반하는 것을 행했지만, 그들을 통해 하나님의 뜻이 행해졌다. 따라서 하나님의 놀라운 일들이 그분의 뜻에 따라 수행되어, 그분의 뜻에 반해서 행해진 일들조차도 말로 표현할 수 없는 신비한 방식으로 그분의 뜻을 벗어나서 행해진 것은 아니라는 것이다. 왜냐하면 그분께서 허락하지 않은 일은 이루어질 수 없을 것이기 때문이다. 그분은 마지못해서가 아니라 자발적으로 허용하신다. 하나님께서 전능자로서 악으로부터 선을 이루실 수 없었다면 그분은 악이 선과 같이 행해지도록 허락하지 않으실 것이다. 그러니 이 자로 하여금 이처럼 끔찍한 이단적이고 신성 모독적인 것들을 지껄여대도록 내버려 두라. 이 자는 우리 시대의 최고의 교사들을 상대로 또 아우구스티누스를 상대로 이런 욕설을 해대려고 한다. 하나님의 뜻은 성서가 아닌 다른 곳에서 찾아질 수 없다는 것은 사실이다. 하지만 이런 멧돼지 같은 자는 모든 것을 자신의 주둥이로 파헤쳐 대면서도, 아무리 신실한 사람들에 의해 공손함과 절제가 신장된다 하더라도 하나님의 비밀한 심판이 없어지지는 않는다는 사실을 생각하지 못한다. 겸손한 신앙으로 그 심연을 깊이 숙고할 수도 있고, 인간의 분별력을 압도하는 그 하나님의 심판을 불순종으로 거역할 수도 있다.

성서의 모든 증거들, 즉 하나님의 놀라운 섭리를 선포한다고 우리가 배운 그 증거들을 없애기 위해, 이 자는 이단들은 항상 경건을 핑계로 삼고 하나님의 이름으로 온갖 종류의 악을 저지른다고 선언하는 것으로 충분하다고 생각한다. 이런 남용에 대해 욕설을 해 대는 것만으로 충분하다는 듯이, 같은 이유로 모든 거룩한 교리들을 타파하고 하나님의 이름을 지우는 것은 허용될 수 없는 일이라는 듯이 말이다.

이후에 이 자는 우리가 반박하는 모든 것들에 대해 두 가지 방식으로 응답하겠다고 덧붙이고 있다. 첫째로, 그는 하나님께서 악의 근원이 된다고 말하는 것처럼 보이는 이 모든 성서 구절들이 그분의 실질적인 의지(effectual will)를 언급하는 것이 아니고 그분의 허용적인 의지(permissive will), 어떤 일이 행해지도록 내버려 두는 그분의 의지를 언급하고 있다고 제시한다. 그러나 죄보다 더 하나님의 본성에서 먼 것은 없다는 것을 우리가 알고 있기 때문에, 선과 악에 대한 이러한 중상은 제쳐 두자. 사람들은 자신들의 불의에서 비롯되는 행동을 하며, 따라서 모든 잘못은 그들에게 있는 것이다. 행위의 결과에 대해 명백하게 기술하고 있는 성서 구절들을 허용의 의미로 만들어 버리는 것은 너무 경솔한 도피 방식이다. 교부들은 실로 이 문제를 그렇게 이해하였다. 이 자의 거친 말투를 처음 듣는 사람들은 그 표현이 완화되기를 바라면서, 어떤 식으로든 자신들은 거기서 벗어나고 싶어 하고, 그 일의 진실성 여부에는 거의 주의를 기울이지 않게 된다. 하지만 여기서조차 이 무가치한 자는 마치 교부들을 잘 알고 있는 것처럼 그들을 인용하면서 자신의 무지를 무심코 드러낸다. 아직 젊고 성서에 덜 정통했던 때의 아우구스티누스가 미처 주목하지 못했던 것들을 붙들기 위해, 이 자는 특정한 사람들의 실제적이고(real), 내 표현으로 하자면, 실질적인(actual) 미혹 행위에 대해 하나님의 심판이 승인되고 있는 분명한 성서 구절들은 놓치고 있다. 이 자가 히에로니무스를 인용하면서, 하나님이 악을 행하신다는 표현은 상징적으로 이해되어야 한다고 말할 때도 똑같은 무지가 드러난다. 악이 다만 불운에 불과한 것이라면, 그처럼 명백한 문제에서 왜 상징적인 표현을 찾는가?

이제 우리는 허용(permission)이라는 개념에 대해 잠시 생각해야만 한다. 요셉(창 37:27)은 그의 형들에 의해 억울하게 팔렸지만, 그는 자신을 보낸 것이 형들이 아니라 바로 하나님이라고 선언하며, 따라서 하나님께서 자신의 가족들을 살리시기 위해 이렇게 하셨다고 말한다. 그러나 이것이 허용인가? 욥은 강도들과 도적들이 빼앗아 간 것을 하나님께서 자신에게서 취하셨다고 말한다. 이 '취하심'은 행위를 나타내는 것이 아닌가? 하나님께서 사람들의 마음을 움직여 그들로 하나님의 백성들을 몹시 미워하도록 한다고 말한다. 성서가 분명히 하나님께서 능동적으로 일하신다고 선언하는 곳에서, 우리는 그분이 수동적이라고 말해야 하는가? 이제 하나님이 사람들을 '상실된 마음' 혹은 '비열한 감정'에 넘겨준다고 할 때, 버림 받은 자들을 벌하시는 그의 두려운 판결이 칭송받아야 함이 마땅하다. 하나님께서 단지 수동적인 방식으로 이런 것들이 일어나도록 허용하신다면, 그가 심판자의 역할을 수행할 수 있을 것인가? 하나님께서는 느부갓네살을 '내 손의 막대기'(사 10:5)요, 앗수르 사람들을 '내 진노의 몽둥이'요, 모든 사악한 자들을 그의 '회초리'라고 부른다. 따라서 하나님은 그들을 통하여 자신이 작정한 것을 이룬다고 분명하게 주장한다. 여기에 단순한 허용이라고 할 만한 어떤 여지가 있는가? 예레미야는 메데 사람들에게 말하면서 "여호와의 일을 게을리하는 자는 저주를 받을 것이라"(렘 48:10)고 외친다. 보라 이 광포한 자들이 어떤 만행을 저지르든지 선지자는 다른 관점에서 이것을 하나님의 일이라고 부른다. 왜냐하면 그들의 손을 통해 하나님은 바벨론 사람들을 처벌하시기 때문이다. 다윗은 자신이 어떤 불운을 겪든지 그것을 행하는 분은 하나님이라고 선언하며, 따라서 그는 아무 말도 할 수 없었다(삼하 16:10). 어떤 '사람들'이 '행하심'을 '허용하심'으로 바꾸는가? 마지막으로 바울도 "미혹의 역사를 악한 자들에게 보내사 그들로 거짓을 믿게 하신" 분이 하나님이라고 주장한다(살후 2:11). 일의 효력이 나타나는 곳에서 무슨 방책으로 계획과 뜻을 제거할 수 있을 것인가?

이 대단한 비판자는 하나의 규범을 정해 놓고, 악을 하나님의 탓으로 돌리는 것처럼 보이는 모든 구절들을 이 규범에 따라 해석하는데, 그것은 '당신은 죄악을 미워하시는 하나님입니다'라는 것이다. 하지만 하나님에게는 한 점의 불법도 없고 오히려 반대로 그분은 세상의 모든 사건을 최상의 올바름으로 통치하실진대, 이것이 여기 이 문제와 무슨 상관이 있는가? 만일 누군가가 하나님의 정의와 하나님의 능력을 분리시킨다면, 정의 없는 폭정보다 더 하나님의 능력에 반대되는 것은 아무것도 없다는 반론이 적절할 것이다. 그럼 하나님이 사악을 기뻐하지 않는다고 했다는 이유로, 이 구실로 그분이 세상의 심판자가 되지 못하도록 그를 보좌에서 떼어 놓아야 하는가? 그분이 자주 불경건한 자들의 손을 통해 자신의 심판을 행사하신다고 해서 그분을 허용의 테두리 안에만 국한시키는 사람은 누구라도 하나님을 심판자의 자리에서 물러나게 하는 것이다. 엘리의 아들들이 악하고 무익하게 자신들의 제사장직을 남용했고, 이들은 팔레스타인 사람들의 손을 통해 멸망하였다. 우리의 해석자는 자신의 규범을 이용하여 이것이 하나님의 허용하심에 의해 이루어진 것이라고 할 것이다. 그러나 성서는 무엇이라고 말하는가? 하나님께서 그들을 죽이기로 작정하셨다는 것이다. 경건도, 수치도, 절제도 없는 저들이 자신들의 광포함으로 인해 어떤 상황으로 내몰리게 되고, 그래서 결국 저들이 더 이상 자신들의 허구에 하나님과 사람들을 부치지 못하게 되는지 보라.

무엇이든지 하나님의 뜻에 반하여 이루어진다는 것은 터무니없는 것이며 또 하나님은 자신이 뜻하지 않는 어떤 것도 금하실 수 있기 때문에, 이 숙련자가 얼마나 교묘하게 이러한 반론에서 벗어나고 있는지는 몇 마디 말만으로도 밝힐 수 있다. 먼저 이 자는 이것을 묻는 것이 우스운 일이라고 말한다. 왜 아우구스티누스는 이와 같은 충고자와 접촉하지 않고 이런 것을 질문하여 스스로를 우스운 사람으로 만들었는가?

이 주장으로써 아우구스티누스는 여러 차례 이 땅에서 일어나는 무슨 일이든지 하나님의 숨겨진 섭리에 의해 효과적으로 다스려진다는 것을 입증한다. 그는 모든 것은 하나님의 뜻에 따라 이루어졌다고 결론 내리는 것을 주저하지 않는다. 왜냐하면 시편 기자는 "오직 우리 하나님은 하늘에 계셔서 원하시는 모든 것을 행하셨나이다"(시 115:3)라고 증언하기 때문이다.

왜 이러한 질문이 우스운가? 이에 대한 그의 대답은 하나님의 행동에 대한 이유를 하나님에게 요구하는 것은 옳지 않기 때문이라는 것이다. 그러나 왜 이 경우에 그는 스스로 이러한 겸손을 지키지 않았는가? 교만하고 무지한 자들이 하나님의 심판이 얼마나 광대한지를 이해하지 못하고 그것들을 괴팍스럽게 거부하지 않는다면, 이러한 거친 소란과 격정들이 어디에서 유래하겠는가? 이 자유가 하나님께 머무르도록 하여 하나님께서 자신의 뜻에 따라 모든 것을 명하게 하고 모든 다툼이 진정되도록 하자. 그러나 격앙된 자들은 다른 사람들과 다투며, 그리하여 그들의 맹렬함으로 서로를 파괴한다.

우리는 많은 일들이 하나님의 뜻에 반하여 이루어진다는 적대자들의 요점으로 다시 돌아왔다. 이 '의지'의 문제가 그 도를 넘어서지 않았다면 우리도 기꺼이 이를 양보할 것이다. 하나님께서는 종종 유대인들을 함께 모으고자 하셨지만 그들은 그러려고 하지 않았다. 하나님께서는 직접 그들에게 말할 수도 있었지만, 그분은 자신의 선지자들을 통하여 계속 그들을 자신에게로 부르셨다. 하지만 회심은 하나님의 특별한 선물이기 때문에, 하나님은 자신이 실질적으로 회심시키기를 원하는 사람들을 실제로 회심시키신다. 독자들은 어떤 의미에서 바울이 하나님은 모든 사람이 구원받기를 원하신다고 가르치는지 그 문맥에서 이해할 수 있다. 구원의 방식은 그들이 진리의 지식으로 나아오는 것이다. 그러나 하나님은 자신의 외적인 말씀(external Word)에 따라 모든 사람이 나아오기를 바라지 않으신다. 하나님은 오로지 일부의 사람들만이 그의 숨겨진 섭리의 참여자(partaker of his hidden illumination)가 되게 하신다. 더욱이 자기 자신이 더욱 잘 모면하기 위해서, 이 자는 자유 의지를 방패막이로 제시하여, 사람들이 좋게 여기는 대로 자유로운 충동에 따라 행동하는 것을 하나님께서 막지 않으신다는 것이 놀라운 일이 아니라고 말한다. 하지만 왜 그는 아무런 근거도 없이 이런 용어를 만들어 우리에게 부과하는가? 성서는 도처에서 인간이 마귀의 종이자 노예로 붙잡혀

411

서 온통 악에 빠져들어, 하나님에게 속한 것을 이해할 수 없으니 그렇게 행하도록 내 버려 두라고 선포하고 있다.

이 개 같은 자의 악행을 논박하면서, 하나님의 전능하심을 온갖 중상 비방에도 불구하고 진실하게 그리고 분명하게 확증하였기 때문에, 나는 내가 하나님에게 용납될 뿐만 아니라 하나님의 교회에도 그만큼 유익하고 만족스러운 일을 수행했다고 확신한다.

참고 문헌
BIBLIOGRAPHIES

OPERA OMNIA

Brunswick, 1863–1900 (*Corpus Reformatorum*, Vols. ⅩⅩⅨ–LⅩⅩⅩⅦ).

Amsterdam, 1667 ff.(9 vols.).

Geneva, 1612 ff. (7 vols.).

OPERA SELECTA

Joannis Calvini Opuscula, Geneva, 1563.

Joannis Calvini Tractatus theologici omnes (Ed. Théodore de Bèze), Geneva, 1597.

Receuil des Opuscules, Geneva, 1611 (2nd edition).

Opera selecta by Peter Barth, Vols. Ⅰ and Ⅱ, Munich, 1926, 1952.

Trois Traités, Geneva and Paris, 1934.

Calvin l'Homme d'Église, Geneva, 1936.

번역서

Calvin Translation Society: Calvin's Tracts, translation by Henry Beveridge, 3 vols., Edinburgh
1844–51. This selection includes the following Tracts appearing here: *Catechism of
Geneva, Short Treatise on the Lord's Supper, Necessity of Reforming the Church, Reply to
Sadolet, Clear Explanation and Best Method of obtaining Concord.*

The *Catechism* was translated by W. Huycke, 1550: and as "Catechisme or manner to teach
children the Christian religion, wherein the Minister demandeth the question, and the
childe maketh answere" by John Crespin, Geneva 1566, London 1563, Edinburgh 1587.

The *Short Treatise on the Lord's Supper* was translated as "A Faythful and moste godly treatyse
concernynge the most sacred sacrament of the blessed body and bloude of our sauiour
Christ" by Miles Coverdale, London 1548 and reprinted four times in the 16th century.

The *Brief Reply to Castellio*, was translated as "Calvin's Calvinism" by Henry Cole, London 1855.

일반적인 개론서

E. Doumergue: *Jean Calvin—Les hommes et les choses de son temps*, Vols. Ⅰ-Ⅶ, Lausanne, 1899-1927.

Philip Schaff: *Creeds of the Evangelical Protestant Churches*, New York, 1878.
History of the Creeds of Christendom, London, 1877.
History of the Christian Church: Modern Christianity, the Swiss Reformation, Vol. Ⅱ, Edinburgh, 1893.

B. J. Kidd: *Documents illustrative of the Continental Reformation*, Oxford, 1911.

Karl Barth: *Calvin (Theologische Existenz Heute 37)*, Munich 1936.
Calvinfeier 1936 (ibid. 43), Munich, 1936.

Wilhelm Dilthey: "Die Glaubenslehre der Reformation", *Preuss. Jahrb. Bd. 75*, 1874.

A. Mitchell Hunter: *The Teaching of Calvin*, London, 1950.

A. Kuyper: *Calvinism*, London, 1932.

F. Loofs: *Leitfaden*, Halle, 1893.

James Mackinnon: *Calvin and the Reformation*, London, 1936.

P. J. Muller: *De Godsleer van Calvijn*, Groningen, 1881.

W. Niesel: *Die Theologie Calvins*, Munich, 1938.

T. H. L. Parker: *Doctrine of the Knowledge of God—a study in the Theology of John Calvin*, Edinburgh, 1952.

R. Seeberg: *Dogmengeschichte*, Leipzig, 1908, 1920.

Williston Walker: *John Calvin the Organiser of Reformed Protestantism*, New York, 1906.

B. B. Warfield: *Calvin and Calvinism*, New York, 1931.

F. Wendel: *Calvin—sources et évolution de sa pensée religieuse*, Paris, 1950.

From the Roman Catholic point of view:
Imbart de la Tour: *Calvin et l'Institution chrétienne* (Vol. Ⅳ of the *Origines de la Réforme*), Paris, 1935.
Raoul Morçay: Vol. Ⅱ of *La Renaissance*, Paris, 1935.

정치 형태에 대한 개론서

J. Bohatec: *Calvins Lehre von Staat und Kirche*, Breslau, 1937.

M.-E. Chenevière: *La Pensée politique de Calvin*, Geneva and Paris, 1937.

E. Choisy: *La Théocratie à Genéve au temps de Calvin*, Geneva, 1897.
Histoire religieuse de Genève, Geneva, 1928.

L'État chrétien calviniste à Genève au temps de Théodore Bèze, Geneva, 1902.

J. Courvoisier: *Le Sens de la Discipline ecclésiastique dans la Genève de Calvin*, Neuchâtel, 1946.

A. de Quervain: *Calvin, Seine Lehren und Kämpfen*, Berlin, 1926.

K. Fröhlich: *Die Reichsgottesidee Calvins*, Munich, 1930.

F. W. Kampschulte: *Johann Calvin, seine Kirche und sein Staat in Genf*, 2 vols., Leipzig, 1869–99.

A. L. Richter: *Die evangelische Kirchenordnungen*, Weimar, 1846 (2 vols.).

See "Bibliographie calvinienne abrégée" compiled by Emile-G. Leonard, mostly of French works,
in *Revue de Théologie et d'Action évangeliques*, issue 4, October 1943, Aix-en-Provence,
§ Ⅱe.

성례에 대한 개론서

See the extensive Bibliography complied by Jean Cadier in *Études théologiques et religieuses*, No.
1–2, Faculté de Théologie de Montpellier, 1951.

참고 문헌 목록

See Émile-G. Léonard: *Bibliographie calvinienne abrégée, v. supra.*

See A. Mitchell Hunter: *The Teaching of Calvin, v. supra.*

See F. Wendel: *Calvin–sources et évolution de sa pensée religieuse, v. supra.*

See Jean Cadier in *Études théologiques et religieuses*, No. 1–2, 1951, *v. supra.*

See M.-E. Chenevière: *La Pensée politique de Calvin, v. supra.*

색인 INDEXES

일반색인

성경 색인